JN440068

효경주소

孝經注疏

효경주소孝經註疏

지 은 이 이융기(李隆基) · 형병(邢昺)
옮 긴 이 길훈섭(吉勳燮) · 정병섭(鄭秉燮)
펴 낸 이 김기창
표지디자인 정신영
편집디자인 최은경

초판 1쇄 펴낸날 2011년 5월 30일

도서출판 문사철
주 소 서울 종로구 명륜동 1가 51번지
트리플 빌딩 102호
전 화 02 741 7719
팩 스 0303 0300 7719
홈페이지 www.lihiphi.com
전자우편 bk010@naver.com
출판등록 제300-2008-40호
I S B N 978-89-93958-26-3

* 책값은 뒤표지에 있습니다.

효경주소
孝經注疏

● 이융기(李隆基) · 형병(邢昺) 지음
● 길훈섭(吉勳燮) · 정병섭(鄭秉燮) 옮김

도서출판 **문사철**

역자서문

학력고사 시험을 보러가던 새벽아침이었다. 밤은 아직 길었고, 해또한 아직 어둠속에서 눈을 뜨지 못하고 있었다. 부엌과 연결된 방문틈 사이로 실낱같은 빛이 새어 들어왔다. 부시시 눈을 떠서 그 빛을 향해 시선을 집중시켰다. 그곳엔 어머님이 계셨고, 정한수를 담은 그릇하나와 촛불 하나가 켜져 있었다. 어머님은 두 손으로 무엇인가를 빌며 기도하고 계셨다.

예기치 않은 기회를 만나 『효경주소』에 대한 번역을 하게 되었다. 그 어떤 번역보다 경전 자체에 대한 번역은 위험한 모험이라 할 수 있을 것이다. 왜냐하면 경전은 동아시아 학문들 속에서 중심축에 자리 잡고 있기 때문이다. 경전에 대한 번역이 잘못될 경우, 그를 둘러싸서 연결되어 있는 다른 학문들까지 왜곡시킬 가능성이 크기 때문이다. 그래서 실력 없는 역자는 두렵다. 그러나 담론의 측면에서 보자면, 세상에 이야기꺼리를 던지고 그와 관련하여 서로의 입장을 주고받음으로써 또 하나의 관심꺼리를 만들 수 있지 않을까 한다. 비록 그것이 오역에서 비롯된 것일지라도……. 그래서 실력 없는 역자는 희망적이다.

『십삼경주소』 중 현재 우리나라에서 그 세주까지 완역된 것은 『이아주소』 밖에 없다.(이충구 외 역주, 『이아주소』 1~6권(전6권), 소명출판, 2004) 그리고 이 『효경주소』가 그 두 번째에 해당된다. 첫걸음을 내딛는다는 측면에서 실력 없는 역자는 고무적이다.

본 역자과 함께 이 『효경주소』 번역에 참여한 정병섭 군은 상당히 성실하고 근면한 동학이다. 그와 함께 요즘도 '경서연구회(經書硏究會)'를 통해 경전을 읽고 있는데, 그 치밀함과 성실함은 많이 이들의 모범이 되고 있다. 그래서 그는 이미 『예기』와 관련하여 두 권의 역서를 출판하였다. 나 또한 그로부터 많은 학문적 도움을 받고 있다.

'경서연구회'는 19년째 지속되고 있는 모임으로, 오경(五經)에 대한 윤독을 진행하고 있다. 이미 이 모임을 만든 선배들은 각자 자신의 자리를 찾아 떠났고, 지금은 그 후학들이 매주 수요일마다 만나 모임을 갖고 있다. 역자는 2002년도부터 이 모임에 참여하여 나의 무지(無知)를 깨우쳐 주는 신선한 피를 수혈 받고 있는데, 만약 이 모임에 참여하지 않았다면, 이 번역에 참여하지 못했을 것이다. 따라서 이 책이 나오기까지 감사해야할 사람들이 많이 있다.

먼저, 경서연구회를 만들어 후배들에게 학문의 세계를 넓혀주신 임옥균 선생님과 항상 후배들을 따뜻하게 대해주신 김동민 선배께 감사드린다. 그리고 도움을 주신 원용준, 함윤식, 금종현, 최재호 선배들께도 고마움을 표하고 싶다. 또한 현재 경서연구회를 함께 끌어가고 안상현, 김선창, 홍희주, 손정민, 문소영, 이창규 동학에게도 감사를 드린다.

마지막으로 이 책이 나오기까지 재정적 지원을 아끼지 않고 지원해 준 삼현문화장학재단과 어려운 출판여건에도 불구하고 기꺼이 출판을 허락해 준 문사철 출판사의 김기창 대표님께도 고마운 마음을 표하고 싶다.

길훈섭 씀

해제

『한서(漢書)』「예문지(藝文志)」에서는 "효(孝)라는 것은 하늘의 질서이자, 땅의 도리이며, 백성들이 따라야할 실천 강령이다."라고 했다. 그만큼 동아시아 사회에서의 '효'는 고금(古今)을 막론하고, 매우 중요하게 여겨왔던 윤리덕목이자 사회질서였다. 전국시대(戰國時代) 말기에 성립된『효경(孝經)』은 동양의 효사상에 대한 종합적 기록물이라고 할 수 있다.

전한(前漢) 초기 문제(文帝)가 경학박사(經學博士) 제도를 시행함으로써, 유학은 국학(國學)으로써 확고한 위치를 점유하게 된다. 『효경』 또한 후한(後漢) 때 칠경(七經) 속에 포함됨으로써, 국가적 차원에서 그 중요성을 인정받게 된다. 이후 역대 제왕(帝王)들은 『효경』의 중요성을 인지하여, 국가적 차원에서 적극적으로 보급하였다. 특히 당대(唐代)의 현종(玄宗)은 개원(開元) 7년(719)에 전국의 학자들을 소집하여, 『효경』을 연구하도록 했고, 3년 뒤인 개원 10년(722)에 현종이 직접 주(注)를 기록한『어주효경(御註孝經)』을 편찬하였다. 뿐만 아니라, 현종은 이후 천보(天寶) 4년(745)에『어주효경』을 증보하여, 돌에 새겨 태학(太學)에 새워두었는데, 이것을 『석대효경(石臺孝經)』이라고 한다. 한편 원대(元代)에는 곽거경(郭居敬)이라는 학자가『효경』의 내용을 민간에까지 널리 보급하기 위해 『이십사효(二十四孝)』를 편찬하였고, 이 편찬본은 국가적 차원에서 널리 보급되게 되었다. 『이십사효』는 『효경』의 내용을 민간에서도 읽기 쉽도록 역대(歷代) 효자들의 효행을 예로 들며, 쉬운 이야기체로 기록한 것이다. 이것은 국가 통치 차원에서 『효경』의 중요성을 반증하는 예이다. 그리고 송대(宋代) 주자(朱子)가 편찬한 『효경간오(孝經刊誤)』와 원대에 새롭게 편찬된 『효경대의(孝經大義)』는 중국뿐만 아니라 조선의 학자들에게도 필독되었다.

이처럼 동양의 사회에서는 국가적 차원 및 민간 · 학자적 차원에서도 효 및 『효경』의 영향력이 지대했다. 예를 들어 역대 제왕(帝王)들의 시호(諡號)에는 효자를 덧붙이게 되었고, 충신들에게는 효자문(孝子門), 효자비(孝子碑), 효자각(孝子閣) 등이 하사되었다. 한편 사마광(司馬光)은 직접적으로 『효경』을 정치의 근본이념으로 논설하기도 했다. 뿐만 아니라, 동양에 전해져오는 각종 설화 중에는 효자를 주제로 한 것이 많다. 이러한 것들을 살펴봤을 때 효사상에 대한 종합적 기록물인 『효경』의 중요성을 인지할 수 있다. 따라서 『효경』에 대한 연구는 동양 사회의 근간을 이루고 있는 효사상을 이해하는 작업이자, 동양 사회를 이해하기 위한 모든 연구 분야의 초석이 되는 작업이다.

본 번역 대상인 『효경주소』는 당현종이 편찬한 『어주효경』을 근본으로 삼고, 송대의 형병(邢昺)의 소(疏)를 수록한 책이다. 이 책은 십삼경주소(十三經注疏) 편찬 작업의 일환으로 제작된 것이다. 십삼경주소는 각종 주석서들을 통일하여, 국가가 공인한 유일본으로 확정지은 것이다. 과거시험 및 각종 공문서에서 경전에 대한 인용은 십삼경주소본을 근거로 했으며, 그 해석 또한 주소본 이외의 사설은 배제하게 되었다. 이러한 점은 학문의 경직성이라는 측면에서 비판받아 왔지만, 반대로 당시 사회에서 주소본이 가졌던 영향력을 입증해준다.

『효경』에 대한 각종 해설서 및 각 학자들의 재해석은 『효경주소』를 근본으로 진행되었다. 따라서 십삼경주소본의 하나인 『효경주소』는 국가가 공인한 판본으로, 그 영향력은 지대했다고 추론할 수 있다. 그러므로 『효경주소』를 번역하는 작업은 동양문화의 근간이 되는 효문화를 연구하는 일환이다. 뿐만 아니라, 『효경주소』는 국가가 공인한 판본으로, 그것에 대한 번역은 효사상을 바탕으로 시행된 동양의 정치, 사회, 문화, 학술 연구에 대한 초석 작업이 된다.

현재까지 번역된 각종 『효경』 번역물들은 대부분 『효경』의 경문(經文)에 대한 피상적인 해석들이다. 뿐만 아니라 『효경』이라는 텍스트가 성립된 배경적 이해와 당시 사회상에 대한 이해를 반영하여 고증적이며 실증적인 번역을 한 출판물이 없는 상태이다. 따라서 『효경주소』의 번역은 경문에 대한 정확한 이해와 주소(注疏)를 통해 구체적이며 고증적인 이해를 돕는 작업이며, 동양의 효문화를 이해하기 위해 필수적인 작업이 될 것이다.

정병섭 씀

일러두기

- 본 책은 역주서(譯註書)로써, 『효경주소(孝經注疏)』를 완역하고, 자세한 주석을 첨부했다.
- 본 역서의 서문부터 제 8장까지는 길훈섭이 번역하였고, 제 9장부터는 정병섭이 번역하였다.
- 본 역서가 저본으로 삼은 책은 다음과 같다. 『효경주소(孝經注疏)』(李學勤 主編, 『十三經注疏 整理本』 26, 北京 : 北京大學出版社, 초판 2000.
- 본 역서는 이해를 돕기 위해 의역을 위주로 번역하였다. 또한 가급적 한문 표기를 지양하고, 한글로만 표기했을 경우 의미가 불분명한 부분에 한해서 한문을 병기하였다.
- 『효경』 경문(經文)에 대한 해석은 1차적으로 현종(玄宗)의 주(注)에 따라 번역하였다. 현종의 주에 나타나지 않은 부분은 형병(邢昺)의 소(疏)에 따라 번역하였다.

▎경문 01-1

중니(仲尼)가 한가로이 집에 머물러 있을 때, 《 주(注): 중니(仲尼)는 공자(孔子)의 자(字)이다. '거(居)'는 한가로이 집에 머무르는 것을 말한다. 》 **증자(曾子)가 곁에서 모시고 앉아 있었다.** 《 주: 증자(曾子)는 공자의 제자이다. '시(侍)'는 높은 사람을 곁에서 모시고 앉아 있는 것을 말한다. 》

經文 01-1 **仲尼居.** 《 注: 仲尼, 孔子字. 居, 謂閒居. 》 **曾子侍.** 《 注: 曾子, 孔子弟子. 侍, 謂侍坐. 》

- '경문 01-1'으로 표시된 부분은 경문에 대한 해석을 뜻한다. '01'이라는 표시는 『효경』의 제 1장이라는 뜻이고, '-1'이라는 표시는 제 1장 중에서도 첫 번째 경문이라는 뜻이다. 《 》로 표시된 부분은 현종의 주를 해석한 것이다.

형병 소 ▮경문 : "仲尼居, 曾子侍". ▸『정의(正義)』 : 부자(夫子; 공자)는 육경(六經)[14]을 가지고 가르침을 펼치면서, [경전의 항목들은] 일에 따라 명칭을 표기하였다. [공자는] 비록 도(道)가 효(孝)로 인해 생겨났으나, 효의 대강이 거론되지 못했기 때문에, 그 도를 밝혀 후세의 자손들에게 남겨놓고자 하였다. [그래서] 증삼(曾參)의 효

- **형병 소**로 표시된 부분은 형병의 소를 해석한 부분이다. '▮'라는 표시는 본 해석이 경문의 어느 부분에 해당한다는 뜻이다.

형병 소 ▮어주 : "仲尼"~"閒居". ▸『정의(正義)』 : "중니는 공자의 자이다"라고 말한 것과 관련하여, 『공자가어(孔子家語)』에서는 다음과 같이 말하고 있다. "공자의 아버지 숙량흘(叔梁紇)이 안씨(顔氏)의 딸 징재(徵在)에게 장가를 갔다. 징재가 이미 시집을 가서 묘

- '▮'라는 표시는 본 해석이 현종의 주 중 어느 부분에 해당한다는 뜻이다.

차 례

『사고전서 총목제요四庫全書 總目提要』 - 효경부분

신(臣)들이 삼가 살펴보건대, 『효경정의』 3권은 당나라 현종(玄宗, 재위 712~756)[1]이 직접 주석[御註]을 달고 송(宋)나라 형병(邢昺, 932~1010)[2]이 소(疏)를 단 것입니다.

[관련 문헌들을] 검토해 보니, 『당회요(唐會要)』에서는 "개원(開元) 10년(722) 6월에 금상(今上; 현종)께서 『효경』에 주석을 달아 천하와 국자학(國子學)에 반포하셨다. 천보(天寶) 2년(743) 5월에 금상(今上; 현종)께서 다시 [『효경』에] 주석을 달았는데, 이 주석 또한 천

1 당나라 현종은 이름이 이융기(李隆基)이며, '당명황(唐明皇)'으로도 일컬어진다. 당나라 예종(睿宗)의 세 번째 아들로, 처음에는 초왕(楚王)에 봉해졌다가 후에 임치왕(臨淄王)이 되었다. 중종(中宗) 경룡(景龍) 4년(710)에 군사를 일으켜 중종(中宗)을 죽인 위후(韋后)를 죽이고 자신의 아버지 예종(睿宗)을 즉위시켰다. 후에 예종으로부터 황위를 물려받아 44년 동안 재위하였다. 현종은 집권 초기에 요숭(姚崇)·송경(宋璟)을 재상으로 삼아 폐정(弊政)을 개혁하고 국력을 신장시켰지만(역사가들은 이를 '개원의 치[開元之治]'라고 부른다), 후에 양귀비(楊貴妃)를 총애하면서 이림보(李林甫) 및 양국충(楊國忠)을 재상으로 삼아 정권을 휘두르게 하니 정치가 부패하였고, 또 성색(聲色)을 좋아하고 사치가 극에 달아 천보(天寶) 14년(755)에는 안사(安史)의 난(亂)을 촉발시켜 촉(蜀)땅으로 피신하였다. 태자 이형(李亨)이 영무(靈武)에서 즉위하면서 그를 태상황(太上皇)으로 불렀다. 757년 수도 장안(長安)으로 돌아온 후 감로전(甘露殿)에 머물면서 쓸쓸한 최후를 맞이하였다.

2 형병은 송나라 조주(曹州) 제음(濟陰) 사람으로, 자는 숙명(叔明)이다. 태종(太宗) 태평흥국(太平興國) 초기에 구경과(九經科)에 급제하였다. 국자박사(國子博士)·우간의대부(右諫議大夫)·국자좨주(國子祭酒) 등을 역임하였다. 진종(眞宗) 함평(咸平) 2년(999)에 처음으로 한림시강학사(翰林侍講學士)를 두었는데, 형병이 초임으로 발탁되었다. 그는 강연(講筵)을 할 때 대부분 시사(時事)를 끌어들여 가르쳤다. 두호(杜鎬)·손석(孫奭) 등과 함께 여러 경전의 의소(義疏)를 교정(校定)하였다. 그는 『논어정의(論語正義)』·『이아의소(爾雅義疏)』 등을 저술하였다.

하에 반포하셨다"라고 말하고 있고,[3] 『구당서(舊唐書)』「경적지(經籍志)」에서는 "『효경』 1권, 현종이 주석함"이라고 하였으며,[4] 『당서(唐書)』「예문지(藝文志)」에서는 '『금상효경제지(今上孝經制旨)』 1권'이라고 해놓고, 그 [저자에 대한] 주석에서는 '현종'이라고 말하고 있습니다.[5] [그런데 『당서』「예문지」에서] '제지(制旨)'라고 표현한 것은 양무제(梁武帝, 464~549)의 『중용의(中庸義)』에 대해 '제지(制旨)'라고 표현한 방식과 같으니, 실제로 [이 『금상효경제지』는 현종이 주석한] 『어주효경』[6]과 동일한 책입니다.[7]

[또] 조명성(趙明城)의 『금석록(金石錄)』에서는 '명황(明皇; 현종)이 주석한 『효경』'이 4권이라고 기록하고 있고,[8] 진진손(陳振孫)의 『직재서록해제(直齋書錄解題)』에서도 "우리 집에 이 [『어주효경』을 돌에] 새긴 탁본이 있는데, 4개의 큰 두루마리로 되어 있다"라고 말하고 있습니다.[9] 대체로 천보 4년(745) 9월에 태학(太學)에서 『어주효경』의 내용을 돌에 새겼는데, 그것을 '석대효경(石臺孝經)'이라고 합니다. [그리고] 지금 서안(西安)의 부학(府學)에 [이 '석대효경'이] 여전히 보존되어 있는데, 모두 4개의 비석으로 되어 있습니다. [이렇

---

3 『당회요(唐會要)』 36권 「수찬(修撰)」: 十年六月二日, 上注孝經, 頒於天下及國子學. 至天寶二年五月二十二日, 上重注, 亦頒於天下.

4 『구당서(舊唐書)』 46권 「경적지(經籍志) 제26 · 경적상(經籍上)」.

5 『당서(唐書)』 57권 「예문지(藝文志) 제47」: 今上孝經制旨一卷〈註: 玄宗〉.

6 이하 현종이 직접 주석한 『효경』을 『어주효경』으로 번역한다.

7 여가석(余嘉錫)의 주장에 따르면, 『어주효경(御注孝經)』과 『효경제지(孝經制旨)』는 실제로 서로 다른 두 개의 책으로, 『사고전서총목제요』에서는 잘못하여 동일한 책으로 여긴 것이라고 말하고 있다. 『흠정사고전서총목』(정리본)(北京; 中華書局, 1997), 414쪽 주) ⑤를 보라.

8 『금석록(金石錄)』 7권 「목록칠(目錄七)」.

9 『직재서록해제(直齋書錄解題)』 3권 「효경류(孝經類) · 어주효경일권(御注孝經一卷)」: 家有此刻, 爲四大軸.

듯『어주효경』을 새긴 석각본이 모두 네 부분으로 되어 있기] 때문에 [조명성과 진진손의] 탁본에서는『어주효경』이 4권이라고 말한 것일 뿐입니다.

현종이 [이 책에] 지은 서문 끝부분에서는 다음과 같이 말하고 있습니다. "한 장(章) 속에는 일반적으로 여러 구절들이 있고, 한 구절 안에는 의미상 서로 밝혀주는 내용들이 있다. 만약 이러한 내용들을 모두 갖추어 기록한다면 문장이 번잡해질 것이고, 그것들을 생략해 버리면 의미가 통하지 않을 것이다. [이 때문에] 지금은 소(疏)에 그러한 내용들을 보존하여 폭넓게 그 뜻을 드러내었다." 그리고『당서』「원행충 전(元行冲傳)」에서는 "현종은 스스로『효경』에 주석을 달고 원행충(653~729)[10]을 불러 소(疏)를 짓게 하고는 학관(學官)에 세웠다."라고 말하고 있습니다.[11]『당회요(唐會要)』에서는 또 천보(天寶) 5년(746)의 조서를 기록하여, "『효경』이란 책의 소(疏)는 비록 그 의미를 드러내 밝힌 부분이 조금 있기는 하지만 의미를 상세하게 풀어놓지는 못했다. 이제 더욱 그 의미를 자세히 진술하고 밝혀서 빠진 내용[闕文]을 보충하고, 이에 집현원(集賢院)에 그것을 전사(轉寫)하여 온 나라[中外]에 반포하도록 하였다."라고 말하고 있습니다.[12] [사정이 이러하다면] 이『효경』의 주는 대체로 다시 손을 본 것이고, 소(疏) 또한 다시 정리한 것입니다. [원행충이 지은]『효

10 원행충은 당나라 하남(河南) 사람으로, 이름이 담(澹)인데, 자인 행충(行冲)으로 행세하였다. 예종(睿宗) 경운(景雲) 연간(710~712)에 태상소경(太常少卿)에 제수되었다. 후에 홍문관학사(弘文館學士) 등의 관직을 지냈다. 원행충은 박학다식하고 다재다능하였는데, 특히 훈고(訓詁)에 능통했다.

11 『당서(唐書)』200권「열전(列傳) 제125 · 유학하(儒學下)」.

12 『당회요(唐會要)』77권「공거하(貢擧下) · 과목잡록(科目雜錄)」:『孝經』書疏, 雖粗發明, 幽賾無遺, 未能該備. 今更敷暢, 以廣闕文, 仍令集賢院具寫, 送付所司, 頒示中外.

경』의 소(疏)와 관련하여 『당서』 「예문지」에는 2권으로 되어 있고,[13] 『송사』 「예문지」에는 3권으로 되어 있으니,[14] 아마도 [원행충이 지은 소에 내용을] 이어 1권을 증보한 듯합니다. 송나라 함평(咸平) 연간(998~1003)에 형병이 정리한 소(疏)는 바로 원행충의 책을 저본으로 삼은 것입니다. 그러나 어느 것이 옛 소(疏)의 문장이고, 어느 것이 새로운 주장인지, 지금은 이미 따져 구별할 수가 없습니다.

『효경』에는 금문(今文)과 고문(古文), 두 가지 판본이 있습니다. 그 중 『금문효경』은 정현(鄭玄)이 주석을 달고 그 학설은 순창(荀昶)으로부터 전해졌다고 말해지고는 있으나, 『정지(鄭志)』에는 '효경'이라는 책명이 실려 있지 않습니다. [또] 『고문효경』은 공안국이 주석을 달고 그 책은 유현(劉炫)에게서 나왔다고 말해지고는 있으나, 『수서(隋書)』에서는 이미 그 책이 위조되었다고 주장하고 있습니다.[15] 당나라 개원(開元) 7년(719) 3월에, [현종은 『효경』과 관련하여] 여러 유자(儒者)들에게 조서를 내려 고찰해 의론을 정하게 했는데, 우서자(右庶子) 유지기(劉知幾, 661~721)[16]는 『고문효경』을 주장하면서 12가지 증거를 들어 정현이 주석을 단 『금문효경』을 논박하

13 『당서(唐書)』 57권 「예문지(藝文志) 제47」: 元行沖御注孝經疏二卷.

14 『송사(宋史)』 202권 「예문지(藝文志) 제155 · 예문일(藝文一)」: 元行沖孝經疏.

15 『수서(隋書)』 32권 「지(志) 제27 · 경적일(經籍一)」: 古文孝經一卷.〈注: 孔安國傳, 梁末亡逸. 今疑非古本.〉

16 유지기는 당나라 서주(徐州) 팽성(彭城) 사람으로, 자는 자현(子玄)이다. 고종(高宗) 영륭(永隆) 연간(680~681)에 진사가 되어 획가주부(獲嘉主簿)가 되었다. 측천무후 때는 봉각사인(鳳閣舍人) 겸(謙) 수국사(修國史)를 지냈으며, 중종(中宗) 때는 태자솔경령(太子率更令)에 발탁되었다가 비서소감(秘書少監)으로 자리를 옮겨 『측천무후실록(則天武后實錄)』 편찬에 참여하였다. 또한 그는 『사통(史通)』 49편을 저술하였는데, 경룡(景龍) 4년(710)에 완성되었다. 현종(玄宗) 개원(開元) 초에는 좌산기상시(左散騎常侍)의 관직을 지냈다.

였고, 국자좨주(國子祭酒) 사마정(司馬貞)[17]은 『금문효경』을 주장하면서 「규문장(閨門章)」의 문구는 대체로 수준이 낮다는 점, 「서인장(庶人章)」은 옛 문장들을 이리저리 쪼개고 '자왈(子曰)'이라는 글자를 제멋대로 첨가해 놓았다는 점, 주석의 내용 중 "옷을 벗고 일을 하다[脫衣就功]"라는 여러 말 등을 지적하여 공안국이 주석한 『고문효경』을 논박하였는데, 이와 관련된 글이 모두 『당회요』 속에 기록되어 있습니다.[18] 그 후 『금문효경』은 세상에 유통되었으나 『고문

17 사마정은 당나라 하내(河內) 사람으로, 자는 자정(子正)이다. 현종(玄宗) 개원(開元) 연간(713~741)에 조산대부(朝散大夫)·홍문관학사(弘文館學士)를 지냈다. 그는 『사기색은(史記索隱)』 및 『보삼황기(補三皇紀)』 30권을 저술하였다. 스스로를 '소사마(小司馬)'라고 하여 『사기』를 지은 사마천과 구별 지었다.

18 『당회요(唐會要)』 77권 「공거하(貢擧下)·과목잡록(科目雜錄)」에 자세한 내용이 실려 있다. 『금문효경』은 정현이 주석을 단 것이 아니라는 유지기의 12가지 주장은 다음과 같다. ①정현은 자신이 직접 쓴 「서문」에서 『고문상서』·『모시』·『논어』·『주역』 등의 경전에 주석을 달았다고는 했으나 『효경』에 주석을 달았다고는 말하지 않았다. ②정현의 자제(子弟)들이 기록한 정현이 주석한 책 등을 모아 놓은 『정지(鄭志)』에 『효경』에 주석한 책은 없다. ③『정지(鄭志)』의 『목록』 중 정현이 주석한 오경(五經)이외의 서간문들이 있는데, 모두 『효경』에 주석을 달았다고 언급하는 말이 없다. ④정현의 제자들이 기록한 『정기(鄭記)』라는 곳에 『효경』을 언급한 곳은 없다. ⑤조상(趙商)이 지은 「정선생비명(鄭先生碑銘)」에 정현이 주석한 책들을 말하고 있는데 『효경』을 지었다고는 말하지 않고 있으며, 『진중경부(晉中經簿)』에서도 기타 경전에 대해서는 모두 '정씨가 주석함[鄭氏註]. 이름은 현(玄)[名玄]'이라고 말하고 있으나, 『효경』에 대해서는 '鄭氏解'라고만 되어 있고, '名玄'이라는 두 글자가 없다. ⑥『춘추위연공도(春秋緯練孔圖)』에 따르면, 정현은 『삼례』·『시』·『역』·『상서』·『논어』 등에 주석을 달았고, 『춘추』와 『효경』에 대해서는 별도로 평론(評論)을 하였다고 말하고 있다. 정현의 제자인 송균(宋均)이 그의 스승의 저작을 모를 리가 없고 『춘추』와 『효경』에 대해서는 평론(評論)하였다고 하였지 주석을 달았다고는 말하고 있지 않다. ⑦송균은 『효경위(孝經緯)』 주(註)에서 정현이 『효경』에 주석을 달았다는 말을 정현에게 듣지 못했다고 말하고 있다. ⑧송균의 『효경위』주에는 정현이 『춘추』와 『효경』의 간략한 풀이를 하였지 주석을 달지는 않았다고 말하고 있고, 또 정현이 주석을 달았다는 말은 범사(汎辭)일 뿐이다. ⑨사승(謝承)·설영(薛瑩)·사마표(司馬彪) 등은 모두 정현의 전(傳)을 지어 그가 주석한 책들을 수록하였는데, 모두 『효경』은 빠져 있다. ⑩왕숙(王肅)의 『효경전(孝經傳)』의 앞에 사마선왕(司馬宣王)의 상주문 및 조령을 받들어 여러 유자들이 『효경』을 주석하여 풀이한 글들이 있는데, 모두 왕숙의 이론을 가장 좋은 것으로 여기고 있다. 만약 정현의 주석이 먼저 있었다면 말하지 않을 리가 없다.

효경』은 자취를 감추게 되었습니다. 그 결과 마침내 원나라 웅화(熊禾, 1253~1312)[19]는 동정(董鼎)[20]의 『효경대의(孝經大義)』에 「서문」을 지어, "사마정이 「규문」 1장을 삭제하자 마침내 예의도 없고 법도도 모르는 현종의 화(禍)가 초래되었다"라고 말하였고, 명나라 손본(孫本)은 『효경변의(孝經辨疑)』를 지어, 또 "당나라 후비(后妃)는 정숙하지 못하였으니, 사마정이 「규문」 1장을 삭제한 것은 국휘(國諱; 황제의 이름과 휘) 때문이다."라고 말하였습니다. 대체로 「규문」 1장을 삭제하고 나서 마침내 [현종이 안사의 난을 피해] 촉(蜀) 지역으로 어가를 옮기는 발단을 제공했다고 한다면, 가령 당시에 『고문효경』을 채용하였다면 과연 천보(天寶)의 변란(變亂)[21]이 일어날 리 없

⑪왕숙의 저서에서는 정현의 단점을 드러내는데 초점을 맞추고 있는데, 만약 『효경』의 이 주석이 정현에게서 나왔다면 왕숙이 공격하지 않을 리가 없는데, 정현에 대해서는 한 마디 말도 언급하지 않았다. ⑫위진(魏晉) 시기 현자들이 시사(時事)를 논하면서 정현의 여러 주석들을 인용하였는데, 『효경』의 주석에 대해서는 한 마디 말도 언급하지 않았다. 사마정의 주장: 近儒欲崇古學, 妄作此傳, 假稱孔氏, 輒穿鑿改更. 又僞作「閨門」一章, 劉炫詭隨, 妄稱其善. 且「閨門」之義, 近俗之語, 非宣尼之正說. 案其文雲, 「閨門」之內, 具禮矣乎? 嚴兄妻子臣, 繇百姓徒役也, 是比妻子於徒役, 文句凡鄙, 不合經典. 又分「庶人章」, 從故自天子以下, 別爲一章, 仍加子曰二字. 然故者連上之辭, 旣是章首, 不合言故. 古文旣亡, 後人妄開此等數章, 以應二十二章之數, 非但經文不真, 抑且傳習淺僞. 又注因天之時, 因地之利, 其略曰, 脫衣就功, 暴其肌體, 朝暮從事, 露發跣足, 少而習之, 其心安焉. 此語雖傍出諸子, 而引之爲注. 何言之鄙俚乎?

19 웅화는 송말원초 건녕(建寧) 건양(建陽) 사람으로, 자는 거비(去非)이다. 애초의 이름은 삭(鑠)이었고, 자는 위신(位辛)이었다. 그의 호는 물헌(勿軒) 혹은 퇴재(退齋)이다. 도종(度宗) 함순(咸淳) 10년(1274)에 진사가 되었으며, 정주사호참군(汀州司戶參軍)에 제수되었다. 원나라에 들어서서는 벼슬을 하지 않았다. 어려서 염학(濂學)과 낙학(洛學)에 뜻을 두었으며, 주희(朱熹)의 문인이었던 보광(輔廣)과 교유하였다. 후에 무이산(武夷山)으로 들어가 오봉서당(鰲峰書堂)을 지었는데, 제자들이 매우 많았다. 그는 『삼례고이(三禮考異)』·『춘추론고(春秋論考)』 등을 저술하였다.

20 동정은 송나라 여요(餘姚) 파양(鄱陽) 사람으로, 자는 계형(季亨)이고, 별호는 심산(深山)이다. 황간(黃榦)과 동수(董銖)를 사숙(私淑)하였다. 그는 『상서집록찬주(尙書輯錄纂註)』를 저술하였다.

21 천보(天寶) 14년(755)에 일어난 안사의 난을 가리킨다. 안사의 난으로 인해 현종을

었단 말입니까? 당나라의 후비가 정숙하지 못했던 것은 실제로 있었던 일이지만, 「규문장」 24자(字)의 경우 측천무후(則天武后, 624~705)[22]나 위후(韋后)[23]와는 전혀 상관이 없으니, [「규문장」을 없앤 것]을 가리켜 꺼려 감춘다고 한 것은, 도대체 무엇을 감추려고 기피한 것인지 모르겠습니다. 하물며 유지기와 사마정의 두 의론이 함께 상주되자 『당회요』에서는 [이와 관련하여 현종이 내린] 당시의 조서(詔書)를 기록하고 있는데, 그 조서에서 정현이 주석을 단 『금문효경』은 예전 그대로 채택하고 공안국이 주석한 『고문효경』은 전하여 익히는 자가 거의 없으니, 또한 끊어진 것을 이을 수 있는 전적을 남겨야 한다고 말하고 있습니다.[24] 이는 유기기 때문에 정현이 주석한 『금문효경』이 폐지되지 않았고, 사마정 때문에 공안국이 주석한 『고문효경』이 폐지되지 않았음을 말해주는 것입니다. 당시에 3년 동안의 검토과정을 거쳐 태학(太學)의 석각(石刻)에 『어주효

당나라 수도인 장안(長安)을 버리고 촉(蜀) 지역으로 피신을 가게 된다.

22 측천무후는 병주(竝州) 문수(文水) 사람이다. 14세에 당태종의 재인(才人)으로 선발되었다. 태종이 죽자 출가하여 비구니가 되었는데, 고종(高宗)이 즉위하면서 다시 궁으로 들어오게 되었다. 영휘(永徽) 6년(655)에 황후(皇后)가 되어 섭정(攝政)을 하였다. 고종이 죽자 중종(中宗)과 예종(睿宗)을 폐위시키고 천수(天授) 원년(690)에 스스로를 성신황제(聖神皇帝)라 칭하고 나라 이름을 주(周)로 고쳤다. 16년 동안 황제의 자리에 있었다.

23 위후는 당나라 중종(中宗, 재위 705~710)의 후비로 경조(京兆) 만년(萬年) 사람이다. 중종(中宗)이 태자였을 때 후비로 맞이하였다. 경룡(景龍) 4년(710)에 중종(中宗)을 독살하고 중무(重茂)를 황제로 세워 스스로는 황태후(皇太后)가 되어 섭정(攝政)을 행함에 측천무후를 본받고자 하였다. 얼마 안 있어 임치왕(臨淄王) 이융기(李隆基; 玄宗)가 군사를 이끌고 궁궐로 들어가자 비기영(飛騎營)으로 몸을 숨겼으나, 반란병들에게 죽임을 당했다. 죽은 후 서인(庶人)으로 신분이 강등되었다.

24 『당회요(唐會要)』 77권 「공거하(貢擧下) · 과목잡록(科目雜錄)」: 五月五日, 詔曰, "間者, 諸儒所傳, 頗乖通議. 敦孔學者, 冀鄭門之息滅, 尙今文者, 指左傳爲誣僞, 豈朝廷竝列書府以廣儒術之心乎? 其河 · 鄭二家, 可令依舊行用, 王 · 孔所注傳習者稀, 亦存繼絶之典. 子夏傳逸篇, 令帖易者停."

경』이 새겨졌는데, 그곳에 이름이 적힌 자는 36명이었으나, 사마정의 이름은 그 명단에 들어가지 못했습니다. 그리고 『어주효경』이 이미 유통되고 나서는 공안국과 정현의 주석들은 결국 모두 폐지되었고, 또한 사마정이 다시 공안국이 주석한 『고문효경』을 폐지하자고 건의했다는 말은 들리지 않았습니다. 옹화는 다만 주자(朱子)의 『효경간오(孝經刊誤)』에서 우연히 『고문효경』을 사용한 것을 근거로 결국 『고문효경』을 사용하지 않으면 큰 죄를 짓는 것이라 생각하였고, 또 당나라 때의 사정을 알 수 없어서 다만 『중흥서목(中興書目)』에 "의론하는 자가 비판을 하자 마침내 『고문효경』은 폐지되었다"는 말이 있음을 보고는, 그 잘못된 주장을 그대로 따라 어리석게도 그 죄를 사마정에게 돌려버리고 말았습니다. 잘은 모르겠으나, 주석의 측면에서 논할 경우 공안국의 주석도 없어졌고, 정현의 주석 또한 없어졌으니, 만약 공안국의 주석이 없어진 것이 사마정의 죄라면, 정현의 주석이 없어진 것은 또 누구의 죄란 말입니까? 또한 경문의 측면에서 논할 경우 정현이 주석은 단 『금문효경』의 경문도 남아 있고, 공안국이 주석을 단 『고문효경』의 경문도 남아 있어, 사마정의 일개 주장 때문에 『고문효경』의 경문이 결코 없어지지 않았으니, 사마정에게 또 무슨 죄가 있단 말입니까? 이제 그 내력을 상세히 고찰하여 『금문효경』이 세워진 것은 현종이 여기에 주석을 달면서부터 시작되었고, 현종의 이 『어주효경』이 세워진 것은 송나라에서 형병(邢昺) 등에게 조서를 내려 이 『어주효경』에 소(疏)를 짓게 하면서부터 시작되었음을 밝혀 놓았습니다. 여러 주장들의 시끄럽게 떠드는 소리들은 모두 막연히 추측하거나 근거가 없는 말이니, 내버려 두고 의론하지 않아도 괜찮을 것입니다. 건륭(乾隆) 41년

(1776) 5월 삼가 교감하여 올립니다.

총찬관(總纂官) 신(臣) 기윤(紀昀) · 신(臣) 육석웅(陸錫熊) · 신(臣) 손사의(孫士毅)
총교관(總校官) 신(臣) 육비지(陸費墀)

臣等謹按『孝經正義』三卷, 唐玄宗[25]御註, 宋邢昺疏. 案, 『唐會要』"開元十年六月, 上註『孝經』, 頒天下及國子學. 天寶二年五月, 上重註, 亦頒天下", 『舊唐書』「經籍志」"『孝經』一卷, 玄宗註", 『唐書』「藝文志」『今上孝經制旨』一卷, 註曰'玄宗'. 其稱'制旨'者, 猶梁武帝『中庸義』之稱'制旨', 實一書也. 趙明誠『金石錄』載'明皇註『孝經』四卷', 陳振孫『書錄解題』, 亦稱"家有此刻, 爲四大軸." 盖天寶四載九月以御註刻石于太學, 謂之'石臺孝經'. 今尙在西安府學中, 爲碑凡四. 故拓本稱四卷耳. 玄宗御製序末稱, "一章之中, 凡有數句, 一句之內, 義有兼明, 具載則文繁, 略之則義闕. 今存于疏, 用廣發揮." 『唐書』「元行冲傳」稱, "玄宗自註『孝經』, 詔行冲爲疏, 立於學官." 『唐會要』又載天寶五載詔, "『孝經』書疏, 雖粗發明, 未能該備. 今更敷暢, 以廣闕文, 令集賢院寫頒中外." 是註凡再修, 疏亦再修. 其疏『唐』「志」作二卷, 『宋』「志」則作三卷, 殆續增一卷歟. 宋咸平中, 邢昺所修之疏, 即據行冲書爲藍本. 然孰爲舊文, 孰爲新說, 今已不可辨別矣. 『孝經』有今文古文二本. 『今文』稱鄭玄註, 其說傳自荀昶, 而『鄭志』不載其名. 『古文』稱孔安國註, 其書出自劉炫, 而『隋書』已言

25 『사고전서총목제요』의 원문에는 강희제(康熙帝) 현엽(玄燁)의 이름을 피휘하여 '원종(元宗)'으로 되어 있으나, 이 책에서는 본래대로 '현종(玄宗)'으로 표기하여 번역한다. 이하 동일하다.

其僞. 至唐開元七年三月, 詔令群儒質定, 右庶子劉知幾主『古文』, 立十二驗以駁鄭, 國子祭酒司馬貞主『今文』, 摘「閨門章」文句凡鄙, 「庶人章」割製舊文, 妄加'子曰'字及註中"脫衣就功"諸語, 以駁孔, 其文具載『唐會要』中. 厥後, 『今文』行而『古文』廢. 元熊禾作董鼎『孝經大義』「序」, 遂謂"貞去「閨門」一章, 卒啓玄宗無禮無度之禍", 明孫本作『孝經辨疑』, 倂謂"唐宮闈不肅, 貞削「閨門」一章, 乃爲國諱." 夫削「閨門」一章, 遂啓幸蜀之衅, 使當時行用『古文』, 果無天寶之亂乎? 唐宮闈不肅誠有之, 至于「閨門章」二十四字, 則絶與武·韋不相涉, 指爲避諱, 不知所避何諱也. 況知幾與貞兩議竝上, 『會要』載當時之詔, 乃鄭依舊行用, 孔註傳習者稀, 亦存繼絶之典. 是未因知幾而廢鄭, 亦不因貞而廢孔. 迨時閱三年, 乃有『御註』太學刻石, 署名者三十六人, 貞不預列. 『御註』旣行, 孔·鄭兩家遂倂廢, 亦未聞貞更建議廢孔也. 禾等徒以朱子『刊誤』偶用『古文』, 遂不以不用『古文』爲大罪, 又不能知唐時典故, 徒聞『中興書目』有"議者排毁, 『古文』遂廢"之語, 遂沿其誤說, 憒憒然歸罪于貞. 不知以註而論, 則孔佚鄭亦佚, 孔佚罪貞, 鄭佚又罪誰乎? 以經而論, 則鄭存孔亦存, 『古文』竝未因貞一議亡也, 貞又何罪焉? 今詳考源流, 明『今文』之立, 自玄宗此註始, 玄宗此註之立, 自宋詔邢昺等修此疏始. 衆說喧呶, 皆揣摩影響之談, 置之不論不議可矣. 乾隆四十一年五月恭校上.

總纂官臣紀昀臣陸錫熊臣孫士毅

總校官臣陸費墀

효경주소서孝經注疏序 - 형병邢昺

『효경』은 모든 행실의 으뜸이오, 오교(五敎)[1]의 핵심이다. 옛날에 공자가 글을 지어 후세에 규범을 드리운 이후로 오묘한 요지와 미묘한 말들이 이미 『주소(注疏)』에 갖추어져 풀이되었다. 그럼에도 말이 너무 고상하고 요지가 심원하여 후학들이 토론하기가 어려웠다. 이제 특별히 본래의 소(疏)를 가려 뽑고, 여러 책들을 두루 인용하여, 의미를 나누어 경문에 끼워 넣고는, 귀착되는 결론들을 모아 일괄되게 강설하여 차례대로 해석하였으니, 이를 '강의(講義)'라고 부른다.

한림시강학사(翰林侍講學士) 조청대부(朝請大夫) 수국자감좨주(守國子祭酒)
상주국사(上柱國賜) 자금어대(紫金魚袋) 신(臣) 형병(邢昺) 등이
조칙을 받들어 『주소』를 교정함.

『孝經』者, 百行之宗, 五敎之要. 自昔孔子述作, 垂範將來, 奧旨微言, 已備解乎『注疏』. 尙以辭高旨遠, 後學難盡討論. 今特剪截元疏, 旁引諸書, 分義錯經, 會合歸趣, 一依講說, 次第解釋, 號之爲講義也.

翰林侍講學士 朝請大夫 守國子祭酒 上柱國賜 紫金魚袋 臣邢昺等 奉勅校定『注疏』.

1 오교(五敎)는 부의(父義), 모자(母慈), 형우(兄友), 제공(弟恭), 자효(子孝) 등 다섯 가지 가르침을 말한다.

효경주소서孝經注疏序 - 부주傅注

무릇 『효경』은 공자(孔子)가 저술한 것이다. [공자가] 이 책을 지은 취지는 다음과 같다. 옛날에 성인(공자)이 큰 성덕(聖德)을 지니고 불우한 시기에 태어나, 때마침 주(周)나라 왕실이 쇠퇴하여 왕의 기강은 떨어지고 군신(君臣) 간에는 참람과 반란이 일어났으며, 예악이 붕괴되는 사회현상과 맞닥뜨리게 되었다. 상위 계층에 있는 자들은 포상과 형벌을 시행하지 않았고, 하위 계층에 있는 자들은 잘한 일을 칭찬하고 잘못한 일을 비판하는 일[褒貶]을 하지 않았다. 그래서 결국 공자는 예(禮) · 악(樂)을 제정하고 『시』 · 『서』를 산삭했으며, 『역』의 도리를 밝히어 도덕(道德)과 인의(仁義)의 근원을 명확히 알도록 하였으며, 『춘추』를 정비하여 군신(君臣)과 부자(夫子) 간의 법도를 바로 잡았다. 또 [공자는] 세상 사람들이 그 법도는 알지만 어떻게 행동해야 할지를 알지 못할까 걱정하여 결국 『효경』 18장을 진술하여 군신과 부자의 행실이 의거할 바를 밝혔다. [그래서] 그 법도를 아는 자들은 그 행실을 닦았고, 그 행실을 아는 자들을 그 법도에 신중을 기하게 되었다. 이 때문에 『효경위(孝經緯)』에서는 다음과 같이 말하였다. "공자가 말했다, '제후들에 대해 잘한 일을 칭찬하고 잘못한 일을 비판하는[褒貶] 나의 뜻을 보고자 한다면, 그것은 『춘추』에 담겨 있고, 인륜(人倫)의 행실을 숭상함을 보려면, 그것은 『효경』에 담겨 있다.'" 이로써 『효경』이 비록 육경(六經)[1]의 범위 안에 포함되어 있지 않지만 『춘추』와 표리관계를 이루고 있음을 알 수 있다. 이전의 유자들 가운데 혹자는 "[『효경』은] 부자(夫子; 공자)가 증삼(曾參)을 위해 진술한 것이다"라고 하였는데, 이는 그 핵심을 제대로 잡지 못한 것이다. [『효경』을 지은 이유는] 대체로 증자는 70 제자 중에 속해 있었고, 그가 효행으로 가장 두드러졌기 때문에, 이에 공자는 증자를 자신에게 문답(問答)을 요청하는 사람으로 가정하여 효의 도리를 널리 밝혔던 것이다. [그리고] 그 진술을 끝마친 후에 증자(曾子)에게 [『효경』을] 맡겼던 것이다. 포학한 진(秦)나라의 분서(焚書) 사건에 이르러 모든 경전들이 불에 타 버렸는데, 한(漢)나라가 천명을 받고나서 다시 그 미묘한 말을 밝히게 되었다. 『효경』은 하간(河間)의 안지(顔芝)가 소장하고 있었고, 이로 인해 세상에 비로소 전해지지 되었다. 서한(西漢) 및 위(魏)나라로부터 진(晉)·송(宋)·제(齊)·양(梁)에 이르기까지 『효경』에 주소(注疏)를 단 자는 100가(家)에 이르렀다. 당나라 초기에 이르러 비부(秘府; 왕실도서관)에 모두 보존되어 있었으나, 책들이 대부분 온전하지 못하였으며, 세상에 전하여 유통되는 것은 다만 공안국(孔安國)과 정강성(鄭康成; 鄭玄) 두 사람의 주석뿐이었고, 아울러 양(梁)나라 박사(博士)인 황간(皇侃)의 『효경의소(孝經義疏)』가 태학(太學)에서 전파되었다. 그러나 문장에 오류가 많았고, 논리가 정연하지 못했다. 당나라 현종에 이르러서야 여러 유자(儒者) 및 학관(學官)들을 불러들여 [『효경』에 대해] 함께 토론하게 하였는데, 이로써 유자현(劉子玄; 유지기)은 정주(鄭注; 정현의 주석)에 10가지 오류와 7가지 의혹된 곳이

1 육경(六經)은 『역(易)』, 『서(書)』, 『시(詩)』, 『예(禮)』, 『악(樂)』, 『춘추(春秋)』를 말한다.

있음을 분석하였고, 사마견(司馬堅)은 공주(孔注; 공안국의 주석)는 대부분 엉성하여 사리에 맞지 않으며, 그 나머지 여러 가(家)들의 주해(註解)는 모두 말이 과장되거나 제멋대로 천착하였다고 지적하였다. 이에 명황(明皇; 당 현종)[2]은 선유(先儒)들의 주석 가운데 빼어난 것들을 가려내고, 번잡하고 산만한 것들을 삭제하여, 의리(義理)에 타당한 것들을 모아서는 주해(註解)로 만들었다. 천보(天寶) 2년(743)에 주해(註解)가 완성되자 천하에 반포 유통시켰다. 게다가 [현종이] 스스로 팔분체(八分體)[3]로서 그 글을 직접 적어 석비(石碑)에 새겼는데, 바로 지금의 경조(京兆)에 있는 『석대효경』이 그것이다.

성도부학주향공 부주(傅注)가 조칙을 받들어 찬술함

夫孝經者, 孔子之所述作也. 述作之旨者, 昔聖人蘊大聖德, 生不偶時, 適值周室衰微, 王綱失墜, 君臣僭亂, 禮樂崩頹. 居上位者賞罰不行, 居下位者褒貶無作. 孔子遂乃定禮 · 樂, 刪『詩經』·『書』, 讚『易』道, 以明道德仁義之源, 修『春秋』以正君臣父子之法. 又慮雖知其法, 未知其行, 遂說『孝經』一十八章, 以明君臣父子之行所寄. 知其法者修其行, 知其行者謹其法. 故『孝經緯』曰, "孔子云, '欲觀我褒貶諸侯之志, 在『春秋』, 崇

---

2 당 현종의 시호가 '지도대성대명효황제(至道大聖大明孝皇帝)'였는데, 후세의 시문에서는 대부분 '명황(明皇)'이라고 일컬었다.

3 팔분체(八分體)는 예서(隸書)와 전자(篆字)를 절충하여 만든 서체(書體)로, 예서에서 이분(二分), 전자에서 팔분(八分)을 땄기 때문에 이름을 이와 같이 하였다고도 하고, 혹은 그 체(體)가 팔자(八字)를 분산한 것 같기 때문에 이와 같이 이름을 붙였다고도 한다. 전하는 말에 따르면, 진(秦)나라 때의 상곡(上谷) 사람인 왕차중(王次仲)이 만들었다고 한다.

人倫之行, 在『孝經』.” 是知『孝經』雖居六籍之外, 乃與『春秋』爲表矣. 先儒或云, “夫子爲曾參所說”, 此未盡其指歸也. 蓋曾子在七十弟子中, 孝行最著, 孔子乃假立曾子爲請益問答之人, 以廣明孝道. 旣說之後, 乃屬與曾子. 洎遭暴秦焚書, 竝爲煨燼. 漢膺天命, 復闡微言. 『孝經』河間顔芝所藏, 因始傳之于世. 自西漢及魏, 歷晉 · 宋 · 齊 · 梁, 注解之者迨及百家. 至有唐之初, 雖備存秘府, 而簡編多有殘缺, 傳行者唯孔安國 · 鄭康成兩家之注, 幷有梁博士皇侃『義疏』, 播於國序. 然辭多紕謬, 理昧精研. 至唐玄宗朝, 乃詔群儒學官, 俾其集議是以劉子玄辨鄭注有十謬七惑, 司馬堅斥孔注多鄙俚不經. 其餘諸家注解, 皆榮華其言, 妄生穿鑿. 明皇遂於先儒注中, 採摭菁英, 芟去煩亂, 撮其義理允當者, 用爲注解. 至天寶二年注成, 頒行天下, 仍自八分御札, 勒于石碑, 卽今京兆『石臺孝經』是也.

成都府學主鄕貢傳注奉右撰

효경주소서孝經注疏序 - 현종玄宗

당나라 명황(明皇; 玄宗)이 짓고,
송나라 형병이 소(疏)를 닮[唐 明皇撰, 宋 邢昺疏]

현종 서 **황제가 직접 지은 서문과 주석**

玄宗 序 **御製序并注疏**

현종 서 정의(正義): 『효경』은 공자(孔子)가 증삼(曾參)을 위해 효의 도리를 설명한 것이다. 한나라 초기에 장손씨(長孫氏), 박사(博士) 강옹(江翁), 소부(少府) 후창(后倉), 간대부(諫大夫) 익봉(翼奉), 안창후(安昌侯) 장우(張禹)가 『효경』을 전하였는데, 각자 이름이 난 전문가들[名家]이었으나, 경문은 모두 같았다. 다만 공씨(孔氏)의 벽 속에서 나온 『고문효경』만이 [경문이] 달랐다. 유현(劉炫)에 이르러 결국 『고문효경』의 「서인장」을 2개로 나누고, 「증자감문장(曾子敢問章)」을 3개로 나누었으며, 또 「규문」 1장을 덧보태 모두 22장으로 만들었다.

환담(桓譚, B.C.23?~56?)[1]의 『신론(新論)』에서는 다음과 같이 말하

1 환담은 동한(東漢) 초 패국(沛國) 상(相) 땅 사람으로, 자는 군산(君山)이다. 음률(音律)을 좋아하였으며, 악기를 잘 다루었다. 또한 그는 박학다식하여 오경(五經)을 두루 읽었고, 문장에도 뛰어났으며, 고학(古學)을 특히 좋아하였다. 자주 유흠(劉歆), 양웅(揚雄)과 함께 의심나는 것들을 분석하여 속유(俗儒)들을 공격하기를 좋아하였다. 왕망(王莽) 때는 장악대부(掌樂大夫)에 제수되었고, 유현(劉炫) 때는 태중대부(太中大夫)가 되었다. 그는 『신론(新論)』을 저술하였는데, 일찍이 일실되었다. 현재는 그 중 「형신(形神)」편만이

고 있다. "『고문효경』은 1,872자로 되어 있는데, 지금 [『금문효경』과] 다른 글자가 400여 자이다. 효(孝)란 부모를 섬기는 것에 대한 명칭[名]이고 경(經)이란 일관성 있는 행동의 규범[典]이다." [또한] 살펴보건대 『한서』 「예문지」에서는 "효(孝)라는 것은 [늘 변하지 않는] 하늘의 항상됨[經]과 같고, [만물을 이롭게 하는] 땅의 의로움[義]과 같으며, [근본적으로 가장 먼저해야할] 백성들의 행동이다. 그 중대함을 들어 말했기 때문에 '효경'이라고 하였다"라고 말하고 있다.[2] 또 『예기』 「제통」에서는 "효란 '휵(畜, 기르다)'의 의미로, 길러준다[畜養]는 뜻이다."라고 말하였고, 『석명(釋名)』에서는 "효는 좋아하다[好]의 뜻이다"라고 말하였으며,[3] 『주서(周書)』에서는 "시호(諡號)[4]를 짓는 법에 지극히 순종적인 것[至順]을 '효(孝)'라고 한다"라고 하였다. 이를 종합하여 말하면, [효란 부모에 대한] 도리[道]를 항상 마음속에 간직하고, 최선을 다해 부모의 안색을 살피며[色養], 마음속으로 [부모에 대해] 기뻐하고 좋아하는 감정을 지니며, [부모의 뜻에] 잘 순종하여 나태함이 없다는 뜻이 된다. 『이아(爾雅)』에서는 "부모에게 잘하는 것이 효(孝)이다"라고 말하였다.[5] [그리고] 황간(皇侃)은 다음과 같이 말하고 있다. "경(經)이란 '변함없는 일관됨[常]'이며, '다른 것의 준칙이 됨[法]'이라는 뜻이다. 이 『효경』을 가르치는 것은 책임은 막중하되 갈 길은 먼 것[任重道遠][6]과도 같다.

남아 있고, 그 나머지 잔편(殘篇) 가운데 청나라 사람들의 집본(輯本)이 있다.

2 『전한서(前漢書)』 30권 「예문지(藝文志) 第十」.

3 『석명(釋名)』 4권 「釋言語」.

4 시호(諡號)는 사람이 죽은 후 살아 있을 때의 공덕(功德)을 기리기 위해 붙여주는 칭호이다.

5 『이아주소(爾雅注疏)』 3권 「釋訓 第三」: 張仲孝友. 善父母爲孝, 善兄弟爲友.

6 『논어』 「태백(泰伯)」: 曾子曰 "士不可以不弘毅, 任重而道遠."

[그러나] 비록 시대가 바뀌면 쇠와 돌은 없어질 수 있지만, 효는 부모를 섬기는 변함없는 행동[常行]이기 때문에 이 세상이 존재하는 한 영원히 없어지지 않으니, 이것이 효의 '변함없는 일관됨[常]'에 해당된다. [또 효는] 오랜 세월 동안 [적용되는] 규범으로써 사람이 살아가는 삶의 토대가 되니, 이것이 효의 '다른 것의 준칙이 됨[法]'이라 하겠다." 이는 효를 가르쳐 변함없이 일관되고 다른 것들의 준칙이 되게 할 수 있음을 말하고 있다.

『역(易)』에는 「상경(上經)」이 있고, 「하경(下經)」이 있으며, 『노자(老子)』에는 「도경(道經)」이 있고 「덕경德經」이 있다. 효(孝)는 수많은 행동의 근본이 되기 때문에 '효경(孝經)'이라고 이름을 지었다. [『효경』의] 경문은 공자가 [직접] 지은 것이다. [그러나] 이전의 현인(賢人)들은 다음과 같이 생각하였다. 즉, 증삼(曾參)은 비록 지극한 효의 본성[性]은 지니고 있었으나 아직 효덕(孝德)[7]의 근본에는 이르지 못하여 [공자가] 한가로이 거처할 때를 틈타 [공자를] 옆에서 모시고 앉아 있을 수 있게 되었고, 이러한 연유해서 증삼이 자리에서 일어나 부자(夫子, 공자)에게 질문을 하면 부자(夫子, 공자)는 그에 따라 대답을 해주었으며, 이로써 증삼이 그 기록들을 모아 '효경'이라고 이름을 지었다는 것이다. [그러나] 아무리 반복해서 생각해 보아도 이 주장은 이해할 수가 없으니, 어째서인가?

부자(공자)는 이전의 역사서를 편집하여 『춘추』를 정리할 때 오히려 적을 만한 것은 적고 삭제할 만한 것은 삭제하여 사과십철(四科十哲)[8]도 [공자가 정리한 『춘추』에 대해서는] 한마디 말도 할 수

7 효덕(孝德)은 선조를 존중하고 부모를 사랑하는 품덕(品德)을 말한다.

8 『논어』 「선진(先進)」 편에 "德行, 顔淵 · 閔子騫 · 冉伯牛 · 仲弓. 言語, 宰我 · 子貢. 政事,

없었다. 『구명결(鉤命決)』에 따르면, "공자는 '나의 뜻은 『춘추』에 담겨 있고, 나의 행동은 『효경』에 담겨 있다'고 말하였다."고 하니, 그렇다면 『춘추』를 정리하고 『효경』을 지은 것은 공자의 뜻이고 공자의 행동인 것이다. [공자가] 무엇 때문에 자신의 뜻은 중시하여 직접 필삭(筆削)을 가하고[즉, 『춘추』는 직접 짓고], 자신의 행동은 가볍게 여겨 다른 사람의 손을 빌렸겠는가?[즉, 『효경』은 증자의 손을 빌려 지었겠는가?]

유현(劉炫)의 『효경술의(孝經述義)』를 살펴보면, 그 간략한 해설[略]에서 다음과 같이 말하고 있다.

"나 유현은 공자가 스스로 『효경』을 지었지, 본래 증삼이 수업을 요청하여 [공자가] 대답한 것은 아니라고 생각한다. 사(士)는 수많은 행동 중에 효(孝)를 근본으로 여긴다. 근본이 세워진 이후에야 도(道)가 행해지고, 도(道)가 행해진 이후에야 일이 이루어진다. 그러므로 [『효경』의 경문에서는] '명왕(明王)은 효로써 천하를 다스렸다'라고 말하였다.[9] 그러니 [효가] 세상을 다스리는 핵심이라는 것에 그 누가 부정할 수 있겠는가? 다만 교화(敎化)의 도(道, 방법)는 시기별로 명칭을 세우고 경전(經典)의 항목은 사건별로 표명했기 때문에 위의(威儀)와 예절(禮節)의 잔영이 현재까지도 광범위하게 전해지고 있고, 효제(孝悌)와 덕행(德行)의 근본은 감추어 드러나지 않게 되었다. 부자(夫子, 공자)는 [시기적으로] 좋은 운[運偶]이 사라지고

冉有・季路. 文學, 子游・子夏."라는 문장에서 유래하였다. 사과(四科)는 공자의 4가지 인물 평가 기준으로, 즉 덕행(德行), 언어(言語), 정사(政事), 문학(文學)을 말하며, 십철(十哲)은 이들 사과(四科)에 속하는 안연(顔淵), 민자건(閔子騫), 염백우(冉伯牛), 중궁(仲弓), 재아(宰我), 자공(子貢), 염유(冉有), 계로(季路), 자유(子游), 자하(子夏) 등을 가리킨다.

9 『효경』「효치장(孝治章)」 제팔(第八).

예악(禮樂)은 무너지며 명교(名教)는 끊어지려는 시기를 만나, 특히 성인(聖人)의 마음을 느꼈다. [대체로] 제자(弟子)가 된 자에게는 물음을 청하는 도리가 있고, 사유(師儒)[10]가 된 자에게는 가르쳐 깨우치는 의義가 있기 때문에, [이 『효경』은] 증자의 말을 빌려 대답하는 체제로 만든 것이지, 증자가 실제로 질문을 던진 것이 아니다. 만약 [증자가] 의심이 나서 비로소 질문을 하고 [공자가 이에] 대답하여 말했다면 증자는 매 장(章)마다 하나의 질문을 던져야 하고 중니(仲尼)는 질문마다 한 번의 대답을 해야 할 것이다. [그러나 『효경』의] 경문을 살펴보면, 부자(夫子, 공자)가 먼저 스스로 말하고 있으니, 증삼이 질문을 요청한 것이 아니며, 여러 장(章)들은 순서에 따라 설명하고 있으니, 질문을 하기를 기다린 것이 아니다. 게다가 말의 의미는 전체적으로 일관되고 문장과 요지는 계속해서 꼬리를 물며 연관되어, '개종(開宗)'을 그 첫머리에 적어놓고, 그 여운(餘韻)이 확장되어 그 전체적인 내용을 완성시키고 있으니, 일문일답(一問一答)의 형세라고는 할 수 없다. [그리고 공자는] 사리에 지극한 점이 있다고 하고 나서 [증자에게] 질문을 던지고 있으니,[11] 또한 [증자가] 수업을 요청하고 대답을 요청한 것은 아니다. [경문의] 맨 앞 장(章)에서는 '선왕에게는 지극한 덕[至德]과 핵심적인 도리[要道]가 있다'고 말하고 있으니, 아래 장에서 '이것을 핵심적인 도리[要道]라고 한다'와 '지극한 덕[至德]이 아니면 그 누가 백성들을 따르게 할 수 있겠는가?'라

10 사유(師儒)는 경사(經師)를 가리킨다.

11 『효경』의 첫 머리는 "공자가 [증자에게] 말하였다. '선왕들은 지극한 덕[至德]과 핵심적인 도[要道]를 가지고 천하를 순종시켜서, 백성들은 화목하게 되었고, 윗사람이나 아랫사람들은 원망함이 없었다. 너는 그러한 사실을 알고 있느냐?'"라는 내용으로 시작되고 있다.

고 말한 것[12]들은 모두 앞 장과 얽혀 연결되니 증자에게 대답한 것이다. 전체적으로 이러한 사례에 해당되는 것으로는 몇 조목이 있는데, 이것들은 주로 증자에게 말한 것이 틀림없다. [그런데] 맨 앞장에서 이미 증자에게 대답해 주는 말이 끝났는데도, 증자의 질문을 기다리지 않고 [공자] 스스로 다시 그 내용을 서술하여 정리한 것은 무엇 때문인가? 또한 앞에서 증삼이 [공자를] 옆에서 모시고 앉아 있으면서 공자와 말한 것을 시점으로 해서, [증자의 말 가운데] 두 번은 질문에 해당되고 한 번은 탄식의 말에 해당된다. [그러니] 대체로 [이는 공자가] 한가한 틈을 타서 증자가 그의 옆에 앉아 있었고, [공자가] 증자에게 효孝에 대해 논하였음을 가설하여 말한 것이다. [공자는 효의] 근본적인 의미를 풀어놓고 그 의리를 밝히고 나서 위로는 천자(天子)의 [효에 대해] 진술하고 아래로는 서인(庶人)의 [효에 대해서] 진술하고서 [자신이] 할 말을 다해 다시 새로운 말을 할 필요가 없었고, 증자로부터 더 요청하는 질문이 없었다. 이 때문에 [공자는] 증삼이 효의 위대함에 대해 탄식한 말을 빌려, 다시 효로써 [천하를] 다스리는 공효(功效)에 대해 말하였던 것이다.[13] [또] 그 말을 끝마치자 [공자는] 성인(聖人)의 도(道)는 효(孝)보다 큰 것이 없음을 말하고자 하여 다시 증삼의 질문을 빌려 성인(聖人)의 덕(德) 중에 효보다 더 나은 것이 없음을 말하였다.[14] [그리고 경문의] 앞부분에서 공경함[敬]과 순종[順]의 도리를 논하면서 바른 말로 간언하는 일, 즉 [바른 말로 간언을 할 때는] 부드러운 낯빛에 간절함이 있

12 「광지덕장(廣至德章)」 제십삼(第十三).

13 「효치장(孝治章)」 제팔(第八).

14 「성치장(聖治章)」 제구(第九).

게 하되 갑작스런 말로 윗사람의 위엄을 업신여길 수 없다는 내용이 없었다. 이 때문에 [공자는] 다시 간쟁(諫諍)의 의리(義理)에 대해 진술(질문)한 증자의 말을 빌려왔던 것이다. 이러한 것들은 모두 공자가 증삼의 질문을 [일부러] 필요로 한 것이지, 증삼이 공자에게 질문을 하려고 했던 것이 아니다. 장주(莊周)의 글 중 메추라기가 붕새[鵬]를 비웃은 일[15]과 망양(罔兩)이 그림자[影]에게 질문한 일,[16] 굴원(屈原)의 글 중 어부(漁夫)가 뱃전을 두드린 일[17]과 태복(太卜) 정첨윤(鄭詹尹)이 귀갑(龜甲)을 깨끗하게 닦은 일,[18] 마경(馬卿)[19]의 글 중 오유선생烏有先生과 무시공(無是公)의 대화,[20] 양웅(揚雄)의 글 중 한림(翰林)과 자묵(子墨)의 대화[21] 등, 이러한 글들이 어찌 사조(師祖)[22]가 지은 것을 본보기로 삼은 것이 아니겠는가?

만약 정현의 주석처럼 실제로 [공자와 증자가] 강당(講堂)에 거처해 있었다면, 학생들을 널리 불러들여 곁에서 모시고 앉아 있던 자

15 『장자』「소요유(逍遙遊)」.

16 『장자』「제물론(齊物論)」.

17 『초사(楚辭)』「어부(漁夫)」: 漁父莞爾而笑, 鼓枻而去, 乃歌曰, "滄浪之水淸兮, 可以濯我纓, 滄浪之水濁兮, 可以濯我足." 遂去, 不復與言.

18 『초사』「복거(卜居)」: 屈原旣放, 三年不得復見. 竭知盡忠, 而蔽鄣於讒. 心煩慮亂, 不知所從. 往見太卜鄭詹尹, 曰 "余有所疑, 願因先生決之," 詹尹乃端策拂龜曰 "君將何以敎之?"

19 마경(馬卿)은 곧 한(漢)나라의 사마상여(司馬相如 BC179~BC117)로, 사마상여의 자(字)가 장경(長卿)이었기 때문에 후인들은 그를 마경(馬卿)이라고 불렀다.

20 사마상여가 지은 「자허부(子虛賦)」에 등장하는 가공인물들로, 이들이 당시 제왕들의 넓은 정원과 성대한 수렵과 관련하여 자랑하고 있는 내용으로 되어 있다. 한나라 무제(武帝)는 특히 이 글을 읽고 매우 좋아하여 "朕獨不得與此人同時哉!"라고 말했다고 한다.

21 양웅이 지은 「장양부(長楊賦)」에 나오는 가공인물들로, 한나라 성제(成帝)가 사냥한 짐승들을 사웅관(射熊館) 안에 풀어 놓고 호인(胡人)들에게 잡게 하는 모습을 보고 한림(翰林)을 주인(主人)으로, 자묵(子墨)을 객경(客卿)으로 삼아 풍자하고 있는 내용으로 되어 있다.

22 사조(師祖)는 곧 조사(祖師)로, 한 학파를 창시한 사람을 가리킨다.

들이 한 명은 아니었을 것이니, 부자(夫子; 공자)가 어찌 다른 사람들은 무시하고 유독 증삼하고만 말을 했겠는가? 게다가 '너는 그것을 아느냐?'라고 하여, 반드시 '너 증자'라고 곧바로 지적하자 증삼이 제일 먼저 자리를 피해 [일어선] 것은 어째서인가? [만약 공자가 여러 학생들과 강당에 같이 있었다면] 반드시 학생들 모두에게 질문을 던졌을 것이고, 또한 대답하는 학생이 있었다면 증삼이 동료 학생들이게 양보하지 않고 혼자 대답했을 리가 있었겠는가? 가령 [공자가] 다만 증삼하고만 말을 했고 대화가 끝나자 증삼이 스스로 그 내용을 모아 기록했다면, 어찌 스승의 자(字)[23]를 일컬을 리 있겠는가? 이러한 내용들을 근거로 말하면, 가르침을 정리하여 그 지극함을 말한 [『효경』의 경문은] 부자(夫子; 공자)가 지은 것이다."

그러나 『한서』 「예문지(藝文志)」에서는 "『효경』은 공자가 증자를 위해 효의 도리를 설명한 것이다"[24]라고 하여, [공자가] 증자를 위해 특별히 이 경전을 설명했다고 여기고 있다. 그러나 성인(聖人)이 책을 저술함에 어찌 한 사람만을 위하겠는가! 이러한 주장들은 모두 그 문장의 형식에 잘못 근거하다보니, 이러한 오류를 초래한 것이다.

선유(先儒)들이 [『효경』에] 주석하여 풀이한 것들은 대부분 유통되지 못했다. 다만 정현의 『육예론(六藝論)』에서는 다음과 같이 말하고 있다. "공자는 육예(六藝)의 주제[題目]가 다르고 가리키는 의도도 다르기 때문에 도(道)가 흩어져 후세 사람들이 그 근원을 알지

23 공자의 자인 중니(仲尼)를 말한다. 예를 들면 『효경』의 첫 장인 「개종명의장」에서 '중니거(仲尼居)'라고 말하고 있다.

24 『전한서(前漢書)』 30권 「藝文志 第十」: 『孝經』者, 孔子爲曾子陳孝道也.

못할까를 걱정하였다. 이 때문에 『효경』을 지어 육예를 통합하였다." 그 말이 비록 진실은 아니지만 그 의미는 매우 진실에 가깝다고 하겠다. 그런데 공자의 문하에 들어온 자는 한 명이 아닌데도, 유독 증자(曾子)에게만 의탁해서 말한 이유는 증삼이 효로서의 명성[孝名]을 세상에서 두루 얻고 있었기 때문이다. 『노자』에서는 "육친(六親)[25]이 화애롭지 못해 효(孝)와 자(慈)가 생겨났다"[26]라고 말하고 있는데, 그렇다면 효(孝)와 자(慈)라는 명칭은 [육친이] 화애롭지 못했기 때문에 생겨난 것이다. 만약 모든 행위가 완비된 것이 사람의 성스러움[人聖]이라고 한다면, 범인(凡人)이든 성인(聖人)이든 효성스럽지 않음이 없을 것이다. 그런데 집안에 세 가지 악(惡)[27]이 있었기 때문에 순(舜)임금은 '대효(大孝)'로서 일컬어졌고, 용봉(龍逢)과 비간(比干)의 충성스런 명성이 유독 드러난 것[28]은 [그들의] 군주가 현명하지 못했기 때문이다. 효의 경우, 백기(伯奇)의 효성스런 명성이 [세상에] 두루 드러난 것은 그의 계모(繼母)가 자애롭지 못했기 때문이다.[29] 증자는 성품이 비록 지극히 효성스럽기는 하였지만 [그

25 왕필(王弼)의 주석에 따르면, 육친(六親)은 아버지[父] · 아들[子] · 형[兄] · 동생[弟] · 남편[夫] · 아내[婦]를 가리킨다.

26 『노자』 18장: 大道廢有仁義, 慧智出有大僞, 六親不和有孝慈, 國家昏亂有忠臣.

27 순(舜)의 완악한 아버지 고수(瞽瞍), 어리석은 계모(繼母), 오만한 동생 상(象)을 가리킨다. 『書經』「虞書 · 堯典」: 帝曰, 咨四岳, 朕在位七十載, 汝能庸命, 巽朕位. 岳曰, 否德忝帝位. 曰, 明明揚側陋. 師錫帝曰, 有鰥在下, 曰虞舜. 帝曰, 兪, 予聞, 如何. 岳曰, 瞽子, 父頑, 母嚚, 象傲, 克諧以孝, 烝烝乂, 不格姦. 帝曰, 我其試哉, 女于時, 觀厥刑于二女, 釐降二女于嬀汭, 嬪于虞. 帝曰, 欽哉.

28 용봉(龍逢)은 하나라 걸(桀)임금의 신하이고, 비간(比干)은 은나라 주(紂)임금의 신하이다. 이 둘은 모두 자신의 임금에게 간언(諫言)을 하다가 죽임을 당했다.

29 백기(伯奇)는 주선왕(周宣王)의 중신(重臣)이었던 윤길보(尹吉甫)의 장자(長子)로, 그의 친어머니가 죽자 계모를 지극정성으로 섬겼으나, 계모는 자신이 낳은 아들을 태자(太子)로 세우고자 백기를 모함하여 결국 윤길보의 노여움을 사서 집에서 쫓겨나가 되었다.

러한 행동은] 대체로 연유된 바가 있어서 밖으로 드러난 것이다. 증자는 [국에 들어가는] 명아주가 익지 않았다고 해서 그의 아내를 내쫓았으니,[30] 집안의 법도가 엄격했던 것이다. [또 증자는] 참외밭의 잡초를 뽑다가 그 싹을 다치게 하여 [아버지 증석(曾晳)에게 매를 맞아] 거의 죽을 번 하였으니,[31] 그의 아버지가 매정했던 것은 분명하다. 증자가 효로서의 명성이 컸던 이유는 아마도 이 때문일 것이니, 결코 증삼의 성품이 아둔할 정도로 질박하여 몸소 필부(匹夫)의 효를 행했기 때문은 아니다.

경문의 말을 고찰해보고, 유현의 해석을 살펴보면, [유현은] 진실로 옛날에 감추어진 이치를 지금에 홀로 깨우쳤다고 할 만하다. 원씨(元氏; 원행충)의 주장이 비록 유현의 주장과는 다르지 않지만, 다소 미진한 점이 있다고 생각하였는데, 이제 『한서』 「예문지」 및 정씨(鄭氏; 정현)가 말한 것을 통해 그 점을 깨닫게 되었다.

『효경』이 지어진 시기와 관련하여, 선유(先儒)들은 노나라 애공(哀公) 14년(BC 481) 서쪽으로 사냥을 나가 기린을 잡은 데서[西狩獲麟] [공자가] 『춘추』를 마무리 지었고, [노나라 애공] 16년(BC 479) 여름 4월 기축일에 공자가 죽은 것에 근거하면, [『효경』이] 지어진 시기는 노나라 애공 14년 뒤 16년의 앞이라고 생각하였다. 살펴보건

백기는 이른 아침 서리를 밟으며 스스로 죄 없이 쫓겨난 것에 속이 상해 금곡(琴曲) 「이상조(履霜操)」를 지었는데, 윤길보가 자신의 잘못을 깨닫고 결국 백기를 다시 찾았다고 한다.

30 『공자가어(孔子家語)』 9권 「七十二弟子解 第三十八」: 參後母遇之無恩, 而供養不衰, 及其妻以藜烝不熟, 因出之.

31 『공자가어』 4권 「六本 第十五」: 曾子耘瓜, 誤斬其根. 曾晳怒, 建大杖以擊其背, 曾子仆地而不知人. 久之有頃, 乃蘇, 欣然而起進於曾晳曰 "嚮也, 參得罪於大人, 大人用力教, 參得無疾乎?" 退而就房, 援琴而歌, 欲令曾晳而聞之, 知其體康也.

대 『구명결』에서는 “공자는 ‘나의 뜻은 『춘추』에 담겨 있고, 나의 행동은 『효경』에 담겨 있다’라고 말하였다”라고 하니, 선후 순서상으로 말해서 『효경』의 글(내용)이 『춘추』와 동일하게 지어졌음은 분명하다. 또 『구명결』에서는 “공자는 ‘『춘추』는 상(商; 子夏)에게 맡겼고, 『효경』는 삼(參; 曾參)에게 맡겼다’라고 말하였다”고 하니, 『효경』이란 저작은 『춘추』보다 늦게 완성된 것이라 하겠다.

邢疏 孝經者孔子爲曾參陳孝道也. 漢初, 長孫氏·博士江翁·少府后倉·諫大夫翼奉·安昌侯張禹傳之, 各自名家, 經文皆同. 唯孔氏壁中古文爲異. 至劉炫遂以『古孝經』「庶人章」分爲二, 「曾子敢問章」分爲三, 又多「閨門」一章, 凡二十二章. 桓譚『新論』云, “『古孝經』千八百七十二字, 今異者, 四百餘字. 孝者事親之名, 經者常行之典.” 按『漢書』「藝文志」云, “夫孝, 天之經, 地之義, 民之行也. 擧大者言故曰孝經”. 又按『禮記』「祭統」云, “孝者, 畜也, 畜養也.”, 『釋名』云, “孝好也”. 『周書』“謚法至順曰‘孝’”. 總而言之, 道常在心, 盡其色養, 中情悅好, 承順無怠之義也. 『爾雅』“善事父母爲孝”. 皇侃云, “經者, 常也, 法也. 此經爲敎, 任重道遠, 雖復時移代革, 金石可消, 而爲孝[32]事親常行, 存世不滅, 是其常也. 爲百代規模, 人生所資, 是其法也.” 言孝之爲敎, 使可常而法之. 『易』有「上經」「下經」, 『老子』有「道經」「德經」. 孝爲百行之本, 故名曰‘孝經’. 經之創制, 孔子所撰也. 前賢以爲曾參雖有至孝之性, 未達孝德之本, 偶於閒居, 因得侍坐, 參起問於夫子, 夫子隨而答, 參是以集錄, 因名爲‘孝經’. 尋繹再三, 將未爲得也, 何者? 夫子刊緝前史而修『春秋』, 猶云筆則筆, 削則削, 四科十哲, 莫敢措辭. 案『鉤命决』云, “夫子曰‘吾志在『春秋』, 行

32 안원의 『교감기』에 따르면, “『정오(正誤)』에 ‘효위(孝爲)’로 되어 있는데, 옳다”라고 말하고 있다. 여기서는 안원의 주장에 따라 번역하였다.

在『孝經』'" 斯則修『春秋』·撰『孝經』, 孔子之志·行也. 何爲重其志而自筆削, 輕其行而假他人者乎? 按劉炫『述義』, 其略曰, "炫謂孔子自作『孝經』, 本非曾參請業而對也. 士有百行, 以孝爲本. 本立而後道行, 道行而後業就. 故曰'明王之以孝治天下也.' 然則治世之要, 孰能非乎? 徒以教化之道, 因時立稱, 經典之目, 隨事表名, 至使威儀禮節之餘, 盛傳當代, 孝悌德行之本, 隱而不彰. 夫子運偶陵遲, 禮樂崩壞, 名教將絶, 特感聖心. 因弟子有請問之道, 師儒有教誨之義, 故假曾子之言以爲對揚之體, 乃非曾子實有問也. 若疑而始問, 答以申辭, 曾子應每章一問, 仲尼應每問一答. 按經, 夫子先自言之, 非參請也. 諸章以次演之, 非待問也. 且辭義血脉文連旨環, 而'開宗'題其端緒, 餘章廣而成之, 非一問一答之勢也. 理有所極, 方始發問, 又非請業請答之事. 首章言先王有至德·要道, 則下章云'此之謂要道也', '非至德, 其孰能順民', 皆遥結道德, 不答曾子也.[33] 擧此爲例, 凡有數科, 必其主爲曾子言, 首章答曾子已了, 何由不待曾子問, 更自述而脩之? 且三起曾參侍坐與之别, 二者是問也, 一者歎之也.[34] 故[35]假言乘閒曾子坐也, 與之論孝. 開宗明義, 上陳天子, 下陳庶人, 語盡無更端, 於曾子未有請. 故假參歎孝之大, 又說以孝爲理之功. 說之以終, 欲言其聖道莫大於孝, 又假參問, 乃說聖人之德不加於孝. 在前論敬順之道, 未有規諫之事, 慇懃在悅色, 不可頓說犯顔. 故須更借曾子言陳諫爭之義. 此皆孔子須參問, 非參須問孔子也. 莊周之斥鷃笑鵬·罔兩

33 '皆遥結道德, 不答曾子也'는 『정오』에 '皆遥結首章, 答曾子也'로 되어 있다. 여기서는 『정오』의 문장에 따라 번역하였다.

34 '且三起曾參侍坐與之别, 二者是問也, 一者歎之也.'는 『정오』에 '三'은 '首'로 되어 있고, '别'은 '言'으로 되어 있는데, 여기서는 『정오』의 문장에 따라 번역하였다.

35 '고(故)'는 『정오』에 '개(蓋)'로 되어 있는데, 여기서는 『정오』의 문장에 따라 번역하였다.

問影, 屈原之漁父鼓枻·太卜拂龜, 馬卿之烏有無是, 揚雄之翰林子墨, 寧非師祖製作以爲楷模者乎? 若依鄭說實居講堂, 則廣延生徒, 侍坐非一, 夫子豈凌人侮衆, 獨與參言邪? 且云'汝知之乎?', 何必直汝曾子, 而參先避席乎? 必其徧告諸生, 又有對者, 當參不讓儕輩而獨答乎? 假使獨與參言, 言畢, 參自集錄, 豈宜稱師字者乎? 由斯言之, 經敎發極[36], 夫子所撰也." 而『漢書』「藝文志」云, "『孝經』者, 孔子爲曾參陳孝道也", 謂其爲曾子特說此經. 然則聖人之有述作, 豈爲一人而已. 斯皆誤本其文, 致玆乖謬也. 所以先儒注解, 多所未行. 唯鄭玄之『六藝論』曰, "孔子以六藝題目不同, 指意殊別, 恐道離散, 後世莫知根源. 故作『孝經』, 以總會之." 其言雖則不然, 其意頗近之矣. 然入室之徒不一, 獨假曾子爲言, 以參偏得孝名也. 老子曰 "六親不和有孝慈", 然則孝慈之名, 因不和而有. 若萬行俱備, 稱爲人聖, 則凡聖無不孝也. 而家有三惡, 舜稱'大孝', 龍逢·比干, 忠名獨彰, 君不明也. 孝已伯奇之名偏著,[37] 母不慈也. 曾子性雖至孝, 蓋有由而發矣. 藜蒸不熟而出其妻, 家法嚴也. 耘瓜傷苗幾隕其命, 明父少恩也曾. 子孝名之大, 其或由玆, 固非參性遲朴, 躬行匹夫之孝也. 審攷經言, 詳稽炫釋, 實藏理於古而獨得之於今者與. 元氏雖同炫說, 恐未盡善, 今以「藝文志」及鄭氏所說爲得. 其作經年, 先儒以爲魯哀公十四年西狩獲麟而作『春秋』, 至十六年夏四月己丑孔子卒爲證, 則作在魯哀公十四年後十六年前. 案『鉤命決』云, "孔子曰'吾志在『春秋』, 行在『孝經』'", 據先後言之, 明『孝經』之文同『春秋』作也. 又『鉤命決』云, "孔子曰'『春秋』屬商, 『孝經』屬參'", 則『孝經』之作在『春秋』後也.

---

36 '극(極)'는 『정오』에 '서(抒)'로 되어 있다.

37 안원의 『교감기』에 따르면, "監本과 毛本에 '以'는 '已'로 되어 있는데, 마땅히 '已'가 되어야 한다. 『정오』에서는 '之'는 마땅히 '孝'의 잘못이라고 하였는데, 옳다."라고 말하고 있다. 이에 근거하여 번역하였다.

형병 소 '어(御)'라는 것은 『대대례기(大戴禮記)』「성덕편(盛德篇)」을 살펴보면 다음과 같이 말하고 있다. "덕법(德法)[38]은 백성을 제어하는 근본이 된다. 고대에 정사(政事)를 잘 제어하여 천하를 다스렸던 자는, 총재(冢宰)라는 관리로 도(道)를 완성하고, 사도(司徒)라는 관리로 덕(德)을 완성하였으며, 종백(宗伯)이라는 관리로 인(仁)을 완성하고, 사마(司馬)라는 관리로 성(聖)을 완성하였으며, 사구(司寇)라는 관리로 의(義)를 완성하고, 사공(司空)이라는 관리로 예(禮)를 완성하였기 때문에 그는 육관(六官)[39]을 바깥 쪽 말고삐[轡]로 삼고 사회(司會)[40]와 균인(均人)[41]을 안쪽 말고삐[軜]로 삼았다. 그러므로 '4마리의 말이 끄는 수레를 모는 자가 6개의 바깥 쪽 말고삐를 잡는 것처럼, 하늘과 땅, 사람과 정사(政事)를 제어하는 자도 육정(六政)[42]이 있었다'라고 하였다. 이 때문에 말을 잘 제어하는 자는 몸을 바르게 하여 말고삐와 일체가 됨으로써 말들의 힘을 고르게 하며 말들의 마음이 하나가 되게 한다. [그래서] 다만 자신이 이끄는 대로

---

38 덕법(德法)에 대해, 공광삼(孔廣森)은 "예(禮)라는 것은 덕(德)이요, 도(度)라는 것은 법(法)이다"라고 하였고, 왕빙진(王聘珍)은 "몸소 마음의 덕을 행하여 본보기를 드리우는 것이다[躬行心德, 垂爲法象也]"라고 하였으며, 황화이신(黃懷信)은 "덕의 법이다[德之法]"라고 하였다. 黃懷信 主撰/ 孔德立 · 周海生 參撰, 『大戴禮記彙校集注』下 (西安: 三秦出版社, 2004), 891~892쪽 참고.

39 육관(六官)은 곧 천관(天官) 총재(冢宰), 지관(地官) 사도(司徒), 춘관(春官) 종백(宗伯), 하관(夏官) 사마(司馬), 추관(秋官) 사구(司寇), 동관(冬官) 사공(司空)을 가리킨다.

40 사회(司會)는 『주례(周禮)』「천관(天官)」에 속하는 관직으로, 주로 재정과 경제 및 여러 관리들의 업적들에 대해 고찰하는 임무를 담당한다.

41 균인(均人)은 『주례』「지관(地官)」에 속하는 관직으로, 주로 토지 및 부역(賦役)을 담당한다.

42 육정(六政)에 대해 노변(盧辯)은 도(道), 덕(德), 인(人), 성(聖), 예(禮), 의(義)라고 하였으며, 황화이신은 "육관(六官)이 육정(六政)이다"라고 하였다. 黃懷信 主撰/ 孔德立 · 周海生 參撰, 『大戴禮記彙校集注』下 (西安: 三秦出版社, 2004), 905쪽.

가서 거리가 긴 목적지까지 이르니, 먼 여정도 갈 수 있고 급히 재촉해서 몰고 갈 수도 있다. 하늘과 땅, 사람과 정사(政事), 이 네 가지는 성인(聖人)[43]이 다스리는 것이다. 그렇기 때문에 천자는 말몰이꾼[御者]이며, 내사(內史)[44]와 태사(太史)[45]는 왼손과 오른손이고, 육관(六官)은 또 6개의 말고삐에 해당된다. 천자의 삼공(三公)[46]은 모두 육관(六官)을 손에 쥐고, 오정(五政)[47]을 고르게 하며, 오법(五法)[48]을 가지런히 하여 [하늘과 땅, 사람과 정사(政事) 등의] 4가지를 제어하기 때문에 또한 오직 그가 이끄는 대로 가게 된다. [그래서] 도(道)로써 이끌고 가면 나라가 다스려지고, 덕(德)으로써 이끌고 가면 나라가 편안해지며, 인(仁)으로써 이끌고 가면 나라가 조화롭게 되고, 성(聖)으로써 이끌고 가면 나라가 태평해지며, 의(義)로써 이끌고 가면 나라에 성취되는 것이 있고, 예(禮)로써 이끌고 가면 나라가 안정[定][49]된다. 이것이 정사(政事)를 잘 제어하는 요체이다." 그렇다면 '어(御)'는 천하를 다스린다는 의미의 명칭으로, 마치 부드러운 고삐로 억센 말

43 대례(戴禮)는 "'성인(聖人)'은 천자(天子)이다"라고 하였다. 黃懷信 主撰/ 孔德立·周海生 參撰, 『大戴禮記彙校集注』下 (西安: 三秦出版社, 2004), 906쪽.

44 내사(內史)는 『주례』「춘관」에 속하는 관직으로, 작위와 봉록을 내리고 임관(任官)과 파직 등을 관리하는 천자의 정무를 돕는다.

45 태사(太史)는 『주례』「춘관」에 속하는 관직으로, 역서적인 사실을 기록하거나 사서(史書)를 편찬하며, 공문서의 초안을 작성하고 아울러 국가의 전적(典籍)과 천문역법(天文曆法) 등을 담당한다.

46 왕빙진(王聘珍)은 "삼공(三公)'이란 태사(太師), 태부(太傅), 태보(太保)이다"라고 하였다.

47 노변(盧辯)은 "오정(五政)은 천자(天子), 공(公), 경(卿), 대부(大夫), 사(士)를 가리킨다"라고 하였다.

48 노변(盧辯)은 "오법(五法)은 인(仁), 의(義), 예(禮), 지(智), 신(信)을 가리킨다"라고 하였다.

49 유월(兪樾)은 '정(定)'자를 '족(足)'자가 되어야 한다고 주장하고 있다. 여기서는 원문 그대로 번역하였다.

을 제어하는 것과 같은 뜻이다. 『공자가어(孔子家語)』에도 이러한 내용의 글이 있다.[50] 그래서 진(秦)나라와 한(漢)나라 이래로 '어(御)'를 지존(至尊; 황제)의 호칭으로 삼았다. 또한 채옹(蔡邕, 132~192)[51]의 『독단(獨斷)』에서는 다음과 같이 말하고 있다. "어(御)는 '나아가다[進]'는 뜻으로, 일반적으로 의복을 몸에 걸치고, 음식을 입에 집어넣으며, 비첩(妃妾)이 침소에서 접대하는 것을 모두 '어(御)'라고 한다. 심지어는 기물(器物)의 제작까지도 모두 어(御)로써 말해진다." 이러한 이유 때문에 이 현종 서문의 첫머리에서 '어(御)'라고 말한 것이다.

邢疏 '御'者, 按『大戴禮』「盛德篇」云, "德法者, 御民之本[52]也. 古之御政以治天下者, 冢宰之官以成道, 司徒之官以成德, 宗伯之官以成仁, 司馬之官以成聖, 司冦之官以成義, 司空之官以成禮. 故六官以爲轡, 司會均入[53]以爲軜. 故曰御四馬者, 執六轡, 御天地與人與事者, 亦有六政. 是故善御者, 正身同轡, 均馬力, 齊馬心. 唯其所引而之, 以取長道,[54]

50 『공자가어』「執轡 第二十五」에 보인다.

51 채옹은 동한(東漢) 진유(陳留) 어(圉) 땅 사람으로, 자는 백개(伯喈)이다. 그는 박학다식하였으며, 사장(辭章)·술수(術數)·천문(天文) 등의 학문을 좋아하였다. 한나라 헌제(獻帝) 때 일찍이 좌중낭중(左中郎將)에 제수되었기 때문에 후인들을 그를 '채중랑(蔡中郎)'이라고 불렀다.

52 『대대례기』 원문에는 '함(銜)'으로 되어 있다.

53 유월(兪樾)은 '均入'은 마땅히 '均人'이 되어야 한다고 하면서, 「천관」의 사회(司會)는 천하의 대계(大計)를 주관하고 「지관」의 균인(均人)은 토지(土地)에 대한 부역을 고르게 하는데, 그 직책들이 모두 중요하기 때문에 이 둘을 함께 말하였다고 주장하고 있다. 黃懷信 主撰/ 孔德立·周海生 參撰, 『大戴禮記彙校集注』下 (西安: 三秦出版社, 2004), 904쪽 참고. 여기서는 유월의 주장에 따라 번역하였다.

54 왕빙진(王聘珍)은 "인(引)은 '이끌다'는 뜻이다. 말이 수레 앞에 있기 때문에 '이끌다[引]'고 하였다. '지(之)'는 '가다[往]'는 뜻이며, '取'는 '나아가다[聚]'의 뜻이다. '도(道)'는 '길[路]'이라는 뜻이다."라고 말하고 있다. 여기서는 왕빙진의 주석에 따라 번역하였다. 黃懷信 主撰/ 孔德立·周海生 參撰, 『大戴禮記彙校集注』下 (西安: 三秦出版社, 2004), 905쪽.

遠行可以之, 急疾可以御. 天地與人事, 此四者, 聖人之所乘也. 是故天子御者, 內史·太史左右手也, 六官亦六轡也. 天子三公合以執六官, 均五政, 齊五法, 以御四者, 故亦唯其所引而之. 以之道則國治, 以之德則國安, 以之仁則國和. 以之聖則國平, 以之義則國成, 以之禮則國定. 此御政之體也." 然則御者, 治天下之名, 若柔轡之御剛馬也. 『家語』亦有此文. 是以秦·漢以來, 以御爲至尊之稱. 又蔡邕『獨斷』曰, "御者, 進也, 凡衣服加於身, 飮食入於口, 妃妾接於寢, 皆曰'御'. 至於器物製作, 亦皆以御言之." 故此云'御'也.

형병 소 '제(製)'란 이리저리 구상하여 저술하는 것을 말한다. 이 때문에 『춘추좌씨전』에서는 "만약 당신에게 아름다운 비단이 있다면, [그것을 가지고] 다른 사람에게 [천을] 재단[裁]하는 방법을 연습하라고 주지는 않을 것이다."[55]라고 말하였다. 이러한 아름다움 명칭[美名]을 취하였기 때문에 사람들이 문장(文章)을 짓고 저술하는 것을 모두 '제(製)'라고 한다. [『효경』의] 이 서문은 당나라 현종(玄宗)이 지었기 때문에 '어제(御製)'라고 하였다.

현종은 당나라의 여섯 번째 황제로 이름이 '융기(隆基)'이며, 예종(睿宗, 재위 684~690)의 아들이다. 그는 연화(延和) 원년(712)에 즉위하였는데, 당시 나이가 33세였다. 45년 동안 재위에 있었으며, 78세의 나이로 죽었다. 시호는 '명효황제(明孝皇帝)'이며, 묘호(廟號)는 '

---

55 『춘추좌씨전』「양공」31년: 子産曰, "不可. 人之愛人, 求利之也. 今吾子愛人則以政, 猶未能操刀而使割也, 其傷實多. 子之愛人, 傷之而已, 其誰敢求愛於子? 子於鄭國, 棟也. 棟折榱崩, 僑將厭焉, 敢不盡言? <u>子有美錦, 不使人學製焉.</u> 大官·大邑, 身之所庇也, 而使學者製焉, 其爲美錦不亦多乎?......" 전체 내용을 확인하려면, 좌구명/신동준 옮김, 『춘추좌전』2(파주: 한길사, 2006), 426~428쪽을 보라

현종(玄宗)'이다. 개원(開元) 10년(722)에 [『효경』의] 경문에 서문과 함께 주석을 지었다.

邢疏 '製'者, 裁剪述作之謂也. 故『左傳』曰, "子有美錦, 不使人學製焉." 取此美名, 故人之文章述作, 皆謂之製. 以此序唐玄宗所撰, 故云'御製'也. 玄宗, 唐第六帝也, 諱隆基, 睿宗之子. 以延和元年卽位, 時年三十三. 在位四十五年, 年七十八登遐. 謚曰'明孝皇帝', 廟號玄宗. 開元十年製經序幷注.

형병 소 '서(序)'와 관련하여, 『시경』「주송(周頌)」의 "[선조께서] 열어 놓으신 실마리[序]를 계승하여 잊지 않겠습니다"[56]라는 문장에 대해, 「모전(毛傳)」에서는 "서(序)는 실마리[緖]이다"라고 말하고 있다. 또 『이아(爾雅)』「석고(釋詁)」에서는 "서(敍)는 [실마리라는] 서(緖)의 뜻이다"라고 말하고 있는데, 이는 '서(序)'와 '서(緖)'의 음의(音義)가 같음을 말한다. 또 곽박(郭樸)은 [『이아』「석고」의 이 문장에] 주석을 달아 "[서(舒)·업(業)·순(順)·서(敍) 이 4개는] 또한 실마리[端緖]의 의미이다"라고 말하였다. 그렇다면, 이 [『효경』의 서문에서] 말한 '서(序)'란 한 경문의 실마리를 거론한 것일 뿐이다.

邢疏 '序'者, 按『詩』「頌」云 "繼序思不忘", 「毛傳」云 "序, 緖也." 又「釋詁」云 "敍, 緖也", 是序與敍音義同. 郭璞云"又爲端緖." 然則此言序者, 擧一經之端緖耳.

형병 소 '병주(幷注)'와 관련하여, '병(幷)'은 '아우르다[兼]'는 뜻이

56 『시경』「주송·閔予小子」: 於乎皇王, 繼序思不忘.

다. '주(注)'는 '드러내다[著]'는 뜻으로 경문의 요지를 해석하여 그 의리(義理)가 분명하게 드러나게 하는 것이다. 서문을 지었을 뿐만 아니라 아울러 주석[注]도 지었기 때문에 '병(幷)'이라고 하였다.

살펴보건대, 지금 세속에서 유통되고 있는 『효경』에는 '정씨주(鄭氏注)'라고 적혀 있다. [그리고] 가까운 과거에는 모두 [정씨가] 강성(康成; 정현)이라고 생각하였다. 그러나 위진(魏晉) 시기에 이러한 설(說)은 없었다. 진(晉)나라 목제(穆帝, 재위 344~361) 영화(永和) 11년(355)과 효무제(孝武帝, 재위 372~396) 태원(太元) 원년(376)의 두 차례에 걸쳐 신하들을 모아 함께 경전의 뜻을 의론하게 하였는데, 순창(荀昶)이라는 자가 『효경』의 여러 설(說)들을 편집하면서 비로소 정씨(鄭氏)를 종주로 삼게 되었다. [그러나] 진(晉)나라 말 이래로 많은 이론(異論)이 생겨났다. 육징(陸澄)은 정현이 [『효경』에] 주를 달지 않았다고 생각하여 [정현이 주석을 단 『효경』을] 비서성(秘書省)[57]에 보관하지 말 것을 요청하였는데, 왕검(王儉, 452~489)[58]이 그의 요청을 따르지 않아 결국 [정현이 주석을 단 책이] 전해질 수 있었다. 위(魏)나라와 제(齊)나라에 이르러서는 [정현이 주석을 단 책을] 학관(學官)에 세우고 율령(律令)에 기록해 두었다. 대체로 세속에 사로잡혀 제대로 인식하지 못했기 때문에 이러한 잘못을 초래한 것이다. 그렇다면 이 『효경』은 정현이 주석을 단 것이 아니며, 그

---

57 동한(東漢) 환제(桓帝) 때 처음으로 비서감(秘書監)이라는 관청이 설치되어 문서와 서적의 보관을 담당하였는데, 남조(南朝) 양(梁)나라에 이르러 비서성(秘書省)이라는 명칭으로 이름이 바뀌었으며 전적(典籍) 및 도서(圖書)를 담당하였다.

58 왕검은 남조(南朝) 제나라 낭야(琅邪) 임기(臨沂) 사람으로, 자는 중보(仲寶)이다. 그는 동진(東晉) 시기 명재상이었던 왕도(王導)의 5대손이다. 『삼례(三禮)』를 깊이 연구하였으며, 『칠략(七略)』을 본떠서 『칠지(七志)』를 지었다. 그밖에 『원휘사부서목(元徽四部書目)』, 『古今喪服集記』 등을 저술하였다.

증거로는 다음과 같이 12가지가 있다.

정현의 자서(自序)에 따르면, "당고(黨錮)의 일[59]을 당해 난리를 피하면서 『예(禮)』에 주석을 달았고, 당고의 일이 해제된 뒤 『고문상서(古文尙書)』·『모시(毛詩)』·『논어(論語)』에 주석을 달았으며, 원담(袁譚, ?~205)[60]에게 위협을 당해 원성(元城)에 이르렀을 때 『주역』에 주석을 달았다"고 말하고 있어, 『효경』의 글에 주석을 달았다는 말은 전혀 없으니, 이것이 [정현이 『효경』에 주석을 달지 않았다는] 그 첫 번째 증거이다.

정현이 죽은 후, 그의 제자들은 스승이 주석한 책과 개인 저서 및 당시 사람들과 응대(應對)한 글들을 정리하여, 그것을 '정지(鄭志)'라고 하였다. 그런데 이 『정지』에서 정현이 주석한 책이라고 말한 것으로는 다만 『모시』와 『삼례』·『상서』·『주역』만 있을 뿐, [정현이] 『효경』에 주석을 달았다고는 결코 말하고 있지 않으니, 이것이 [정현이 『효경』에 주석을 달지 않았다는] 그 두 번째 증거이다.

또한 『정지목록(鄭志目錄)』 속에는 정현이 주석한 오경(五經) 이외의 글들이 기록되어 있는데, [예를 들어] 『중후(中候)』·『대전(大傳)』·『칠정론(七政論)』·『건상역(乾象曆)』·『육예론(六藝論)』·『모시보(毛詩譜)』·『답임석난례(答臨碩難禮)』·『허신이의(許愼異議)』·『석발질(釋廢疾)』·『발묵수(發墨守)』·『잠고황(箴膏肓)』·『답견수연(答甄守然)』 등의 글들로, 아주 작은 분량이나 단편

---

59 당고(黨錮)의 일이란 동한(東漢)의 환제(桓帝, 재위 146~167)와 영제(靈帝, 168~189) 시기 동안 관료 사대부(士大夫)들이 환관(宦官)들의 전권(專權)에 반대하다가 금고형(禁錮刑), 즉 종신토록 벼슬을 할 수 없는 형벌에 처한 정치적 사건을 말한다. 당고의 정치적 투쟁은 연희(延熹) 9년(166)부터 중평(中平) 元年(184)까지 계속되었다.

60 원담은 동한 말 군웅(群雄) 중에 하나였던 원소(袁紹)의 큰아들이다.

적인 말까지 기록하지 않은 것이 없다. [그런데] 만약 『효경』에 대한 [정현의] 주석이 있었다면, 감추고서 말하지 않을 리가 없으니, 이것이 [정현이 『효경』에 주석을 달지 않았다는] 그 세 번째 증거이다.

정현의 제자들은 각자 문도(門徒)들을 분담하여 각각 스승의 말을 기술하고, 다시 서로 문답(問答)하여 그 말들을 엮어 기록하였는데, 그것을 '정기(鄭記)'라고 한다. [그런데 이 『정기』에는] 다만 『시』 · 『서』 · 『예』 · 『역』 · 『논어』를 기록하였을 뿐 『효경』에 대해서는 언급하지 않았으니, 이것이 [정현이 『효경』에 주석을 달지 않았다는] 그 네 번째 증거이다.

조상(趙商)[61]이 지은 정현(鄭玄)의 비명(碑銘)에서는 정현이 단 주석과 전(箋), 논평문 등을 모두 거론하고 있는데, 이 역시 『효경』에 주석을 달았다고는 말하고 있지 않다. [또한] 『진중경부(晉中經簿)』[62]에서는 『주역』 · 『상서』 · 『중후』 · 『상서대전』 · 『모시』 · 『주례』 · 『의례』 · 『예기』 · 『논어』 등 9가지 책들에 대해 모두 "정씨(鄭氏)가 주(注)를 달았는데, [정씨의] 이름은 현(玄)이다[鄭氏注, 名玄]"라고 말하고 있으나, 『효경』에 이르러서는 "정씨가 풀이하였다[鄭氏解]"라고만 되어 있고, "이름은 현이다[名玄]"라는 두 글자가 없으니, 이것

61 조상은 동한(東漢) 하내(河內) 사람으로, 징현(鄭玄)의 제자이다. 정현이 60살이었을 때 찾아와 수업을 받았다.

62 서진(西晉)의 순욱(荀勖, ?~289)이 지은 책으로, 『중경신부(中經新簿)』라고도 한다. 책 전체의 정문(正文)이 14권이며 별도로 불경(佛經) 2권을 덧붙여 놓았다. 저록된 도서는 1,885부(部), 20,935권이다. 다만 책명과 권수, 지은이만을 기록하였고 제요(提要)나 해제(解題)는 없다. 갑(甲) · 을(乙) · 병(丙) · 정(丁) 4(部)로 분류하였는데, 갑부(甲部)에서는 육예(六藝) · 소학(小學)을 수록하였고, 을부(乙部)에서는 고대의 제자(諸子) · 근세의 자가(子家) · 병서병가(兵書兵家) · 술수(術數) 등을 수록하였으며, 병부(丙部)에서는 사기(史記) · 구사(舊事) · 황감부(皇覽簿) · 잡사(雜事) 등을 수록하였으며, 정부(丁部)에서는 시부(詩賦) · 도찬(圖贊) · 급총서(汲塚書) 등을 수록하였다.

이 [정현이 『효경』에 주석을 달지 않았다는] 그 다섯 번째 증거이다.

『춘추위연공도(春秋緯演孔圖)』의 [송균(宋均)의] 주석에서는 "강성(康成; 정현)은 『삼례』·『시』·『역』·『상서』·『논어』에 주석을 달았으며, 『춘추』와 『효경』에는 평론(評論)을 지었다"라고 말하고 있다. 송균은 『시보서(詩譜序)』에서 "나의 선사(先師)이신 북해(北海) 정사농(鄭司農; 정현)"이라고 말하고 있으니, 송균은 정현의 가르침을 받은 제자이다. [그렇다면 송균은] 스승의 주석과 저술들에 대해 모를 리가 없으며, "『춘추』와 『효경』에는 평론을 지었다"라고만 말하고 있으니, 정현이 『효경』에 주석을 달지 않았다는 것은 매우 분명하다. 이것이 [정현이 『효경』에 주석을 달지 않았다는] 그 여섯 번째 증거이다.

또한 송균의 『효경위(孝經緯)』의 주석에서는 정현의 『육예론』의 「서효경(敍孝經)」에서 "나 정현이 또한 여기에 주석을 달았다"는 내용을 인용하고는, "정사농(鄭司農; 정현)은 이와 같이 의론하였으나 균(均)은 그에게서 그러한 말[즉 『효경』에 주석을 달았다는 말]을 들은 적이 없다. 의리상 짐작은 가나 구체적인 말이 없으니, 나를 당혹스럽게 만든다"라고 말하고 있다. [이처럼 송균은] 정현의 말을 들어 [그가 『효경』에 주석을 달았다는 말을 직접] 들은 적이 없다고 말하고 있으니, 이것이 [정현이 『효경』에 주석을 달지 않았다는] 그 일곱 번째 증거이다.

송균이 『춘추위(春秋緯)』의 주석에서 "[정현은] 『춘추』와 『효경』에 대해서 간략한 설명[略說]을 지었다"라고 말한 것은 주석[注]을 [지었다고] 말하는 것이 아니다. [『육예론』의 「서효경(敍孝經)」에서] "나 정현이 또한 여기에 주석을 달았다"라고 말한 것은 실없이 던진 말[汎辭]일 뿐, 실제로 그렇다는 말이 아니다. [『육예론』의] 「서춘추(敍春秋)」에서도 "나 정현이 또한 여기에 주석을 달았다"고 말하고 있는데, 어찌 실제로 『춘추』에 주석을 달았는지의 여부를 또 다시 따질 수 있겠는가? 이것이 [정현이 『효경』에 주석을 달지 않았다는] 그 여덟 번째 증거이다.

후한(後漢) 시기의 역사서 가운데 세상에 남아 있는 것으로, 사승(謝承) · 설영(薛瑩, 209?~283?) · 사마표(司馬彪, ?~306?) · 원산송(袁山松, ?~401) 등의 책이 있는데,[63] [그들은 모두 정현의 전(傳)을 만들고서] 정현이 주석한 책들을 기록하였지만 모두 『효경』은 빠져있다. 다만 범씨(范氏; 范曄, 398~445)의 책[64]에 『효경』이 있을 뿐이니, 이것이 [정현이 『효경』에 주석을 달지 않았다는] 그 아홉 번째 증거이다.

왕숙(王肅, 195~256)[65]의 『효경전(孝經傳)』의 앞머리에는 사마선왕(司馬宣王)[66]이 조칙을 받들어 여러 유자(儒者)들에게 『효경』에 주석을 달아 저술하도록 하였는데, 왕숙의 학설을 가장 좋은 것으로 삼았다는 내용이 실려 있다. 만약 [왕숙의 주석에] 앞서 정현의 주석이 있었다면 또한 마땅히 언급했을 것인데도 정현의 주석에 대해서는 언급하지 않았으니, 이것이 [정현이 『효경』에 주석을 달지 않았

---

63 사승은 『한서(漢書)』 130권을, 설영은 『한기(漢紀)』 100권을, 사마표는 『속한서(續漢書)』를, 원산송은 『후한서(後漢書)』 100권을 각각 지었다.

64 즉, 범엽이 지은 『후한서』를 말한다.

65 왕숙은 중국 위(魏)나라 때의 학자로, 자는 자옹(子雍)이며, 동해(東海) 출신이다. 부친 왕랑(王朗)으로부터 금문학(今文學)을 공부했으나, 고문학(古文學)의 고증적인 해석을 따랐다.

66 사마선왕(司馬宣王)은 곧 사마의(司馬懿, 179~251)로, 자는 중달(仲達)이다. 그는 삼국(三國) 시기 위(魏)나라의 뛰어난 정치가이자 군사가(軍事家)이며, 권신(權臣)이었다. 수차례 군사를 거느리고 제갈량(諸葛亮)과 싸워 공적이 있었기 때문에 선왕(宣王)에 봉해졌다.

다는] 그 열 번째 증거이다.

왕숙은 책에 주석을 달면서 정현의 주장에 대한 단점을 드러내기를 좋아하여 [정현의] 아주 사소한 잘못일지라도 모두 자신이 지은 『성증론(聖證論)』에 실어 두었는데, 만약 『효경』의 이 주석이 정씨(鄭氏; 정현)에게서 나왔다면 왕숙에게 공격당하는 것이 가장 심했을 것인데도 왕숙은 그에 대해 한마디 말도 하지 않았으니, 이것이 [정현이 『효경』에 주석을 달지 않았다는] 그 열한 번째 증거이다.

위진(魏晉) 시기에는 현자(賢者)들이 시사(時事)를 의론하면서 정씨(鄭氏; 정현)의 여러 주석들을 뽑아 인용하지 않은 적이 없었는데, 『효경』의 주석과 관련해서는 한 마디 말도 언급하는 자가 없으니, 이것이 [정현이 『효경』에 주석을 달지 않았다는] 그 열두 번째 증거이다.

대체로 이상의 증거들은 쉽게 검토할 수 있는 것인데도 세상의 학자들은 그 그릇됨을 깨닫지 못하고 저 잘못된 주장들에 편승하여 경쟁적으로 서로 치켜세우다 보니, [정현의 주석 이외의] 여러 해석들은 학관에 세워지지 못하였고, 이 [정현의] 주석만이 세상에 유통되었다. 살펴보건대 [정현의 주석은] 그 말들이 수준 이하이고 의리상 도리(道理)에 위배되니, 결코 저 후세에 보여주어 영원히 전하게 해서는 안 된다.

공안국이 전[孔傳][67]을 단 『고문효경』은 본래 공씨(孔氏)의 벽에서 나왔는데, 말은 매우 자세하고 정확하여 더 이상 따질 필요가 없었으나 오랫동안 일실되어 유통되지 못했다. 수(隋)나라 개황(開皇) 14년

67 공전(孔傳)은 공안국(孔安國)이 『효경』에 지은 전(傳)을 말한다.

(594)에 비서성(秘書省)의 학생(學生) 왕일(王逸)[68]이 경시(京市; 수도에 있는 시장)의 진인(陳人)의 집에서 [『고문효경』] 한 본을 사서 입수하고는 저작랑(著作郎) 왕소(王劭)에게 보냈고, 그래서 [왕소가] 하간(河間)의 유현(劉炫)에게 보여주자 [유현이 그 책을] 교정하게 하였다. 그러나 이 책은 [대조할] 동일한 판본이 전혀 없어서 의거할 만한 것이 없었기 때문에 유현이 문득 자신의 소견에 따라 제멋대로 교정하였고, 이러한 연유로 『고문효경계의(古文孝經稽疑)』 1편을 지었다. 이러한 이유 때문에,[69] 개원(開元) 7년(719)에 [현종이] 칙령을 내려 [『효경』에 대해] 의론하게 했을 때, 유자현(劉子玄; 劉知幾) 등의 의론에서는 공안국과 정현 2가(家)는 구름과 진흙처럼 차이가 심한데, 이제 황제의 명령이 내려와 그 장단점을 비교해 보니, 마땅히 공전(孔傳)을 유통시키고 정주(鄭注)를 폐지하는 것이 의리상 타당하다고 생각한다고 말하였던 것이다.

[그러나] 국자박사(國子博士) 사마정(司馬貞)의 의론에서는 다음과 같이 말하고 있다. "『금문효경』은 한나라 하간왕(河間王)이 입수한 안지(顔芝)의 판본인데, 유향(劉向)에 이르러 이 [『금문효경』으로] 『고문효경』을 비교하여 번잡하거나 미심쩍은 내용들을 삭제하고 이처럼 18장(章)으로 정리하였습니다. 그 주석과 관련해서는 세상 사람들이 서로 말을 전하며 정현이 지은 것이라고 하였습니다. 그러나 『정지(鄭志)』 및 『정지목록』 등에는 [정현이 주석한 『효경』이] 실려 있지 않기 때문에 과거의 현자(賢者)들은 [정현이 『효경』에 주

68 왕일은 동한(東漢) 남군(南軍) 의성(擬聲) 사람으로, 자는 숙사(叔師)이다. 『초사장구(楚辭章句)』를 지은 자로 유명하다.

69 실제로 이상의 말들은 모두 유지기(劉知幾) 등이 현종에게 올린 의론의 말이다.

석을 달았다는 사실에] 대해 의심을 하였습니다. 다만 순창(荀昶)과 범엽(范曄)만이 정현의 주석이라고 생각하였고 이 때문에 순창은 『효경』을 집해(集解)하면서 이 주석을 상당히 많이 갖추어 기록하였습니다. 또한 그 주석이 설사 정현이 지은 것이 아니라고 가정하더라도 그 전체적인 의미와 요지를 서술해 밝힌 것이 사리에 적합하다면 그 몇몇 곳에 다소 타당하지 않은 내용이 있더라도 진실로 경문의 요지에 해가 되지는 않을 것입니다. 『고문효경』 22장은 본래 공벽(孔壁)에서 나왔습니다. [이 책에] 처음으로 공안국이 전(傳)을 지었는데, 무고(巫蠱)의 화(禍)[70]를 만나 유통되지 못하였습니다. 순창이 [『효경』에 관한] 주석을 수집할 때는 오히려 공전(孔傳)을 보았으나, 중조(中朝)[71]에 결국 그 책이 사라져버렸습니다. 근래의 유자들은 고학(古學)을 숭상하여 제멋대로 이 전(傳)을 만들고 거짓으로 [지은이를] 공씨(孔氏)라고 일컬었으며 번번이 견강부회하거나 내용을 뜯어고쳤습니다. 또 「규문(閨門)」 1장을 거짓으로 만들자 유현(劉炫)이 자기생각대로 판단해서는 그 책이 좋다고 칭찬하였습니다. 게다가 규문(閨門)[72]의 의리[義]는 세속에 가까운 말이니, 반드시

70 무고(巫蠱)의 화란 한나라 무제(武帝, 재위 B.C.141~B.C.87) 때 무고(巫蠱)로 인해 일어난 통치자들의 내부적 투쟁을 가리킨다. '무고(巫蠱)'는 무술(巫術)로써 저주를 하거나 나무 인형을 땅에 묻어 타인을 해치는 것을 말한다. 무제는 만년에 병이 많았는데, 좌우의 사람들이 자신이 무고(巫蠱)하게 생긴 것을 의심하였다. 정화(征和) 2년(BC91)에 강충(江充)이 태자와 틈이 생겨 태자궁 (太子宮)에 나무 인형이 묻혀 있다고 무고하자 태자(太子)가 두려워 강충과 호무(胡巫)를 죽였다. 이에 무제가 군사를 일으켜 그를 체포하려 하자, 태자는 5일 동안 항전하였지만 전쟁에서 패하여 자살하였다. 승상(丞相)으로부터 서민에 이르기까지 무고의 사건에 연루되어 죽임을 당한 자가 수만 명이나 되었다.

71 중조(中朝)는 남북조 시대를 가리킨다.

72 '규문(閨門)'은 본래 궁원(宮苑; 궁중의 정원)과 내실(內室)의 문으로 궁정(宮廷)과 가정(家庭)을 가리키는데, 그 의미가 확장되어 부녀자가 거처하는 곳, 또는 부녀(婦女)와 처자(妻子)를 의미하기도 한다.

선니(宣尼; 공자)[73]의 정설(正說)은 아닙니다. 그 「규문장」의 문장을 살펴보면, '규문(閨門)의 안에서는 예(禮)를 갖추어야 하니, 부모를 존경하고 형을 존경해야 한다. 처자(妻子)와 신첩(臣妾)은 노역을 담당하는 자들과 같다'라고 말하고 있습니다. 이는 처자(妻子)를 노역을 담당하는 자들에 견주는 것으로, 문구(文句)가 비속하니, 경전(經典)과는 어울리지 않습니다. 또 [『고문효경』에서는] 「서인장(庶人章)」을 나누어 '고자천자이하(故自天子已下)'부터 별도로 한 장을 만들고, 그대로 '자왈(子曰)'이라는 두 글자를 첨가해 놓았습니다. 그러나 '고(故)'라는 것은 앞의 내용을 연결하는 단어로써 한 장(章)의 첫머리에서 '고(故)'를 말하는 것은 적합하지 않습니다. 이것은 『고문효경』이 이미 없어졌기 때문에 후인(後人)들이 제멋대로 이와 같은 몇 장(章)들을 새로 만들어 '22'라는 수치를 맞춘 것에 불과합니다. [『고문효경』은] 경문이 진실되지 못할 뿐만 아니라, 전문(傳文)도 수준이 떨어져 신뢰할 만하지 못합니다. 또한 [『고문효경』에서는] '하늘의 길을 이용하고, 땅의 이로움을 구분하며'라는 [경문에] 주석을 달았는데, 그 간략한 해설[略]에서는 '옷을 벗고 일하여 그 피부와 몸을 드러내 놓고, 아침저녁으로 농사일에 종사하며, 머리에는 찬 이슬을 맞고 맨 발로 일하지만, 젊어서부터 그것을 익혔기 때문에 그 마음은 편안하다.'라고 말하고 있습니다. 이 말이 비록 제자(諸子)들의 말 속에 두루 나와서[74] 그것을 인용하여 주석하고 있지

---

73 한나라 평제(平帝) 원시(元始) 원년(1)에 공자를 추증하여 시호를 '포성선니공(褒成宣尼公)'으로 일컬었다. 그 후 공자를 '선니(宣尼)'라고 불렀다.

74 예를 들어 『國語』 卷六 「齊語」에 "令夫農, 羣萃而州處, 察其四時, 權節其用, 耒·耜·耞·芟, 及寒, 擊菒除田, 以待時耕, 及耕, 深耕而疾耰之, 以待時雨, 時雨旣至, 挾其槍·刈·耨·鎛, <u>以旦暮從事於田野, 脫衣就功, 首戴茅蒲, 身衣襏襫, 霑體塗足, 暴其髮膚,</u> 盡其四支之敏, 以

만, 어찌 그리 말이 수준 이하란 말입니까? [이 주석을] 정현의 주석에서 '다섯 가지 성향의 토지를 분별하고 그 지대의 높고 낮음을 견주어, 지대가 높은 밭에는 기장의 부류[黍稷]을 심는 것이 마땅하고, 지대가 낮은 밭에는 벼나 보리 등을 심는 것이 마땅하다'라는 말과 비교해보면, 우열에 있어 현격한 차이가 나니, 어찌 같은 등급으로 [이 두 주석을] 취급할 수 있겠습니까? 지금 의론을 펼치는 자들은 근래 유자(儒者)들의 잘못된 학설[詭說]을 받아들여 정주(鄭注)를 없애고자 하지만 이치상 실제로는 불가하니, 청컨대 정현이 주석한 『효경』를 기준으로 삼아, 공전(孔傳)과 예전 그대로 유통시키시길 바랍니다."

이에 [현종은] 조서를 내려 정주(鄭注)는 예전그대로 사용하고, 공전(孔傳)도 남겨 놓게 하였다. 이때 소송(蘇宋) 등의 문리(文吏)들이 세속의 흐름에 억매여 고의(古義)를 드러내 밝힐 수가 없자 [현종에게] 상주하여 [정현이 주석을 단 『금문효경』을 비난했던] 자현(子玄; 劉知幾)을 비난하였고, 그러자 [현종이] 여러 유자(儒者)들에게 직접 서로 대면하여 의론을 정하게 하였는데, 사마정과 학생(學生) 치상(郗常) 등 10명이 모두 자현(유지기)을 비난하자 [현종은] 결국 여러 유자(儒者)들의 주장을 따르게 되었다. 개원 10년(722)에 황제(즉, 현종)가 직접 『효경』에 주석을 달아 천하에 반포하자 마침내 [『효경』의 틀이] 18장으로 정해졌다.

邢疏 '幷注'者, 幷, 兼也. 注, 著也, 解釋經指, 使義理著明也. 言非但製序, 兼亦作注, 故云'幷'也. 案今俗所行『孝經』, 題曰'鄭氏注'. 近古

從事於田野. 少而習焉, 其心安焉, 不見異物而遷焉. 是故其父兄之教不肅而成, 其子弟之學不勞而能."라는 문장이 있다.

皆謂康成，而晉魏[75]之朝無有此說．晉穆帝永和十一年及孝武太元元年，再聚羣臣，共論經義，有荀㫤者，撰集『孝經』諸說，始以鄭氏爲宗．晉末以來，多有異論．陸澄以爲非玄所注，請不藏於秘省．王儉不依其請，遂得見傳．至魏·齊則立學官，著作[76]律令．蓋由虜俗無識，故致斯訛舛．然則經非鄭玄所注，其驗有十二焉．據鄭自序云，"遭黨錮之事，逃難[77]，至黨錮事解，注『古文尚書』·『毛詩』·『論語』，爲袁譚所逼，來至元城，乃注『周易』"，都無注『孝經』之文，其驗一也．鄭君[78]卒後，其弟子追論師所注述及應對時人，謂之『鄭志』．其言鄭所注者，唯有『毛詩』·『三禮』·『尙書』·『周易』，都不言注『孝經』，其驗二也．又『鄭志目錄』記鄭之所注五經之外，有『中候』·『大傳』·『七政論』·『乾象曆』·『六藝論』·『毛詩譜』·『答臨碩難禮』·『許愼異議』·『釋廢疾』·『發墨守』·『箴膏肓』·『答甄守然』等書，寸紙片言，莫不悉載．若有『孝經』之注，無容匿而不言，其驗三也．鄭之弟子分授門徒，各述所[79]言，更爲問答，編錄其語，謂之'鄭記'．唯載『禮』·『易』·『論語』[80]，其言不及『孝經』，其驗四也．趙商作鄭玄碑銘，具載諸所注箋驗[81]論，亦不言注『孝經』．『晉中經簿』，『周

75 안원의 『교감기』에 따르면, "『문원영화(文苑英華)』 및 『당회요(唐會要)』에 '위진(魏晉)'으로 되어 있는데, 옳다"라고 말하고 있다. 여기서는 안원의 주장에 따라 번역하였다.

76 안원의 『교감기』에 따르면, "『문원영화(文苑英華)』 및 『당회요(唐會要)』에 '작(作)'이 '재(在)'로 되어 있는데, 옳다"라고 말하고 있다. 여기서는 안원의 주장에 따라 번역하였다.

77 『당회요』에 따르면, '도난(逃難)' 뒤에 '주례(注禮)' 두 글자가 있다. 여기서는 『당회요』에 근거하여 번역하였다.

78 '군(君)'은 『당회요』에 '현(玄)'으로 되어 있다. 여기서는 『당회요』에 근거하여 번역하였다.

79 안원의 『교감기』에 따르면, "『문원영화(文苑英華)』 및 『당회요(唐會要)』에 '소(所)'가 '사(師)'로 되어 있는데, 옳다"라고 말하고 있다. 여기서는 안원의 주장에 따라 번역하였다.

80 안원의 『교감기』에 따르면, "『문원영화(文苑英華)』 및 『당회요(唐會要)』에는 '재(載)' 자 다음에 '시서(詩書)'라는 두 글자가 있는데, 옳다"고 말하고 있다. 여기서는 안원의 주장에 따라 번역하였다.

易』·『尙書』·『中候』·『尙書大傳』·『毛詩』·『周禮』·『儀禮』·『禮記』·『論語』凡九書, 皆云“鄭氏注, 名玄”, 至於『孝經』則稱“鄭氏解”, 無“名玄”二字, 其驗五也. 『春秋緯演孔圖』注云 “康成注『三禮』·『詩』·『易』·『尙書』·『論語』, 其『春秋』·『孝經』則有評論.” 宋均『詩譜序』云“我先師北海鄭司農”, 則均是玄之傳業弟子. 師有注述, 無容不知, 而云『春秋』·『孝經』唯有評論, 非玄所注特明, 其驗六也. 又宋均『孝經緯』注, 引鄭『六藝論』「敍孝經」云“玄又爲之注”, “司農論如是而均無聞焉. 有義無辭, 令予昏惑”, 擧鄭之語而云無聞, 其驗七也. 宋均『春秋緯』注云“爲『春秋』·『孝經』略說”, 則非注之謂. 所言“又爲之注”者, 汎辭耳, 非事實. 其「敍春秋」亦云“玄又爲之注”, 寧可復責以實注『春秋』乎? 其驗八也. 後漢史書存於代者, 有謝承·薛瑩·司馬彪·袁山松等, 其所注, 皆無『孝經』. 唯范曄書有『孝經』,[82] 其驗九也. 王肅『孝經傳』首有司馬宣王奉詔令諸儒注述『孝經』, 以肅說爲長. 若先有鄭注, 亦應言及而不言鄭, 其驗十也. 王肅注書, 好發鄭短, 凡有小失, 皆在『聖證』, 若『孝經』此注, 亦出鄭氏, 被肅攻擊, 最應煩多, 而肅無言, 其驗十一也. 魏晉朝賢辨論時事, 鄭氏諸注無不撮引, 未有一言『孝經』注者, 其驗十二也. 以[83]此證驗, 易爲討覈, 而代之學者, 不覺其非, 乘後謬說, 競相推擧, 諸解不立學官, 此注獨行於世. 觀言語鄙陋, 義理乖謬, 固不可示彼後來, 傳諸不朽. 至『古文孝經』孔傳本出孔氏壁中, 語甚詳正, 無俟商榷而曠代亡逸, 不被流行. 隋開皇十四年, 秘書學生王逸, 於京市陳人處買得一本, 送

---

81 ‘험(驗)’자는 『당회요』에 ‘박(駁)’으로 되어 있다. 여기서는 『당회요』의 문장에 따라 번역하였다.

82 『문원영화』 및 『당회요』에는 이 7글자가 없다.

83 『문원영화』 및 『당회요』에는 ‘이(以)’자가 ‘범(凡)’자로 되어 있다. 여기서는 이 두 책의 문장에 따라 번역하였다.

與著作王劭, 以示河間劉炫, 仍令校定. 而此書更無兼本, 難可依憑, 炫輒以所見率意刊改, 因著『古文孝經稽疑』一篇. 故開元七年勅議之際, 劉子炫等議, 以爲孔·鄭二家雲泥致隔, 今綸旨煥發, 校其短長, 必謂行孔廢鄭, 於義爲允. 國子博士司馬貞議曰 "『今文孝經』是漢河間王所得顔芝本, 至劉向以此參校『古文』, 省除繁惑, 定此一十八章. 其注相承云是鄭玄所作. 而『鄭志』及『目錄』等不載, 故往賢共疑焉. 唯荀昶·范曄以爲鄭注, 故昶集解『孝經』, 具載此注爲優. 且其注縱非鄭玄, 而義旨敷暢, 將爲得所, 雖數處小有非穩, 實亦未爽經旨. 其『古文』二十二章, 雖出孔壁. 先是安國作傳, 緣遭巫蠱, 未之行也. 昶集注之時, 尙未見孔傳, 中朝遂亡其本. 近儒欲崇古學, 妄作傳學[84], 假稱孔氏, 輒穿鑿改更. 又僞作「閨門」一章, 劉炫詭隨, 妄稱其善. 且閨門之義, 近俗之語, 必非宣尼正說. 案其文云, '閨門之內具禮矣, 嚴親嚴兄. 妻子臣妾, 繇百姓徒役也.' 是比妻子於徒役, 文句凡鄙, 不合經典. 又分「庶人章」, 從'故自天子已下'別爲一章, 仍加'子曰'二字. 然'故'者, 逮下[85]之辭, 旣是章首, 不合言'故'. 是古人旣沒[86], 後人妄開此等數章, 以應二十二之數. 非但經文不眞, 抑亦傳文淺僞. 又注'用天之道, 分地之利', 其略曰'脫之應功,[87] 暴其肌體, 朝暮從事, 露髮徒足, 少而習之, 其心安焉.' 此語雖旁出諸子, 而引之爲注, 何言之鄙俚乎? 與鄭氏所云'分別五土, 視其高下, 高田宜黍稷, 下田宜稻麥,

---

84 『문원영화』 및 『당회요』에는 '전학(傳學)'이 '차전(此傳)'으로 되어 있는데, 여기서는 이 두 책의 문장에 따라 번역하였다.

85 『당회요』에는 '체하(逮下)'가 '연상(連上)'으로 되어 있다. 여기서는 『당회요』의 문장에 따라 번역하였다.

86 『문원영화』에는 '시고문기망(是古文旣亡)'으로 되어 있다. 여기서는 『문원영화』의 문장에 따라 번역하였다.

87 『문원영화』 및 『당회요』, 『고문효경공씨전(古文孝經孔氏傳)』에는 '탈의취공(脫衣就功)'으로 되어 있다. 여기서는 이에 근거하여 번역하였다.

優劣懸殊, 曾何等級? 今議者, 欲取近儒詭說, 而廢鄭注, 理實未可, 請准今式『孝經』鄭注, 與孔傳依舊俱行." 詔鄭注仍舊行用, 孔傳亦存. 是時蘇宋文吏拘於流俗, 不能發明古義, 奏議排子玄, 令諸儒對定, 司馬貞與學生郗常等十人盡非子玄, 卒從諸儒之說. 至十年上自注『孝經』, 頒於天下, 卒以十八章爲定.

▎현종 서 1-1

짐(朕)이 상고(上古)에 관해서 듣건대, 그 교화(敎化)가 질박하고 간소하여,

玄宗 序 1-1 **朕聞上古, 其風朴略,**

형병 소 ▮현종 서문: "朕聞上古"~"德之本歟". ▸『정의(正義)』: 이 이하로부터 서문 끝부분에 이르기까지 모두 다섯 단락의 명확한 주제[明義]가 있는데, 해당 단락에서 각각 그 요지를 풀이하고 있으니, 여기서는 다시 번잡하게 서술하지 않는다. 지금 이 첫 단락에서는 효의 기원 및 [효로써] 다른 사람을 교화시킬 수 있으며 그래서 [효는] 덕(德)의 근본이 됨을 서술하고 있다.

▸'짐(朕)'은 '나[我]'라는 뜻이다. 옛날에는 신분의 고하(高下)에 상관없이 모두 '짐(朕)'이라고 일컬었다. 이 때문에 제순(帝舜)은 우(禹)에게 명하면서 "나[朕]의 뜻이 먼저 결정되고 나서"라고 말하였고,[88] 우(禹)는 "저[朕]의 덕으로는 감당할 수가 없습니다"라고 말하였으

88 『상서(尙書)』「우서(虞書) · 대우모(大禹謨)」: 帝曰, "禹, 官占. 惟先蔽志, 昆命于元龜. 朕志先定, 詢謀僉同, 鬼神其依, 龜筮協從. 卜不習吉."

며,[89] 고요(皐陶)는 "나[朕]의 말은 [옛날의 도(道)]를 따르고 있어 실행할 만하다"라고 말하였다.[90] 또 굴원(屈原)도 "나[朕]의 돌아가신 아버지의 함자는 백용(伯庸)이네"라고 말하고 있다.[91] 이것은 옛 사람들이 질박하였기 때문에 임금과 신하가 모두 [자신을 가리켜 짐(朕)이라고] 일컬었던 것이다. 진시황(秦始皇) 26년(BC 221)에 이르러서야 ['짐(朕)'은] 천자(天子)의 칭호로 규정되었다.

'문(聞)'은 눈으로 보지 않고 귀로 전해 듣는 것이다.

'문상고(聞上古)'라는 것과 관련하여, ['상고(上古)'에 대해] 경전(經典)에서는 [그 가리키는 시대를] 각각 다르게 말하고 있다. [예를 들어] 『예기(禮記)』「예운(禮運)」의 정현의 주석에서 "중고(中古)에는 부(釜; 솥)와 증(甑; 시루)이 없었다"라고 말한 경우[92]는 신농(神農) 때가 중고(中古)에 해당됨을 말한 것이고, "『역』은 [시간상으로는] 삼고(三古)의 시간이 걸려 완성되었다"고 할 경우는[93] 복희(伏犧) 때가 상고(上古)가 되고, 문왕(文王) 때가 중고(中古)가 되며, 공자(孔子) 때가 하고(下古)가 된다. [또] 삼왕(三王)[94]이 오제(五帝)[95]와 대비될

89 『상서』「우서 · 대우모」: 禹曰, "朕德罔克, 民不依……"

90 『상서』「우서 · 고요모」: 皐陶曰, "朕言惠, 可厎行."

91 『초사장구(楚辭章句)』 권1 「離騷經章句 第一」: 帝高陽之苗裔兮, 朕皇考曰伯庸.

92 『예기』「예운(禮運)」: 夫禮之初, 始諸飮食, 其燔黍捭豚, 汙尊而抔飮, 蕢桴而土鼓, 猶若可以致其敬於鬼神. 〈注: 言其物雖質略, 有齊敬之心, 則可以薦羞於鬼神, 鬼神饗德不饗味也. 中古未有釜甑, 釋米捭肉, 加於燒石之上而食之耳, 今北狄猶然.〉

93 『전한서(前漢書)』 권30 「藝文志 第十」: 故曰"易道深矣, 人更三聖, 世歷三古."

94 삼왕(三王)에 대해 가리키는 대상에 대해 의견이 분분하지만, 일반적으로 하(夏)나라의 우왕(禹王), 상(商; 殷)나라의 탕왕(湯王), 주나라의 무왕(武王)을 가리킨다. 주나라 무왕(武王) 대신 주나라 문왕(文王)을 집어넣기도 한다. 또 삼왕(三王)을 삼황(三皇)과 같이 보아 복희(伏羲), 신농(神農), 황제(黃帝)로 보는 설도 있다.

95 오제(五帝) 또한 삼왕(三王)과 마찬가지로 가리키는 대상에 대해 의견이 분분하지만, 『역』「계사전」에서는 복희(伏羲), 신농(神農), 황제(黃帝), 당요(唐堯), 우순(虞舜)이라고

경우, 오제(五帝)가 또한 상고(上古)가 된다. 그러므로 [『의례』]「사관례(士冠禮)」의 '기(記)'에서 "태고(太古)에는 흰 베로 관(冠)을 만들었다"라고 말하고 나서, 그 다음에 "삼왕(三王)들도 모두 피변(皮弁)[96]을 사용했다"라고 말하고 있는데,[97] [여기서] 태고(太古)는 오제(五帝) 때가 되고, 태고는 또한 상고(上古)가 된다. 그 문장에 따라 각각 대응되는 바가 있기 때문에 상고(上古)·중고(中古)를 가리키는 대상이 다르다. 여기에서 [즉, 현종의 「서문」에서] 말한 '상고(上古)'는 오제(五帝)를 포함한 그 이전 시기를 가리킨다. 이렇게 판단하는 이유는 [이 문장] 다음에서 "인의(仁義)가 이미 생겨남에 이르러"라고 말하고 있는데, [『예기』]「예운」과 『노자』를 근거로 말하면 인의가 가장 성대(盛大)했을 때란 삼왕(三王)의 세상에 해당되니, 이 [현종의 「서문」에서 말한] 상고(上古)는 자연히 오제(五帝)를 포함한 그 이전 시기에 해당되어야 하기 때문이다.

'기풍박략(其風朴略)'에서 '풍(風)'은 '교화[敎]'라는 뜻이고, '박(朴)'은 '질박하다[質]'는 뜻이며, '략(略)'은 '간소하다[疏]'는 뜻이다. 이 문장은 상고(上古) 시대의 임금은 도(道)와 덕(德)을 숭상하여 그 교화(敎化)의 측면에서 질박하고 간소하게 하였음을 말한다.

邢疏　　"朕聞上古"之"德之本歟". ▸正義曰, 自此以下至於序末, 凡有五段明義, 當段自解其指, 於此不復繁文. 今此初段, 序孝之所起, 及可

말하고 있고, 『백호통의』에서는 황제(黃帝), 전욱(顓頊), 제곡(帝嚳), 제요(帝堯), 제순(帝舜)이라고 말하고 있으며, 『예기』「월령」에서는 태호(太昊; 伏羲), 염제(炎帝; 神農), 황제(黃帝), 소호(少昊; 摯), 전욱(顓頊)이라고 말하고 있다.

96 피변(皮弁)은 흰 사슴 가죽으로 만든 모자로, 조정(朝廷)에 출사할 때가 관례(冠禮) 때 사용되었다.

97 『의례』「사관례(士冠禮)」: 記. 冠義. 始冠, 緇布之冠也. 大古冠布, 齊則緇之. ……周弁, 殷冔, 夏收. 三王共皮弁·素積.

以敎人而爲德本也. ▸朕者, 我也. 古者尊卑皆稱之, 故帝舜命禹曰"朕志先定", 禹曰"朕德罔克", 皐陶曰"朕言惠可底行." 又屈原亦云"朕皇考曰伯庸", 是由古人質, 故君臣共稱. 至秦始皇二十六年, 始定爲天子之稱. 聞者, 目之不覩, 耳之所傳. 曰"聞上古"者, 經典所說不同, 案「禮運」鄭玄注云"中古未有釜甑", 則謂神農爲中古, 若『易』歷三古, 則伏犧爲上古, 文王爲中古, 孔子爲下古. 若三王對五帝, 則五帝亦爲上古, 故「士冠記」云"大古冠布", 下云"三王共皮弁", 則大古五帝時也, 大古亦上古也. 以其文各有所對, 故上古·中古不同也. 此云上古者, 亦謂五帝以上也. 知者, 以下云"及乎仁義旣有", 以「禮運」及『老子』言之, 仁義之盛在三王之世, 則此上古自然當五帝以上也. 云"其風朴略"者, '風', '敎'也, '朴', '質'也, '略', '疏'也. 言上古之君, 貴尙道德, 其於敎化, 則質朴疏略也.

❙ 현종 서:1-2

비록 부모를 사랑하는 마음의 효가 이미 싹터 있기는 하였지만 [형식적인] 공경의 예절을 취하는 것은 도리어 적었다.

玄宗 序:1-2 **雖因心之孝已萌, 而資敬之禮猶簡.**

형병 소 ▸정의(正義): '인(因)'은 ['친애하다'는 뜻의] '친(親)'과 같고, '자(資)'는 ['취하다'라는 뜻의] '취(取)'와 같다. 이 문장의 뜻은 상고(上古) 시대의 사람들은 자연스럽게 부모를 친애(親愛)하는 마음을 지니고 있어서, 이와 같은 효(孝)가 이미 싹터 있기는 하였지만 그 [형식적인] 공경의 예절을 취하는 것은 도리어 적었다는 말이다. 『주례』「대사도」의 "[대사도는] 6가지 행동을 가르치는데, [그 6가지 행동이란] 효도[孝] · 우애[友] · 화목[睦] · 혼인[姻] · 신뢰[任] · 구휼[恤]이 그것이다”라는 문장[98]에 대한 [정현의] 주(注)에서는 “인(因)[99]은 외친(外親)에 대해 친애[親]하는 것이다[因親於外親]”라고 말하였다. 이는 ‘인(因)’이 ‘친애하다[親]’의 뜻으로 사용될 수 있었음을 말해준다. [또한] 『시경』「대아(大雅) · 황의(皇衣)」에서는 “왕계(王季)께서는 부모를 사랑하는 마음[因心]을 지니시어 형제들과도 우애가 있었네”라고 말하고 있고, 『효경』「사장(士章)」에서는 “아버지를 모시는 태도를 취하여 군주를 섬기되 그 공경하는 마음을 똑같이 한다[資於事父以事君而敬同]”라고 말하고 있다. 이것들이 [이 서문의] 출처가 되는 문장들이니, 이 때문에 [이 문장들에 있는 말을] 끌어들여 서문을 지은 것이다.

邢疏 ▸正義曰, 因猶親也, 資猶取也. 言上古之人, 有自然親愛父母之心, 如此之孝, 雖已萌兆, 而取其恭敬之禮節, 猶尚簡少也. 『周禮』「大司徒」“敎六行, 云孝友 · 睦 · 姻 · 任 · 恤”, 注云“因親於外親.” 是因得爲親也. 『詩』「大雅 · 皇矣」云“維此王季, 因心則友”, 「士章」云“資於事父以事君而敬同”, 此其所出之文也, 故引以爲序耳.

98 『주례』「지관(地官) · 대사도(大司徒)」: 以鄕三物敎萬民, 而賓興之. 一曰六德, 知 · 仁 · 聖 · 義 · 忠 · 和. 二曰六行, 孝 · 友 · 睦 · 婣 · 任 · 恤. 三曰六藝, 禮 · 樂 · 射 · 御 · 書 · 數.

99 『주례』의 정현 주에는 ‘인(因)’이 ‘인(婣)’으로 되어 있다.

▎현종 서:1-3

인(仁)과 의(義)가 이미 생겨남에 이르러 자애(慈愛)의 마음[親]과 좋은 평판과 찬미의 말[譽]이 더욱 두드러졌다.

玄宗 序:1-3 **及乎仁義旣有, 親譽益著.**

형병 소 ▸ 정의(正義): '급호(及乎)'는 문장의 첫머리에 쓰여 앞문장과 뒷문장을 연결해 주는 말이다. '인(仁)'은 겸애(兼愛)의 뜻을 지닌 명칭이며, '의(義)'는 잘못됨을 판단한다는 말이다. '인의기유(仁義旣有)'는 삼왕(三王)의 시기를 가리킨다. 살펴보건대 『예기』「곡례(曲禮)」의 "태상(太上)의 시기에는 덕(德)을 중시하였다"[100]라는 문장의 정현의 주석에서 "태상(太上)은 삼황오제(三皇五帝)의 시기이다"라고 말하고 있고, 또 『예기』「예운」의 "대도(大道)가 행해졌을 때"[101]라는 문장의 정현의 주석에서 "대도(大道)는 오제(五帝) 때를 가리킨다"라고 말하고 있다. [또한] 『노자(老子)』의 「덕경(德經)」[102]에서는 "도(道)를 잃어버린 이후에야 덕(德)이 있게 되었고, 덕(德)을 잃어버린 이후에야 인(仁)이 있게 되었으며, 인(仁)을 잃어버린 이후에야 의(義)가 있게 되었다"[103]라고 말하고 있다. [이를 통해 보면] 도(道)와

100 『예기』「곡례(曲禮)」상: 太上貴德, 其次務施報. 禮尙往來.

101 『예기』「예운(禮運)」: 昔者仲尼與於蜡賓, 事畢, 出遊於觀之上. 喟然而嘆. 仲尼之嘆蓋嘆魯也. 言偃在側, 曰, "君子何嘆?" 孔子曰, "大道之行也, 與三代之英丘未之逮也, 而有志焉……."

102 1973년 후난성(湖南省) 장사(長沙) 마왕퇴(馬王堆) 한묘(漢墓)에서 두 종류의 백서(帛書) 『노자』가 출토되었는데, 이를 각각 『백서노자』 갑본(甲本), 을본(乙本)이라고 부른다. 그런데 그 체계를 살펴보면, 오늘날 통행본인 왕필본(王弼本)과는 달리, 「덕(德)」과 「도(道)」라는 편제로 나누어져 있고, 「덕(德)」(즉, 「덕경(德經)」) 부분이 순서상으로 앞에 나온다.

103 현행본 『노자』 38장: 失道而後德, 失德而後仁, 失仁而後義.

덕(德)은 삼황오제 시기에 해당되니, 인(仁)과 의(義)는 삼왕(三王)의 시기에 해당됨을 알 수 있다. 자애(慈愛)의 마음을 '친(親)'이라 하고, 좋은 평판과 찬미의 말을 '예(譽)'라고 한다. 삼왕(三王)의 시대에는 천하를 개인적 소유물로 여겨 각자 자신의 부모만을 부모로 여기고 각자 자신의 자식만을 자식으로 여겨 자애(慈愛)와 명성(名聲)의 도(道)가 나날이 점차 두드려졌기 때문에 '친예익저(親譽益著)'라고 말하였다.

邢疏 ▸正義曰, '及乎'者, 語之發端, 連上逮下之辭也. '仁'者, 兼愛之名, '義'者, 裁非之謂. 仁義旣有謂三王時也. 案曲禮云"太上貴德", 鄭注云"太上, 帝皇之世", 又「禮運」云"大道之行也", 鄭注云"大道, 謂五帝時". 『老子』「德經」云"失道而後德, 失德而後仁, 失仁而後義". 是道德當三皇五帝時, 則仁義當三王之時可知也. 慈愛之心曰親, 聲美之稱曰譽. 謂三王之世, 天下爲家, 各親其親, 各子其子, 親譽之道, 日益著見, 故曰'親譽益著'也.

▍현종 서:1-4

성인(聖人)은 효(孝)로써 다른 사람들을 교화시킬 수 있음을 알았으니,

玄宗 序:1-4 **聖人知孝之可以敎人也,**

형병 소 ▸정의(正義): [이 서문에서] '성인(聖人)'이란 효로써 천하를 다스리는 명왕(明王)을 가리킨다. 효는 모든 행동들의 근본이며 지극한 도(道)의 궁극점이기 때문에 경문에서는 "성인의 덕(德) 중에는 효보다 더 나은 것은 없습니까?"[104]라고 말했던 것이다.

邢疏 ▸ 正義曰, 聖人謂以孝治天下之明王也. 孝爲百行之本, 至道之極, 故經文云, "聖人之德, 又何以加於孝乎?"

▎ 현종 서:1-5

이 때문에 [경문에서는] "[성인은] 이러한 존엄하는 마음에 근거하여 공경이라는 덕목을 가르치고, 친애하는 마음에 근거하여 사랑하는 마음을 가르친다"[105]라고 말하였던 것이다.

玄宗 序:1-5 **故"因嚴以教敬, 因親以教愛."**

형병 소 ▸ 정의(正義): 뒷부분에 나오는 [『효경』의] 경문(經文)을 인용하여 [현종 자신이 말하고자 하는] 뜻을 증명하였다.

邢疏 ▸ 正義曰, 引下經文以證義也.

▎ 현종 서:1-6

그래서 [부모에게] 순종하는 마음가짐을 통해 [군주에게로] 충(忠)을 옮기는 도리가 밝혀졌고, 자신의 몸을 온전한 상태로 보존시켜 [후세에] 이름을 떨치는 의리가 드러나게 되었다.

玄宗 序:1-6 **於是以順移忠之道昭矣, 立身揚名之義彰矣.**

형병 소 ▸ 『정의(正義)』: [『효경』의] 경문에서 "군자는 부모를

---

104 『효경』「성치장(聖治章)」: 曾子曰: "敢問聖人之德, 無以加於孝乎?"

105 『효경』「성치장」: 聖人因嚴以敎敬, 因親以敎愛.

효로써 섬긴다. 그렇기 때문에 그 연장선에서 충을 군주에게 시행할 수 있다"[106]라고 말하였고, 또 "자신의 몸을 온전한 상태로 완성시켜 효도(孝道)를 행하고 후세에 이름을 떨쳐서"[107]라고 말하였다. [이 서문에서는] 사람으로서 형(兄)을 섬김에 공경[悌]을 잘하고, 이를 통해 윗어른을 섬기면 [윗어른에게] 순종을 하게 되며, 부모를 섬김에 효도를 잘하고, [그 마음을] 옮겨 군주를 섬기면 [군주에게] 충성을 다하게 되는데, 그런 후에야 자신의 몸을 온전한 상태로 완성시켜 효도를 행하고 후세에 [이름을] 전할 수 있음을 말하고 있다. '소(昭)'와 '창(彰)'은 모두 '밝히다[明]'는 뜻이다.

邢疏 ▸正義曰, 經云"君子之事親孝, 故忠可移於君", 又曰"立身行道, 揚名於後世". 言人事兄能悌, 以之事長則爲順, 事親能孝, 移之事君則爲忠, 然後立身揚名, 傳於後世也. '昭'·'彰', 皆明也.

현종 서:1-7

공자는 "나의 뜻은 『춘추』에 담겨있고, 나의 행동지침은 『효경』에 담겨있다"라고 말하였으니,

玄宗 序:1-7 **子曰 "吾志在『春秋』, 行在『孝經』",**

형병 소 ▸『정의(正義)』: 이 글은 『구명결(鉤命決)』의 문장이다. 그 의미는 제후(諸侯)들의 선악(善惡)을 포폄(褒貶)하는 뜻은 『춘추』에 담겨 있고, 사람들 간의 신분에 따른 행동지침은 『효경』에 담

106 『효경』「광양명장(廣揚名章)」: 子曰: "君子之事親孝, 故忠可移於君......."

107 『효경』「개종명의장(開宗明義章)」: <u>立身行道, 揚名於後世,</u> 以顯父母, 孝之終也.

겨 있다는 것이다.

邢疏 ▸正義曰, 此『鉤命決』文也. 言褒貶諸侯善惡, 志在於『春秋』, 人倫尊卑之行, 在於『孝經』也.

현종 서:1-8

이에 효(孝)라는 것이 덕(德)의 근본임을 알겠구나!

玄宗 序:1-8 **是知孝者德之本歟**!.

형병 소 『정의(正義)』: 『논어(論語)』에서는 "[부모에 대한] 효(孝)와 [형에 대한] 공경[弟]이 인(仁)의 근본이 되는구나!"[108]라고 말하였는데, 지금 [이 서문에서는] "효라는 것이 덕의 근본이구나!"라고 말하고 있다. '여(歟)'는 감탄을 나타나는 말이다. [효(孝)와 제(弟) 가운데 더] 중요한 것을 들어 말했기 때문에 다만 '효'만을 언급하였고, '덕'은 행위에 대한 총명(總名)이기 때문에 '인(仁)'을 바꿔 '덕'으로 말하였다.

邢疏 正義曰, 『論語』云"孝弟也者, 其爲仁之本歟", 今言"孝者德之本歟". '歟'者嘆美之辭. 擧其大者而言, 故但云孝, 德則行之總名, 故變仁言德也.

---

108 『논어』「학이(學而)」: 有子曰, "其爲人也孝弟, 而好犯上者, 鮮矣, 不好犯上, 而好作亂者, 未之有也. 君子務本, 本立而道生. <u>孝弟也者, 其爲仁之本與!</u>"

▎현종 서:2-1

[『효경』의] 경문에서는 다음과 같이 말하였다. "옛날에 명왕(明王)이 효로써 천하를 다스릴 때에 소국(小國)의 신하라도 감히 버려두지 않았으니, 하물며 공(公)·후(侯)·백(伯)·자(子)·남(男)에 있어서는 어떠했겠는가?"[109]

玄宗 序:2-1 **經曰, "昔者明王之以孝理天下也, 不敢遺小國之臣, 而況於公·侯·伯·子·男乎?"**

형병 소 ▎현종 서문: "經曰"~"形於四海". ▸『정의(正義)』: 여기서부터는 두 번째 단락으로, [현종] 자신이 선대(先代)의 명왕(明王)을 흠모하여 널리 사랑을 넓이고 공경을 확대하는 도(道)로써 사해(四海)에까지 영향을 끼치고자함을 서술하였다.

▎"經曰"~"南乎". ▸이 서문은 「효치장」의 문장이기 때문에 '경문에서 말하였다[經曰]'라고 하였다. 이 문장의 뜻은 다음과 같다. 즉, 소국(小國)의 신하들에 대해서도 오히려 버려두지 않거늘, 하물며 오등(五等)의 작위(爵位)에 있는 군주들에게는 어떠하겠는가라는 말이다. 공(公)·후(侯)·백(伯)·자(子)·남(男)이 오등(五等)의 작위이다. 『백호통(白虎通)』[110]에서는 다음과 같이 말하고 있다. "'공(公)'이란 '통하다[通]'는 뜻으로, 공정(公正)하여 사사로움이 없다는 의미이다. 『춘추전』에서는 '왕자(王者)의 후예를 공(公)이라고 한

---

109 『효경』「효치장(孝治章)」: 子曰, "昔者, 明王之以孝治天下也, 不敢遺小國之臣, 而況於公侯伯子男乎?……,"

110 『백호통(白虎通)』은 『백호통의(白虎通義)』의 약칭이다. 한나라 때 반고(班固)가 지은 책으로, 현재 반고 저/신정근 역주, 『백호통의』(서울: 소명출판, 2005)로 번역되어 있다.

다'[111]라고 말하였다. '후(侯)'는 '살피다[候]'는 뜻으로, 순종과 거역을 살핀다는 말이다. '백(伯)'은 '우두머리[長]'란 뜻으로, 일국(一國)의 우두머리를 말한다. '자(子)'는 '자애롭다[字]'는 뜻으로, 다른 사람에게 항상 자애롭게 행동함을 말한다. '남(男)'이란 '[일을] 맡다[任]'는 뜻으로, 왕의 일[王事]을 항상 떠맡음을 말한다."[112] [그리고] 『예기』「왕제」에서는 "공(公)과 후(侯)의 [통치영역은] 사방 100리이고, 백(伯)은 사방 70리이며, 자(子)와 남(男)은 사방 50리이다."[113]라고 말하고 있다. 주공(周公) 때 이르러 [주나라의] 영토가 확장되어 제후들에게 더 많은 땅을 하사하였는데, 공(公)은 사방 500리, 후(侯)는 사방 400리, 백(伯)은 사방 300리, 자(子)는 사방 200리, 남(男)은 사방 100리가 되었다. 공(公)이 최상 등급이고, 후(侯)와 백(伯)은 중간 등급이며, 자(子)와 남(男)이 최하 등급이다. [따라서 이 현종의 서문에서] 말한 소국의 신하란 자(子)와 남(男)의 신하를 가리킨다.

邢疏 ▮"經曰"~"形於四海". ▸正義曰, 此第二段, 序己仰慕先世明王, 欲以博愛廣敬之道被四海也. ▮"經曰"至"男乎". ▸此「孝治章」文也, 故言"經曰". 言小國之臣尚不敢遺棄, 何況於五等列爵之君乎. 公·侯·伯·子·男, 五等之爵也. 『白虎通』曰"公者通也, 公正無私之意也. 『春秋傳』曰'王者之後稱公.' 侯者候也, 候順逆也. 伯者長也, 爲一國之長也. 子者字也, 常行字愛於人也. 男者任也, 常任王事也." 「王制」云"公·

111 『춘추공양전(春秋公羊傳)』「은공(隱公)」5년: 諸公者何? 諸侯者何? 天子三公稱公, 王者之後稱公, 其餘大國稱侯.

112 『白虎通義』 卷上 「德論上·爵」.

113 『예기』「왕제(王制)」: 王者之制祿爵, 公侯伯子男, 凡五等. 諸侯之上大夫卿, 下大夫, 上士, 中士, 下士, 凡五等. 天子之田方千里, 公·侯田方百里, 伯七十里, 子·男五十里. 『예기』「왕제」편에 대한 전체 내용을 확인하려면, 정병섭 역, 『예기집설대전·왕제』 (서울: 학고방, 2009)를 보라.

侯地[114]方百里, 伯七十里, 子・男五十里". 至於周公時, 增地益廣, 加賜諸侯之地, 公五百里, 侯四百里, 伯三百里, 子二百里, 男一百里. 公爲上等, 侯・伯爲中等, 子・男爲下等. 言小國之臣謂子男之臣也.

현종 서:2-2

일찍이 짐(朕)은 [『효경』을 읽으면서] 이 말에 이르러 세 번씩 반복해서 읽고는 선대(先代)의 지혜로운 명왕(明王)들이 행한 분명한 길을 따르고자 하였다.

玄宗 序:2-2 **朕嘗三復斯言, 景行先哲.**

형병 소 ▸『정의(正義)』: '복(復)'은 '반복하다[覆]'는 뜻이고, '사(斯)'는 '이것[此]'이라는 뜻이며, '경(景)'은 '분명하다[明]'라는 뜻이고, '철(哲)'은 '지혜롭다[智]'의 뜻이다. 이 서문의 뜻은, 즉 [현종이] 매번 『효경』을 읽으면서 이 단락에 이르러 세 번씩 반복해서 읽고, [이를] 준칙으로 본받고자 원했다는 말이다. 여기서 분명한 길을 행했던 자란 선대의 성스럽고 지혜로운 명왕(明王)을 가리킨다. 『논어』에서는 "남용(南容)은 백규(白圭)에 대해 읊은 시를 하루에 세 번 반복해서[三復] 읊었다"[115]라고 말하고 있고, 『시』에서는 "높은 산은 우러러보고, 분명한 길[景行]은 따라가려 하네"[116]라고 말하고 있는데, [이것

114 『예기』「왕제」에는 '지(地)'가 '전(田)'으로 되어 있다.

115 『논어』「선진(先進)」: 南容三復白圭, 孔子以其兄之子妻之.

116 『시경』「소아(小雅)・거할(車舝)」: 高山仰止, 景行行止. 四牡騑騑, 六轡如琴. 覯爾新昏, 以慰我心. 이 시의 전체 내용을 확인하려면, 김학주 역, 『시경』 서울: 명문당, 1988), 375~376쪽을 보라.

들이] 바로 이 [서문과 같은] 부류에 해당된다.

邢疏　　正義曰, 復猶覆也, 斯此也, 景明也, 哲智也. 言每讀經至此科, 三度反復重讀, 庶幾法則. 此有明行者, 先世聖智之明王也. 『論語』云"南容三復白圭", 『詩』云"高山仰止, 景行行止", 是其類也.

▎현종 서:2-3

[짐이] 비록 백성들에게 덕교(德敎)를 베푼 것은 없지만,

玄宗 序:2-3　**雖無德敎加於百姓,**

형병 소　『정의(正義)』: 황제[上; 현종]의 겸손의 말이다.

邢疏　正義曰, 上遜辭也.

▎현종 서:2-4

광대한 사랑이 사해(四海)에 드러나기를 바라고 있다.

玄宗 序:2-4　**庶幾廣愛形於四海.**

형병 소　『정의(正義)』: 이 말은 황제[上; 현종]가 교화를 펼칠 것을 생각하는 것이다. '서기(庶幾)'는 '기대하다[幸望]'는 뜻과 같다. 이미 겸손하게 백성들에게 덕교(德敎)를 베푼 것이 없다고 말해놓고 다만 공경을 확대하고 사랑을 넓히는 도(道)로써 사방 이민족[四夷]에게 드러나기를 기대한다는 내용이다. 살펴보건대, 『효경』의 경문에는 ['형(形)'이] '형(刑)'으로 되어 있는데,[117] '형(刑)'은 '본받다[法]'는 뜻이다. 지금 이 서문에는 '형(形)'으로 되어 있는데, '형(形)'은 '드러나다[見]'의 뜻과 같다. 의미상으로 둘 다 통하기 때문에 번거롭게 글자를 고치지 않았다. '사해(四海)'는 곧 사이(四夷)이며, 또한 경문에서 따로 풀이해 놓았다.[118]

邢疏　　正義曰, 此上意思行敎也. '庶幾'猶'幸望'. 旣謙言無德敎加於百姓, 唯幸望以廣敬博愛之道著見於四夷也. 案經作'刑', '刑''法'也. 今此作'形', 則'形'猶'見'也. 義得兩通, 無繁改字. '四海'卽'四夷'也, 又經別釋.

❙ 현종 서:3-1

아! 부자(夫子; 공자)께서 돌아가신 이후에 그 은미한 말이 끊어지고 이단(異端)의 학설이 일어나 대의(大義)가 틀어져 버렸다.

玄宗 序:3-1 **嗟乎! 夫子沒而微言絶, 異端起而大義乖.**

형병 소　　❙"嗟乎"~"樞要". ▸『정의(正義)』: 여기서부터는 세 번째 단락으로, 부자(夫子; 공자)가 죽은 후 세상이 점차 쇠퇴하여 [그가 지은] 전적(典籍; 서적)들은 흩어져 없어졌고, [그의 전적(典籍)들을 풀이한] 전주(傳注)들은 잘못되어 이 때문에 그 핵심적인 내용들을 뽑아 스스로 주(注)를 달게 되었음을 한탄하고 있다. '차호(嗟乎)'는 황제[上]가 한탄하는 말이다. '부자(夫子)'는 공자(孔子)를 가리키는데, [공자가] 일찍이 노나라의 대부였기 때문에 '부자(夫子)'라고 하

---

117 『효경』「천자장」: 子曰, "愛親者, 不敢惡於人. 敬親者, 不敢慢於人. 愛敬盡於事親, 而德敎加於百姓, 刑於四海, 蓋天子之孝也."

118 『효경』「천자장」의 형병 소 참고.

였다. 살펴보건대, 『사기』에서는 다음과 같이 말하고 있다. 공자는 노나라 창평(昌平) 추읍(陬邑)에서 태어났는데, 즉 노나라 양공(襄公) 22년에 태어났으며 73세까지 살다가 노나라 애공(哀公) 16년 4월 기축일에 죽어 노성(魯城) 북쪽 사수(泗水)가에서 장사지냈다고 한다.[119] '이미언절(而微言絶)'은 「예문지」의 문장인데,[120] [그 '미언(微言)'에 대한 주석에서] 이기(李奇)는 "은미하여 드러나지 않는다는 말이다"라고 말하였고, 안사고(顔師古)는 "깊고 미묘한 말이다"라고 말하였다. [이 서문의] 뜻은 부자(夫子; 공자)가 죽은 후 [공자의] 미묘한 말이 모두 끊어졌고, [공자의] 70제자가 죽고 나자 이단(異端)의 학설이 우후죽순으로 일어나 [공자가 말한] 대의(大義)가 모두 본래의 뜻과는 어긋나 버렸다는 말이다.

邢疏 正義曰, 此第三段, 歎夫子沒後, 遭世陵遲, 典籍散亡, 傳注踳駁, 所以撮其樞要而自作注也. '嗟乎', 上嘆辭也. 夫子, 孔子也. 以嘗爲魯大夫, 故云'夫子'. 案『史記』云, 孔子生魯國昌平陬邑, 魯襄公二十二年生, 年七十三, 以魯哀公十六年四月己丑卒, 葬魯城北泗上. '而微言絶'者, 「藝文志」文, 李奇曰"隱微不顯之言也", 顔師古曰"精微要妙之言耳." 言夫子沒後, 妙言咸絶, 七十子旣喪, 而異端竝起, 大義悉乖.

현종 서:3-2

더욱이 진(秦)나라 시기를 거치면서 [전적(典籍)들이] 없어져버렸고 [그 후] 입수된 것이란 모두 불에 타다 남은 찌꺼기들에 불과했다.

---

119 『사기』 권47 「孔子世家」.

120 『전한서(前漢書)』 권30 「藝文志 第十」: 昔仲尼沒而微言絶.

玄宗 序:3-2 况**泯絕於秦, 得之者皆**煨**燼之末.**

형병 소 『정의(正義)』: '민(泯)'은 '없어지다[滅]'의 뜻이다. '진(秦)'은 농서(隴西) 지역에 있는 계곡 이름으로, 옹주(雍州) 조서산(鳥鼠山)의 동북쪽에 있다. 옛날에 고요(皐陶)의 아들인 백예(伯翳)가 우(禹)를 도와 치수(治水)에 공(功)을 세우자, 순(舜)이 그에게 명하여 우관(虞官)[121]으로 삼고 '영(嬴)'이라는 성(姓)을 하사하였다. [백예의] 후손인 비자(非子)는 주나라 효왕(孝王)을 위해 견(汧)과 위(渭) 부근에서 말을 길렀는데, [말이 잘 번식하여] 부용국(附庸國)으로 봉해졌고, 진곡(秦谷)에 읍(邑)을 세웠다. 비자(非子)의 증손인 진중(秦仲)에 이르러 주나라 선왕(宣王)이 또 그에게 명하여 대부(大夫)로 삼았고, 진중의 손자는 양공(襄公)이 서융(西戎)을 토벌할 때 주나라를 구하였다. 주나라 왕실이 수도를 동쪽으로 옮기면서 그에게 기풍(岐豐) 지역을 하사하였고, 비로소 제후(諸侯)의 반열에 오르게 되었다. 춘추시기에는 '진백(秦伯)'으로 불리다가 효공(孝公)의 아들인 혜문군(惠文君)이 즉위함에 이르러 이에 혜왕(惠王)이 되었다. 장양왕(莊襄王)이 진나라를 위해 조(趙)나라에 질자(質子)[122]로 있을 때, 여불위(呂不韋)의 첩을 보고 반해 그녀를 아내로 취해 시황(始皇)을 낳았다. 살펴보건대, 진나라 소왕(昭王) 48년 정월 한단(邯鄲)에서 [시황을] 낳았는데, 그가 태어나자 이름을 정(政)이라 지었고 성(姓)은 조(趙)라고 하였다. [정(政)이] 13살 되던 해 장양왕이 죽자 정(政)이 장양왕을

121 우관(虞官)은 산림(山林)과 수택(水澤)을 담당하는 관리이다.

122 질자(質子)는 다른 나라에 보낸 인질을 말하는데, 주로 왕자(王子)나 세자(世子)가 질자(質子)가 되었다.

대신하여 진왕(秦王)이 되었다. [진왕(秦王)이 왕위에 오른 지] 26년(B.C.221) 되던 해 천하를 평정하고서 [스스로를] '시황제(始皇帝)'라고 불렀다. 재위 34년(B.C.213)에 [진시황은] 함양궁(咸陽宮)에서 주연을 베풀었는데, [이때] 제(齊)지역 출신인 박사 순우월(淳于越)이 [진시황에게] 나아가 다음과 같이 말하였다. "신이 듣건대, 은(殷)나라와 주나라는 1,000여 년 동안 그 자제들을 [각 지역에] 봉하고 공신(功臣)들을 세워 [왕실을] 보필하게 하였고 합니다. [그런데] 지금 폐하께서는 천하를 소유하고 계시나 자제분들은 그저 필부(匹夫)에 불과합니다. 만약 [우리 진나라에] 전상(田常)[123]이나 육경(六卿)[124]과 같은 신하가 나타날 경우, 곁에서 보좌할 사람이 없으니, 어떻게 정사(政事)를 보필할 수 있겠습니까!" [그러자] 승상(丞相) 이사(李斯)는 다음과 같이 말하였다. "오제(五帝)는 [다스림이] 서로 중복되지 않았고, 삼대(三代)는 [통치 방법이] 서로 인습되지 않았는데, 이는 서로 상대방의 제도를 부정해서가 아니라 시대가 변하고 달라졌기 때문입니다. 지금 폐하께서는 대업(大業)을 이루시고 만세(萬世)의 공(功)을 세웠으니, 어리석은 유자(儒者)가 결코 이해할 수 있는 것이 아닙니다. 신은 청컨대, 사관(史官)에게는 진나라의 기록물이 아니면 불태워버리게 하고, 박사관(博士官)에서 직무를 담당하고 있는 자가 아닌데도 천하에서 감히 『시』와 『서』 및 제자백가의 말을 소장하고 있는 자들은 모두 수위(守尉; 郡守와 郡尉)에게 보내 함께 불태워 죽이게 하십시오." [그러자 진시황은] 명령을 내려 "그렇게 하라"라고

123 전상(田常)은 제(齊)나라의 대신으로, 제나라 간공(簡公)을 죽이고 평왕(平王)을 옹립한 후 스스로는 재상이 되어 전권을 휘둘렀다.

124 육경(六卿)은 진(晉)나라를 멸망시킨 범씨(范氏), 중행씨(中行氏), 지씨(知氏), 한씨(韓氏), 조씨(趙氏), 위씨(魏氏)를 가리킨다.

하였다. 재위 35년(B.C.212), 진시황은 제생(諸生)들이 자신을 비방한다고 생각하였고, 이에 제생(諸生)들은 자구책을 찾아 서로를 모함하니, 금령(禁令)을 범한 자가 460여 명이었고, 모두 함양(咸陽)에 생매장 당했다.[125] 이것이 진나라에 이르러 경적(經籍)에 담긴 도(道)가 끊어져 없어졌다는 것이다. 『설문(說文)』에서는 "외(煨)는 '화롯불[盆火]'이고, '신(燼)'은 '타고 남은 재[火餘]'이다"라고 말하고 있다. [이 서문의] 뜻은 진나라의 분서갱유(焚書坑儒) 사건을 당한 후 전적(典籍)들이 없어져버렸고, 그나마 겨우 남아 있는 것조차도 모두 불에 타고 남은 잔재일 뿐이라는 것이다. 예를 들면 복승(伏勝)의 『상서(尙書)』·안정(顔貞)의 『효경(孝經)』과 같은 부류가 그것이다.

邢疏　　正義曰, 泯, 滅也. 秦者, 隴西谷名也, 在雍州鳥鼠山之東北. 昔皐陶之子伯翳, 佐禹治水有功, 舜命作虞, 賜姓曰嬴. 其末孫非子爲周孝王養馬於汧·渭之間, 封爲附庸, 邑于秦谷. 及非子之曾孫秦仲, 周宣王又命爲大夫, 仲之孫襄公討西戎, 救周. 周室東遷, 以岐豐之地賜之, 始列爲諸侯. 春秋時稱秦伯, 至孝公子惠文君立, 是爲惠王. 及莊襄王爲秦質子於趙, 見呂不韋姬, 說而取之, 生始皇. 按[126]秦昭王四十八年正月生於邯鄲, 及生, 名爲政, 姓趙氏. 年十三, 莊襄王死, 政代立爲秦王. 至二十六年, 平定天下, 號曰始皇帝. 三十四年置酒咸陽宮, 博士齊人淳于越進曰 "臣聞殷周之王千餘歲, 封子弟, 立功臣, 自爲枝輔. 今陛下有海內, 而子弟爲匹夫. 卒有田常六卿之臣, 無輔拂, 何以輔政[127]哉!" 丞相李斯曰 "五帝不相復, 三代不相襲. 非其相反, 時變異也. 今陛下創大業,

125 이상의 내용은 『사기』 권5 「秦本紀」 및 권6 「秦始皇本紀」에 나온다. 보다 자세한 내용을 확인하려면, 정범진 외 옮김, 『사기본기』(서울: 까치, 1994), 109쪽~210쪽을 보라.

126 '안(按)'은 『사기』에 '이(以)'로 되어 있다.

127 '보정(輔政)'은 『사기』에 '상구(相救)'로 되어 있다.

建萬世之功, 固非愚儒之所知. 臣請史官非秦記皆燒之, 非博士官所職, 天下敢有藏『詩』·『書』百家語者, 悉詣守尉雜燒之." 制曰"可." 三十五年以爲諸生誹謗, 乃自除犯禁者四百六十餘人, 皆坑之咸陽. 是經籍之道滅絕於秦. 『說文』云"煨, 盆火也[128], 燼, 火餘也." 言遭秦焚坑之後, 典籍滅絕, 雖僅有存者, 皆火餘之微末耳. 若伏勝『尚書·顏貞『孝經』之類是也.

❙ 현종 서:3-3

한(漢)나라에 이르러서는 그 전적들이 더욱 적어 전하는 것들은 모두 찌꺼기의 잔영에 불과했다.

玄宗 序:3-3 **濫觴於漢, 傳之者皆糟粕之餘.**

형병 소 『정의(正義)』: 살펴보건대, 『공자가어』에서는 다음과 같이 말하고 있다. "공자가 자로(子路)에게 말하였다. '저 강은 민산(岷山)에서 시작되는데, 그 발원처에서는 술잔을 띄울[濫觴] 만하다. [그러나] 강 나루터에 이르러서는 배에 의지하지 않고 바람을 피하지 않으면 강을 건널 수 없다.'" 이에 대한 왕숙(王肅)의 주석에서는 "'상(觴)'은 술을 담는 것으로 그것이 아주 작음을 말한 것이다."라고 말하고 있다.[129] 또 『문선(文選)』의 곽경순(郭景純; 郭璞, 276~324)[130]

---

128 『설문』에는 '盆中火'로 되어 있다.

129 『공자가어(孔子家語)』 권2 「三恕 第九」: 子路盛服見於孔子, 子曰,"由是倨倨者何也? 夫江始出於岷山, 其源可以濫觴. 〈王肅 注: 觴可以盛酒言其微.〉 及其至于江津, 不舫舟, 不避風, 則不可以涉, 非唯下流水多耶? 今爾衣服旣盛, 顏色充盈, 天下且孰肯以非告汝乎?" 이와 유사한 문장이 『순자』「자도(子道)」 편에도 보인다.

130 곽박(郭樸)은 동진(東晋) 하동(河東) 문희(聞喜) 사람으로, 자는 경순(景純)이다. 박학다식하여 천문(天文)·역산(曆算)·복서(卜筮) 등에 정통하였다. 진(晉)나라 원제(元帝) 때

이 지은 「강부(江賦)」에서 "민산(岷山)이 끌고 온 강(江)은 애초에 술잔을 띄울 만한 곳에서 발원하였네"라고 말하고 있는데,[131] 이에 대한 이주한(李周翰)[132]의 주석에서는 "'람(濫)'은 '물이 넘치다[汎濫]'는 뜻으로, 졸졸 흐르는 모양이다. '상(觴)'은 술잔이다. ['남상(濫觴)'이란] 발원하는 곳이 술잔처럼 작음을 말한다."라고 말하였다.

'한(漢)'은 파촉(巴蜀) 사이를 흐르는 강물 이름[水名]이다. 진시황 이세(二世) 원년(B.C.209)에 제후들이 진나라에 반란을 일으켰는데, 패(沛)지역 사람들은 모두 유계(劉季; 劉邦)를 세워 패공(沛公)으로 삼았다. [진시황 이세(二世)] 2년(B.C.208) 8월에 [패공을 비롯한 연합군이] 진나라에 들어가게 되자, 진나라의 재상이었던 조고(趙高)가 이세(二世)를 죽이고 이세(二世)의 형의 아들인 자영(子嬰)을 황제로 세웠다. 그해 겨울 10월이 한나라 원년에 해당된다. 자영(子嬰)이 황제가 된지 2년이 되던 봄 정월에 항우(項羽)가 초나라 회왕(懷王)을 존숭하여 의제(義帝)로 삼고, 자신은 스스로를 서초패왕(西楚霸王)으로 세우고, 다시 패공(沛公)을 세워 한왕(漢王)으로 삼아 파(巴)·촉(蜀)·한중(漢中) 지역의 41개 현(縣)에서 왕노릇을 하게 하면서 남정(南鄭)에 도읍을 정하게 하였다. 패공이 한왕이 된지 5년(B.C.202)이 되었을 때 [패공은] 항우의 군사를 격파하고 그를 참수하였다. 패공이 한왕이 된지 6년(B.C.201)이 되던 2월에 [패공은] 범

저작좌랑(著作佐郎)에 제수되어 왕은(王隱)과 함께 『진사(晉史)』를 찬수하였다. 죽은 후 홍농태수(弘農太守)에 추증되었다. 그는 『이아(爾雅)』·『방언(方言)』·『산해경(山海經)』·『목천자전(穆天子傳)』 등에 주석을 달았다.

131 『문선(文選)』 권12 「江賦」: 咨五才之並用, 實水德之靈長. 惟岷山之導江, 初發源乎濫觴. 聿經始於洛沫, 攏萬川乎巴梁.……

132 이주한(李周翰)은 당나라 때 사람으로, 당나라 현종(玄宗) 개원(開元) 중에 처사(處士)였다.

수(汜水)의 북쪽 지역에서 황제에 즉위하였고, 결국 '한(漢)'이란 이름을 취하여 천하의 국호로 삼았는데, 이는 상(商)나라와 주나라가 그랬던 것처럼 한 것이다. 한나라는 흥기해서 진나라의 통치방식을 고치고 널리 서적들을 수집하였다.

이 서문은 다음과 같은 뜻이다. 즉, 진시황이 서적들을 불태운 이후 한나라가 학문을 존숭하기에 이르자 처음으로 협서율(挾書律)[133]을 폐지하였고, 하간(河間) 사람 안정(顏貞)은 아버지 안지(顏芝)가 소장하고 있던 [『효경』을] 세상에 내놓았는데, 모두 18장이었다. [그리고 세상 사람들은 이 책을 가지고] 서로 전해주었다. [그러나] 그 분량이 너무 적었기 때문에 "한나라에 이르러서는 그 전적들이 더욱 적었다[濫觴於漢]"라고 말하였고, 그 후 다시 자료가 풍부해져서 마치 강(江)과 같았다는 말이다.

『석명(釋名)』에서는 "술을 거르고 남은 지게미가 조(糟)이고, 술을 거른 후 떠있는 쌀 부유물이 '박(粕)'이다"라고 말하고 있다.[134] 이미 남상(濫觴)도 그 양이 매우 적은데, 이로 인해 걸러진 조박(糟粕)은 더욱 적은 것이다. 이는 그 정수(精髓)는 이미 없어졌고 다만 이러한 조박(糟粕)과 같은 찌꺼기만 남았을 뿐임을 말한 것이다.

邢疏　　正義曰, 案『家語』"孔子謂子路曰'夫江始於岷山, 其源可以濫觴. 及其至江津也, 不舫舟, 不避風雨[135], 不可以涉'". 王肅曰"觴所以盛

133 협서율(挾書律)은 진시황(秦始皇) 34년에 승상 이사(李斯)의 건의를 받아들여 유생들이 옛것으로 현재를 비난하는 것을 금지시키고, 민간에 사사로이 『시(詩)』와 『서(書)』, 그리고 백가(百家)의 서적을 소장한 자는 일족을 멸하겠다고 반포한 법령을 말한다. 이 협서율(挾書律)은 한나라 혜제(惠帝) 4년(B.C.191)에 폐지되었다.

134 유희(劉熙)의 『석명(釋名)』에는 이러한 문장이 없다.

135 『공자가어』에는 '우(雨)'자가 '즉(則)'자로 되어 있다. 여기서는 『공자가어』의 원문에 따라 번역하였다.

酒者, 言其微也." 又『文選』郭景純「江賦」曰"惟岷山之導江, 初發源乎濫觴", 臣翰注[136]云"濫謂汎濫, 小流貌. 觴, 酒醆也. 謂發源小如一醆." '漢'者, 巴蜀之間水名也. 二世元年, 諸侯叛秦, 沛人共立劉季以爲沛公. 二年八月入秦, 秦相趙高殺二世, 立二世兄子子嬰. 冬十月, 爲漢元年. 子嬰二年春正月, 項羽尊楚懷王爲義帝, 羽自立爲西楚霸王, 更立沛公爲漢王, 王巴·蜀·漢中四十一縣, 都南鄭. 五年, 破項羽, 斬之. 六年二月, 卽皇帝位于氾水之陽, 遂取'漢'爲天下號, 若商·周然也. 漢興, 改秦之政, 大收篇籍. 言從始皇焚燒之後, 至漢氏尊學, 初除挾書之律, 有河間人顔貞出其父芝所藏, 凡一十八章, 以相傳授. 言其至少, 故曰'濫觴於漢'也. 其後復盛, 則如江矣. 『釋名』曰"酒滓曰糟, 浮米曰粕." 旣以濫觴況其少, 因取糟粕比其微. 言醇粹旣喪, 但餘此糟粕耳.

▎현종 서:3-4

이러한 이유로 노나라의 역사서인 『춘추』는 5가지 전(傳)으로 학파가 갈라졌고,

玄宗 序:3-4 **故魯史『春秋』, 學開五傳,**

형병 소 『정의(正義)』: '고(故)'는 앞의 문장을 받아 다음 문장을 시작하는 말이다. 부자(夫子; 공자)는 노나라의 역사서인 『춘추』를 요약해서 지었다. '학개오전(學開五傳)'이란 각자 자신의 학문에만

136 당나라 때 이주한(李周翰), 여연제(呂延濟), 유량(劉良), 여향(餘香), 장선(張銑) 등이 『문선(文選)』에 주석을 달아 현종에게 상주하였는데, 이를 세상에서는 '오신주문선(五臣注文選)'이라고 부른다. '신한주(臣翰注)'는 바로 이주한의 주석을 가리킨다.

전념하고 서로 가르치고 전하여 경문을 나눠 전(傳)을 지은 자가 모두 5가(家)라는 말이다. '개(開)'는 '나누다[分]'는 뜻이다. '오전(五傳)'이란 『한서』「예문지」를 살펴보건대 다음과 같이 말하고 있다. "『좌씨전』 30권, 좌구명(左丘明), 그는 노나라의 태사(太史)이다. 『공양전(公羊傳)』 11권, 공양자(公羊子), 그는 제나라 사람으로 이름은 고(高)이며 자하(子夏)로부터 학문[經]을 배웠다. 『곡량전(穀梁傳)』 11권, 곡량자(穀梁子), 그는 노나라 사람으로 이름은 적(赤)인데, 미신(糜信)은 그가 진(秦)나라 효공(孝公)과 동시대 사람이라고 말하고 있고, 『칠록(七錄)』에서는 [곡량자의] 이름은 숙(俶)이고 자는 원시(元始)라고 말하고 있으며, 『풍속통의(風俗通儀)』에서는 [곡량자는] 자하(子夏)의 문인이라고 말하고 있다. 『추씨전(鄒氏傳)』 11권, 『한서』에서는 왕길선(王吉善)의 『추씨춘추(鄒氏春秋)』라고 말하고 있다. 『협씨전(夾氏傳)』 11권, 기록은 있으나 책이 남아 있지 않다."[137] 이 5가지 전(傳) 가운데 추씨(鄒氏)와 협씨(夾氏) 두 가(家)의 경우, 추씨는 스승이 없었고 협씨는 책이 남아 있지 않았기 때문에 세상에서 유행하지 못하였는데, 아마도 왕망(王莽) 때 없어졌을 것이다.

邢疏 正義曰'故'者, 因上起下之語. 夫子約魯史『春秋』. '學開五傳'者, 謂各專己學, 以相教授, 分經作傳, 凡有五家. '開'則'分'也. '五傳'者, 案『漢書』「藝文志」云"『左氏傳』三十卷, 左丘明, 魯太史也. 『公羊傳』十一卷, 公羊子, 齊人, 名高, 受經於子夏. 『穀梁傳』十一卷, 名赤, 魯人, 糜信云與秦孝公同時, 『七錄』云名俶, 字元始, 『風俗通』云子夏門人. 『鄒氏傳』十一卷, 『漢書』云王吉善『鄒氏春秋』. 『夾氏傳』十一卷, 有錄

137 『전한서(前漢書)』 권30 「藝文志 第十」.

無書.” 其鄒·夾二家, 鄒氏無師, 夾氏未有書, 故不顯于世, 蓋王莽時亡失耳.

▎현종 서:3-5

「국풍(國風)」과 「아(雅)」·「송(頌)」은 4개의 시파(詩派)로 나누어져,

玄宗 序:3-5 **「國風」·「雅」·「頌」, 分爲四詩,**

형병 소 『정의(正義)』: 『시』에는 「국풍(國風)」·「소아(小雅)」·「대아(大雅)」·「주송(周頌)」·「노송(魯頌)」·「상송(商頌)」이 있기 때문에 「국풍(國風)」·「아(雅)」·「송(頌)」이라고 하였다. '사시(四詩)'란 「모시(毛詩)」·「한시(韓詩)」·「제시(齊詩)」·「노시(魯詩)」를 말한다. 「모시」는 부자(夫子; 공자)가 복상(卜商)에게 전수한 이후로 대모공(大毛公)에게 전해졌는데, [대모공은] 이름이 형(亨)이다. [그리고] 대모공은 이것을 모장(毛萇)에게 전수하였는데, [모장은] 조(趙)나라 사람으로, 하간(河間) 헌왕(獻王)의 박사가 되었다. 애초에 『자하시전(子夏詩傳)』 1권이 있었는데, [이것을] 모장이 각각 그 편(篇)의 서두에 두고 그 작자(作者)를 남겨 두었다. 후한(後漢) 시기에 이르러 대사농(大司農) 정현이 여기에 전(箋)을 달았는데, 이를 '모시'라고 한다. 「한시」는 한나라 문제(文帝, 재위 B.C.180~B.C157) 때의 박사인 연(燕)지역 출신 한영(韓英)이 전(傳)한 것이다. [한영은] 무제(武帝, 재위 B.C.141~B.C.87) 시기에 동중서(董仲舒)와 함께 무제 앞에서 논쟁을 하였는데, 동중서가 그를 대적할 수 없었다. 진(晉)나라에 이르러서는 이를 전하여 익히는 자가 아무도 없었는데, 이를 '한시'

라고 한다. 「제시」는 한나라 경제(景帝) 때의 박사인 청하(淸河) 사람 태부(太傅) 원고생(轅固生)이 전한 것으로, '제시(齊詩)'라 불렀는데, 이를 하후시창(夏侯始昌)에게 전하였고, 하후시창은 후창(后蒼)의 무리들에게 전했는데, 문인들이 더욱 번성하였다. 후한(後漢)의 진원방(陳元方)이 또 그것을 전하였는데, 서진(西晉) 시기에 이르러 없어졌다. 이를 '제시'라고 한다. 「노시」는 한나라 무제 때 노(魯)지역 사람 신공(申公)이 지은 것으로 경전을 훈고(訓詁)로 삼아 가르쳤는데, 전해지는 것이 전혀 없다. 의심나는 것은 의심나는 대로 잠시 비워두니, 이를 '노시'라고 부른다.

邢疏 正義曰, 『詩』有「國風」·「小雅」·「大雅」·「周頌」·「魯頌」·「商頌」, 故曰「國風」·「雅」·「頌」. 四詩者, 「毛詩」·「韓詩」·「齊詩」·「魯詩」也. 「毛詩」自夫子授卜商, 傳至大毛公, 名亨. 大毛公授毛萇, 趙人, 爲河間獻王博士. 先有『子夏詩傳』一卷, 萇各置其篇端, 存其作者. 至後漢大司農鄭玄爲之箋, 是曰'毛詩'. 韓詩者, 漢文帝時博士燕人韓嬰所傳. 武帝時與董仲舒論於上前, 仲舒不能難. 至晉無人傳習, 是曰'韓詩'. 齊詩者, 漢景帝時博士淸河太傅轅固生所傳, 號齊詩. 傳夏侯始昌昌, 授后蒼輩, 門人尤盛. 後漢陳元方亦傳之, 至西晉亡. 是曰'齊詩'. 魯詩者, 漢武帝時魯人申公所述, 以經爲訓詁敎之, 無傳. 疑者則闕, 號爲'魯詩'.

▎현종 서:3-6

성인(聖人)과의 시간적 거리가 점점 멀어질수록 근원과 흐름은 더욱 갈라져 나갔다.

玄宗 序:3-6 **去聖逾遠, 源流益別.**

형병 소 『정의(正義)』: '유(逾)'는 '점점[越]'의 뜻이다. 모든 물의 근원을 '원(源)'이라고 하고, 물이 흘러가는 것을 '류(流)'라고 하며, 더욱 많아지는 것을 '익(益)'이라고 한다. [이 서문에서는] 진한(秦漢) 시기 이래로 성인(聖人) 공자와의 시간적 거리가 점점 멀어져 『효경』은 본래 하나의 근원을 가지고 있었으나, 제가(諸家)들이 더욱 많아져 별도의 많은 학파가 생김으로써 [『효경』의] 글이 달라졌음을 말하고 있다.

邢疏 正義曰 '逾', 越也. 百川之本曰'源', 水行曰'流', 增多曰'益'. 言秦漢而下, 上去孔子聖越遠, 『孝經』本是一源, 諸家增益, 別爲衆流, 謂其文不同也.

현종 서:3-7

근래에 『효경』의 옛 주석들[즉, 『금문효경』의 정현 주와 『고문효경』의 공안국 주]을 살펴보니, 잘못됨이 더욱 심하다.

玄宗 序:3-7 **近觀『孝經』舊注, 踳駮尤甚.**

형병 소 『정의(正義)』: 『효경』의 경우 금문(今文)은 정현의 주(注)라고 말하고 있고, 고문(古文)은 공안국(孔安國)의 주(注)라고 말하고 있다. 선유(先儒)들이 그에 관해 상세히 설명하였으나 모두 사실이 아닌데도 학자들은 [그들의 주석을] 서로 추존하였다. '준(踳)'은 '어긋나다[乖]'라는 뜻이고, '박(駮)'은 '잘못되다[錯]'라는 뜻이며, '

우(尤)'는 '정도가 지나치다[過]'라는 뜻이다. 지금 이 [정현과 공안국] 두 명의 주석을 살펴보니 어긋나고 잘못된 점이 너무 심하여 이 때문에 '준박우심(踳駁尤甚)'이라고 말한 것이다.

邢疏 正義曰『孝經』今文稱鄭玄注, 古文稱孔安國注. 先儒詳之, 皆非眞實, 而學者互相宗尙. '踳', 乖也, '駁', 錯也, '尤', '過'也. 今言觀此二注, 乖錯過甚, 故言'踳駁尤甚'也.

현종 서:3-8

심지어 [학자들은] 서로 종적을 밟아가며 앞에 있는 자를 시조(始祖)로 삼아 그것을 기술하였는데, 거의 백가(百家)에 이르렀으며,

玄宗 序:3-8 **至於跡相祖述, 殆且百家,**

형병 소 『정의(正義)』: '지어(至於)'란 말이 다시 시작될 때 사용하는 용어이다. '적(跡)'은 '발자취[蹤迹]'라는 뜻이다. '조(祖)'는 '처음[始]'이라는 뜻이다. 어떤 것에 의거해서 그것을 밝히는 것은 '술(述)'이라고 한다. ['적상조술(跡相祖述)'이란] 학자들이 종적(蹤迹)들을 서로 찾아가며 앞에 있는 자를 시조(始祖)로 삼아 후인(後人)들이 그것을 좇아 기술하는 것을 말하는데, 마치 중니(仲尼)가 요순(堯舜)의 행동을 조술(祖述)한 것과 같다. '태(殆)'는 '가깝다[近]'는 뜻이다. "또한 백가(百家)에 가깝다"는 말은 그 많음을 지목한 것이다. 살펴보건대, [『효경』을 조술한] 사람들로, 『금문효경』의 경우 위(魏)나라 왕숙(王肅) · 소림(蘇林) · 하안(何晏) · 유소(劉劭), 오(吳)나라의 위소(韋昭) · 사만(謝萬) · 서정(徐整), 진(晉)나라의 원굉(袁宏) · 우반우(虞槃佑),

동진(東晋)의 양홍(楊泓)·은중문(殷仲文)·차윤(車胤)·손씨(孫氏)·유씨(庾氏)·순창(荀昶)·공광(孔光)·하승천(何承天)·석혜림(釋慧琳), 제(齊)나라의 왕현재(王玄載)·명승소(明僧紹) 및 한나라의 장손씨(長孫氏)·강옹(江翁)·익봉(翼奉)·후창(后蒼)·장우(張禹) ·정중(鄭衆)·정현(鄭玄) 등이 설(說)이 있는데, 각자 전문적으로 일가(一家)를 이루었다. 그리고 양나라 황간(皇侃)은 『효경의소(孝經義疏)』 3권을 지었고, 양무제(梁武帝)는 『효경강소(孝經講疏)』를 지었으며, 하역(賀瑒)·엄식지(嚴植之)·유정간(劉貞簡)·명산빈(明山賓)은 모두 『효경』과 관련된 이론을 남겨두었다. 수(隋)나라에는 거록(鉅鹿)의 위진극(魏眞克)이라는 자가 있었는데, 또한 훈주(訓注)를 지었다. 『효경』의 고문(古文)은 공씨(孔氏)의 무너진 벽속에서 나와서 본래 공안국이 여기에 전(傳)을 지었으나, 무고(巫蠱)의 사건[138]을 만나 그 책이 없어져 버렸다. 수나라에 이르러 왕소(王劭)가 입수한 것을 유현(劉炫)에게 보냈고, 유현은 그 득실을 서술하고 의소(義疏)를 지어 그것에 대해 의론하였다. 유작(劉綽) 또한 소(疏)를 지어 정현의 주석[鄭義]과 함께 통행되었다. 또 마융(馬融)도 『고문효경전(古文孝經傳)』을 지었으나, 세상에는 전해지지 않는다. 이 모두가 조술(祖述)의 명가(名家)에 해당된다.

邢疏 正義曰 '至於'者, 語更端之辭也. 跡, 蹤跡也. 祖, 始也. 因而明之曰述. 言學者蹤跡相尋, 以在前者爲始, 後人從而述脩之, 若仲尼祖述堯舜之爲也, 殆, 近也. 言近且百家, 目其多也. 考其人, 『今文』則有魏王肅·蘇林·何晏·劉劭, 吳韋昭·謝萬·徐整, 晉袁宏·虞槃佑, 東

138 주)69 참고.

晉楊泓·殷仲文·車胤·孫氏·庾氏·荀昶·孔光·何承天·釋慧琳, 齊王玄載·明僧紹及漢之長孫氏·江翁·翼奉·后蒼·張禹·鄭衆·鄭玄所說, 各擅爲一家也. 其梁皇侃撰『義疏』三卷, 梁武帝作『講疏』, 賀瑒·嚴植之·劉貞簡·明山賓咸有說. 隋有鉅鹿魏眞克者, 亦爲之訓注. 其古文出自孔氏壞壁, 本是孔安國作傳, 會巫蠱事, 其本亡失. 至隋王邵所得, 以送劉炫, 炫敍其得喪, 述其義疏議之. 劉綽亦作疏, 與鄭義俱行. 又馬融亦作『古文孝經傳』, 而世不傳. 此皆祖述名家者也.

현종 서:3-9

자신의 학문[業]을 전문적으로 전수하는 자들만도 10실(室)이나 되었다.

玄宗 序:3-9 **業擅專門, 猶將十室.**

형병 소 『정의(正義)』: 앞에서 말한 '백가(百家)'는 대체적으로 모두 조술(祖述)를 했을 뿐이다. 자기의 학문을 전하여 지키고 전문가로서 성씨가 부여된 자에 대해서 말하면, 오히려 거의 10실(室)에 이른다. '실(室)'은 '가(家)'의 뜻이다. 『이아』「석궁(釋宮)」에서는 "궁(宮)은 실(室)이라 하고, 실(室)은 궁(宮)이라고 하는데, 그 내부를 '가(家)'라고 한다"라고 말하고 있다. 다만 앞의 '백가(百家)'와는 변문(變文)[139]일 뿐이기 때문에 '십실(十室)'이라고 말한 것이다. 10실(室)의 이름은 서문에서 지적하지 않아 억지로 말할 수는 없지만, 대체로 후창(后蒼)·장우(張禹)·정현(鄭玄)·왕숙(王肅)의 무리에 해당된다.

139 변문(變文)은 문장 속에서 다른 용어를 사용하여 같은 의미를 표현하는 것을 말한다.

邢疏　　正義曰上言百家者, 大略皆祖述而已. 其於傳守己業·專門命氏者, 尙自將近十室. 室則家也. 『爾雅』「釋宮」云"宮謂之室, 室謂之宮, 其內謂之家." 但與上'百家'變文耳, 故言'十室'. 其十室之名, 序不指摘, 不可强言, 蓋后蒼·張禹·鄭玄·王肅之徒也.

현종 서:3-10

부자(夫子; 공자)의 당(堂)에 오르기를 바라는 자들은 반드시 스스로 [대문이 아닌] 곁문이나 창문을 열려고 하고,

玄宗 序:3-10 **希升堂者, 必自開戶牖,**

형병 소　　『정의(正義)』: '희(希)'는 '바라다[望]'는 뜻이다. 『논어』에서는 "공자가 '유(由)는 당(堂)에는 올랐으나, 아직 방[室]에는 들어오지 못하였다'라고 말하였다"[140]라고 하여, 부자(夫子)는 중유(仲由)가 나의 당(堂)에는 올랐으나, 아직 방[室]에는 들어오지 못했다라고 말하였다. 지금 『효경』을 조술(祖述)하는 자들 중에 부자(夫子; 공자)의 당(堂)에 오르기를 바라는 자들은 이미 대문으로 들어오지 못하여 반드시 자기 멋대로 곁문과 창문을 열려고 한다. 이는 제멋대로 천착함을 말한다.

邢疏　　正義曰 希, 望也. 『論語』云"子曰'由也, 升堂矣, 未入於室.'" 夫子言仲由升我堂矣, 未入於室耳. 今祖述『孝經』之人, 望升夫子之堂者, 旣不得其門而入, 必自擅開門戶牕牖矣. 言其妄爲穿鑿也.

140 『논어』「선진(先進)」: 子曰, "由之瑟, 奚爲於丘之門?" 門人不敬子路. 子曰, "由也升堂矣, 未入於室也."

▎현종 서:3-11

매우 빨리 달리는 [부자(夫子; 공자)의] 수레를 몰고자 하는 자들은 반드시 다른 궤적으로 달린다.

玄宗 序:3-11 **攀逸駕者, 必騁殊軌轍.**

형병 소 『정의(正義)』: '반(攀)'은 '끌다[引]'는 뜻이다. '일거(逸駕)'란 매우 빨리 달리는 수레를 말한다. 살펴보건대, 『장자(莊子)』에서 안연(顔淵)이 중니(仲尼)에게 질문하여 다음과 같이 말하고 있다. "선생님께서 걸으시면 저 또한 걷고, 선생님께서 빨리 걸으시면 저 또한 빨리 걸으며, 선생님께서 달리시면 저 또한 달립니다. [그러나] 선생님께서 먼지도 일지 않을 정도로 빨리 달리시면[奔逸絶塵] 저는 그저 눈을 휘둥그레 뜨고 바라볼 뿐입니다."[141] 이는 부자(夫子; 공자)의 도(道)가 귀신처럼 빨라 미칠 수 없음을 말한다. 지금 『효경』을 조술(祖述)하는 자들 중에 빠르게 달리는 부자(夫子; 공자)의 수레를 흠모하여 이끌고자 하는 자들은 이미 올바를 길로 갈 수 없어서, 반드시 다른 궤적으로 수레를 몰고 가고 있다. 이는 [그들이] 도(道)에 의거함이 없다는 것을 알 지 못함을 말한다. 두 수레바퀴 사이를 '궤(軌)'라 하고, 수레바퀴가 밟고 지난 자취를 '철(轍)'이라고 한다.

邢疏 正義曰 攀, 引也. '逸駕'謂奔逸之車駕也. 案『莊子』顔淵問於仲尼曰"夫子步亦步, 夫子趨亦趨, 夫子馳亦馳. 夫子奔逸絶塵而回瞠若乎後耳." 言夫子之道, 神速不可及也. 今祖述孝經之人, 欲仰慕攀引夫子奔逸之駕者, 既不得直道而行, 必馳騁於殊異之軌轍矣. 言不知道之無

141 『장자』「외편 · 전자방(田子方)」.

從也. 兩轍之間曰軌, 車輪所轢曰轍.

❙ 현종 서:3-12

그래서 [성인(聖人)의] 위대한 도[大道]는 감춰지고 작은 도[小道]만이 이루어지며, [공자의] 지극한 말[至言]은 감춰지고 화려한 궤변(詭辯)만이 드러나고 있다.

玄宗 序:3-12 **是以道隱小成, 言隱浮僞.**

형병 소 『정의(正義)』: '도(道)'는 성인(聖人)의 위대한 도[大道]이다. '은(隱)'은 '감추다[蔽]'는 뜻이다. '소성(小成)'은 작은 도[小道]를 가지고 덕을 이루는 것을 말한다. '언(言)'은 부자(夫子; 공자)의 지극한 말이다. '부위(浮僞)'는 화려한 궤변을 말한다. 이 서문에서는 이렇게 천착하고 제멋대로 날뛰는 무리들은 오직 작은 도[小道]와 화려한 궤변만을 행하여 위대한 도[大道]와 지극한 말[至言]이 모두 가려지게 만들고 있으나 실제로는 감출 수 없음을 말한다. 따라서 『장자』「내편 · 제물론(齊物論)」에서는 다음과 같이 말하고 있다. "도가 어찌 가려져서 진실과 거짓이 생겨나고 말이 어찌 가려져서 옳고 그름이 있을까. 도가 어찌 어디를 가나 존재하지 않을 것이며, 말은 어찌 존재하는 곳마다 옳지 않을까. 도는 작은 이룸[小成]에서 감춰지고, 말은 화려함에 감춰진다." 이 문장과 저 서문의 문장은 같은데, 다만 '영화榮華'가 '부위浮僞'로 되어 있을 뿐, 그 문장의 의미는 다르지 않다.

邢疏 正義曰 道者, 聖人之大道也. 隱, 蔽也. 小成謂小道而有成德者也. 言者, 夫子之至言也. 浮僞, 謂浮華詭辨也. 言此穿鑿馳騁之徒,唯行小道華辨, 致使大道至言皆爲隱蔽, 其實則不可隱. 故『莊子』「內篇 · 齊物論」云"道惡乎隱而有眞僞, 言惡乎隱而有是非. 道惡乎往而不存, 言惡乎存而不可. 道隱於小成, 言隱於榮華." 此文與彼同, 唯'榮華'作'浮僞', 其文意則不異也.

현종 서:3-13

또한 주석서들은 경문의 요지에 통달하는 것을 뜻으로 삼고, 그 뜻은 반드시 합당한 것을 위주로 해야 한다.

玄宗 序:3-13 **且傳以通經爲義, 義以必當爲主.**

형병 소 『정의(正義)』: '차(且)'는 어사(語辭)이다. '전(傳)'은 주해(注解)를 가리키는 다른 이름이다. 경문의 의미를 해석하여 후인들에게 전하여 알려주는 것을 '전(傳)'이라고 한다. '주(注)'는 '드러내다[著]'는 뜻이다. 문장을 요약하고 두루 의미가 통하게 하여 경문의 의미가 드러나게 하는 것을 '주(注)'라고 한다. 전(傳)을 짓는 것을 제(題)라고 하는 것[作傳曰題][142]은 체례에 맞지 않는다. 혹자는 "전한(前漢) 이전에는 전(傳)이라고 하였고, 후한(後漢) 이후로는 주(注)라고 하였다"고 말하고 있으나, 아마도 그렇지 않은 듯하다. 어째서 그러한가? [후한 때 사람인] 마융(馬融)도 '전(傳)'이라고 하였으니, 혹자의 주장이 틀렸음을 알 수 있다.

邢疏 正義曰且者, 語辭. 傳者, 注解之別名. 傳釋經意, 傳示後人, 則謂之傳. 注者, 著也. 約文敷暢, 使經義著明, 則謂之注. 作傳曰題,

142 이 문장에 대해, 『十三經注疏正字』 권75에서는 '의심스럽다[疑]'라고 주석을 달고 있다. 북경대학교출판사에서 나온 『효경주소』에는 이 문장이 '作得自題'로 되어 있다.

不爲義例. 或曰"前漢以前名傳, 後漢以來名注", 蓋亦未然. 何則? 馬融亦謂之傳, 知或說非也. 此言傳注解釋則以通暢經指爲義, 義之裁斷則以必然當理爲主也.

❙ 현종 서:3-14

지극히 합당한 것은 하나로 귀착되고 정묘(精妙)한 뜻에는 두 가지가 있을 수 없으니,

玄宗 序:3-14 **至當歸一, 精義無二,**

형병 소 『정의(正義)』: 지극히 합당한 것을 반드시 하나로 귀착되며, 정묘(精妙)한 뜻에는 어찌 둘 셋이 있겠는가? 이는 제가(諸家)들의 차이점은 마땅히 하나로 합쳐야한다는 뜻이다.

邢疏 正義曰 至極之當, 必歸於一, 精妙之義, 焉有二三? 將言諸家不同, 宜會合之也

❙ 현종 서:3-15

어찌 그 번잡한 내용들을 잘라내어 그 요점들만을 뽑아내지 않을 수 있겠는가?

玄宗 序:3-15 **安得不翦其繁蕪, 而撮其樞要也?**

형병 소 『정의(正義)』: '안(安)'은 '어찌[何]'라는 뜻이다. 제가들의 설(說)에는 이미 상호간에 좋고 나쁜 것이 있으니, 어찌 번잡하고 쓸데없는 것들을 잘나내어 그 핵심적인 도(道)를 뽑아내지 않을 수 있겠는가?

邢疏 正義曰 安, 何也. 諸家之說, 旣互有得失, 何得不翦截繁多蕪穢而撮取其樞機要道也?

현종 서:4-1

위소(韋昭)와 왕숙(王肅)은 선유(先儒)들 중에 영수(領袖)와 같고, 우번(虞飜)과 유소(劉邵)는 또 그 다음이다.

玄宗 序:4-1 **韋昭 · 王肅, 先儒之領袖, 虞飜 · 劉**劭, **抑又次焉.**

형병 소 『정의(正義)』: 여기서부터 "유보장래(有補將來)"까지가 네 번째 단락으로, 주(注)를 짓는 의미에 대해 서술하고 있다. [이 단락에서는] 6가(家)[143]의 차이를 거론하고 오경(五經)의 요지를 하나로 모아 합쳐놓았다. [그리고 현종 자신이] 경문의 의미를 진술하여 밝히는 것이 장래에 도움이 있기를 바라는 내용이다.

『오지(吳志)』에서는 다음과 같이 말하고 있다. "위요(韋曜)의 자는 홍사(弘嗣)이며, 오군(吳郡) 운양(雲陽) 사람으로, 원래 이름이 소(昭)였는데, 진문제(晉文帝)의 이름을 피휘하여 이름을 '요(曜)'로 고쳤다. 오(吳)나라를 섬기면서 [그는] 중서복야시중(中書僕射侍中)과 영좌국사(領左國史)에까지 이르렀으며, 고릉정후(高陵亭侯)에 봉해졌다."[144] [그리고] 『위지(魏志)』에서는 다음과 같이 말하고 있다.

143 6가(家)란 위소(韋昭) · 왕숙(王肅) · 우번(虞飜) · 유소(劉劭) · 유현(劉炫) · 육징(陸澄)을 가리킨다.

"왕숙(王肅)의 자는 자옹(子雍)이며, 왕랑(王朗)이 아들이다. 위나라를 섬기면서 산기황문시랑(散騎黃門侍郎)과 산기상시겸태상(散騎常侍兼太常)을 역임하였다."[145] [또한] 『오지(吳志)』에서는 "우번(虞翻)의 자는 중상(仲翔)이며, 회계(會稽) 여요(餘姚) 사람이다. 한나라 말에 무재(茂才)에 천거되었으며, 조공(曹公)이 불렀으나 나아가지 않았다. 오나라를 섬기면서는 유학(儒學)으로써 명성이 자자했다. [우번은] 『노자』·『논어』·『국어』에 훈주(訓注)를 달았는데, 세상에 전해지고 있다."[146] [그리고] 『위지(魏志)』에서는 다음과 같이 말하고 있다. "유소(劉劭)의 자는 공재(孔才)이며, 광평(廣平) 한단(邯鄲) 사람이다. 위나라를 섬기면서 산기상시(散騎常侍)를 역임하였으며, 관내후(關內侯)의 작위를 하사받았다. 그는 『인물지(人物志)』 100편(篇)을 저술하였다."[147] 이 서문에서는 위소와 왕숙이 배운 바는 선유(先儒)들 중에 옷으로 치자만 영수(領袖)와 같고, 우번과 유소 2가(家)는 그 다음이 됨을 말하고 있다. '억(抑)'은 어조사이다.

邢疏 正義曰自此至"有補將來"爲第四段, 序作注之意, 擧六家異同, 會五經旨趣. 敷暢經義, 望益將來也. 吳志曰"韋曜字弘嗣, 吳郡雲陽人. 本名'昭', 避晉文帝諱, 改名'曜'. 仕吳, 至中書僕射侍中·領左國史, 封高陵亭侯." 『魏志』曰"王肅字子雍, 王朗之子. 仕魏, 歷散騎黃門侍郎·散騎常侍兼太常." 『吳志』"虞翻字仲翔, 會稽餘姚人. 漢末擧茂才, 曹公辟不就. 仕吳, 以儒學聞. 爲『老子』·『論語』·『國語』訓注, 傳於世." 『魏志』"劉劭字孔才, 廣平邯鄲人. 仕魏, 歷散騎常侍, 賜爵關內侯.

---

144 『오지(吳志)』 권20.

145 『위지(魏志)』 권13.

146 『오지』 권12.

147 『위지』 권21.

著『人物志』百篇.” 此指言韋·王所學, 在先儒之中, 如衣之有領袖也, 虞·劉二家亞次之.” ‘抑’, 語辭也.

현종 서:4-2

유현(劉炫)은 공안국의 주를 명확하게 밝혔고, 육징(陸澄)은 강성(康成; 정현)의 주석을 비판하였다.

玄宗 序:4-2 **劉炫明安國之本, 陸澄譏康成之注.**

형병 소 『정의(正義)』: 『수서(隋書)』에서는 다음과 같이 말하고 있다. “유현(劉炫)의 자는 광백(光伯)이며, 하간(河間) 경성(景城) 사람이다. 유현은 왼손으로는 사각형을 그리고 동시에 오른손으로는 원을 그리며[左畫方, 右畫圓],[148] 입으로는 외우면서 눈으로 계산을 하고, 귀로 듣는 등 이 다섯 가지 일을 동시에 할 수 있어서 빠트려 놓치는 것이 없었다. [유현은] 후주(後周)를 섬기면서 직문하성(直門下省)이 되었으나 결국 관원이 될 수는 없었다. 현사(縣司)가 그의 부역(賦役)에 대해 질책하자 유현은 내사(內史)에 스스로를 변론하여 이부(吏部)로 보내줄 것을 청하였다. 이부상서(吏部尙書) 위세강(韋世康)이 그에게 무엇에 능통한 지를 묻자 유현은 직접 문서를 만들어 다음과 같이 말하였다. ‘『주례』·『예기』·『상서』·『공양전』·『좌씨전』·『효경』·『논어』의 공안국·정현·왕숙·하휴·복건·두예 등의 주석이 모두 13가(家)인데, [제가] 비록 의미를 파악하는데 있어 정밀

148 『한비자』「외저설좌하(外儲說左下)」에 “子綽曰‘人莫能左畫方而右畫圓也. 以肉去蟻, 蟻愈多, 以魚去蠅, 蠅愈至.’”라는 말이 나온다.

하고 엉성한 면이 있기는 하지만 모두 강의하여 전수할 수 있습니다. 『주역』·『의례』·『곡량전』은 공부한 것이 매우 적으며, 제자(諸子)의 글들과 역사책 및 문집의 훌륭한 말들과 아름다운 일화는 모두 마음속으로 암송하고 있습니다. [또한] 천문(天文)·율력(律曆)에 대해서는 미묘한 이치를 파악하고 있으며, 공문서 및 개인문서에 대해서는 일찍이 손대보지 않은 것이 없습니다.' 그러자 이부에서는 유현을 상세하게 시험하지 않고 전내장군(殿內將軍)에 제수하였다. 수나라를 섬기면서, [유현은] 태학박사(大學博士)를 역임하였는데, 그 후 파직을 당해 하간(河間)으로 돌아가 도적들 속에서 굶어죽었다. 죽은 뒤의 시호는 선덕선생(宣德先生)이다. 애초에 유현은 이미 왕소(王邵)가 보내준 『고문효경』 공안국 주석본을 입수하고 있었는데, 결국 『고문계의(古文稽疑)』를 지어 그 의미를 밝혔다."[149] 소자현(蕭子顯)의 『남제서(南齊書)』에서는 다음과 같이 말하고 있다. "육징(陸澄)의 자는 언연(彥淵)이며, 오군(吳郡) 오(吳) 땅 사람이다. 어려서 두루 학문을 익혀 모르는 것이 없었다. 관직에 제수되어 송나라를 섬겼고, 제나라에 이르러서는 국자좨주(國子祭酒)·광록대부(光祿大夫)를 역임하였다. 애초에 육징은 진(晉)나라 순창에게 배운 것을 근거로 정현이 주석한 것을 비판하여 비서(秘書)에 정현이 주석한 책을 보관하지 말 것을 요청하였으나, 왕검(王儉)이 그의 건의를 받아들이지 않았다."[150]

邢疏　　正義曰『隋書』云"劉縣字光伯, 河間景城人. 炫左畫方, 右畫圓, 口誦, 目數, 耳聽, 五事竝擧, 無所遺失. 仕後周, 直門下省, 竟不得

149 『수서(隋書)』 권75 「유림열전(儒林列傳)·유현(劉炫)」.

150 『남제서(南齊書)』 권39 「列傳 第二十·陸澄」.

官. 縣司責其賦役, 縣自陳於內史, 乞送吏部. 吏部尙書韋世康問其所能, 炫自爲狀曰'『周禮』·『禮記』·『毛詩』·『尙書』·『公羊』·『左傳』·『孝經』·『論語』, 孔·鄭·王·何·服·杜等注, 凡十三家, 雖義有精粗, 竝堪講授. 『周易』·『儀禮』·『穀梁』用功頗少, 子史文集, 嘉言美事, 咸誦於心. 天文·律曆, 窮覈微妙, 公私文翰, 未嘗擧手. 吏部竟不詳試, 除殿內將軍. 仕隋, 歷大學博士, 罷歸河間, 賊中餓死. 謚宣德先生. 初, 炫旣得王邵所送古文孔安國注本, 遂著『古文稽疑』以明之." 蕭子顯『齊書』曰 "陸澄字彦淵, 吳郡吳人也. 少好學博覽, 無所不知. 起家仕宋, 至齊歷國子祭酒·光祿大夫. 初澄以晉荀昶所學爲非鄭玄所注, 請不藏秘書, 王儉違其議.

현종 서:4-3

[주석의 내용이] 이치상으로 혹 합당하다면 반드시 그 사람을 비난할 것까지야 있겠는가?

玄宗 序:4-3 **在理或當, 何必求人?**

형병 소 『정의(正義)』: [이 서문에서는] 다만 주석들이 이치상으로 타당한 점이 있다면 반드시 그 사람을 비난할 것까지는 없음을 말하고 있다. '구(求)'는 '책망하다[責]'는 뜻과 같다.

邢疏 正義曰言但在注釋之理允當, 不必譏非其人也. '求'猶責也.

▎현종 서:4-4

이제 잠시 6가(家)의 차이를 특별히 거론하고 [또] 오경(五經)의 요지를 하나로 합쳐,

玄宗 序:4-4 **今故特擧六家之異, 同會五經之旨趣,**

형병 소 『정의(正義)』: '육가(六家)'는 곧 위소(韋昭)·왕숙(王肅)·우번(虞翻)·유소(劉劭)·유현(劉炫)·육징(陸澄)이다. 이 6가(家)를 거론하고 또한 여러 경문의 요지를 모아서 합쳐놓았을 뿐임을 말하고 있다.

邢疏 正義曰 '六家'卽韋昭·王肅·虞翻·劉劭·劉炫·陸澄也. 言擧此六家而又會合諸經之旨趣耳.

▎현종 서:4-5

문장을 요약하고 두루 통하게 하니, 경문의 의미가 분명해졌으며,

玄宗 序:4-5 **約文敷暢, 義則昭然.**

형병 소 『정의(正義)』: '약(約)'은 '줄이다[省]'는 뜻이고, '부(敷)'는 '펼쳐놓다[布]'는 뜻이며, '창(暢)'은 '통하다[通]'는 뜻이다. [이 서문에서는] 주(注)를 짓는 형식은 다만 그 문장을 요약하여 번잡하게 할 필요 없이, 경문의 의미를 두루 통하게 하여 [그 의미가] 분명하게 드러나게 할 수 있는 것임을 말하고 있다. '연(然)'은 '어조사[辭]'이다.

邢疏 正義曰 約, 省也, 敷, 布也, 暢, 通也. 言作注之體, 直約省其文, 不假繁多, 能徧布通暢經義, 使之昭明也. 然, 辭也.

▎현종 서:4-6

주석을 나누어 경문 속에 뒤섞어 넣으니, 이치상으로 또한 조리가 서고 일관되게 되었다.

玄宗 序:4-6 **分注錯經, 理亦條貫.**

형병 소 『정의(正義)』: 그 주해(注解)들을 나누어 경문들 사이에 뒤섞어 넣었는데, 경문과 주석이 비록 뒤섞여 있기는 하지만, 그 이치가 또한 서로 혼란스럽지 않고 조리와 일관성을 가지게 되었다는 말이다. 『서경』에서는 "그물이 벼리에 붙어 있어야 조리가 있어 뒤엉키지 않는 것과 같다"라고 말하였고,[151] 『논어』에서는 "공자가 말하기를, '삼(參)아! 나의 도는 하나로 관통되어 있다'"[152]라고 말하고 있는데, 이러한 것들이 조리 있고 일관된 이치이다.

邢疏 正義曰 謂分其注解, 間錯經文也. 經注雖然分錯, 其理亦不相亂而有條有貫也. 『書』云"若網在綱, 有條而不紊", 『論語』"子曰'參乎! 吾道一以貫之", 是條貫之理也.

▎현종 서:4-7

[주석한 이글을] 완규(琬圭)와 염규(琰圭)에 베껴 적으니, 장래에 도움이 되기를 희망한다.

玄宗 序:4-7 **寫之琬 · 琰, 庶有補於將來.**

---

151 『상서』「상서(商書) · 반경(盤庚) 상(上)」: 若網在綱, 有條而不紊, 若農服田力穡, 乃亦有秋.

152 『논어』「이인(里仁)」: 子曰, "參乎! 吾道一以貫之." 曾子曰, "唯." 子出, 門人問曰, "何謂也?" 曾子曰, "夫子之道, 忠恕而已矣."

형병 소 『정의(正義)』: 살펴보건대, 『고공기(考工記)』「옥인직(玉人職)」의 "완규(琬圭)는 길이가 9촌(寸)으로 옷을 둘 때 사용하는 깔개가 있는데, 덕(德)이 있음을 상징한다"[153]라는 문장의 주석에서 "완(琬)은 '둥글다[圜]'는 뜻으로, 왕의 사신이 가지고 가는 부절(符節)이다. 제후(諸侯)들 중 덕이 있는 자에게 왕이 명령을 내리면서 하사하는데, 사신은 완규(琬圭)를 가지고 가서 [제후에게] 왕의 명령을 전달한다. '소(繅)'는 '깔개[藉]'이다."라고 말하고 있다. 또 "염규(琰圭)는 길이가 9촌(寸)이며, 옥의 상단부분의 반 이상을 뾰족하게 깎는데, 이로써 사특함을 제거하고 악한 행동을 고치는데 사용한다"라는 문장의 주석에서 "일반적으로 규(圭; 홀)는 상단의 1촌 반 정도를 깎아내는데, 염규는 반 이상을 깎아내고 또 나머지 반에는 무늬를 새긴다. 제후들 중에 의롭지 못한 자가 있어 사신이 그를 징벌할 경우 이 [염규를] 지니고 가서 왕의 부절(符節)로 삼는다. '제특(除慝)'은 사악한 역도(逆徒)들을 제거하는 것이고, '역행(易行)'은 무겁고 가혹한 부역과 정령(政令)을 없애는 것이다."

지금 여기서 주석한 『효경』[즉 현종 자신이 주석한 『효경』]을 완규(琬圭)와 염규(琰圭)의 위에 베껴 적어 마치 책과 같이 만드니, 장래의 학자들에게 도움이 되기를 희망한다는 말이다. 혹자는 [이것은] 돌에 새겼음을 의미하는 것인데, 완규와 염규에 그 주석을 베껴 적었다고 말한 것은 그 [옥들의] 아름다운 명칭[美名]을 취했을 뿐이라고 말하고 있다.

邢疏 正義曰案『考工記』「玉人職」云"琬圭九寸而繅, 以象德", 注

153 이 문장은 현재 『주례』「동관(冬官)·옥인(玉人)」에 실려 있다.

云"琬猶圜也, 王使之瑞節也. 諸侯有德, 王命賜之, 使者執琬圭以致命焉. 繅, 藉也." 又云"琰圭九寸, 判規, 以除慝, 以易行", 注云"凡圭, 琰上半寸, 琰圭, 琰半以上, 又半爲瑑飾. 諸侯有爲不義, 使者征之, 執以爲瑞節也. 除慝, 誅惡逆也, 易行, 去繁苛." 今言以此所注『孝經』寫之琬圭·琰圭之上, 若簡策之爲, 庶幾有所裨補於將來學者. 或曰謂刊石也, 而言寫之琬琰者, 取其美名耳.

현종 서:5-1

또한 부자(夫子; 공자)께서 경전(經典)을 말씀하신 것은 그 뜻이 [후대에] 가르침을 주려는데 있을 뿐이다.

玄宗 序:5-1 **且夫子談經, 志取垂訓.**

형병 소 『정의(正義)』: 여기서부터 서문 끝까지가 다섯 번째 단락으로, 부자(夫子; 공자)의 경전은 말은 간략하나 의미가 깊어 주석의 번잡한 문장으로는 모두 갖추어 기록할 수 없기 때문에 이에 『소의(疏義)』를 지어 그 요지를 확대하였음을 말하고 있다.

[이 서문은] 또한 부자(夫子; 공자)가 말한 경전은 그 뜻이 다만 후세에 가르침을 주려는데 있을 뿐이라는 것이다.

邢疏 正義曰自此至序末爲第五段, 言夫子之經, 言約意深, 注繁文不能具載, 仍作『疏義』以廣其旨也. 且夫子所談之經, 其志但取垂訓後代而已.

▎현종 서:5-2

비록 다섯 가지 신분에 따라 행해야할 효[五孝]의 작용[모습]은 다르지만, 모든 행동의 근원은 다르지 않다.

玄宗 序:5-2 **雖五孝之用則別, 而百行之源不殊**

형병 소 『정의(正義)』: '오효(五孝)'란 천자(天子)·제후(諸侯)·경대부(卿大夫)·사(士)·서인(庶人) 등 다섯 가지 등급이 행해야할 효를 말한다. 이 서문에서는 오효(五孝)의 작용[모습]은 비록 신분의 존귀함과 비천함에 따라 다르지만, 효(孝)가 모든 행동의 근원이 됨은 모두 동일함을 말하고 있다.

邢疏 正義曰 '五孝'者, 天子·諸侯·卿大夫·士·庶人五等所行之孝也. 言此五孝之用, 雖尊卑不同而孝爲百行之源, 則其致一也.

▎현종 서:5-3

그래서 한 장(章) 속에는 일반적으로 여러 구절[句]들이 있고, 한 구절 안에는 의미상 서로 밝혀주는 내용들이 있으니,

玄宗 序:5-3 **是以一章之中, 凡有數句, 一句之內, 意有兼明,**

형병 소 『정의(正義)』: '구(句)'를 모아서 장(章)을 만드니, 장(章)은 '밝히다[明]'는 뜻이다. [즉, 장(章)이란] 의미들을 묶고 형식들을 포괄하여 실정을 밝히는 것[明情]이다. 구(句)는 반드시 글자[字]를 연결 시켜 말의 의미 단락[言]으로 삼는다. '구(句)'는 '국한시키다[局]'는 뜻이다. 글자를 이어놓고 경계를 구분 짓는 것은 말을 국한시키는 것이다. 이 서문은 의미는 다음과 같다. 즉, 부자(夫子; 공자)가 정리한 경전들은 간절하게 후세에 가르침을 주고자하는데 뜻이 있으니, 그래서 한 장(章) 속에는 일반적으로 여러 구절이 있고 한 구절 속에는 의미상 서로 밝혀주는 내용이 있다는 것이다. [효를 군주에 대한] 충성으로 옮기고, [공경을 윗사람에 대한] 순종으로 옮기며 사랑을 넓히고 공경을 확대하는 것과 같은 부류가 모두 이것이다.

邢疏 正義曰積句以成章, 章者, 明也. 總義包體, 所以明情者也. 句必聯字而言. 句者, 局也. 聯字分疆, 所以局言者也. 言夫子所脩之經, 志在殷勤垂訓, 所以一章之中, 凡有數句, 一句之內, 意有兼明者也. 若移忠移順·博愛廣敬之類皆是.

| 현종 서:5-4

만약 이러한 내용들을 모두 갖추어 기록한다면 문장이 번잡해질 것이고, 그것들을 생략해 버리면 의미가 통하지 않을 것이다.

玄宗 序:5-4 **具載則文繁, 略之又義闕.**

형병 소 『정의(正義)』: 주석을 짓는 형식은 그 의도가 문장을 요약하여 두루 의미가 통하게 하는데 있으나, 또 너무 생략해 버리면 전체적인 의미가 혹 통하지 않을 염려가 있음을 말하고 있다.

邢疏 正義曰 言作注之體, 意在約文敷暢, 復恐太略, 則大義或闕.

▎현종 서:5-5

[이 때문에] 지금 소(疏)에 그러한 내용들을 보존해 둠으로써 [공자가 지은 경문의 요지를] 넓히고 밝혀서 드러나게 하였다.

玄宗 序:5-5 **今存於疏, 用廣發揮.**

형병 소 『정의(正義)』: 이것은 반드시 소(疏)를 지어야하는 의의에 대해 말한 것이다. '발(發)'은 의미를 분명하게 밝히다[發越]는 뜻이고, '휘(揮)'는 널리 확산시키다[揮散]는 뜻이다. 만약 주석의 글 가운데 미비된 것들이 있으면 모두 소(疏)에 보존해 두었으니, 이 주석을 보충한 소[義疏]를 이용하여 부자(夫子; 공자)가 지은 경문의 요지를 넓히고 밝혀서 드러나게 할 수 있을 것이라는 말이다.

邢疏 正義曰 此言必須作疏之義也. 發, 謂發越, 揮, 謂揮散. 若其注文未備者, 則具存於疏, 用此義疏, 以廣大·發越·揮散夫子之經旨也.

제1장 개종명의장開宗明義章

효의 근본적인 요지와 도리를 밝힘

형병 소 『정의(正義)』: '개(開)'는 '펼쳐놓다[張]'는 뜻이다. '종(宗)'은 '근본'이라는 뜻이다. '명(明)'은 '밝히다'는 뜻이다. '의(義)'는 '도리[義理]'라는 뜻이다. 이 장에서는 한 경전의 근본적인 요지를 펼쳐놓고 오효(五孝)[1]의 도리를 밝히고 있기 때문에 '개종명의장'이라고 하였다.

邢疏 正義曰 : 開, 張也. 宗, 本也. 明, 顯也. 義, 理也. 言此章開張一經之宗本, 顯明五孝之義理, 故曰'開宗明義章'也.

형병 소 '제(第)'는 '차례[次]'이다. '일(一)'은 수(數)의 시작이다. 이 장으로 총괄하여 제시하고, 다른 장들을 차례대로 연결시켜 놓았기 때문에 '제일(第一)'이라고 하여 다른 장들의 앞머리에 올려놓았다.

邢疏 第, 次也. 一, 數之始也. 以此章總標, 諸章以次結之, 故爲第一, 冠諸章之首焉.

1 오효(五孝)는 천자(天子), 제후(諸侯), 경대부(卿大夫), 사(士), 서인(庶人)이 행해야할 효(孝)를 가리킨다.

형병 소 살펴보건대, 『효경』은 진나라의 분서갱유(焚書坑儒)를 거친 후 하간(河間)의 안지(顔芝)가 소장하고 있었는데, 처음으로 협서율(挾書律)[2]이 폐지되자 안지(顔芝)의 아들 안정(顔貞)이 『효경』을 세상에 내놓았다. 장손씨(長孫氏) 및 강옹(江翁) · 후창(后蒼) · 익봉(翼奉) · 장우(張禹) 등이 말한 『효경』은 모두 18장이다.[3] 노공왕(魯恭王)이 공자의 집을 허물면서 고문(古文)으로 된 『효경』 22장을 입수하였는데, 공안국(孔安國)이 여기에 「전(傳)」을 지었다.[4] 유향(劉向)이 경적(經籍)들을 검토하면서 이 두 판본(즉, 장손씨 등이 말한 『금문효경』과 공안국이 전(傳)을 단 『고문효경』)을 비교하여, 그 중 번잡하여 의심이 가는 내용들을 삭제하고 18장으로 체재를 정하였는데, 각 장들의 이름은 배열하지 않았다. 또한 순창(荀昶)이 『효경』에 관한 기록 및 제가(諸家)들의 소(疏)를 모은 것이 있었는데,[5] 모두 장의 이름이 없었다. 그리고 [『효경』에 관한 위서(緯書)인] 『원신계(援神契)』의 천자(天子)부터 서인(庶人)에 이르는 5장의 형식은 [즉, '천자'와 '서인' 등의 명칭을 붙여 '제이천자장(第二天子章)', '제삼제후장(第三諸侯章)' 등으로 표기하는 형식은] 오직 황간(皇侃, 488~545)[6]만

2 협서율(挾書律)은 진시황(秦始皇) 34년에 승상 이사(李斯)의 건의를 받아들여 유생들이 옛것으로 현재를 비난하는 것을 금지시키고, 민간에 사사로이 『시(詩)』와 『서(書)』, 그리고 백가(百家)의 서적을 소장한 자는 일족을 멸하겠다고 반포한 법령을 말한다. 이 협서율(挾書律)은 한나라 혜제(惠帝) 4년(B.C.191)에 폐지되었다.

3 이것을 『금문효경(今文孝經)』이라고 한다.

4 이것을 『고문효경(古文孝經)』이라고 한다.

5 순창(荀昶, ? ~ ?) : 진(晉)나라 때의 학자이다. '순창'의 생애에 대해서는 상세하지 않고, 다만 진(晉)나라 때 중서랑(中書郞)의 관직을 지냈다는 사실을 『수서(隋書)』를 통해 알 수 있을 뿐이다. 그는 『집의효경(集議孝經)』을 지었는데, 일실되었다.

6 황간(皇侃, A.D.488 ~ A.D.545) : =황씨(皇氏). 남조(南朝) 때 양(梁)나라의 경학자이다. 『주례(周禮)』, 『의례(儀禮)』, 『예기(禮記)』 등에 해박하여, 『상복문구의소(喪服文句義疏)』, 『예기의소(禮記義疏)』, 『예기강소(禮記講疏)』 등을 지었지만, 현재는 전해지지 않는

이 그러한 제목을 표기하여 각 장의 앞머리에 올려놓았다. 지금 정현(鄭玄)의 주석에는 장(章)의 이름이 보이니, 어찌 예전에 이미 [장(章)의 이름이] 삭제된 적이 있다가 근래의 사람이 먼 과거의 것을 추론하여 장(章)의 이름을 만든 것이겠는가?[7]

邢疏　　案『孝經』遭秦坑焚之後, 爲河間顔芝所藏, 初除挾書之律, 芝子貞始出之. 長孫氏及江翁·后蒼·翼奉·張禹等所說皆十八章. 及魯共王壞孔子宅, 得古文二十二章, 孔安國作「傳」. 劉向校經籍, 比量二本, 除其煩惑, 以十八章爲定, 而不列名. 又有荀昶集其錄及諸家疏, 竝無章名, 而『援神契』自天子至庶人五章, 唯皇侃標其目而冠於章首. 今鄭注見章名, 豈先有改除, 後人追遠而爲之也?

형병 소　　[당나라 현종(玄宗)이 주석한] 『효경어주』는 고금(古今)의 책들을 근거로 상세한 의론을 모아 유관(儒官)[8]들이 그 장(章)의 이름을 지어 연달아 올리면 거듭 토론하고 난 다음에야 청(請)해 올린 장의 이름을 따랐다.

邢疏　　御注依古今集詳議, 儒官連狀題其章名, 重加商量, 遂依所請.

형병 소　　'장(章)'이란 '밝히다[明]'는 뜻으로, 쪼개고 단락을 지어 이치가 분명하게 드러나게 하는 것을 말한다. 『설문(說文)』에서는 "악가(樂歌)가 끝나는 것이 1장(章)이다. '장(章)'자는 '음(音)'과 '십

다. 그 일부가 마국한(馬國翰)의 『옥함산방집일서(玉函山房輯佚書)』에 수록되어 있다.

7　즉, 정현(鄭玄)의 주석에 보이는 장(章)의 이름들은 위작된 것이라는 주장이다.

8　유관(儒官)은 교육을 담당하는 관원이나 관학교사(官學敎師)를 가리킨다.

(十)'으로 구성되어 있다."라고 하면서, 1에서 10까지 중에 '10[十]'이 수(數)의 끝이 된다고 말하였다.[9] 여러 책에서 장(章)을 말한 것은 대체로 「풍(風)」과 「아(雅)」[10]를 근거로, 일반적으로 단락이 지어져 있는 것은 모두 장(章)이라고 하였다.

邢疏 章者, 明也, 謂分析科段, 使理章明. 『說文』曰"樂歌竟爲一章, 章字從音從十." 謂從一至十, 十, 數之終. 諸書言章者, 蓋因「風」·「雅」, 凡有科段, 皆謂之章焉.

형병 소 [이 「개종명의장」은] 천자(天子)·서인(庶人)이라고 하여 비록 귀천(貴賤)을 열거하였지만, 입신(立身)과 효도를 행하는 데[行道]에는 고귀함과 비천함[高卑]의 제한이 없음을 말하였다. 따라서 머릿장 다음으로 먼저 천자에 대해 서술하고, 그 귀천(貴賤)으로 차등을 두어 서인(庶人)에까지 이르고 있고, [「서인장」] 다음으로 「삼재(三才)」, 「효치(孝治)」, 「성치(聖治)」 3장에 이르기까지, 모두 덕교(德敎)가 [효(孝)로] 인해 생긴 것임을 서술하고 있다. 「기효행장(紀孝行章)」은 효자가 부모를 섬기는 것을 가장 우선시해야함을 서술하여, 「오형(五刑)」과 서로 이어 놓았는데, 즉 효(孝)는 부모를 섬기는 것에서 시작된다는 것이다. 「광요도장(廣要道章)」과 「광양명장(廣揚名章)」은 선왕(先王)은 지극한 덕행[至德]과 핵심적인 도리[要道]를 가지고 후세에 이름을 떨쳤다[揚名]는 것이다. 이름을 떨치기[揚名]에

---

9 현재의 『설문해자(說文解字)』 卷三上에는 "樂竟爲一章. 从音从十. 十, 數之終也. 諸良切."로 되어 있다. '장(章)'자는 "수(數)의 끝"을 의미하는 '십(十)'의 의미를 따른 것임을 말하고 있다.

10 「풍(風)」과 「아(雅)」는 『시경(詩經)』의 국풍(國風), 소아(小雅), 대아(大雅)를 말하며, 『시경(詩經)』을 지칭하는 용어로 사용되기도 한다.

앞서 간쟁(諫爭)의 신하로 인하여 간쟁을 따른 군주에게 반드시 감응(感應)의 복이 있게 된다. [이 때문에] 이 세 장(章)[즉, 「광요도장」, 「간쟁장」, 「감응장」]은 차례대로 연결되어 양명(揚名)과 분리되지 않는다. 「사군장(事君章)」은 군주를 섬기는데 마음을 다한다는 것이다. 「상친장(喪親章)」은 이상의 장(章)들 맨 뒤에 이어놓았는데, [이것이] 효자가 부모를 섬기는 마지막 단계임을 말하고 있다.

邢疏　　言天子 · 庶人雖列貴賤, 而立身行道, 無限高卑. 故次首章先陳天子, 等差其貴賤以至庶人, 次及「三才」·「孝治」·「聖治」三章, 竝敍德敎之所由生也. 「紀孝行章」敍孝子事親爲先, 與「五刑」相因, 卽夫孝始於事親也. 「廣要道章」·「廣揚名章」卽先王有至德要道, 揚名於後世也. 揚名之上, 因諫諍[11]之臣, 從諫之君, 必有應感. 三者相次, 不離於揚名. 「事君章」卽中[12]於事君也. 「喪親章」繼於諸章之末, 言孝子事親之道紀[13]也.

형병 소　　황간은 「개종명의장」 및 「기효행장」, 「상친장」 등의 3장이 귀한 신분이나 천한 신분 할 것 없이 공통으로 적용된다고 생각 하였다. 이제 「간쟁장(諫爭章)」을 살펴보면, 대부 이상은 모두 간쟁하는 신하가 있고, 사(士)에게는 간쟁하는 벗이 있으며, 아버지에게는 간쟁하는 자식이 있으니, 또한 귀천(貴賤)에 모두 포함되는 것

11　'정(諍)'자에 대하여. 완원(阮元)의 교감기(校勘記)에서는 "『옥편(玉篇)』을 살펴보면, '쟁(爭)자는 간(諫: 간언하다)의 뜻으로, 혹은 쟁(諍)으로도 쓴다.'"라고 했다.

12　'중(中)'자에 대하여. '중'자는 본래 '충(忠)'자로 기록되어 있었다. 완원(阮元)의 『교감기(校勘記)』에서는 "'충'자는 마땅히 '중'자가 되어야 한다."고 했다.

13　'기(紀)'는 『정오(正誤)』에 '종(終)'자로 기록되어 있다. 여기에서는 『정오(正誤)』를 근거로 번역하였다.

이다. 그렇다면 귀한 신분이나 천한 신분할 것 없이 공통으로 적용되는 것은 [「간쟁장」까지 포함하여 모두] 4가지이다.

邢疏 皇侃以「開宗」及「紀孝行」·「喪親」等三章通於貴賤. 今案「諫諍章」大夫以上皆有爭臣, 而士有爭友, 父有爭子, 亦該貴賤. 則通於貴賤者有四焉.

경문 01-1

중니(仲尼)가 한가로이 집에 머물러 있을 때, 《 주(注): 중니(仲尼)는 공자(孔子)의 자(字)이다. '거(居)'는 한가로이 집에 머무르는 것을 말한다. 》 **증자(曾子)가 곁에서 모시고 앉아 있었다**. 《 주: 증자(曾子)는 공자의 제자이다. '시(侍)'는 높은 사람을 곁에서 모시고 앉아 있는 것을 말한다. 》

經文 01-1 **仲尼居**, 《 注: 仲尼, 孔子字. 居, 謂閒居. 》 **曾子侍**. 《 注: 曾子, 孔子弟子. 侍, 謂侍坐. 》

형병 소 ▮경문 : "仲尼居, 曾子侍". ▸『정의(正義)』: 부자(夫子; 공자)는 육경(六經)[14]을 가지고 가르침을 펼치면서, [경전의 항목들은] 일에 따라 명칭을 표기하였다. [공자는] 비록 도(道)가 효(孝)로 인해 생겨났으나, 효의 대강이 거론되지 못했기 때문에, 그 도를 밝혀 후세의 자손들에게 남겨놓고자 하였다. [그래서] 증삼(曾參)의 효

14 육경(六經)은 『역(易)』, 『서(書)』, 『시(詩)』, 『예(禮)』, 『악(樂)』, 『춘추(春秋)』를 말한다.

가 이미 세상에 명성과 지위를 얻고 있었기 때문에 한가로이 머무를 때를 가정하여 [증삼에게 효도(孝道)에 관해] 진술한 것이다. [공자는] 스스로 자신의 자(字)를 드러내어 "중니가 한가로이 집에 머무를 때"라고 말하였고, 증삼(曾參)을 '증자(曾子)'로 불러 "증자가 곁에서 모시고 앉아 있었다"라고 말하였는데, 이 두 구절을 만들어 스승과 제자 사이[師資][15]의 문답(問答) 형식으로 시작함으로써, 마치 별도의 사승관계가 있어서 그것을 기록한 것처럼 하였다.

邢疏 ▮"仲尼居, 曾子侍." ▸正義曰：夫子以六經設教, 隨事表名. 雖道由孝生, 而孝綱未擧, 將欲開明其道, 垂之來裔. 以曾參之孝, 先有重名, 乃假因閒居爲之陳說. 自標己字, 稱'仲尼居', 呼參爲子, 稱'曾子侍', 建此兩句, 以起師資問答之體, 似若別有承受而記錄之.

형병 소 ▮어주："仲尼"~"閒居". ▸『정의(正義)』："중니는 공자의 자이다"라고 말한 것과 관련하여, 『공자가어(孔子家語)』에서는 다음과 같이 말하고 있다. "공자의 아버지 숙량흘(叔梁紇)이 안씨(顔氏)의 딸 징재(徵在)에게 장가를 갔다. 징재가 이미 시집을 가서 묘견(廟見)[16]을 끝냈으나, 남편의 나이가 많았기 때문에 아들을 얻지 못할 것을 두려워하였다. 그래서 남몰래 니구산(尼丘山)에서 기도를 드려 아들을 기원하였다. 공자의 옛 이름은 구(丘)이며, 자는 중니(仲尼)이다."[17] 일반적으로 '백중(伯仲)'이라는 말은 나이가 많고 적음

---

15 사자(師資)는 『노자(老子)』「27장」의 "故善人者, 不善人之師, 不善人者, 善人之資"에서 유래한 말로, '교사(敎師)가 될 만한 인재', '스승과 제자', '사승 관계' 등의 의미가 있다.

16 묘견(廟見)은 신부가 신랑집에 가서 돌아가신 시부모의 사당에 가서 참배하는 것을 말한다.

17 『공자가어』「본성해(本姓解)」 第三十九.

의 순서를 가리킨다. 중니에게는 자(字)가 '백(伯)'인 형이 있었기 때문에,[18] '중(仲)'이라고 표현한 것이다.

邢疏 ▮注: "仲尼"至"閒居". ▸正義曰 : 云"仲尼, 孔子字"者, 案『家語』云, "孔子父叔梁紇, 娶顔氏之女徵在. 徵在旣往廟見, 以夫年長, 懼不時有男. 而私禱尼丘山以祈焉. 孔子故名丘, 字仲尼." 夫伯仲者, 長幼之次也. 仲尼有兄字伯, 故曰仲.

형병 소 공자의 이름과 관련해서 환공(桓公) 6년『좌전』의 내용을 살펴보면, [노나라 환공(桓公)의 작명법(作名法)에 대한 질문에] 신수(申繻)는 대답하여 이름 짓는 법에는 다섯 가지가 있는데, 그 세 번째가 비슷한 부류로써 이름 짓는 것으로, 이것을 '상(象)'이라 한다고 말했고, 이에 대한 두예(杜預, 222~284)[19]의 주석에서는 "공자의 머리가 니구산(尼丘)을 닮은 것과 같은 경우이다"라고 말하였다.[20] 대체

18 『공자가어』에 따르면, 공자의 아버지 숙량흘의 첫 번째 부인은 9명의 딸을 낳았고, 첩은 맹피(孟皮)라는 아들을 낳았는데, 다리가 불구였기[足病] 때문에 적자(適子)가 되기에 부족했다. 그래서 숙량흘은 징재(徵在)를 맞아들여 공자를 낳았다. 맹피의 자는 백니(伯尼)이며, 공자에게는 이복형이 된다.

19 두예(杜預, A.D.222~A.D.284) : 서진(西晉) 경조(京兆) 두릉(杜陵) 사람으로, 자는 원개이다. 처음에는 위(魏)나라의 상서랑(尙書郞)을 지냈는데, 진(晉)나라 무제(武帝)가 즉위한 후 하남윤(河南尹)에 제수되었다가 도지상서(度支尙書)로 자리를 옮겼다. 무제 함녕(咸寧) 4년(278)에 진남대장군(鎭南大將軍)에 제수되어 양양(襄陽)을 진무하였으며, 오나라를 멸망시킬 준비를 하였다. 다음해 279년에 오나라를 칠 것을 건의하였다. 태강(太康) 초(280)에 오나라를 쳐서 성읍(城邑)을 무너트리고 남방의 주군(州郡)을 항복시켰다. 관직은 사예교위(司隸校尉)까지 이르렀다. 그는『춘추좌씨전집해(春秋左氏傳集解)』등을 저술하였다.

20 『춘추좌씨전』「환공(桓公) 6년」: 公問名於申繻. 對曰, "名有五, 有信, 有義, 有象, 有假, 有類. 以名生爲信, 以德命爲義, 以類命爲象〈杜預 註: 若孔子首象尼丘.〉, 取於物爲假, 取於父爲類……" 자세한 내용을 확인하려면 좌구명/ 신동준 옮김,『춘추좌전』1(파주: 한길사, 2003) 96쪽을 참고하라.

로 공자는 태어나면서부터 정수리가 움푹 들어가 [그 머리모양이] 니산(尼山)을 닮았기 때문에 이름을 구(丘)라고 하였고, 자를 중니(仲尼)라고 하였던 것이다. 그러나 유환(劉瓛)은 장우(張禹)의 주장을 기술하여 중(仲)이라는 것은 중(中)의 뜻이며, 니(尼)라는 것은 화(和)의 뜻인데, 공자에게 중화(中和)의 덕이 있음을 말하고자 했기 때문에, [자를] 중니(仲尼)라 한 것이라고 생각하였다.[21] 은중문(殷仲文)도 "부자(夫子; 공자)는 효의 도리를 깊이 공경했기 때문에 덕(德)을 드러낼 수 있는 자(字)를 일컬어 사용한 것이다."라고 말하였다. 양무제(梁武帝)도 '구(丘)'를 '모이다[聚]'는 뜻으로, '니(尼)'를 '조화롭다[和]'는 뜻으로 생각하였다. [그러나] 지금 이 주장들은 모두 취할게 못된다.

邢疏 其名則案桓六年『左傳』申繻曰名有五, 其三曰以類命爲象. 杜註云"若孔子首象尼丘." 蓋以孔子生而圩[22]頂, 象尼丘山, 故名丘, 字仲尼. 而劉瓛述張禹之義, 以爲仲者中也, 尼者和也, 言孔子有中和之德, 故曰仲尼. 殷仲文又云"夫子深敬孝道, 故稱表德之字." 至梁武帝又以丘爲聚[23], 以尼爲和, 今竝不取.

형병 소 중니(仲尼)의 선조는 은나라의 후예(後裔)이다. 살펴보건대, 『사기(史記)』「은본기(殷本紀)」에서는 다음과 같이 말하고 있다.

21 『고경해구침(古經解鉤沈)』 권24 「孝經」 : 仲尼居.〈余蕭客 註: 仲者中也, 尼者和也, 言孔子有中和之德, 故曰仲尼. 張禹說.〉

22 '우(圩)'자에 대하여. '우'자는 본래 '오(汙)'자로 기록되어 있었는데, 완원(阮元)의 교감기(校勘記)에서 "『사기(史記)』「공자세가(孔子世家)」에 '우(圩)'로 되어있다는 것에 따르면, '우(圩)'로 되어 있는 것이 맞다."라고 했다.

23 '취(聚)'자에 대하여. '취(聚)'자는 본래 '취(娶)'자로 기록되어 있었는데, 완원(阮元)의 『교감기(校勘記)』에서는 "『감본(監本)』과 『모본(毛本)』에는 '취(娶)'자가 '취(聚)'자로 되어 있다."라고 했다.

"제곡(帝嚳)의 아들 설(契)이 요임금의 사도(司徒)가 되어 공을 세우자, 요임금이 그를 상(商)에 봉하고 자씨(子氏) 성을 하사하였다. 설의 후손인 탕(湯)이 하나라를 멸망시키고 천자가 되었는데, 탕의 후손들이 천자의 자리에 있으면서 무도(無道)함을 행하자 주나라 무왕(武王)이 그를 죽이고, 그의 서형(庶兄)인 미자계(微子啓)를 송(宋)에 봉하였다."[24] 또 『공자가어』 및 『사기』「공자세가」를 살펴보면 모두 다음과 같이 말하고 있다. "공자의 선조는 송나라 사람이다. 송나라 양공(襄公)에게는 불보하(弗父何)라는 아들이 있었는데, 성장하여 왕의 자리에 즉위할 때가 되자, 그 동생인 여공(厲公)에게 왕위를 양보하였다. 불보하는 송보주(宋父周)를 낳았고, 송보주는 세자승(世子勝)을 낳았으며, 세자승은 정고보(正考父)를 낳았다. 정고보는 왕들의 명을 받아[25] 송나라의 경(卿)이 되었으며, 공보가(孔父嘉)를 낳았다. 공보가는 별도의 공족(公族)이 되었기 때문에, 그 후손들은 '공(孔)'을 성씨로 삼았다." [그러나 이와 같은 말들은] 을(乙)을 자(子)와 짝 지워 놓거나(즉, 부류를 잘못 짝 지워놓거나), 어떤 것은 한 방울 한 방울 물방울이 떨어져 돌을 뚫는 것처럼[滴溜穿石][26] 기정사실화되어 그 말이 사리에 맞지 않으니, 지금 이 주장들은 취할게 못된다. 공보가는 목금보(木金父)를 낳았고, 목금보는 고이보(皐夷父)를 낳았으며, 고이보는 방숙(防叔)을 낳았고, [방숙은] 화씨(華氏)의 화(禍)를

24 자세한 내용을 확인하려면 정범진 외 옮김, 『사기본기』(서울: 까치, 1994) 53쪽~68쪽의 권3 「은본기(殷本紀)」 제3을 보라.

25 『사기』「공자세가」에 따르면, 정고보(正考父)는 대공(戴公), 무공(武公), 선공(宣公)을 섬길 때 모두 세 번의 명을 받았으며, 명을 받을 때마다 매우 공손했다고 한다. 정범진 외 옮김, 『사기세가』하, 419쪽 참고.

26 '적류천석(滴溜穿石)'은 본래 지속적으로 행한 일은 반드시 성공한다는 의미이나, 여기서는 잘못된 근거들이 하나하나 모여 사실처럼 굳어졌다는 의미로 사용되었다.

피하여 노나라로 달아났다. 방숙은 백하(伯夏)를 낳았고, 백하는 숙량흘(叔梁紇)을 낳았고, 숙량흘은 공자를 낳았다.[27]

邢疏　　仲尼之先, 殷之後也. 案『史記』「殷本紀」曰"帝嚳之子契爲堯司徒, 有功, 堯封之於商, 賜姓子氏. 契後世孫湯滅夏, 而爲天子, 至湯裔孫有位無道, 周武王殺之, 封其庶兄微子啓於宋." 案『家語』及「孔子世家」皆云孔子其先宋人也. 宋襄[28]公有子弗父何, 長而當立, 讓其弟厲公. 何生宋父周, 周生世子勝, 勝生正考父, 正考父受命爲宋卿, 生孔父嘉. 嘉別爲公族, 故其後以'孔'爲氏. 或以爲用乙配子, 或以滴溜穿石, 其言不經, 今不取也. 孔父嘉生木金父, 木金父生皐夷父, 皐夷父生防叔, 避華氏之禍而奔魯. 防叔生伯夏, 伯夏生叔梁紇, 紇生孔子也.

형병 소　　"거(居)는 한가로이 집에 머무르는 것을 말한다"고 한 주석과 관련하여, 『고문효경』에는 [경문의 '중니거(仲尼居)'가] '중니한거(仲尼閑居)'로 되어 있다. 대체로 한가로이 머물러 있을 때를 기회로 앉아 있는 것이니, 『논어』에서 "앉아보아라! 내가 너에게 말해주겠다"[29]는 뜻과는 같지만, 아래 장[즉, 「기효행장」]에서 "거처할 때는 공손함을 극진히 한다"[30]는 뜻과는 다르다.

邢疏　　云"居, 謂閒居"者. 『古文孝經』云'仲尼閒居'. 蓋謂乘閒居而坐, 與『論語』云"居! 吾語汝."義同, 而與下章"居則致其敬"不同.

27　이상의 내용들은 『사기』「공자세가」 및 『공자가어』「본성해」에 함께 실려 있다.

28　'양(襄)'자에 대하여. '양'자는 본래 '민(閔)'자로 기록되어 있었는데, 완원(阮元)의 『교감기(校勘記)』에서는 "『효경정오(孝經正誤)』에는 '민(閔)'자가 '양(襄)'자로 되어 있는데, 이 기록이 옳다."라고 했다.

29　『논어』「양화(陽貨)」: 子曰, "由也! 女聞六言六蔽矣乎?" 對曰, "未也." "居! 吾語女……."

30　『효경』「기효행장(紀孝行章)」: 子曰, "孝子之事親也, 居則致其敬……."

형병 소 ▮어주 : "曾子"~"侍坐". ▸『정의(正義)』: "증자는 공자의 제자이다"라고 말한 것과 관련하여, 살펴보건대, 『사기』「중니제자열전(仲尼弟子列傳)」에서는 다음과 같이 말하고 있다. "증삼(曾參)은 남무성(南武城) 사람으로, 자는 자여(子輿)이며, 공자보다 46살이 어리다. 공자는 증삼이 효(孝)의 도리를 이해할 수 있을 것이라 생각했기 때문에 가르침을 주었다. [증삼은] 『효경』을 지었으며, 노나라에서 죽었다"[31] 따라서 [증삼은] 공자의 제자임을 알 수 있다.

邢疏 ▮注: "曾子"至"侍坐". ▸正義曰 : 云"曾子, 孔子弟子"者, 案『史記』「仲尼弟子傳」稱"曾參, 南武城人, 字子輿, 少孔子四十六歲. 孔子以爲能通孝道, 故授之業. 作『孝經』, 死於魯." 故知是仲尼弟子也.

형병 소 "시(侍)는 높은 사람을 모시고, 옆에 앉아 있는 것을 말한다"고 한 것은 공자를 모시고 옆에 앉아 있는 것을 말한다. 살펴보건대, 『고문효경』에는 [경문의 '증자시(曾子侍)'가] '증자시좌(曾子侍坐)'로 되어있다. 그러므로 시(侍)는 '모시고 앉다[侍坐]'의 뜻임을 알 수 있다. 지위가 낮은 자가 존자(尊者)의 곁에 있는 것을 '시(侍)'라고 한다. 따라서 경문에서는 '시(侍)'라고 말한 것이다. 대체로 '시(侍)'의 방식에는 앉아 있거나 서 있는 경우가 있는데, 여기서 "증자가 모시고 있었다.[曾子侍]"는 것은 바로 옆에서 모시고 앉아 있었다는 의미이다. 『예기(禮記)』「곡례(曲禮)」에는 "선생(先生)을 곁에서 모시고 앉아 있었다[侍坐於先生]", "존자(尊者)를 곁에서 모시고 앉아 있었다[侍坐於所尊]", "군자(君子)를 곁에서 모시고 앉아 있었다[侍坐於君子]"

31 『사기』「중니제자열전(仲尼弟子列傳)」: 曾參, 南武城人, 字子輿, 少孔子四十六歲. 孔子以爲能通孝道, 故授之業. 作『孝經』, 死於魯.

는 내용들이 있으니, 이것들에 근거하여 말하면 부자(夫子; 공자)를 곁에서 모시고 앉아 있었던 것이 분명하다.

邢疏　云"侍, 謂侍坐"者. 言侍孔子而坐也. 案『古文』云'曾子侍坐', 故知侍謂侍坐也. 卑者在尊側曰侍, 故經謂之侍. 凡侍有坐有立, 此曾子侍即侍坐也. 「曲禮」有"侍坐於先生", "侍坐於所尊", "侍坐於君子", 據此而言, 明侍坐於夫子也.

▎경문 01-2

공자가 [증자에게] 말하였다. "선왕들은 지극한 덕[至德][32]과 핵심적인 도[要道]를 가지고 천하를 순종시켜서, 백성들은 화목하게 되었고, 윗사람이나 아랫사람들은 원망함이 없었다. 《 주: 효라는 것은 덕의 지극함이자, 도의 요지(要旨)이다. 이 문장은 선대 성인의 덕성을 가진 군주[主]들이 천하의 모든 백성들의 인심(人心)을 순종시킬 수 있었는데, 이러한 덕의 지극함과 도의 요지에 [근본한] 교화를 시행하니, 위아래의 신하와 백성들이 화목하게 되고 원망함이 없었음을 말하

32　지덕(至德)은 최고의 도덕성을 뜻하며, 성덕(盛德)으로 부르기도 한다. 지덕(至德)의 용례들은 다음과 같다. 『주역』「계사(繫辭)」상에는 "陰陽之義配日月, 易簡之善配至德."이라는 기록이 있다. 즉 "음양(陰陽)의 뜻은 일월에 배합되고, 이간(易簡)의 선(善)은 지덕(至德)에 배합된다"는 뜻이다. 또 『논어(論語)』「태백(泰伯)」에는 "泰伯, 其可謂至德也已矣."라는 기록이 있다. 즉 "태백(泰伯)은 가히 지덕(至德)이라고 부를 수 있구나."라는 뜻이다. 『사기(史記)』「상군열전(商君列傳)」에는 "論至德者不和於俗, 成大功者不謀於衆."이라는 기록이 있다. 즉 "지덕(至德)에 밝은 사람은 속됨에 물들지 않고, 大功을 이룬 자는 뭇 사람들과 꾀를 모의하지 않는다."라는 뜻이다. 『세설신어(世說新語)』「덕행(德行)」에는 "鍾君至德可師."라는 기록이 있다. 즉 "종근(鍾君)은 그 덕성이 지덕(至德)함으로 스승으로 삼을 수 있다."라는 뜻이다.

고 있다.》 **너는 그러한 사실을 알고 있느냐?"증자가 자리에서 물러나 일어나서 대답하였다. "저는 명석하지 못하온데, 어찌 그것을 알 수 있겠습니까?**《 주: 삼(參)은 증자의 이름이다. 고대의 예법에 따르면, 스승이 질문을 하면 [제자는] 자리에서 물러나서 일어나 대답을 한다. '민(敏)'은 '명석하다'는 뜻이다. 이 문장은 증자 자신이 명석하지 못하니, 어떻게 이러한 지극한 덕과 핵심적인 도의 의미를 알 수 있겠느냐는 것을 말하고 있다.》 **공자가 말하였다."무릇 효라는 것은 덕의 근본이며,**《 주: 사람의 행실 중에 효보다 큰 것이 없기 때문에, 덕의 근본이 된다.》 **가르침이 생겨나오는 바탕이다.**《 주: 가르침은 효로부터 생겨나오는 것임을 말하고 있다.》 **다시 앉거라. 내 너에게 말해주겠다.**《 주: 증삼이 일어나서 대답했기 때문에, 그에게 다시 앉게 한 것이다.》

經文 01-2 **子曰,"先王有至德要道, 以順天下, 民用和睦, 上下無怨.**《 注; 孝者, 德之至 · 道之要也. 言先代聖德之主, 能順天下人心, 行此至要之化, 則上下臣人, 和睦無怨.》 **汝知之乎?"曾子避席曰,"參不敏, 何足以知之?**《 注; 參, 曾子名也. 禮, 師有問, 避席起答. 敏, 達也. 言參不達, 何足知此至要之義.》 **子曰,"夫孝德之本也.**《 注; 人之行莫大於孝, 故爲德本.》 **教之所由生也.**《 注; 言教從孝而生.》 **復坐, 吾語汝.**《 注; 曾參起對, 故使復坐.》

형병 소 ▮경문 : "子曰"~"語汝". ▸『정의(正義)』: '자(子)'라는 것은 공자 자신을 가리킨다. 살펴보건대, 『공양전(公羊傳)』에서는 "자(子)는 남자(男子)의 통칭이다"[33]라고 했다. 고대에는 스승을 일컬어 '자(子)'라고 했다. 그렇기 때문에 부자(夫子; 공자)가 '자(子)'로써 자신을 지칭한 것이다. '왈(曰)'은 '말씀하셨다[辭]'는 뜻이다. [이 문장의 전체적인 뜻은] "선대의 성제(聖帝)와 명왕(明王)은 모두 지극히 아름다운 덕과 핵심적인 도를 시행하여, 이로써 천하 백성들의 인심(人心)을 순응하게 하고, 교화하였으니, 천하의 모든 사람들은 그 교화에 힘입게 되었다. 이러한 까닭으로써, 함께 서로 화목하게 되었고, 상하 존비의 [모든 계층의 사람들이] 서로 원망하는 것이 없어지게 되었다. 증삼아, 너는 이것을 알 수 있느냐?"라고 말하였다. 또한 잠시 뒤에는 "증삼이 공부자의 말을 듣고서, 곧 앉아있던 자리에서 물러나서, 일어나 대답하기를 '저는 성품이 명석하지 못하온데, 어떻게 선왕의 지극한 덕과 핵심적인 도리에 대한 말과, 그 의미를 알 수 있겠습니까?'라고 했다"는 것을 말한 것이다.

邢疏 ▮"子曰"至"語汝". ▸正義曰：子者, 孔子自謂. 案,『公羊傳』云, "子者, 男子通稱也." 古者謂師爲子, 故夫子以子自稱. 曰者, 辭也. 言先代聖帝明王, 皆行至美之德 · 要約之道, 以順天下人心而敎化之, 天下之人, 被服其敎. 用此之故, 竝自相和睦, 上下尊卑, 無相怨者. 參, 汝能知之乎? 又假言參聞夫子之說, 乃避所居之席, 起而對曰參性不聰敏, 何足以知先王至德要道之言義?

형병 소 이미 증자가 알지 못하겠다고 진술하여, 부자[공자]가 또한 그것을 해석하여 "무릇 효라는 것은 덕행의 근본이다."라고 말하였다. 이것은 "선왕에게는 지극한 덕과 핵심적인 도가 있다."는 말을 풀이한 것으로, 지극한 덕과 핵심적인 도는 본래 효에서 나온 것

33 이 문장은 현행본『춘추공양전(春秋公羊傳)』에는 기록되어 있지 않다.

이니, 효가 그것들의 근본이 된다는 뜻이다.

邢疏　　旣敍曾子不知, 夫子又爲釋之曰夫孝, 德行之根本也. 釋"先王有至德要道." 謂至德要道, 元出於孝, 孝爲之本也.

형병 소　　"가르침이 생겨나오는 바탕이다"라고 말한 것은 "이로써 천하 사람들을 순응시켜서, 백성들은 이로써 화목하게 되고, 윗사람이나 아랫사람이나 원망함이 없게 되었다"는 말을 풀이한 것이니, 선왕의 교화는 효로부터 생겨났다는 뜻이다. 효의 도리는 깊고도 넓어서, [일러 줄 것들이 많으므로 증자를] 세워두고 말을 끝날 수 있는 것이 아니다. 그렇기 때문에 증자로 하여금 "다시 앉아라, 내가 너에게 말해주겠다."라고 한 것이다.

邢疏　　云"敎之所由[34]生也"者, 此釋"以順天下, 民用和睦, 上下無怨." 謂王敎由孝而生也. 孝道深廣, 非立可終, 故使"復坐, 吾語汝也."

형병 소　　▮어주 : "孝者"~"無怨". ▸『정의(正義)』 : "효라는 것은 덕의 지극함이자, 도의 요지이다"라고 말한 것은 왕숙(王肅, 195~256)[35]의 풀이에 의거한 것으로, 덕은 효로써 지극해지고, 도는 효로써 요약되니, 이것은 도덕이 효에서 분리될 수 없다는 말이다. 은중문(殷仲文, ?~407)[36]은 "궁리(窮理)를 지극히 함은 하나로써 많은 것을 꿰뚫

34　'유(由)'자에 대하여. '유'자는 본래 없던 글자인데, 완원(阮元)의 『교감기(校勘記)』에서는 "『정오(正誤)』에는 '생(生)'자 위에 '유(由)'자를 보충해 넣었는데, 이 기록이 옳다."라고 했다.

35　왕숙(王肅, A.D.195~A.D.256) : 중국 위(魏)나라 때의 학자이다. 자는 자옹(子雍)이며, 동해(東海) 출신이다. 부친 왕랑(王朗)으로부터 금문학(今文學)을 공부했으나, 고문학(古文學)의 고증적인 해석을 따랐다.

36　은중문(殷仲文, ?~?) : 중국 진(晉)나라 때의 학자이다. 자는 중문(仲文)이며, 진군(陳

는 것이 핵심이다"라고 말하였다. [그리고] 유현(劉炫, 549~617)[37]은 "성품이 아직 명석하지 못한데, 어찌 알 수 있겠느냐?"라고 말했는데,[38] 이것은 성품이 아직 명석하지 못해서, 어찌 지극함과 핵심적인 의미를 알 수 있느냐는 것으로, 증자 스스로가 자신의 성품이 아직 명석하지 못한데, 어찌 이러한 선왕의 지극한 덕과 핵심적인 도의 의미를 알 수 있느냐고 말한 것을 뜻한다.

邢疏　▮注"孝者"至"無怨". ▸正義曰：云"孝者, 德之至, 道之要也"者. 依王肅義, 德以孝而至, 道以孝而要, 是道德不離於孝. 殷仲文曰, "窮理之至, 以一管衆爲要[39]." 劉炫[40]曰, "性未達, 何足知?" 言[41]性未達, 何足知至要之義者, 謂自云性未達, 何足知此先王至德要道之義也.

형병 소　▮어주："人之"~"德本". ▸『정의(正義)』：이 말은 정현(鄭玄)의 주(注)에서 「성치장(聖治章)」의 문장[42]을 인용한 구절에 근거한 것으로, 효는 행실 중 가장 큰 것이기 때문에 덕의 근본이 된다는 뜻이다. 여기에서의 덕은 곧 지덕(至德)이다.

郡) 출신이다.

37 유현(劉炫, ? ~ ?)：중국 수(隋)나라 때의 학자이다. 자는 광백(光伯)이며, 경성(景城) 출신이다. 태학박사(太學博士) 등을 지냈다. 그는 『논어술의(論語述義)』, 『춘추술의(春秋述義)』, 『효경술의(孝經述義)』 등을 저술하였다.

38 이 문장은 완원(阮元)의 『교감기(校勘記)』에 따라, "『정의(正義)』에서 말하길, '성품이 아직 명석하지 못한데, 어찌 알 수 있겠느냐?'는 것은"으로 풀이하는 것이 옳다.

39 '요(要)'자에 대하여. 포당(浦鏜)은 "이 글자 뒤에는 마땅히 '參曾至之義○正義曰'이라는 9글자가 빠져 있는 것이다"라고 했다.

40 '유현(劉炫)'에 대하여. 완원(阮元)의 『교감기(校勘記)』에서는 "'유현(劉炫)'은 아마도 '정의(正義)'라는 두 글자가 잘못 기록된 것 같다."라고 했다.

41 '언(言)'자에 대하여. '언'자는 본래는 '연(然)'자로 기록되어 있었는데, 완원(阮元)의 『교감기(校勘記)』에서는 "'연'자는 마땅히 '언'자의 오자가 된다."라고 했다.

42 『효경』「성치장(聖治章)」：人之行莫大於孝, 孝莫大於嚴父.

邢疏 ▮注"人之"至"德本". ▸正義曰：此依鄭注引其「聖治章」文也, 言孝行最大, 故爲德之本也. 德則至德也.

형병 소 ▮어주 : "言敎從孝而生". ▸『정의(正義)』: 이 문장은 위소(韋昭)의 주석에 근거한 것이다. 살펴보건대, 『예기』「제의(祭義)」편에서 증자가 "뭇 사람들을 가르치는 근본이 효이다"[43]고 말한 것을 가리킨다. 『상서(尙書)』의 "오상(五常)[44]의 가르침을 펼쳐라"[45]라고 한 기록에 대해, 풀이하는 자들은 의로움으로써 아비를 가르치고, 자애로움으로써 어머니를 가르치며, 우애로움으로써 형을 가르치고, 공손함으로써 아우를 가르치며, 효로써 자식을 가르친다고 했다. 이것에 근거해보면, 그 나머지 사람들을 순응시키는 교화에 대해서 모두 알 수 있다.

邢疏 ▮注"言敎從孝而生". ▸正義曰 : 此依韋注也. 案『禮記』「祭義」稱, 曾子云"衆之本敎曰孝."『尙書』"敬敷五敎." 解者謂敎父以義, 敎母以慈, 敎兄以友, 敎弟以恭, 敎子以孝. 擧此, 則其餘順人之敎皆可知也.

형병 소 ▮어주 : "曾參"~"復坐". ▸『정의(正義)』: 이 문장에 대한 의미는 이미 앞에 보인다.[46]

---

43 『예기』「제의(祭義)」: 衆之本敎曰孝, 其行曰養.

44 오상(五常)은 부의(父義), 모자(母慈), 형우(兄友), 제공(弟恭), 자효(子孝)를 말한다.

45 『상서』「우서(虞書)·순전(舜典)」: 帝曰, 契, 百姓不親, 五品不遜, 汝作司徒, 敬敷五敎在寬.

46 즉, 【소(疏)】에서 효의 도리가 깊고 넓어 증자를 세워두고 말을 할 수 없었기 때문에 다시 앉게 했다는 내용을 말한다.

邢疏　　▮注"曾參"至"復坐". ▸正義曰 : 此義已見於上.

▍경문 01-3

신체와 머리카락, 피부는 부모로부터 받은 것이니, 감히 이것들을 훼손시키지 않는 것이 효의 시작이며,《 주: 부모는 [신체 등이] 온전한 상태로 자신을 낳아주었으니, 자신은 마땅히 [신체 등이] 온전한 상태를 유지하여 부모에게 되돌려 주어야 한다. 따라서 [신체 등을] 감히 훼손시킬 수 없는 것이다.》 **자신의 몸을 온전한 상태로 완성시켜 효도(孝道)를 행하고 후세에 이름을 떨쳐 부모를 영광스럽게 하는 것이 효의 끝이다.**《 주: 자신의 몸을 온전한 상태로 완성시켜 이러한 효의 도리를 행하면, 자연스럽게 후세에 이름이 떨쳐지고, 자신의 부모를 영광스럽게 만들게 된다. 그러므로 효를 행하는 데는 신체를 훼손시키지 않음을 우선적으로 하고, 이름을 떨치는 것을 뒤로 함을 말한 것이다.》

經文 01-3　**身體髮膚, 受之父母, 不敢毁傷, 孝之始也.**《 注; 父母全而生之, 己當全而歸之. 故不敢毁傷.》 **立身行道, 揚名於後世, 以顯父母, 孝之終也.**《 注; 言能立身行此孝道, 自然名揚後世, 光顯其親. 故行孝以不毁爲先, 揚名爲後.》

형병 소　▮경문: "身體"~"終也". ▸『정의(正義)』: [경문의 '신체발부(身體髮膚)'에서] '신(身)'은 몸[躬]을 말하고, '체(體)'는 [손과 발을 포함한] 사지(四肢)를 말하며, '발(髮)'은 털과 머리카락을 말하고, '부

(膚)'는 피부를 말한다. 『예기』「예운」 편에서는 "사지(四肢)가 완전하고, 피부에 탄력이 있다"[47]라고 말하고 있고, 『시경』「용풍 · 군자해로」에서는 "머리숱이 구름과 같구나"[48]라고 말하고 있는데, 이것이 바로 '신체발부'를 가리키는 것이다.

邢疏 ▮"身體"至"終也". ▸正義曰 : 身謂躬也, 體謂四支也, 髮謂毛髮, 膚謂皮膚. 「禮運」曰, "四體旣正, 膚革充盈", 『詩經』曰, "鬒髮如雲", 此則身體髮膚之謂也.

형병 소 [이 경문에서는] 자식된 자는 항상 조심스럽고 경계하며 전전긍긍하여 [자신의 신체발부가] 훼손되지 않을까를 염려해야 하는데, 이것이 효를 행하는 시작이라고 말하고 있다. 또한 효를 행하는 것은 다만 신체발부를 훼손시키지 않는 것만이 아니니, 반드시 자신의 몸을 온전한 상태로 완성시켜 훌륭한 이름을 후대에 떨침으로써 자신의 부모를 영광스럽게 해야 하는 데, 이것이 효행(孝行)의 끝이라고 말하고 있다. 만약 효도를 행하면서 이름을 떨쳐 부모를 영광스럽게 하는 상태까지 이르지 못했다면, 자신의 몸을 온전한 상태로 성장시켰다[立身]고 할 수 없다.

邢疏 言爲人子者, 常須戒愼, 戰戰兢兢, 恐致毁傷, 此孝行之始也. 又言孝行, 非唯不毁而已. 須成立其身, 使善名揚於後代, 以光榮其父母, 此孝行之終也. 若行孝道, 不至揚名榮親, 則未得爲立身也.

---

47 『예기』「예운(禮運)」 : 四體旣正, 膚革充盈, 人之肥也. 자세한 내용을 확인하려면, 이상옥(李相玉) 역, 『예기』중(서울: 명문당, 2003), 653~655쪽을 보라.

48 『시경』「용풍(鄘風) · 군자해로(君子偕老)」 : 鬒髮如雲, 不屑髢也. 이 시의 전체 내용을 확인하려면, 김학주 역, 『시경』(서울: 명문당, 1988), 101~102쪽을 보라.

형병 소 ▮어주: "父母"~"毁傷". ▸『정의(正義)』: "부모는 온전한 상태로 자신을 낳았으니, 자신은 마땅히 온전한 상태를 유지하여 부모에게 되돌려 주어야 한다"고 말한 것은 정현의 주석을 근거로 『예기』「제의」에 있는 악정자춘(樂正子春)의 말을 인용한 것이다.[49] 자식은 처음 태어날 때, 부모로부터 온전한 신체를 받았기 때문에, 항상 스스로 [신체가 훼손될까를] 염려하고, 죽음에 이르러 온전한 상태로 [부모에게] 되돌려줘야 함을 말한다. 증자가 [제자들에게] "나의 손을 살펴보고, 나의 다리를 살펴보아라"[50]고 한 것과 같은 부류가 이것이다.

邢疏 ▮注"父母"至"毁傷". ▸正義曰：云"父母全而生之, 己當全而歸之." 者. 此依鄭注引「祭義」樂正子春之言也. 言子之初生, 受全體於父母, 故當常自念慮, 至死全而歸之. 若曾子"啓手啓足"之類是也.

형병 소 "따라서 감히 [신체를] 훼손[毁傷]시킬 수 없다"고 한 것과 관련하여, '훼(毁)'는 욕을 당하는 것을 말하고, '상(傷)'은 손상되는 것을 말한다. 따라서 부자(夫子; 공자)가 "자신의 신체를 훼손시키지 않고, 자신의 몸에 욕을 당하지 않으면, '온전[全]'하다고 이를 만하다"[51]라고 말한 것과 정현이 『주례』「추관(秋官)·금살육」에 주석하여 "피가 나게 하는 것을 사람에게 상해(傷害)를 입히는 것으로 간주한다"[52]고 말 한 것이 이것이다.

---

49 『예기』「제의(祭義)」: 父母全而生之, 子全而歸之, 可謂孝矣. 이 문장에 대한 정현의 주석에서는 "述曾子所聞於孔子之言."이라고 말하고 있다.

50 『논어』「태백(泰伯)」: 曾子有疾, 召門弟子曰, "啓予足! 啓予手! 詩云, '戰戰兢兢, 如臨深淵, 如履薄氷.' 而今而後, 吾知免夫! 小子!" 전체 문장을 확인하려면, 신정근, 『공자씨의 유쾌한 논어』(파주: (주)사계절출판사, 2009), 319쪽을 보라.

51 『예기』「제의(祭義)」: 不虧其體, 不辱其身, 可謂全矣.

52 『주례』「추관(秋官)·금살육(禁殺戮)」: 掌司斬殺戮者, 凡傷人見血而不以告者, 攘獄者,

邢疏 云"故不敢毁傷"者. 毁謂虧辱, 傷謂損傷. 故夫子云"不虧其體, 不辱其身, 可謂全矣", 及鄭注『周禮』「禁殺戮」云"見血爲傷", 是也.

형병 소 ▮어주: "言能"~"爲後". ▸『정의(正義)』: "능히 자신의 몸은 잘 완성시켜[立身] 이러한 효의 도리를 행하면"이라고 말한 것은 사람은 장차 자신의 몸을 잘 완성시켜 먼저 이러한 효의 도리를 행해야 함을 말한 것이다. 그 효의 도리를 행하는 일은 바로 이 문장의 다음 경문에서 말한 "부모를 잘 모시는 데서 시작하여, 다음으로 임금을 섬기고"라는 것이 이것이다.

邢疏 ▮注"言能"至"爲[53]後". ▸正義曰 : 云"言能立身行此孝道"者. 謂人將立其身, 先須行此孝道也. 其行孝道之事, 則下文"始於事親, 中於事君", 是也.

형병 소 "자연스럽게 이름이 후세에 떨쳐지고, 자신의 부모를 영광스럽게 만든다"라고 말한 것과 관련하여, 황간(皇侃)은 다음과 같이 말하였다. "만약 살면서 부모에게 효를 행하고, 죽어서도 이름을 떨칠 수 있다면, 자신에게는 아름다운 명성[德譽]이 있어서, 자신의 부모를 영광스럽게 만들 수 있을 것이다." 이러한 연유로 [황간은] 『예기』「제의」의 "효라고 하는 것은 나라 사람들이 모두 칭찬하고 부러워하며 '저 부모들은 행복할거야. 저와 같은 자식이 있으니'

遏訟者, 以告而誅之. 이 문장에 대한 정현의 주석에서 "傷人見血, 見血乃爲傷人耳"이라고 말하고 있다.

53 '위(爲)'자에 대하여. '위'자는 본래 '기(其)'자로 기록되어 있었는데, 완원(阮元)의 『교감기(校勘記)』에서는 "『민본(閩本)』·『감본(監本)』·『모본(毛本)』본에는 '기'자가 '위'자로 기록되어 있는데, 주석을 살펴보면, 마땅히 '위(爲)'가 되어야 한다."라고 했다.

라고 말하는 정도가 되어야 한다"[54]를 인용하였고, 또 『예기』「애공문」에서 공자가 [애공(哀公)의 질문에] 대답하여 "군자(君子)라는 것은 사람에게 부여하는 가장 아름다운 명칭[成名]입니다. 백성들은 그에게 이와 같은 명칭을 덧붙여 '군자(君子)의 자식이다'라고 칭송하니, 이것은 그 부모로 하여금 군자가 되게 하는 것입니다"[55]라는 말을 인용하고 있는데, 이러한 것들이 바로 이름을 떨쳐 부모를 영광스럽게 만드는 것에 해당된다.

邢疏 云"自然揚名後世, 光顯其親"者. 皇侃云, "若生能行孝, 沒而揚名, 則身有德譽, 乃能光榮其父母也." 因引「祭義」曰, "孝也者, 國人稱願然曰'幸哉! 有子如此.'". 又引「哀公問」稱孔子對曰, "君子也者, 人之成名也. 百姓歸之名, 謂之'君子之子', 是使其親爲君子也." 此則揚名榮親也.

형병 소 "그러므로 효를 행하는 데는 신체를 훼손시키지 않는 것을 우선적으로 한다"고 말한 것은 자신의 신체를 온전히 하는 것이 효자가 해야 할 첫 번째 일임을 말한 것이다.

邢疏 云"故行孝以不毁爲先"者. 全其身爲孝子之始也.

형병 소 "이름을 떨치는 것을 뒤로 한다"고 한 것은 [자신을 온전히 완성시킨] 이후에 효의 도리를 행하는 것이 효(孝)의 마지막 단

---

54 『예기』「제의(祭義)」: 君子之所謂孝也者, 國人稱願然曰, "'幸哉有子如此.' 所謂孝也已……." 전체 내용을 확인하려면, 이상옥(2003) 『예기』중, 1192~1193쪽을 보라.

55 『예기』「애공문(哀公問)」: 公曰, "敢問何謂成親?" 孔子對曰, "君子也者人之成名也. 百姓歸之名謂之君子之子, 是使其親爲君子也, 是爲成其親之名也已." 전체 내용을 확인하려면, 이상옥, 『예기』하, 1272~1273쪽을 보라.

계임을 말한 것이다.

邢疏 云"揚名爲後"者, 謂後行孝道爲孝之終也.

형병 소 대체로 감히 신체를 훼손시키지 않는 것은 관 뚜껑을 덮고 나서야(즉, 죽은 이후에야) 멈추고, 몸을 온전한 상태로 성장시켜 효의 도리를 행하려면 약관의 나이에는 경학에 밝아야 한다. 비록 [효와 관련하여] 시작과 끝을 말하였지만, 이것은 그 선후관계를 대략적으로 보여준 것이지, 감히 신체를 훼손시키지 않는 것은 오직 시작 단계에만 해당되고, 자신의 몸을 온전한 상태로 완성시키는 것은 유독 마지막 단계에만 해당된다고 말하는 것이 아니다. 분명 신체를 훼손시키지 않는 것과 자신의 몸을 온전한 상태로 완성시키는 것은 시작 단계부터 마지막 단계까지 함께 병행하여 나태함이 없어야 한다. 이것은 순서의 측면에서 보면 먼저하고 뒤에 하는 차이가 있지만, 사리(事理)의 측면에서 보면 시작과 끝이 있는 것은 아님을 말한다.

邢疏 夫不敢毁傷, 闔棺乃止, 立身行道, 弱冠須明經. 雖言其始終, 此略示有先後, 非謂不敢毁傷唯在於始, 立身獨在於終也. 明不敢毁傷, 立身行道, 從始至末, 兩行無怠. 此於次有先後, 非於事理有始終也.

❙ 경문 01-4

효는 부모를 섬기는 것을 시작으로 해서, 다음으로[中] 군주를 섬기며, 마지막으로 자신을 세우는 것[立身; 즉, 공적을 쌓는 것]에서 끝마친다.

《 주: 효를 행함에 있어 부모를 섬기를 것을 시작으로 하고, 군주를 섬기는 것을 그 다음 순서로 함을 말하였다. 충효(忠孝)의 도리가 드러나면, 이름을 떨쳐 부모를 영광스럽게 할 수 있다. 그러므로 자신을 세우는 것[공적을 쌓는 것]에서 끝마친다고 말한 것이다. 》

經文 01-4 **夫孝始於事親, 中於事君, 終於立身.** 《 注; 言行孝以事親爲始, 事君爲中. 忠孝道著, 乃能揚名榮親. 故曰終於立身也. 》

형병 소 ▮경문 : "夫孝"~"立身". ▸『정의(正義)』 : 대체로 자식된 자는 먼저 자신의 몸을 온전한 상태로 완성시킬 수 있는[立身] 다음에야 그 도(道)를 행할 수 있다. 그 도(道)를 행한다는 말은 먼저 부모를 섬길 수 있는 다음에야 그 자신을 세울 수 있음[즉, 공적을 쌓을 수 있음]을 말한다. 앞에서 '입신(立身)'을 말하면서는, 아직 그 뚜렷한 행동 양식[跡]을 제시하지 않았다. 그 행동 양식의 경우, 처음 단계는 집안에서 그 부모를 섬기는데 있고, 그 중간단계는 집밖으로 나가 그 군주를 섬기는데 있다. 충(忠)과 효(孝)가 모두 갖춰지면, 이름을 떨쳐 부모를 영광스럽게 만드니, 이것이 자신을 세우는 것에서[즉, 공적을 쌓는 것에서] 끝마친다는 것이다.

邢疏 ▮"夫孝"至"立身". ▸正義曰 : 夫爲人子者, 先能全身而後能行其道也. 夫行道者, 謂先能事親而後能立其身. 前言立身, 未[56]示其跡. 其跡, 始者在於內事其親, 中者在於出事其主. 忠孝皆備, 揚名榮親, 是終於立身也[57].

---

56 '미(未)'자에 대하여. '미'자는 본래 '말(末)'자로 기록되어 있었는데, 완원(阮元)의 『교감기(校勘記)』에서는 "『민본(閩本)』『감본(監本)』·『모본(毛本)』에는 '말'자가 '미'자로 기록되어 있는데, 이 기록이 옳다."라고 했다.

57 '야(也)'자에 대하여. '야'자는 본래 없던 글자인데, 완원(阮元)의 『교감기(校勘記)』에

형병 소 ▮어주 : "言行"~"身也". ▸『정의(正義)』: "효를 행함에 있어 부모를 섬기는 것을 시작으로 하고, 군주를 섬기는 것을 그 다음 순서[中]로 함을 말하고 있다"고 한 것은 [경문의] "부모를 섬기는 것을 시작으로, 다음으로 군주를 섬기며"라는 문장을 풀이한 것이다.

邢疏 ▮注"言行"至"身也". ▸正義曰 : 云"言行孝以事親爲始, 事君爲中者." 此釋始於事親, 中於事君也.

형병 소 "충(忠)과 효(孝)의 도가 드러나면, 이름을 떨쳐 부모를 영광스럽게 할 수 있다. 그러므로 자신을 세우는 것[공적을 쌓은 것]에서 끝마친다고 말하였다"고 한 것은 [경문의] "자신을 세우는 것[공적을 쌓는 것]에서 끝마친다"라는 문장을 풀이한 것이다.

邢疏 云"忠孝道著, 乃能揚名榮親. 故曰終於立身也"者. 此釋終於立身也.

형병 소 그러나 능히 부모를 섬기고 군주를 섬기는 것은 이치상으로 보면 사(士)와 서인(庶人)까지를 모두 포함하니, "자신을 세우는 것에서 끝마친다"는 것은 귀한 신분이나 천한 신분 할 것 없이 모두에게 공통적으로 해당되는 것이다. 정현(鄭玄)은 "부모가 되어 자식을 낳는 것이 부모를 섬기는 시작단계에 해당되고, 나이 40은 '강(强)'이라 부르며 벼슬을 한다[四十强而仕][58]는 것이 군주를 섬기는 중

서는 "『정오(正誤)』에서는 '신(身)'자 아래에 '야'자를 보충하여 기록했는데, 이 기록이 옳다."라고 했다.

58 『예기』「곡례(曲禮)」상: 人生十年曰幼, 學. 二十曰弱, 冠. 三十曰壯, 有室. <u>四十曰强, 而仕</u>. 五十曰艾, 服官政. 六十曰耆, 指使. 七十曰老, 而傳. 八十九十曰耄, 七年曰悼, 悼與耄, 雖有罪, 不加刑焉. 百年曰期, 頤. 大夫七十而致事. 若不得謝, 則必賜之几杖, 行役以婦

간단계에 해당되며, 나이 70이 되어 벼슬을 그만두는 것이 자신을 세운다는 최종단계에 해당된다"라고 생각하였다. [그러나] 유현(劉炫)은 [이러한 주장을] 반박하여 다음과 같이 말하였다. "만약 한 가정을 이루는 것[在家]을 효의 시작단계로 여기고, 벼슬을 그만두는 것을 효의 최종단계로 삼는다면, 일반백성들은 모두 효의 시작단계가 있을 수 있고, 군주는 효의 최종단계가 없게 될 것이다. 만약 나이가 70인 자의 시작을 효의 최종단계로 보고, 벼슬을 그만두지 않은 자들은 모두 자신을 세우지 못한 자들로 치부한다면, 70살에 죽은 자들[中壽][59]은 모두 효를 끝마치지 못했다고 말해야 하며, [일찍 죽은] 안자(顔子; 안연)와 같은 부류들 또한 자신을 세운 바[공적을 쌓는 바]가 없게 될 것이다.

邢疏　然能事親事君, 理兼士庶, 則終於立身, 此通貴賤焉. 鄭玄以爲"父母生之, 是事親爲始, 四十强而仕, 是事君爲中, 七十致仕, 是立身爲終也."者. 劉炫駁云, "若以始爲在家, 終爲致仕, 則兆庶皆能有始, 人君所以無終. 若以年七十者始爲孝終, 不致仕者皆爲不立, 則中壽之輩盡曰不終, 顔子之流, 亦無所立矣.

人. 適四方乘安車. 自稱曰老夫, 於其國則稱名. 越國而問焉, 必告之以其制.

59 '중수(中壽)'는 『춘추좌씨전』「희공」32년 조목의 "公使謂之曰, "爾何知? 中壽, 爾墓之木拱矣."에 나오는 말로, '중수(中壽)'의 해석과 관련된 주장은 다음과 같이 분분하다. 먼저 공영달의 소에는 "상수(上壽)는 120살, 중수(中壽)는 100살, 하수(下壽)는 80살이다."라고 말하고 있고, 『장자』「도척편(盜跖篇)」에서는 "사람은 상수(上壽)가 100살, 중수(中壽)가 80살, 하수(下壽)가 60살이다."라고 말하고 있다. 또 『여씨춘추』「안사편(安死篇)」에서는 "사람 중에 나이는 가장 많은 자는 100살을 넘기지 못하고, 중수(中壽)라도 60살을 넘기지 못한다."라고 말하고 있고, 『회남자』「원도훈(原道訓)」에서는 "일반적으로 사람의 중수(中壽)는 70살이다."라고 말하고 있으며, 『논형』「정설편(正說篇)」에서는 "상수(上壽)는 90살, 중수(中壽)는 80살, 하수는 70살이다."라고 말하고 있다. 여기서는 주석의 문맥에 따라 70살로 번역하였다. '중수(中壽)'와 관련된 다양한 논의를 보려면, 양백준(楊伯峻) 편저(編著), 『춘추좌씨전(春秋左氏傳)』(北京: 中華書局, 2000), 491쪽을 참고하시오.

▌경문 01-5

『시경』「대아(大雅) · 문왕(文王)」에서는'그대 조상들을 [항상] 생각하여, 그 덕(德)을 서술하고 닦아라[無念爾祖, 聿脩厥德.]'[60]고 말하였다." 《 주: 『시경』「대아」의 내용이다. '무념(無念)'은 '생각하다[念]'는 뜻이다. '율(聿)'은 '서술하다[述]'는 뜻이다. '궐(厥)'은 '그[其]'라는 뜻이다. 항상 선조들을 생각하여 그 덕을 서술하고 닦으라는 의미에서 [이 시를] 취한 것이다. 》

經文 01-5 **「大雅」云, '無[61]念爾祖, 聿脩厥德.'"** 《 注; 『詩經』「大雅」也. '無念', 念也. 聿, 述也. 厥, 其也. 義取恒念先祖, 述脩其德. 》

형병 소 ▌경문 : "大雅"~"厥德". ▸『정의(正義)』: 부자(夫子; 공자)는 입신(立身)과 행도(行道) · 양명(揚名)의 뜻을 서술하고, 이것을 끝마치자 『시경』「대아(大雅) · 문왕」의 시를 끌어들여 [자신의 말을] 결론지었다. [이 경문의 내용은] 누군가의 자손(子孫)이 된 자들은 항상 그들의 선조를 생각하고, 늘 그 공덕(功德)을 기술하여 닦아야함을 말한 것이다.

邢疏 ▌"大雅"至"厥德". ▸正義曰 : 夫子敍述立身行道揚名之義旣畢, 乃引「大雅 · 文王」之詩以結之. 言凡爲人子孫者, 常念爾之先祖, 常[62]述脩其功德也.

---

60 『시경』「대아(大雅) · 문왕(文王)」: 無念爾祖, 聿脩厥德. 이 시의 전문 내용을 확인하려면, 김학주 역, 『시경』(서울: 명문당, 1988), 405~406쪽을 참고하시오.

61 '무(無)'는 정현의 주석본에 '무(毋)'로 되어 있다. 『춘추좌씨전』「문공」2년의 조목에서 조성자(趙成子)가 인용한 『시』도 이와 같다.

62 '상(常)'은 『정오(正誤)』에 '당(當)'으로 되어 있다.

형병 소 ▮어주 : "詩大"~"其德". ▸『정의(正義)』 : "'무념(無念)'은 '생각하다'는 뜻이다"와 "율(聿)은 '서술하다'는 뜻이다"라고 말한 것들은 모두 『모전(毛傳; 毛詩)』의 문장이다.

邢疏 ▮注"詩大"至"其德". ▸正義曰 : 云"無念, 念也. 聿, 述也"者, 此竝『毛傳』文.

형병 소 "'궐(厥)'은 '그'라는 뜻이다."는 『이아』「석언(釋言)」의 문장이다.

邢疏 云"厥, 其也"者, 「釋言」文.

형병 소 "의미상 항상 선조들을 생각하여 그 덕을 서술하고 닦아 행하라는 의미로 이 시를 취한 것이다"라고 말한 것은 공안국의 전(傳)에 근거한 것이다. 이 문장은 선조의 덕을 서술하고 닦아 행해야함을 말한 것이다.

邢疏 云"義取恒念先祖述, 脩其德"者, 此依『孔傳』也. 謂述脩先祖之德而行之.

형병 소 이 『효경』의 [총18장 가운데] 11장에서 『시경』과 『서경』의 내용을 인용하고 있다. 유현(劉炫)은 다음과 같이 말하고 있다. "부자(夫子; 공자)는 효경(孝經)을 서술하면서 선왕의 도를 진술하였는데, 『시경』과 『서경』의 말들 가운데, 일이 그 의미에 합당한 것이 있으면, 그것을 끌어들여 증명하고 자신의 말이 근거 없이 발언한 것이 아님을 보였다. [11장을 이외에 나머지] 7장에서 [『시경』과 『서경』의 내용을] 인용하지 않은 것은 일의 의미상[事義] 서로 모순되거나 문장의 형세[文勢]가 그 자체로 충분할 경우에는, 인용하지 않았기 때문이다. 오경(五經)[63] 가운에 오직 『춘추좌씨전』에서만 『시』를 인용하였고, 『예기』의 경우는 잡다하게 인용하고 있으며, 『시경』·『서경』·『주역』에서는 모두 의미상 관련[意及]이 있을 경우에 곧바로 인용하였다. [『시경』을 인용함에 있어] 만약 범범히 가리킬 경우에는 '시왈(詩曰)'·'시운(詩云)'이라고 말하였고, 사시(四始)[64]의 명칭을 가리킬 경우에는 '국풍(國風)'·'대아(大雅)'·'소아(小雅)'·'노송(魯頌)'·'상송(商頌)'이라고 말하였으며, 편명을 가리킬 경우에는 바로 '작왈(勺曰)'[65]·'무왈(武曰)'[66]이라고 말하였으니, 모두 편의에 따라서 인용했을 뿐, 정해진 체례는 없었다." 정현의 주석에서는 "아(雅)라는 것은 바름[正]이다. 이제 장(章)을 막 시작함에, 바른 것을 시작으로 삼은 것이다"라고 말하고 있는데, 또한 취할 게 못된다.

邢疏 此經有十一章, 引『詩經』及『書』. 劉炫云, "夫子敍經, 申述先王之道. 『詩經』·『書』之語, 事有當其義者, 則引而證之, 示言不虛發也. 七章不引者, 或事義相違, 或文勢自足, 則不引也. 五經唯『傳』引『詩經』, 而『禮』則雜引, 『詩經』·『書』及『易』竝意及則引. 若汎指, 則云'詩曰'·'詩云', 若指四始之名, 卽云'國風'·'大雅'·'小雅'·'魯頌'·'商頌', 若指篇名, 卽言'勺[67]曰'·'武曰', 皆隨所便而引之, 無定例也." 鄭注云,

63 오경(五經)은 『詩經』·『서경』·『주역』·『예기』·『춘추좌씨전』를 말한다.

64 사시(四始)는 풍(風)·대아(大雅)·소아(小雅)·송(頌)을 말한다. 『毛詩注疏』 卷一 「國風·周南·序」: 雅者, 正也. 言王政之所由廢興也. 政有小大, 故有小雅焉, 有大雅焉. 頌者, 美盛德之形容, 以其成功, 告於神明者也. 是謂四始, 『詩經』之至也.

65 '작왈(勺曰)'은 『시경』「주송(周頌)」의 「작(酌)」을 가리킨다.

66 '무왈(武曰)'은 『시경』「주송(周頌)」의 「무(武)」를 가리킨다.

67 '작(勺)'은 본래 '구(句)'로 되어 있었다. 살펴보건대, 완원(阮元)의 『교감기(校勘記)』

"雅者, 正也. 方始發章, 以正爲始", 亦無取焉.

에서는 "민본(閩本)에서는 또 '구(句)'라고 잘못되어 있고,『감본(監本)』·『모본(毛本)』본에는 '작(勺)'으로 되어 있는 데, 옳다." 이에 근거하여 고쳤다.

제2장 천자장天子章

최고통치자로서 행해야할 효

형병 소 『정의(正義)』: 앞의 「개종명의장」이 비록 귀한 신분이나 천한 신분 할 것 없이 모두에게 통용되는 내용들이었으나, 아직 그 구체적인 모습[跡]이 밝혀지지 않았다. 이 때문에 이 「천자장」 이하부터 「서인장」에 이르기까지 모두 5장인데, 이들을 '오효(五孝)'라고 하며, 각각 효를 행하여 부모를 봉양하는 일을 설명하면서 가르침을 세워 놓았다. 천자는 지극히 존귀한 존재이기 때문에 그 중에서도 가장 앞부분에 기록해 두었다.

邢疏 正義曰: 前「開宗明義章」雖通貴賤, 其跡未著. 故此已下至於「庶人」, 凡有五章, 謂之五孝, 各說行孝奉親之事而立教焉. 天子至尊故, 標居其首.

형병 소 살펴보건대, 『예기』「표기(表記)」에서는 "오직 천자만이 하늘로부터 명(命)을 받기 때문에 '천자(天子)'라 하였다"라고 말하였고, 『백호통(白虎通)』에서는 "왕자(王者)는 하늘을 아버지로 삼고 땅을 어머니로 삼기 때문에 '천자(天子)'라고 한다. 우하(虞夏) 이전에는 이러한 명칭이 없었으며, 은주(殷周) 이래로 비로소 왕자(王者)를 천자(天子)라고 하였다"[1]고 말하고 있다.

邢疏 案『禮記』「表記」云, "惟天子受命於天, 故[2]曰天子", 『白虎通』云, "王者父天母地, 故曰天子. 虞夏以上, 未有此名, 殷周以來, 始謂王者爲天子也."

▎경문 02-1

공자가 말하였다. "부모[親]를 사랑하는 자는 감히 다른 사람[人]을 미워하지 않으며, 《 주: 사랑을 넓히는 것이다. 》 **부모를 공경하는 사람은 감히 다른 사람에게 오만하게 굴지 않는다.** 《 주: 공경을 확대하는 것이다. 》 **부모를 섬기는데 사랑과 공경을 다하고 백성들에게 덕교(德教)를 시행하여 사방 이민족들[四海]의 모범[刑]이 되게 한다.** 《 주: '형(刑)'은 '본보기[法]'라는 뜻이다. 군주가 사랑을 넓히고 공경을 확대하는 도를 행하여 사람들이 모두 각자의 부모를 업신여기거나 미워하지 않게 되면, 덕교(德教)가 온 천하에 시행되어 마땅히 사이(四夷)의 본보기가 될 것이다. 》 **대체로[蓋] 이것이 천자의 효이다.** 《 주: '개(蓋)'는 '대개[略]'와 같은 뜻이다. 효를 행하는 방법은 넓고 많으니, 여기서는 그 대략을 말한 것이다. 》

經文 02-1 **子曰, "愛親者, 不敢惡於人.** 《 注: 博愛也, 》 **敬親者, 不敢慢於人.** 《 注: 廣敬也. 》 **愛敬盡於事親, 而德教加於百姓, 刑於四**

---

1 『백호통의(白虎通義)』 원문에는 다음과 같이 되어 있다. "天子者, 爵稱也. 爵所以稱天子者何? 王者, 父天母地爲天之子也." 반고 저/신정근 역주, 『백호통의』(서울: 소명출판, 2005), 45쪽.

2 '고(故)'자에 대하여. '고'자는 본래 '역(亦)'자로 기록되어 있었는데, 완원(阮元)의 『교감기(校勘記)』에서는 "『정오(正誤)』에도 '고(故)'로 되어 있는데, 이 기록이 옳다."라고 했다.

海,《 注: 刑, 法也. 君行博愛廣敬之道, 使人皆不慢惡其親, 則德教加被天下, 當爲四夷之所法則也. 》**蓋天子之孝也**.《 注: 蓋, 猶略也. 孝道廣大, 此略言之. 》

형병 소 ▮경문 : "子曰"~"孝也". ▸『정의(正義)』: 이 경문에서는 천자의 효에 대해서 진술하였다. 이른바 '부모를 사랑함[愛親]'이라는 것은 천자가 몸소 사랑과 공경을 행하는 것이다. '감히 다른 사람을 미워하지 않고'와 '감히 다른 사람에게 오만하게 굴지 않는다'는 것은 천자가 교화를 시행하여 세상 사람들이 모두 사랑과 공경을 행해 감히 각자의 부모에게 오만하게 굴거나 미워하지 않도록 한다는 것이다. 경문에서 '친(親)'은 부모를 말한다.

邢疏 ▮"子曰"至"孝也". ▸正義曰 : 此陳天子之孝也. 所謂愛親者, 是天子身行愛敬也. '不敢惡於人'·'不敢慢於人'者, 是天子施化, 使天下之人皆行愛敬, 不敢慢惡於其親也. '親'謂其父母也.

형병 소 이 경문은 다음과 같은 내용을 말하고 있다. 즉, 천자의 할 일이 어찌 다만 마음속으로 스스로를 미루어보고[恕] 극기복례(克己復禮)[3]하여 스스로 사랑과 공경을 행하는 것이겠는가? 또한 마땅히 교화를 베풀고 법령을 시행하여 세상 사람들이 각자의 부모들에게 오만하게 굴거나 미워하지 않도록 해야 한다. 만약 이와 같다면, 지극한 덕[至德]·핵심적인 도[要道]의 교화가 세상에 베풀어질 것이

3 『논어』「안연(顔淵)」: 顔淵問仁. 子曰, "克己復禮爲仁. 一日克己復禮, 天下歸仁焉. 爲仁由己, 而由人乎哉?" 顔淵曰, "請問其目." 子曰, "非禮勿視, 非禮勿聽, 非禮勿言, 非禮勿動." 顔淵曰, "回雖不敏, 請事斯語矣."

다. 또한 마땅히 사해의 이민족들이 [천자의 이와 같은 행동에] 교화되기를 흠모하여 본보기로 삼게 만들어야 한다. 이것이 대체로 천자가 행해야할 효이다.

邢疏 言天子豈唯因心內恕, 克己復禮, 自行愛敬而已? 亦當設教施令, 使天下之人不慢惡於其父母, 如此則至德要道之教, 加被天下. 亦當使四海蠻夷, 慕化而法則之. 此蓋是天子之行孝也.

형병 소 『효경원신계(孝經援神契)』[4]에서는 다음과 같이 말하고 있다. "천자의 효를 '취(就; 성취됨)'라고 한다. 이것은 그의 덕(德)이 세상을 뒤덮고, 은택이 만물에 미치며, 시작부터 끝까지 [모든 일이] 성취되어 그 선조를 빛나게 하는 것임을 말한 것이다."

邢疏 『孝經援神契』云, "天子行孝曰就, 言德被天下, 澤及萬物, 始終成就, 榮其祖考也."

형병 소 다섯 등급(즉, 천자, 제후, 경대부, 사, 서인)의 효 가운데, 오직 「천자장」에서만 '자왈(子曰)'이라고 한 것과 관련하여, 황간(皇侃)은 다음과 같이 말하고 있다. "위로는 천자의 지극한 존귀함을 진술하였고, 아래로는 서인의 지극한 비천함을 열거하였는데, 존귀함과 비천함이 이미 달라, 효를 행하는 이치상에서 구별이 있는 것이

4 『효경원신계(孝經援神契)』은 『효경(孝經)』에 대한 위서(緯書)이다. 위서(緯書)는 경서(經書)의 부족한 내용을 보충하기 위해 위작된 것으로, 서한(西漢) 말기에 유행하기 시작하여 동한(東漢) 시기에 크게 성행하였으며, 남조(南朝) 송나라 때가 되어서야 비로소 금지되기 시작하였다. 여러 자료속에 보이는 위서(緯書)의 문장을 모아 집대성한 책으로는 일본의 안거향산(安居香山)과 중촌장팔(中村璋八)이 편집한 『위서집성(緯書集成)』이 있다. 본문의 내용은 『위서집성』중, 972쪽에 있다.

아닌지 의심할까를 염려했기 때문에, '자왈(子曰)' 하나를 가지고 다섯 장(즉, 천자장, 제후장, 경대부장, 사장, 서인장)을 총괄하여 첫머리에 올려놓아 존비(尊卑)와 귀천(貴賤)에는 차이가 있지만 부모를 봉양하는 도(道)에는 차이가 없음을 밝힌 것이다."

邢疏　　五等之孝, 惟於「天子章」稱'子曰'者, 皇侃云, "上陳天子極尊, 下列庶人極卑, 尊卑旣異, 恐嫌爲孝之理有別, 故以一'子曰'通冠五章, 明尊卑貴賤有殊, 而奉親之道無二."

형병 소　　▮ 어주 : "博愛也". ▸『정의(正義)』: 이 주석은 위주(魏注)에 근거하였다. '박(博)'은 '넓다[大]'는 뜻이다. [이 주석에서는] 군주가 자신의 부모를 사랑하고, 또 사람들에게 덕교(德敎)를 시행하여 사람들 모두가 자신들의 부모를 사랑하여 감히 그 부모를 미워함이 없게 하는 것, 이것이 사랑을 넓히는 것[博愛]임을 말하고 있다.

邢疏　　▮ 注"博愛也". ▸ 正義曰 : 此依魏注也. 博, 大也. 言君愛親, 又施德敎於人, 使人皆愛其親, 不敢有惡其父母者, 是博愛也.

형병 소　　▮ 어주 : "廣敬也". ▸『정의(正義)』: 이 주석은 위주(魏注)에 근거하였다. '광(廣)' 또한 '넓다[大]'는 뜻이다. [이 주석에서는] 군주가 자신의 부모를 공경하고, 또 사람들에게 덕교(德敎)를 시행하여 사람들 모두가 자신들의 부모를 공경하여 감히 그 부모를 업신여김이 없게 하는 것, 이것이 공경을 확대하는 것[廣敬]임을 말하고 있다.

邢疏　　▮ 注"廣敬也". ▸ 正義曰 : 此依魏注也. 廣, 亦大也. 言君敬親, 又施德敎於人, 使人皆敬其親, 不敢有慢其父母者, 是廣敬也.

형병 소 공안국의 전(傳)에서는 경문의 '인(人)'자를 세상의 일반 대중들이라 생각하고 군주가 자신의 부모를 사랑하고 공경하면, 자신을 미루어 자기 이외의 모든 대상[物]에까지 미칠 수 있다고 말하였다. 이것은 천하를 소유한 자는 세상 사람들을 사랑하고 공경하며, 한 나라를 소유한 자는 한 나라 안의 사람들을 사랑하고 공경함을 말한다.

邢疏 孔傳以人爲天下衆人, 言君愛敬己親, 則能推己及物. 謂有天下者, 愛敬天下之人, 有一國者, 愛敬一國之人也.

형병 소 '미워하지 않는다[不惡]'는 것은 군주가 항상 일반 사람들을 편안하게 할 것을 생각하고 이로움은 일으키고 해로움은 제거하면, 위아래에 원망함이 없다는 것이니, 이것이 지극한 덕[至德]이라 할 수 있다. '오만하게 굴지 않는다[不慢]'는 것은 『예기』「곡례」의 "공경하지 않음이 없다"[5]와 『서경』의 "다른 사람의 위에 있는 자로서 어찌 공경하지 않겠는가?"[6]라고 말한 것처럼, 군주가 다른 사람에게 오만하게 굴지 않고, 자신을 수양하여 백성들을 편안하게 한다면, 수많은 사람들이 기뻐한다는 것이니, 이것이 핵심적인 도리[要道]이다. 위에서 덕교(德敎)를 시행하여, 아랫사람들은 이로써 화목하게 되면, 분열과 와해가 생겨날 근원이 없게 될 것이다.

邢疏 不惡者, 爲[7]君常思安人, 爲其興利除害, 則上下無怨, 是爲

5 『예기』「곡례상(曲禮上)」: 曲禮曰, 毋不敬, 儼若思, 安定辭. 安民哉!

6 『상서』「하서(夏書) · 오자지가(五子之歌)」: 予臨兆民, 懍乎若朽索之馭六馬, 爲人上者, 柰何不敬. 전체 내용을 확인하려면, 차상원 역, 『서경(書經)』(서울: 명문당, 1993), 102~105쪽을 보라.

7 문연각 사고전서본에는 '위(謂)'자로 기록되어 있다.

至德也. 不慢者, 則「曲禮」曰, "毋不敬", 『書』曰, "爲人上者, 奈何不敬", 君能不慢於人, 脩已以安百姓, 則千萬人悅, 是爲要道也. 上施德教, 人用和睦, 則分崩離析, 無由而生也.

형병 소 살펴보건대, 『예기』「제의(祭義)」에서는 다음과 같이 말하고 있다. "유우씨(有虞氏)는 덕 있는 자를 귀하게 여기고 나이 많은 자를 존중하였고, 하후씨(夏后氏)는 작위가 있는 자를 귀하게 여기고 나이 많은 자를 존중하였으며, 은나라 사람들은 부유한 자를 귀하게 여기고 나이 많은 자를 존중하였고, 주나라 사람들은 친근한 자를 귀하게 여기고 나이 많은 자를 존중하였다. 우(虞)·하(夏)·은(殷)·주(周)나라는 천하가 매우 번성한 시기였지만[성왕이 나와 천하를 다스렸지만], 나이 많은 자를 관심 밖에 둔 적이 없었으니, 나이 많은 자들이 세상에서 존중받은 지가 오래된 것이다. [그리고 그 오래됨은] 부모를 섬기는 것 다음이다."[8] 이 또한 감히 다른 사람에게 오만하게 굴지 않는 것에 해당된다.

邢疏 案, 『禮記』「祭義」稱, "有虞氏貴德而尙齒, 夏后氏貴爵而尙齒, 殷人貴富而尙齒, 周人貴親而尙齒. 虞·夏·殷·周, 天下之盛王也, 未有遺年者, 年之貴乎天下久矣. 次乎事親也." 斯亦不敢慢於人也.

형병 소 「천자장」에서 사랑[愛]과 공경[敬]을 밝힌 이유에 대해, 왕숙(王肅)과 위소(韋昭)는 "천자는 사해(四海)에서 최상의 자리에 위치하고 있어 교훈(敎訓)의 주체가 되며, 가르침을 쉽게 행할 수 있다.

---

8 『예기』「제의(祭義)」: 昔者有虞氏貴德而尙齒, 夏后氏貴爵而尙齒, 殷人貴富而尙齒, 周人貴親而尙齒. 虞夏殷周, 天下之盛王也, 未有遺年者. 年之貴乎天下久矣, 次乎事親也.

이 때문에 쉽게 행해질 수 있는 것에 의탁하여 [사랑과 공경을] 밝힌 것이다"라고 말하였다. 그런데 사랑[愛]과 공경[敬]은 그 의미에 대해 그 뜻을 풀이한 자가 상당히 많다. [먼저] 심굉(沈宏)은 "친함이 지극하여 마음에 뭔가가 맺혀있는 듯한 것이 애(愛)이고, 존중하고 삼감이 밖으로 드러난 것이 경(敬)이다"라고 말하고 있고, 유현(劉炫)은 "사랑과 미움은 모두 마음속에 내재해 있고, 공경과 오만함은 모두 모습으로 나타난다. 사랑[愛]은 아끼는 마음을 감추어서 마음에 맺혀지는 것이며, 공경[敬]은 엄숙하여 외부로 드러난 것이다"라고 말하고 있다. [또한] 황간(皇侃)은 "사랑과 공경은 각각의 심리적인 상태와 겉으로 드러난 모습을 가지고 있는데, 도탑게[烝烝][9] 지극히 아끼는 것이 사랑의 심리적 상태이며, 날씨 변화에 따라 방의 온도를 적당하게 해주며[溫涼] 가려운 곳을 긁어주고 아픈 곳을 주물러 드리는 것이 겉으로 드러난 사랑의 모습[跡]이다. [또한] 공손스럽게[肅肅][10] 두려워하는 것이 공경의 심리적 상태이며, 절하고 엎드리며 두 손을 떠받들고 무릎을 꿇는 것이 공경이 겉으로 드러난 모습이다"라고 말하였다.

邢疏 所以於「天子章」明愛敬者, 王肅 · 韋昭云, "天子居四海之上, 爲敎訓之主, 爲敎易行, 故寄易行者宣之." 然愛之與敬, 解者衆多. 沈宏云, "親至結心爲愛, 崇恪表跡爲敬", 劉炫云, "愛惡俱在於心, 敬慢皆見於貌. 愛者隱惜而結於內, 敬者嚴肅而形於外." 皇侃云, "愛敬各有心迹, 烝烝至惜, 是謂愛心, 溫凊搔摩, 是謂愛迹. 肅肅悚悚, 是謂敬心, 拜伏擎

9 『시경』「노송(魯頌) · 반수(泮水)」의 "烝烝皇皇, 不吳不揚"의 '증증(烝烝)'에 대해, 모형(毛亨)은 '厚也'라고 풀고 있다.

10 『시경』「주남(周南) · 면저(免罝)」의 "肅肅免罝, 椓之丁丁."의 '숙숙(肅肅)'에 대해, 모형(毛亨)은 '敬也'라고 풀고 있다.

跪, 是謂敬迹."

형병 소 구설(舊說)에서는 "사랑은 참된 본성에서 생겨나고, 공경은 스스로 엄숙하게 하는 데서 일어난다. 효는 참된 본성이기 때문에 사랑을 먼저 하고, 공경을 그 다음으로 한다"라고 말하였는데, [이 구설(舊說)에 대한] 구문(舊問)에서 "천자가 사랑과 공경을 효의 행위로 삼는 것과 서인(庶人)이 직접 농사짓는 것을 효의 행위로 삼는 것은 다섯 등급(천자, 제후, 경대부, 사, 서인)에 모두 서로 통용되는 것이 아닌가?"라고 하였다. 양왕(梁王)은 이에 대해 "천자가 이미 사랑과 공경을 극진히 하면 반드시 다섯 등급의 사람들이 [사랑과 공경을] 행한 후에야 완성이 된다. 서인(庶人)이 행하는 효가 비록 몸소 농사짓는 것에 있지만, [그렇다고 해서] 어찌 사랑과 공경 및 교만하지 않고[不驕] 사치스럽게 하지 않는[不溢][11] 이하의 일을 하지 않겠는가?"라고 대답하였다. 이로써 말하면, 다섯 등급의 효는 도리어 서로 통용되는 것이다.

邢疏 舊說云, "愛生於眞, 敬起自嚴. 孝是眞性, 故先愛後敬也." 舊問曰, "天子以愛敬爲孝及庶人以躬耕爲孝, 五者竝相通否?" 梁王答云, "天子旣極愛敬, 必須五等行之, 然後乃成. 庶人雖在躬耕, 豈不愛敬及不驕不溢已下事邪?" 以此言之, 五等之孝, 反相通也.

형병 소 그러나 제후의 경우 사직(社稷)을 보호해야 한다고 말하였고, 대부(大夫)의 경우는 종묘(宗廟)를 지켜야 한다고 말하였으

11 '불교(不驕)'와 '불일(不溢)'은 「제후장」에 나오는 내용이다.

며, 사(士)의 경우는 그 봉록과 작위를 보존해서 그 제사(祭祀)를 지내는 일을 유지해야 한다고 말하였으니, 이러한 체례를 근거로 말하면, 천자는 마땅히 천하를 보호해야 한다고 말해야 하고, 서인(庶人)의 경우는 마땅히 그 전농(田農; 농사짓는 일)을 보호해야 한다고 말해야 한다. [그런데] 이 경문에서는 이러한 말들을 생략하고 말하지 않았으니, 무엇 때문인가? 『춘추좌씨전』에서는 "천자가 방비해야 할 대상은 사방에 있는 이민족[四夷]이다"[12]라고 말하고 있다. 따라서 "부모를 섬기는데 사랑과 공경을 다한다"는 문장 다음에 "백성들에게 덕교(德教)를 시행하여 사방 이민족들의 모범이 된다"라고 말한 것이다. [천자가] 보호하고 지켜야할 이치가 이미 정해졌기 때문에 다시 번거롭게 [천하를] 보호해야 한다고 말하지 않은 것이다. [또한] 서인(庶人)은 하늘의 도를 이용하고 땅을 이로움을 분별하여 몸을 삼가고 쓰는 것을 절약하니, 전농(田農)을 보호하는 일이 여기에서 벗어나지 않는다. [서인은] 이미 지켜야할 소임이 [따로] 없기 때문에 [전농을] 보호하여 지켜야한다고 말할 필요가 없었던 것이다.

邢疏　然諸侯言保社稷, 大夫言守宗廟, 士言保其祿位而守其祭祀, 以則[13]言之, 天子當云保其天下, 庶人當言保其田農, 此略之不言, 何也? 『左傳』曰, "天子守在四夷". 故愛敬盡於事親之下, 而言"德教加於百姓, 刑於四海". 保守之理已定, 不煩更言保也. 庶人用天之道, 分地之利, 謹身節用, 保守田農, 不離於此. 旣無守任, 不假言[14]保守也.

12 『춘추좌씨전』「소공」23년: 楚囊瓦爲令尹, 城郢. 沈尹戌曰, "子常必亡郢. 苟不能衛, 城無益也. 古者, 天子守在四夷, 天子卑, 守在諸侯. 諸侯守在四鄰, 諸侯卑, 守在四竟. 愼其四竟, 結其四援, 民狎其野, 三務成功. 民無內憂, 而又無外懼, 國焉用城?……."

13 문연각 사고전서본에는 '례(例)'자로 기록되어 있다. 여기서는 문연각본에 따라 번역하였다.

형병 소 ▮어주 : "刑法"~"則也". ▸『정의(正義)』: "형(刑)은 '본보기[法]'라는 뜻이다"라고 말한 것은 『이아』「석고(釋詁)」의 문장이다.

邢疏 ▮注"刑法"至"則也". ▸正義曰 : 云"刑, 法也"者, 「釋詁」文.

형병 소 "군주가 사랑을 넓히고 공경을 확대하는 도를 행하여 사람들이 모두 각자의 부모를 업신여기거나 미워하지 않게 하면"이라고 말한 것은 천자가 부모를 섬기는데 사랑과 공경을 다하고, 또 덕교(德敎)를 시행하여 세상 사람들로 하여금 모두 감히 각자의 부모를 업신여기거나 미워하지 않게 한다는 것이다.

邢疏 云"君行博愛廣敬之道, 使人皆不慢惡其親"者, 是天子愛敬盡於事親, 又施德教, 使天下之人皆不敢慢惡其親也.

형병 소 "덕교(德敎)가 온 천하에 시행되어 마땅히 사이(四夷)의 본보기가 될 것이다"라고 말한 것은 "사방 이민족들[四海]의 모범이 된다"를 풀이한 것이다.

邢疏 云"則德教加被於天下"者, 釋"刑于四海"也.

형병 소 경문의 '백성(百姓)'은 세상 사람들이 모두 씨족의 성씨[族姓]가 있음을 말하는데, '백(百)'이라고 한 것은 그것이 많다는 의미에서 거론한 것이다. 『상서(尙書)』에서는 "백성(百姓)을 구분함이 명확해졌다[平章百姓]"[15]라고 말하고 있는데, 이때의 '백성(百姓)'은 백

---

14 '언(言)'자에 대하여. '언'자는 본래 '지(旨)'자로 기록되어 있었는데, 완원(阮元)의 『교감기(校勘記)』에서는 "포당(浦鏜)은 '지'자는 아마도 '언'자의 잘못인 듯하다. 살펴보건대 마땅히 '언'자가 되어야 한다."라고 했다.

15 『상서』「우서(虞書) · 요전(堯典)」: 昔在帝堯, 聰明文思, 光宅天下, 將遜于位, 讓于虞

관(百官)을 가리키는 것으로, 이 문장 다음에 '여민(黎民)'이라는 문장이 있기 때문이니, [『상서』에 나오는] '백성'은 일반 백성[兆民]을 지칭하는 것이 아니다. 이 『효경』에서 "백성에게 덕교(德敎)가 시행된다"고 할 때의 [백성은] 세상의 일반 백성을 가리키는 것으로, "사방의 이민족[四海]들의 본보기가 된다"는 문장과 대응되기 때문이다. '사해(四海)'가 이미 '사방의 이민족[四夷]'를 말한다면, 여기서 '백성'은 자연스럽게 세상의 일반 백성이 된다. 경전(經典)에서는 통상적으로 '사이(四夷)'를 '사해(四海)'라고 하였다. 살펴보건대, 『주례』·『예기』·『이아』에서는 모두 동이(東夷)·서융(西戎)·남만(南蠻)·북적(北狄)을 가리켜 '사이(四夷)'라고 하거나 '사해(四海)'라고 하였다. 이 때문에 [이융기의] 주석에서는 '사이(四夷)'로 '사해(四海)'를 해석한 것이다. 손염(孫炎)은 "해(海)라는 것은 사리에 어두워서 [가르쳐 인도할 수 없을 만큼] 어리석다는 뜻이다"라고 말하였다.

邢疏 百姓, 謂天下之人皆有族姓, 言'百', 擧其多也. 『尙書』云, "平章百姓", 則謂'百姓'爲'百官', 爲下有黎民之文, 所以百姓非兆庶也. 此經德敎加於百姓, 則謂天下百姓, 爲與"刑於四海"相對. '四海'旣是'四夷', 則此百姓自然是天下兆庶也. 經典通謂'四夷'爲'四海'. 案, 『周禮』·『禮[16]記』·『爾雅』皆言東夷·西戎·南蠻·北狄, 謂之'四夷', 或云'四海'. 故注以四夷釋四海也. 孫炎曰, "海者, 晦暗無知也."

舜, 作堯典. 曰若稽古帝堯, 曰放勳, 欽明文思安安, 允恭克讓, 光被四表, 格于上下. 克明俊德, 以親九族, 九族旣睦, 平章百姓, 百姓昭明, 協和萬邦, 黎民於變時雍. 전체 내용을 확인하려면, 차상원 역, 『서경(書經)』(서울: 명문당, 1993), 31~32쪽을 보라.

16 '예(禮)'자에 대하여. '예'자는 본래 없던 글자인데, 완원(阮元)의 『교감기(校勘記)』에서는 "『정오(正誤)』에서는 '기'자 앞에 '예'자를 보충하였다."고 했다.

형병 소 ▮어주 : "蓋猶"~"略言之". ▸『정의(正義)』 : 이 주석은 위주(魏注)에 근거하였다. 살펴보건대, 공안국의 전(傳)에서는 "'개(蓋)'라는 것은 '고교(辜較)'라는 말이다"라고 하였고, 유현(劉炫)은 "'고교(辜較)'는 '대략[梗概]'이라는 뜻과 같다. 효의 도리(방법)는 이미 광대하니, 여기서는 다만 그 대략을 거론한 것이다"라고 말하였다. [또] 유헌(劉巘)은 "'개(蓋)'는 '끝까지 다하지 않다[不終盡]'는 어사(語辭)로, 효도가 광대하여 여기서는 대략적으로 말했음을 밝힌 것이다"라고 말하였고, 황간(皇侃)은 "이처럼 대략적으로 진술하여 끝까지 궁구하지 않았다"라고 말하였는데, 바로 이러한 의미이다. 정현의 주석에서는 "'개(蓋)'는 겸사(謙辭)이다"라고 말하였는데, 이러한 앞의 주장들을 근거로 말하면, '개(蓋)'는 겸사가 아니다. 유현(劉炫)은 [정현의 주장에] 반박하여 다음과 같이 말하였다. "만약 [『효경』이라는] 글을 짓는 측면에서 겸사를 써야한다면, 서인(庶人)의 경우에도 겸사를 써야 한다. [또] 만약 관직과 작위로써 겸사를 써야한다면, 부자(夫子; 공자)는 일찍이 대부(大夫)가 되었으니, 사(士)에 대해 어찌 겸사를 사용할 수 있겠는가? 그리고 또 [이 『효경』에서] '개'라고 말한 것은 경사(卿士) 이상에서 사용한 말이니, '개(蓋)'라는 것이 결코 겸사가 아님을 알 수 있다."

邢疏 ▮注"蓋猶"至"略言之". ▸正義曰 : 此依魏注也. 案, 孔傳云, "'蓋'者, 辜較之辭", 劉炫云, "'辜較'猶'梗概'也. 孝道旣廣, 此纔擧其大略也." 劉巘云. "蓋者, 不終盡之辭, 明孝道之廣大, 此略言之也." 皇侃云, "略陳如此, 未能究竟", 是也. 鄭注云, "蓋者, 謙辭", 據此而言, 蓋非謙也. 劉炫駁云, "若以制作須謙, 則庶人亦當謙矣. 苟以名位須謙, 夫子曾爲大夫, 於士何謙? 而亦云蓋也, 斯則卿士以上之言, 蓋者竝非謙辭可知也."

▎경문 02-2

『상서』「보형(甫刑)」에서는 '한 사람에게 선한 모습[慶]이 있으면, 일반 백성들[兆民]은 그것에 의지한다'[17]라고 말하였다."《주: 「보형(甫刑)」은 『상서』「여형(呂刑)」이다. '한 사람[一人]'은 천자를 가리킨다. '경(慶)'은 '선함[善]'이다. 억(億)이 10개인 것을 '조(兆)'라고 한다. 천자가 효를 행하면 수많은 사람들이 모두 그 선함에 의지한다는 의미로 [『상서』「보형」을] 취한 것이다.》

經文 02-2 **「甫刑」云, 一人有慶, 兆民賴之.**《注: 「甫刑」, 卽『尙書』「呂刑」也. '一人', 天子也. 慶, 善也. 十億曰兆. 義取天子行孝, 兆人皆賴其善.》

형병 소 ▎경문 : "甫刑"~"賴至". ▸『정의(正義)』: 부자(夫子; 공자)는 천자가 행해야할 효에 관하여 기술한 다음 그 서술이 끝나자 『상서』「보형편」의 말을 끌어들여 [자신의 말을] 결론지었다. '경(慶)'은 '선하다[善]'는 뜻이다.

邢疏 ▎"甫刑"至"賴至". ▸正義曰 : 夫子述天子之行孝, 旣畢, 乃引『尙書』「甫刑」篇之言, 以結成其義. 慶, 善也.

형병 소 [이 경문에서는] 천자 한 사람에게 선함이 있으면, 세상의 수많은 사람들이 모두 그것에 의지함을 말하였다. 선(善)하면 사랑하고 공경한다는 것이 이것이다. "한 사람에게 선함이 있다"는 것은

---

17 『상서』「주서(周書)·여형」: 一人有慶, 兆民賴之, 其寧惟永. 「여형」편은 주나라 목왕(穆王)이 여후(呂侯)를 지금의 법무부 장관에 해당되는 사구(司寇)로 삼았는데, 이에 여후(呂侯)가 우(禹)의 법을 본받아 새롭게 법을 재정하여 공포한 내용이다. 전체 내용을 확인하려면, 차상원 역, 『서경(書經)』(서울: 명문당, 1993), 306~313쪽을 보라.

"부모를 섬기는데 있어 사랑과 공경을 다해야 한다"는 앞부분의 내용을 결론지은[結] 것이며, "수많은 백성들이 그것에 의지한다"는 것은 "그리고 백성들에게 덕교(德敎)를 시행한다"는 뒷부분의 내용을 결론지은 것이다.

邢疏　言"天子一人有善", 則天下兆庶, 皆倚賴之也. 善則愛敬是也. "一人有慶", 結"愛敬盡於事親"已上也, "兆民賴之", 結而"德敎加於百姓"已下也.

형병 소　▮어주 : "「甫刑」"~"其善". ▸『정의(正義)』 : "「보형(甫刑)」은 즉 『상서』「여형(呂刑)」이다"라고 말한 것은 『상서』에는 「여형」 편은 있지만, 「보형」편은 없기 때문이다. 살펴보건대, 『예기』「치의(緇衣)」편에서 공자는 「보형」의 말을 두 번 인용하고 있는데,[18] 「여형」편의 내용과 다르지 않으니, 공자의 시대에는 '보형'을 편명으로 삼았음이 분명하다.

邢疏　▮注"「甫刑」"至"其善". ▸正義曰 : 云"「甫刑」卽『尙書』「呂刑」也"者, 『尙書』有「呂刑」而無「甫刑」也. 案, 『禮記』「緇衣」篇, 孔子兩引「甫刑」辭, 與「呂刑」無別, 則孔子之代以'甫刑'命篇明矣.

형병 소　지금의 『상서』에 '여형(呂刑)'으로 되어 있는 것과 관련하여, 공안국(孔安國)은 "[여후(呂侯)의] 후손이 보후(甫侯)가 되었기 때문에 '보형(甫刑)'이라고 불렀다"[19]고 한다. [분명히] 알 수 있는 것

18 『예기』「치의(緇衣)」편에 인용된 두 개의 문장은 "甫刑曰, "苗民匪用命, 制以刑, 惟作五虐之刑曰法."과 "甫刑曰, "一人有慶, 兆民賴之."이다. 전체 내용을 확인하려면, 이상옥 역, 『예기』하 (서울: 명문당, 2003), 1388~1391쪽을 참고하라.

19 『상서정의(尙書正義)』, 533쪽.

은 『시경』「대아(大雅) · 숭고(崧高)」편은 선왕(宣王)을 찬미한 시인데, "보후(甫侯)와 신후(申侯)를 낳으셨네"[20]라고 말하고 있고, 「양지수(揚之水)」는 평왕(平王)을 풍자한 시로 "함께하지 못하고 나 홀로 보(甫) 땅에서 수자리를 사네"[21]라고 말하고 있어, [여후(呂侯)의] 자손들이 보후(甫侯)로 봉호가 고쳐졌다는 사실이다. [그러나] 여국(呂國)을 그대로 이어받아 [그 봉지(封地)를] 보(甫)라는 이름으로 고쳤는지 알 수가 없고, [그게 아니라면] 나머지 나라에 별도로 봉하여 보(甫)라는 호칭을 썼는지는 알 수가 없다. 그럼에도 [여후의] 자손은 보(甫) 땅에 봉해졌고, 목왕(穆王) 때에는 보(甫)라는 명칭이 없었는데도 '보형(甫刑)'이라고 한 것은 후인들이 그 자손들의 국호(國號)를 가지고 [『상서』의 글을] 명명했기 때문이다. [이것은] 마치 숙우(叔虞)는 애초에 당(唐)에 봉해졌고, 그의 자손들은 진(晉)에 봉해졌으나, 『사기』에서 [숙우의 자손들이 봉해진 지역을 근거로] '진세가(晉世家)'라고 일컬은 것과 같다. [따라서] 진(秦)나라의 분서(焚書) 사건을 당하여, 각각 자신이 배운 바를 신봉하였고, 후인들은 그것을 바로잡아 고칠 수가 없었기 때문에 두 가지 명칭을 함께 남겨 놓았다는 유현(劉炫)의 생각은 잘못된 것이다.

邢疏　今『尙書』爲「呂刑」者, 孔安國云, "後爲甫侯, 故稱甫刑." 知者, 以『詩經』「大雅 · 嵩高」之篇宣王之詩, 云, "生甫及申", 「揚之水」篇平王之詩, "不與我戍甫", 明子孫改封爲甫侯. 不知因呂國改作甫

20 『시경』「대아(大雅) · 숭고」 : 崧高維嶽, 駿極于天. 維嶽降神, 生甫及申. 이 시 전체의 내용을 확인하려면, 김학주 역, 『시경』(서울: 명문당, 1988), 473~475쪽 참고하라.

21 『시경』「왕풍(王風) · 양지수(揚之水)」 : 揚之水, 不流束楚. 彼其之子, 不與我戍甫. 懷哉懷哉, 曷月予還歸哉. 이 시 전체의 내용을 확인하려면, 김학주 역, 『시경』 (서울: 명문당, 1988), 133~134쪽을 참고하라.

名, 不知別封餘國而爲甫號. 然子孫封甫, 穆王時未有甫名, 而稱爲'甫刑'者, 後人以子孫之國號名之也. 猶若叔虞初封於唐, 子孫封晉, 而『사기』稱晉世家也. 劉炫以爲遭秦焚書, 各信其學, 後人不能改正而兩存之也者, 非也.

형병 소 [『효경』의] 여러 장에서 모두 『시경』을 인용하고 있는데, 이 장에서만 유독 『서경』을 인용한 것과 관련하여, 공자의 말을 배치함에 [정해진] 방침이 있어서 [공자의] 말에는 반드시 모두 『시경』과 『서경』을 끌어들여 일을 증명함으로써 [그 말이] 근거가 없는 주장이 아님을 보였는데, 의미상 『시경』의 뜻에 합당하면 『시경』을 인용하였고, 의미상 『역』의 의미에 합당하면 『역』을 인용하였다. 이 「천자장」은 『서경』의 뜻과 서로 부합되기 때문에 [『서경』의 내용을] 끌어들여 증거로 삼은 것이다. 정현의 주석에서는 『서경』은 왕(王)의 일을 기록한 것이기 때문에 천자(天子)의 장(章)을 증명한 것으로, 같은 부류를 끌어들여 그 이미지[象]를 깨닫게 하는 방식[引類得象]이라고 생각했다. 그러나 「대아」를 끌어들여 대부(大夫)의 효를 증명하고, 「조풍(曹風)」을 끌어들여 성치(聖治)를 증명한 것이 어찌 같은 부류를 끌어들여 그 이미지를 깨닫게 하는 방식이겠는가? 이러한 [정현의] 주장은 취할 게 못된다.

邢疏 諸章皆引『詩經』, 此章獨引『書』者, 以孔子之言布在方策, 言必皆引『詩經』·『書』證事, 示不憑虛說, 義當『詩經』意則引『詩經』, 義當『易』意則引『易』. 此章與『書』意義相契, 故引爲證也. 鄭注以『書』錄王事, 故證天子之章, 以爲引類得象. 然引「大雅」證大夫, 引「曹風」證聖治, 豈引類得象乎? 此不取也.

형병 소 "'한 사람[一人]'은 천자를 가리킨다"라고 말한 것은 [『고문효경』의] 공안국 전(傳)에 따른 것이다. 구설(舊說)에서는 천자를 스스로를 지칭할 때 '여일인(予一人)'이라고 말하였다고 한다. '여(予)'는 나[我]라는 뜻이다. 이것은 내가 비록 신분상으로는 최상의 자리에 처하여 있지만, 오히려 여러 사람들 가운데 한 명일 뿐이며, 다른 사람과 다르지 않음을 말하는 것으로, 겸사(謙辭)에 속한다. 만약 신하가 천자를 지칭할 경우에는 다만 '일인(一人)'이라고 하니, 이는 사해(四海) 안에 오직 한 사람[一人] 뿐임을 말하는 것으로, 존칭(尊稱)의 뜻이다. 천자(天子)라는 표현은 제왕(帝王)의 작위를 말하는 것으로 공(公)·후(侯)·백(百)·자(子)·남(男) 등 다섯 등급에 대한 호칭처럼 [작위를 나타낸다].

邢疏 云"一人天子也"者, 依孔傳也. 舊說天子自稱則言'予一人'. 予, 我也. 言我雖身處上位, 猶是人中之一耳, 與人不異, 是謙也. 若臣人稱之則惟言'一人', 言四海之內惟一人, 乃爲尊稱也. 天子者, 帝王之爵, 猶公·侯·伯·子·男五等之稱.

형병 소 "경(慶)은 '선함[善]'이다"라고 말한 것은 『서경』과 『춘추좌씨전』에서도 통용된다.

邢疏 云"慶, 善也"者, 『書』·『傳』通也.

형병 소 "억(億)이 10개인 것을 '조(兆)'라고 한다"고 말한 것은 옛날의 숫자가 그러했던 것이다.

邢疏 云"十億曰兆"者, 古數爲然.

형병 소 "천자가 효를 행하면 수많은 사람들이 모두 그 선함에 의지한다는 의미로 [이 『상서』「보형」을] 취한 것이다"고 말한 것은 "한 사람에게 선한 모습이 있으면, 일반 백성들은 그것에 의지한다"는 문장을 해석한 것이다. '성(姓)'에는 '백(百)'이라는 표현을 썼고, '민(民)'에는 '조(兆)'라는 표현을 썼는데, 모두 그 많다는 의미를 들어 말한 것이다.

邢疏 云"義取天子行孝, 兆人皆賴其善"者, 釋"一人有慶, 兆民賴之"也. 姓言百, 民稱兆, 皆舉其多也.

제3장 제후장諸侯章

제후로서 행해야할 효

형병 소 『정의(正義)』: 천자 다음으로 귀한 자가 제후(諸侯)이다. 살펴보건대, 『이아』「석고(釋詁)」에서는 "공(公)과 후(侯)는 군주[君]이다"라고 말하였다. [그럼에도 여기에서] 제공(諸公)이라고 말하지 않은 것은 천자에 소속된 삼공(三公)으로 오해할까 염려해서이다. 따라서 그 다음의 칭호인 [후(侯)]를 사용하여 제후(諸侯)라고 하였으니, 여러 나라[諸國]의 군주를 말하는 것과 같다. 황간(皇侃)은 "후(侯)는 다섯 등급 가운데 두 번째이고, 아래로는 백(伯)·자(子)·남(男)과 이어져 있기 때문에 제후(諸侯)라고 불린다"고 말하였으나, 지금은 취할게 못된다.

邢疏 正義曰 : 次天子之貴者, 諸侯也. 案, 「釋詁」云, "公侯, 君也." 不曰諸公者, 嫌涉天子三公也. 故以其次稱爲諸侯, 猶言諸國之君也. 皇侃云, "以侯是五等之第二, 下接伯·子·男, 故稱諸侯", 今不取也.

▌경문 03-1

윗자리에 있으면서 교만하게 굴지 않으면, 높은 곳에 있더라고 위태

롭지 않으며,《 주: 제후(諸侯)는 열국(列國)의 군주로, 존귀함이 다른 사람보다 위에 있으니, '높다[高]'고 이를 만하다. 그렇지만 교만하지 않을 수 있다면, 위태로움에서 벗어날 수 있게 된다.》 **비용을 절약하고[制節] 신중히 법도를 따르면[謹度], 가득 차더라도 사치스럽거나 태만하지 않을 것이다.**《 주: 쓰는 것에 절약하고 검소한 것을 '제절(制節)'이라 하고, 신중히 예법(禮法)을 따르는 것을 '근도(謹度)'라 한다. 무례(無禮)함이 교(驕)이며, 사치스럽고 태만함이 일(溢)이다.》 **높은 곳에 있으면서 위태롭지 않으면, 이로써 오랫동안 귀함을 유지할 수 있고, 가득차면서도 사치스럽거나 태만하지 않으면, 이로써 오랫동안 부유함을 유지할 수 있다. 부귀(富貴)가 자신에게서 멀어지지 않은 연후에야 자신의 사직(社稷)을 보호하고, 자신의 백성들[民人]을 화목하게 할 수 있다.**《 주: 열국(列國)들은 모두 사직(社稷)을 갖고 있으며, 그 나라의 군주가 그곳에 제사를 지낸다. 부귀가 항상 그 자신에게 있으면, 오랫동안 사직의 주인이 되며 [그 나라의] 백성들은 스스로 화목하고 평화롭게 됨을 말하였다.》 **[이러한 것들이] 대체로 제후의 효(孝)이다.**

經文 03-1 **在上不驕, 高而不危,**《 注: 諸侯列國之君, 貴在人上, 可謂高矣. 而能不驕, 則免危也.》 **制節謹度, 滿而不溢,**《 注: 費用約儉謂之制節, 愼行禮法謂之謹度. 無禮爲驕, 奢泰爲溢.》 **高而不危, 所以長守貴也, 滿而不溢, 所以長守富也. 富貴不離其身, 然後能保其社稷, 而和其民人.**《 注: 列國皆有社稷, 其君主而祭之. 言富貴常在其身, 則長爲社稷之主, 而人自和平也.》 **蓋諸侯之孝也.**

형병 소 ▮ 경문 : "在上"~"孝也". ▸ 정의(正義) : 부자(夫子; 공자)

는 앞에서 천자가 행해야할 효의 일을 서술하고, 이미 [그 서술을] 끝마치자, 다음으로 제후가 행해야할 효를 밝혔다. 제후는 한 나라의 신하들보다 위에 있으니, 그 지위가 높다고 말하였다. 지위가 높은 자는 위태롭고 두렵다. 만약 [자신의 신분이] 귀하다는 이유로 스스로 교만히 굴지 않을 수 있다면, 비록 높은 지위에 있더라도 끝내 위태로운 상태까지는 이르지 않을 것이다. 한 나라의 부세(賦稅)를 축적하면, 나라의 창고는 가득 차게 된다. 만약 소비 한도를 규정짓고 신중히 법도(法度)를 지키면, 비록 [창고가] 가득 차 있더라도 제멋대로 사치스럽게 쓰는 데에는 이르지 않을 것이다. '만(滿)'은 가득 채워져 있음을 말하고, '일(溢)'은 사치스러움을 말한다. 『서경』에서는 "직위는 교만함을 기대하지 않고, 녹봉은 사치스러움을 기대하지 않는다"[1]라고 말하였으니, 귀한 위치에 있을 경우 교만함에 대해 기대하지 않더라도 교만함이 자연스럽게 이르며, 부유함을 가지고 있을 경우 사치스러움에 대해 기대하지 않더라도 사치스러움이 자연스럽게 이르게 됨을 알 수 있다. 이는 제후의 귀함은 한 나라의 주인이 되고, 부유함은 한 나라의 재물을 소유하고 있기 때문에 마땅히 그것을 경계해야함을 말한 것이다. 또한 위태롭지도 않고 사치스럽지도 않다는 뜻을 반복적으로 서술하여, 높은 지위에 있으면서 위태롭지 않아 이로써 항상 그 귀함을 유지할 수 있고, 재화(財貨)가 가득하더라도 사치스럽게 쓰지 않아 이로써 오랫동안 그 부유함을 지킬 수 있으며, 부귀(富貴)가 오랫동안 유지되어 자신의 몸에서 떠나지 않게 한 연후에야 그 나라의 사직을 안정시키고 통솔되는 신하들을 화

1 『서경』「주서(周書)·주관(周官)」: 位不期驕, 祿不期侈. 전체 내용을 확인하려면, 차상원 역, 『서경(書經)』(서울: 명문당, 1993), 277~281쪽을 참고하라.

합하게 할 수 있다고 말하고 있다. [이것은] 사직은 이로써 안정되고 신하들은 이로써 화합됨을 가리킨다. 이상에서 서술한 것이 대체로 제후가 행해야 할 효이다.

邢疏 ▮"在上"至"孝也". ▸義曰 : 夫子前述天子行孝之事已畢, 次明諸侯行孝也. 言諸侯在一國臣人之上, 其位高矣. 高者危懼. 若不能[2]以貴自驕, 則雖處高位, 終不至於傾危也. 積一國之賦稅, 其府庫充滿矣. 若制立節限, 愼守法度, 則雖充滿而不至盈溢也. 滿謂充實, 溢謂奢侈. 『書』稱, "位不期驕, 祿不期侈", 是知貴不與驕期而驕自至, 富不與侈期而侈自來. 言諸侯貴爲一國人主, 富有一國之財, 故宜戒之也. 又覆述不危不溢之義, 言居高位而不傾危, 所以常[3]守其貴, 財貨充滿而不盈溢, 所以長守其富. 使富貴長久, 不去離其身, 然後乃能安其國之社稷, 而協和所統之臣人. 謂社稷以此安, 臣人以此和也. 言此上所陳, 蓋是諸侯之行孝也.

형병 소 황간(皇侃)은 다음과 같이 말하였다. "'민(民)'은 두루 어리석은[廣及無知] 사람들이고, '인(人)'은 조금 인의(仁義)를 아는 사람들로서, 즉 부사(府史)[4]의 무리들이 이에 속한다. 그러므로 '민인(民人)'을 [함께] 말하여 지식수준이 높은 사람이나 낮은 사람 할 것 없이 모두 화합하고 기뻐함을 밝혔다." 『효경원신계』에서는 다음과

---

2 『십삼경주소』 북경대 출판본에서 말하길, "살펴보건대, '불능(不能)'은 아마도 마땅히 '능불(能不)'이 되어야할 것 같다."라고 했다.

3 '상(常)'자는 경문에 '장(長)'자로 기록되어 있다.

4 『주례』「천관(天官) · 서관(序官)」의 "府六人, 史十有二人."에 대한 정현의 주석에서 "府, 治藏, 史, 掌書者."라고 말하고 있으니, 부(府)는 창고를 관리하는 사람이고, 사(史)는 문서를 관리하는 사람이다.

같이 말하였다. "제후가 행하는 효(孝)를 '도(度)'라고 한다. 이것은 천자의 법도(法度)를 받들어 위태하거나 사치스럽지 않게 하는 것이 그 선조를 영광스럽게 만드는 것임을 말한 것이다."

邢疏　　皇侃云, "民是廣及無知, 人是稍識仁義, 卽府史之徒, 故言民人明, 遠近皆和悅也." 『援神契』云, "諸侯行孝曰度. 言奉天子之法度, 得不危溢, 是榮其先祖也."

형병 소　　▮어주 : ""諸侯"~"危也". ▸『정의(正義)』: "제후는 열국(列國)의 군주이다"라고 말한 것은 경전(經典)에서는 모두 천자가 [직접 통치하는] 나라를 가리켜 왕국(王國)이라고 하였고, 제후들이 [통치하는] 나라를 가리켜 열국(列國)이라고 하였다. 『시경』에서 "훌륭한 많은 현사(賢士)들이 이 왕국(王國)에 태어났네"[5]라고 말한 것은 천자의 나라이다. 『춘추좌씨전』에서 노나라 숙손표(叔孫豹)가 "우리는 열국(列國)이다"[6]라고 말하고, 정나라 자산(子山)이 "제후의 나라는 사방 백리[一同]이며"[7]라고 말한 것은 제후의 나라이다. 열국(列國)이라는 것은 나라의 군주들이 모두 작위의 존비(尊卑) 및 영토의 많고 적음으로써 순서대로 배열되었음을 말하는 것으로, 다섯 등급이 모두 그러하다.

邢疏　　▮注"諸侯"至"危也". ▸正義曰 : 云"諸侯列國之君"者, 經典

5　『시경』「대아(大雅) · 문왕」: 思皇多士, 生此王國. 이 시의 전체 내용을 확인하려면, 김학주 역, 『시경』(서울: 명문당, 1988), 405~406쪽을 참고하라.

6　『춘추좌씨전』「양공 27년」: 叔孫曰, "邾、滕, 人之私也. 我, 列國也, 何故視之? 宋、衛, 吾匹也." 전체 내용을 확인하려면, 좌구명/신동준 옮김, 『춘추좌전』2 (파주: 한길사, 2006), 357~361쪽을 보라.

7　『춘추좌씨전』「양공 25년」: 且昔天子之地一圻, 列國一同, 自是以衰. 전체 내용을 확인하려면, 좌구명/신동준 옮김, 『춘추좌전』2 (파주: 한길사, 2006), 323~325쪽을 보라.

皆謂天子之國爲王國, 諸侯之國爲列國. 『詩經』云, “思皇多士, 生此王國”, 則天子之國也. 『左傳』魯孫叔豹云, “我列國也”, 鄭子産云,“列國一同”, 是諸侯之國也. 列國者, 言其國君皆以爵位尊卑及土地大小而敍列焉. 五等皆然.

형병 소 “존귀함이 다른 사람보다 위에 있으니, 높다[高]고 이를 만하다”라고 말한 것은 제후의 존귀함은 한 나라의 신하들보다 위에 있어 그 지위가 높음을 말한 것이다.

邢疏 云, “貴在人上, 可謂高矣”者, 言諸侯貴在一國臣人之上, 其位高也.

형병 소 “그렇지만 교만하지 않을 수 있다면, 위태로움에서 벗어날 수 있게 된다”고 말한 것은 예(禮)로써 나라를 다스려 위에 있는 자를 능멸하거나 아래에 있는 자를 업신여기지 않게 할 수 있다면, 위태로움에서 벗어날 수 있음을 말한 것이다.

邢疏 云“而能不驕, 則免危也”者, 言其爲國以禮, 能不陵上慢下, 則免傾危也.

형병 소 ▮어주 : “費用”~“爲溢”. ▸『정의(正義)』: “쓰는 것에 절약하고 검소한 것을 ‘제절(制節)’이라 하고”라고 말한 것은 정현의 주석을 근거로 ‘제절(制節)’을 풀이한 것이다. [제후가] 국가의 재산을 들여 자신의 경비에 충당함에, 매사(每事)에 절약하고 검소하게 하여 사치스럽게 하지 않음을 가리키니, 『논어』의 “수레 천승(千乘)의 나라(즉, 제후국)를 말하면, 경비를 절약하여 백성을 사랑하고”라고 한 것[8]이 이것이다.

邢疏 ▮注"費用"至"爲溢". ▸正義曰：云"費用約儉謂之制節"者, 此依鄭注釋'制節'也. 謂費國之財以供己用, 每事儉約, 不爲華侈, 則『論語』"道千乘之國, 云節用而愛人", 是也.

형병 소 "신중히 예법(禮法)을 따르는 것을 '근도(謹度)'라 한다"고 말한 것은 [경문의] '근도(謹度)'를 풀이한 것으로, 사치스럽게 해서는 안 되니, 마땅히 신중하게 예법(禮法)을 행하여 어긋나는 것 없이 자연스럽게 전장(典章; 제도나 법령)에 맞도록 해야 함을 말하였다. 황간(皇侃)은 "[이 문장은] 궁실(宮室)과 거기(車旗)의 부류가 모두 사치스럽지 않음을 말한 것이다"라고 하였다.

邢疏 云"愼行禮法謂之謹度"者, 此釋'謹度'也, 言不可奢僭, 當須愼行禮法, 無所乖越, 動合典章. 皇侃云, "謂宮室車旗之類, 皆不奢僭也."

형병 소 "무례(無禮)함이 교(驕)이며, 사치스럽고 태만함이 일(溢)이다"라고 말한 것은 모두 사치스럽고 방자함을 말한 것이다. 앞 [주석]에서 교(驕)를 풀이하지 않고 지금 이 주석에서 '일(溢)'과 대비시켜 풀이하여, '무례(無禮)'란 위에 있는 사람을 능멸하고 아래에 있는 사람을 업신여기는 것임을 말하였다. 황간은 다음과 같이 말하였다. "윗자리에 있으면서 교만하게 굴지 않는다는 것을 [말함으로써] 귀하게 되는 것을 경계했다면, 마땅히 재화를 소유하면서 사치스럽게 하지 않는다는 것을 말함으로써 부유함을 경계해야 한다. 또 만

---

8 『논어』「학이(學而)」: 子曰, "道千乘之國, 敬事而信, 節用而愛人, 使民以時."

약 비용을 절약하고 신중히 법도를 따르는 것을 말하여 부유함을 경계했다면, 마땅히 비용을 절약하고 몸을 신중히 하는 것을 말하여 귀함을 경계해야 한다. [그런데도] 여기서 이러한 체례를 사용하지 않은 것은 그 문장들 자체가 서로 의미를 포함하고 있기 때문이다. 다만 교만함은 윗자리에 있는 것으로 연유하기 때문에 귀함을 경계시키면서 '윗자리에 있음[在上]'이라고 말하였고, 사치스러움은 무절제로 연유하기 때문에 부유함을 경계시키면서는 '비용을 절약함[制節]'이라고 말했을 뿐이다."

邢疏　"無禮爲驕, 奢泰爲溢"者, 皆謂華侈放恣也. 前未解 '驕', 今於此注與 '溢'相對而釋之, 言無禮謂陵上慢下也. 皇侃云, "在上不驕以戒貴, 應云居財不奢以戒富. 若云制節謹度以戒富, 亦應云制節謹身以戒貴. 此不例者, 互其文也. 但驕由居上, 故戒貴云 '在上', 溢由無節, 故戒富云'制節'也."

형병 소　▮ 어주 : "列國"~"平也". ▸『정의(正義)』 : 열국(列國)의 의미는 이미 내용을 갖추어 앞에서 풀이하였다.

邢疏　▮ 注"列國"至"平也". ▸ 正義曰 : 列國, 已具上釋.

형병 소　"모두 사직(社稷)을 지니고 있다"고 말한 것과 관련하여, 『한시외전(韓詩外傳)』에서는 "천자는 태사(太社)[9]를 만들 때, 동쪽은 청색(靑色) 흙으로, 남쪽은 적색(赤色) 흙으로, 서쪽을 백색(白色) 흙으로, 북쪽은 흑색(黑色) 흙으로, 중앙은 황색(黃色)으로 만든

9　태사(太社) 천자가 토지신이나 곡신(穀神)에게 제사 드리던 장소를 말한다.

다. 만약 제후를 봉해줄 경우에는 각각 그 방위에 해당되는 색깔의 흙을 떠서 띠풀[白茅]로 감싸서는 [앞으로] 봉(封)해 줄 제후에게 그것을 주었다. 제후는 이 흙을 쌓아올려 사(社)를 만듦으로써 천자에게서 받은 것임을 명시하였다"고 말하고 있으니,[10] 사(社)는 토지신[土神]이다. 사(社)와 직(稷)을 의론한 경전들은 모두 이 둘을 연결시켜 말하고 있다. 황간(皇侃)은 직(稷)은 오곡(五穀)의 우두머리[長]로, 또한 토지신[土神]이라고 생각하였다. 이에 따르면, 직(稷) 또한 사(社)의 부류이다. [이 문장은] 제후에게 사직이 있다면 나라가 있는 것이며, 사직이 없다면 나라가 없음을 말한 것이다.

邢疏　云"皆有社稷"者, 『韓詩外傳』云, "天子大社, 東方靑, 南方赤, 西方白, 北方黑, 中央黃土. 若封四方諸侯, 各割其方色土, 苴以白茅[11]而與之. 諸侯以此土封之爲社, 明受於天子也." 社則土神也. 經典所論社・稷, 皆連言之. 皇侃以爲稷五穀之長, 亦爲土神. 據此稷亦社之類也, 言諸侯有社稷乃有國, 無社稷則無國也.

형병 소　"그 나라의 군주가 그곳에 제사를 지낸다"라고 말한 것은, 살펴보건대, 『춘추좌씨전』에서는 "군주가 된 자는 오직 사직(社稷)을 지킬 뿐이다"[12]라고 말하였다. 사직은 영토에 의지하기 때문에 '열국(列國)'으로써(즉, 열국과 연관 지어) 사직을 말하였고, 제사는

10　현행본 『한시외전』에는 이러한 내용이 없다.

11　'모(茅)'자에 대하여. '모'자는 본래 '저(苴)'자로 기록되어 있었는데, 완원(阮元)의 『교감기(校勘記)』에서는 "『감본(監本)』・『모본(毛本)』에는 '모'자로 기록되어 있는데, 이 기록이 옳다"라고 했다.

12　『춘추좌씨전』「양공 25년」: 曰, "君死, 安歸? 君民者, 豈以陵民? 社稷是主. 臣君者, 豈爲其口實? 社稷是養……." 전체 내용을 확인하려면, 신동준 역, 『춘추좌전』2 (파주: 한길사, 2006), 315~318쪽을 보라.

반드시 군주에 의거하기 때문에 '그 나라의 군주[其君]'로써(즉, 군주와 연관지어) 제사를 말하였다.

邢疏 云"其君主而祭之"者, 按『左傳』曰, "君人者, 社稷是主." 社稷因地, 故以'列國'言之. 祭必由君, 故以'其君'言之.

형병 소 "부귀가 항상 그 자신에게 있으면"이라고 말한 것은, 이것은 왕주(王注)를 근거로 "부귀함이 그 자신에게서 멀어지지 않는다"는 경문을 풀이한 것이며, "그렇게 하면 오랫동안 사직의 주인이 되며"라고 말한 것은 "자신의 사직을 보호하고"라는 경문을 풀이한 것이다. "[그 나라의] 백성들은 스스로 화목하고 평화롭게 된다"고 말한 것은 "자신의 백성을 화목하게 할 수 있다"는 경문을 풀이한 것이다. 그러나 경문의 앞 문장에서는 귀함을 먼저 말하고 부유함을 뒤에 말하여, 귀함으로 인해 부유해진다고 말하였고, 아래에서는 그 순서를 뒤집어 부유함이 귀함보다 앞에 있는데, 이것은 『역』「계사」에서 "존귀하고 높은 것은 부귀(富貴)보다 큰 것이 없다"[13]라고 말하고, 『노자』에서 "부귀(富貴)하면서 교만하면"[14]이라고 말한 것들과 함께 모두 편의에 따라서 말한 것이지, 부유함이 마땅히 귀함보다 먼저라는 것이 아니다.

邢疏 云"言富貴常在其身"者, 此依王注釋"富貴不離其身"也. "則長爲社稷之主"者, 釋"保其社稷"也. 云"而人自和平也"者, 釋"而和其民

13 『주역』「계사전상」: 是故法象莫大乎天地, 變通莫大乎四時, 縣象著明莫大乎日月, 崇高莫大乎富貴, 備物致用, 立成器以爲天下利, 莫大乎聖人, 探賾索隱, 鉤深致遠, 以定天下之吉凶, 成天下之亹亹者, 莫大乎蓍龜.

14 『노자』「9장」: 富貴而驕, 自遺其咎. 진고응 저/ 최재목 · 박종연 역, 『진고응이 풀이한 노자』(경산: 영남대학교출판부, 2004), 123쪽 참고.

人"也. 然經上文先貴後富, 言因貴而富也, 下覆之富在貴先者, 此與『易』「繫辭」"崇高莫大乎富貴", 『老子』云, "富貴而驕", 皆隨便而言之, 非富合先於貴也.

형병 소 경전에는 사직(社稷)과 관련하여 말한 것이 많다. 살펴보건대, 『춘추좌씨전』에서는 "공공씨(共工氏)의 아들 이름은 구룡(勾龍)으로 후토(后土)가 되었다. 후토는 사(社)가 되었다. 열산씨(烈山氏)의 아를 이름은 주(柱)인데, 직(稷)이 되었으며, 하나라 이래로 그에게 제사를 지냈다. 주나라의 기(棄)도 직(稷)이 되었는데, 상(商)나라 이래로 그에게 제사를 지냈다"고 말하고 있다.[15] 이것은 구룡(勾龍)과 주(柱)·기(棄)는 사직에 배향되어 제사를 받았으니, 곧 구룡과 주, 기는 사직이 아님을 말한다. 또 『조첩(條牒)』[16]에서는 "직(稷)의 제단은 사(社)의 서쪽에 있는데, [직과 사는] 모두 북쪽을 향해 나란히 배열되어 있고, 함께 관리하고 같이 문을 사용한다"고 말하고 있는데, [사직에 대한 설명들은] 모두 이 조칙의 설과 같다.

邢疏 經傳之言社稷多矣. 按『左傳』曰, "共工氏之[17]子曰勾龍, 爲后土. 后土爲社. 有烈山氏之子曰柱. 爲稷, 自夏以上祀之. 周棄亦爲稷, 自商以來祀之." 言句龍·柱·棄配社稷而祭之, 卽句龍·柱·棄非社稷也. 又『條牒』云, "稷壇在社西, 俱北鄕並列, 同營共門."[18] 竝如條之說.

---

15 『춘추좌씨전』「소공 29년」: 顓頊氏有子曰犂, 爲祝融, 共工氏有子曰句龍, 爲后土, 此其二祀也. 后土爲社, 稷, 田正也. 有烈山氏之子曰柱爲稷, 自夏以上祀之. 周棄亦爲稷, 自商以來祀之.

16 『조첩(條牒)』은 남조(南朝) 송나라 임예(任預)가 지은 『예론조첩(禮論條牒)』을 말한다.

17 『십삼경주소』 북경대 출판본에서 말하길, "'지(之)'자는 『좌전(左傳)』에 '유(有)'자로 기록되어 있다."라고 했다.

18 "又『條牒』云, '稷壇在社西, 俱北鄕並列, 同營共門.'"에 대하여. 손이양(孫詒讓)의 『교기

(校記)』에서는 "「교특생」의 소(疏)에서는 『조첩론(條牒論)』을 인용하여 '稷壇在社壇西, 俱北向, 營竝壇共門'으로 되어 있어, 『효경』의 이 인용문과는 조금 다르다"라고 했다.

| 경문 03-2

시(詩)에서 말하였다. '전전긍긍(戰戰兢兢)하여 마치 깊은 연못 가까이에 있는 듯하고, 얇은 빙판 위를 밟는 듯하라.'" 《 전전(戰戰)은 두려워하는 모습[恐懼]이며, 긍긍(兢兢)은 경계하고 삼가는 모습[戒愼]이다. 깊은 [연못에] 가까이 있으면 떨어지지 않을까 두려워하고, 얇은 [얼음을] 밟으면 빠지지 않을까 두려워하니, [이 시는] 군주가 되어 항상 경계하고 삼가야 한다는 의미를 취한 것이다. 》

經文 03-2 **『詩經』云, "戰戰兢兢, 如臨深淵, 如履薄冰."**[19] 《 注: 戰戰, 恐懼, 兢兢, 戒愼. 臨深恐墜, 履冰恐陷, 義取爲君恒須戒懼. 》

형병 소 ▮경문 : "詩云"~"薄氷". ▸『정의(正義)』: 부자(夫子; 공자)는 제후가 행해야 할 효를 서술하고, 이미 [그 서술을] 끝마치자 이에 「소아(小雅)·소민(小旻)」의 시를 인용하여 [자신의 말을] 결론지었다. [이 경문은] 제후의 부귀함은 항상 경계하고 삼가야 하기 때문에 전전긍긍하여 항상 깊은 연못 가까이에 있는 듯 혹은 얇은 얼음을 밟는 듯해야 함을 말하였다.

邢疏 ▮"詩云"至"薄氷". ▸正義曰 : 夫子述諸侯行孝終畢, 乃引「小雅·小旻」之詩, 以結之. 言諸侯富貴不可驕溢, 常須戒懼, 故戰戰兢兢, 常如臨深履薄也.

형병 소 ▮어주 : "戰戰"~"戒懼". ▸『정의(正義)』: 이 주석은 정

19 『시경』「소아(小雅)·소민(小旻)」: 戰戰兢兢, 如臨深淵, 如履薄冰. 이 시의 전체 내용을 확인하려면, 김학주 역, 『시경』(서울: 명문당, 1988), 327~329쪽을 보라.

현의 주석에 근거하였다. 살펴보건대, 『모시전(毛詩傳)』에서는 "전전(戰戰)은 두려워함[恐]이요, 긍긍(兢兢)은 경계함[戒]이다"라고 말하였다.[20] 이 [『효경』의] 어주(御注)에서는 '공(恐)' 다음에 '구(懼)'를 덧붙이고, '계(戒)' 다음에 '신(愼)'을 덧붙였는데, 서로 그 의미를 풀어줄 수 있다.

邢疏 ▮注"戰戰"至"戒懼" ▸正義曰：此依鄭注也. 案,『毛詩傳』云, "戰戰, 恐也. 兢兢, 戒也." 此注'恐'下加'懼', '戒'下加'愼', 足以圓文也.

형병 소 "깊은 [연못에] 가까이 있으면 떨어지지 않을까 두려워하고, 얇은 [얼음을] 밟으면 빠지지 않을까 두려워하니"라고 말한 것 또한 『모시전』의 문장이다.[21] 떨어지지 않을까 두려워하는 것은 깊은 연못으로 떨어져서 다시 빠져 나오지 못함을 말한다. 빠지지 않을까 두려워하는 것은 빙판 아래로 빠져서 구제될 수 없음을 말한다.

邢疏 云"臨深恐墜, 履薄恐陷"者, 亦『毛詩傳』文也. 恐墜謂如入深淵, 不可復出, 恐陷謂沒在冰下, 不可拯濟也.

형병 소 "[이 『시는』] 군주가 되어 항상 경계하고 삼가야 한다는 의미를 취한 것이다"라고 말 한 것은 『시』을 인용한 핵심적인 뜻이 이와 같다는 말이다.

邢疏 云"義取爲君常須戒愼"者, 引『詩經』大意如此.

---

20 이학근(李學勤) 주편, 『모시정의』중, 742쪽.

21 같은 곳.

제4장 경대부장卿大夫章

경대부로서 행해야할 효

형병 소 『정의(正義)』 : 제후 다음으로 귀한 자가 바로 경대부(卿大夫)이다. 『설문』에서는 "경(卿)은 '드러내다[章]'라는 뜻이다"라고 말하였고,[1] 『백호통(白虎通)』에서는 다음과 같이 말하고 있다. "경(卿)은 '드러내다[章]'라는 말로, 선한 것을 드러내고 이치를 밝힌다는 뜻이다. 대부(大夫)라는 말은 크게 돕다[大扶]는 뜻으로, 다른 사람을 도와주어 그가 나아갈 수 있도록 한다는 뜻이다. 따라서 전(傳)[2]에서는 '현명한 자를 나아가도록 하고 능력 있는 자는 목적을 이룰 수 있도록 해주는 자를 경대부(卿大夫)라 한다'고 말하였다."[3] 「왕제」에서는 "상대부(上大夫)인 경(卿)"이라고 하였다.[4] 또 「전명(典命)」에서는 "왕(王)의 경(卿)은 육명(六命)[5], 왕의 대부(大夫)는 사명

---

1 『설문해자(說文解字)』 권9상.

2 『백호통소증(白虎通疏證)』에서 청나라 진립(陳立)은 이 전(傳)을 『서전(書傳)』의 말로 보고 있다. ([청(淸)] 진립(陳立) 찬(撰) · 오즉우(吳則虞) 점교(漸敎), 『백호통소증』 (북경: 중화서국, 1997), 17쪽. 그러나 현행본 『서전』에는 이러한 내용이 없다.

3 『백호통의』 卷上 「德論上 · 爵」 : 卿之爲言章, 善明理也. 大夫之爲言大扶, 進人者也. 故傳曰, 進賢達能謂之卿大夫也. 전체 내용을 확인하려면, 반고 저/ 신정근 역주, 『백호통의』(서울: 소명출판, 2005), 51쪽을 보라.

4 『예기』「왕제(王制)」 : 諸侯之上大夫卿, 下大夫, 上士, 中士, 下士, 凡五等. 『예기』「왕제」편에 대한 전체 내용을 보려면, 정병섭 역, 『예기집설대전 · 왕제』 (서울: 학고방, 2009)를 보라.

(四命)이다"라고 말하였다.[6] 그렇다면 경과 대부는 다른 것이다. [그러나] 지금 [경과 대부를] 함께 이어서 말한 것은 그들이 행하는 [효의 방법이] 동일하기 때문이다.

邢疏 正義曰 : 次諸侯之貴者, 卽卿大夫焉. 『說文』云, "卿, 章也", 『白虎通』云, "卿之爲言章也, 章善明理也. 大夫之爲言大扶, 扶進人者也. 故傳云, '進賢達能謂之卿大夫'". 「王制」云, "上大夫, 卿也". 又「典命」云, "王之卿六命, 其大夫四命". 則爲卿與大夫異也. 今連言者, 以其行同也.

경문 04-1

"**선왕(先王)의 예법에 맞는 의복이 아니면 감히 입지 않고,**《 주: 의복은 자신을 외부로 드러내는 수단이다. 선왕은 오복(五服)을 만듦에 있어 각각 차등을 두었다. [이 경문은] 경대부는 예법(禮法)을 준수하여 감히 윗사람의 복식과 비슷하게 만들어 정해진 규정을 넘어서거나 아랫사람들에게 자신의 검소함을 강요하는 듯한 인상을 주지 않음을 말한 것이다.》 **선왕의 예법에 맞는 말[法言]이 아니면 감히 말하지 않으며, 선왕의 덕행(德行)이 아니면 감히 행하지 않는다.**《 주: 법

5 주나라 시대에는 관작을 나누어 크게 9등급으로 구분하였는데, 이를 구명(九命)이라고 하였다. 여기서 '명(命)'은 등급의 의미를 지니고 있다. 公은 九命으로 伯이 되며, 王의 三公은 八命, 侯伯은 七命, 王의 卿은 六命, 子男의 五命, 王의 大夫 및 公의 孤는 四命, 公과 侯伯之卿은 三命, 公과 侯伯의 大夫 및 子男의 卿은 再命(즉 二命), 公과 侯伯의 士 및 子男의 大夫은 一命, 子男의 士는 不命이다. 그들의 宮室 및 車 · 衣服 · 禮儀 등은 각 등급에 따라 구체적으로 규정되었다.

6 『주례』「춘관(春官) · 전명(典命)」: 王之三公八命, 其卿六命, 其大夫四命.

언(法言)이란 예법(禮法)에 맞는 말을 가리키며, 덕행(德行)은 도덕에 맞는 행동을 가리킨다. 만약 예법에 맞지 않은 것을 말하고, 도덕에 맞지 않은 것을 행동하면 효도에 어긋나게 되니, 이 때문에 감히 하지 않는 것이다.》 **이 때문에 예법에 맞지 않으면 말하지 않고, 도덕에 맞지 아니면 행하지 않는다.**《 주: 말을 할 때는 반드시 예법을 지키고, 행동을 할 때는 반드시 도덕을 따른다.》 **입으로는 [자기 멋대로] 선택하여 내뱉는 말이 없으며, 몸으로는 [자기 멋대로] 선택하여 행동하는 것이 없다.**《 주: 말과 행동이 모두 법도(法道)를 따르기 때문에 [자기 멋대로] 선택할 수 있는 게 없는 것이다.》 **[또한 이렇게 되면] 말이 세상에 가득 차더라도 말로 인한 잘못이 없을 것이며, 행동이 세상에 가득 하더라도 원망과 미워함이 없을 것이다.**《 주: 예법(禮法)에 맞는 말이라면 어찌 말로 인한 잘못이 있겠는가. [또한] 도덕에 맞는 행동은 자연스럽게 원망함과 미워함이 없게 된다.》 **[이] 세 가지 것이 갖춰진 이후에야 그 종묘(宗廟)를 유지시킬 수가 있다.**《 주: 세 가지 것이란 의복, 말, 행동을 말한다. 예(禮)에 따르면, 경대부는 세 개의 사당[三廟]을 세워서 선조를 받든다. [이 경문은] 이 세 가지 것이 갖춰질 수 있으면 종묘의 제사를 오랫동안 유지할 수 있음을 말한 것이다.》 **[이러한 것들이] 대체로 경대부(卿大夫)의 효이다.**

經文 04-1 **非先王之法服, 不敢服,**《 注: 服者, 身之表也. 先王制五服, 各有等差. 言卿大夫遵守禮法, 不敢僭上偪下.》 **非先王之法言, 不敢道, 非先王之德行, 不敢行.**《 注: 法言謂禮法之言, 德行謂道德之行. 若言非法, 行非德, 則虧孝道, 故不敢也.》 **是故非法不言, 非道不行.**《 注: 言必守法, 行必遵道.》 **口無擇言, 身無擇行,**《 注: 言行皆遵法道, 所以無可擇也.》 **言滿天下無口過, 行滿天下無怨惡.**《 注: 禮法之言, 焉有口過. 道德之行, 自無怨惡.》**三者備矣, 然後能守其宗廟**.《注: 三者, 服, 言, 行也. 禮, 卿大夫立三廟, 以奉先祖. 言能備此三者, 則能長守宗廟之祀.》**蓋卿大夫之孝也**.

형병 소 ▮경문 : "非先王"~"孝也". ▸『정의(正義)』 : 부자(夫子: 공자)는 제후가 행해야할 효의 일을 서술하는 것이 끝나자 다음으로 경대부가 행해야할 효를 밝혔다.

邢疏 ▮"非先王"至"孝也". ▸正義曰 : 夫子述諸侯行孝之事終畢, 次明卿大夫之行孝也.

형병 소 이 경문의 내용은 다음과 같다.[言] 대부는 예물(禮物)을 갖추어[委質][7] 군주를 섬기고, 자신이 배운 학식으로 정치에 종사하며, 조정에서 일을 할 경우에는 빈객(賓客)을 접대하고, 빙문(聘問)을 나갈 경우에는 다른 나라에 군주의 명(命)을 전한다. [이 때에] 복식과 말, 행동은 예법을 준수해야 한다. 만약 선왕의 예법에 맞는 의복이 아니면, 감히 그것을 몸에 걸치지 않고, 만약 선왕의 예법에 맞는 언사(言辭)가 아니면, 감히 입으로 그것을 말하지 않으며, 만약 선왕의 도덕에 맞는 높은 덕행[景行][8]이 아니라면, 또한 감히 몸으로 실행

---

7 위질(委質)은 처음으로 관직에 들어선 자가 군주 앞에 예물을 놓아두는 것을 말한다. 예물로는 죽을 꿩을 사용하였는데, 이는 군주를 위해 죽음을 다하겠다는 의미를 담고 있다. 『춘추좌씨전』「희공(僖公)」 23년: 九月, 晉惠公卒. 懷公立, 命無從亡人, 期, 期而不至, 無赦. 狐突之子毛及偃從重耳在秦, 弗召. 冬, 懷公執狐突, 曰, "子來則免." 對曰, "子之能仕, 父敎之忠, 古之制也. 策名 · 委質, 貳乃避也. 今臣之子, 名在重耳, 有年數矣. 若又召之, 敎之貳也. 父敎子貳, 何以事君? 刑之不濫, 君之明也, 臣之願也. 淫刑以逞, 誰則無罪? 臣聞名矣." 乃殺之.

8 『시경』「소아(小雅) · 거할(車舝)」 : 高山仰止, 景行行止. 이 시의 전체 내용을 확인하려면, 김학주 역, 『시경』 서울: 명문당, 1988), 375~376쪽을 보라.

하지 않는다. 이 세 가지 일[즉, 의복, 말, 행동] 중에서 말과 행동에 특히 신중해야 한다. 이 때문에 예법이 아니면 말하지 않고, 도덕이 아니면 행하지 않는다. [그래서] 입으로는 [예법에 맞는 말 이외에] 선택할 수 있는 말이 없으며, 몸으로는 [도덕에 맞는 행동 이외에] 선택할 수 있는 행동이 없는 것이다. [이 때문에] 설사 말이 천하에 가득 차더라도 말로 인한 잘못이 없게 되고, 행동이 천하에 가득 차더라도 원망과 미워함이 없게 된다. 복식과 말, 행동 이 세 가지에 어긋남이 없는 이후에야 그 선조의 종묘를 유지할 수 있는 것이니, 대체로 이것이 경대부가 행해야할 효이다.

邢疏 言大夫委贄事君, 學以從政, 立廟則接對賓客, 出聘則將命他邦. 服飾·言·行, 須遵禮典. 非先王禮法之衣服, 則不敢服之於身, 若非先王禮法之言辭, 則不敢道之於口, 若非先王道德之景行, 亦不敢行之於身. 就此三事之中, 言·行, 尤須重愼. 是故非禮法則不言, 非道德則不行, 所以口無可擇之言, 身無可擇之行也. 使言滿天下無口過, 行滿天下無怨惡. 服飾言行三者無虧, 然後乃能守其先祖之宗廟, 蓋是卿大夫之行孝也.

형병 소 『효경원신계』에서는 다음과 같이 말하였다. "경대부가 행하는 효를 '예(譽)'라고 하는데, 대체로 명성과 명예를 의(義)로 삼기 때문이다. 이것은 말과 행동이 천하에 가득 차더라도 원망함과 미움이 없어 멀든 가깝든 간에(즉, 지식이 어느 정도 갖추어져 있든 무지하든 간에) 모두 그를 칭찬하니, 이것이 그 부모를 영광스럽게 하는 것임을 말한다.

邢疏 『援神契』云, "卿大夫行孝曰譽, 蓋以聲譽爲義. 謂言行布滿天下, 能無怨惡, 遐邇稱譽, 是榮親也."

형병 소 구설(舊說)에서는 "천자와 제후에게는 각자의 경대부(卿大夫)가 있다"고 말하였다. 이 장에서는 이미 말과 행동이 천하에 가득하다고 말하고, 또 『시』를 인용하여 "아침 일찍부터 밤늦게까지 나태함이 없이 한 사람만을 섬기네"라고 말하고 있으니, 여기서는 천자의 경대부를 거론한 것이다. 천자의 경대부가 오히려 이러하니, 제후의 경대부 또한 어떠한 지 알 수 있다.

邢疏 舊說云, "天子 · 諸侯, 各有卿大夫". 此章既云言行滿於天下, 又引『詩經』云, "夙夜匪懈, 以事一人", 是擧天子卿大夫也. 天子卿大夫尙爾, 則諸侯卿大夫可知也.

형병 소 ▮어주 : "服者"~"偪下". ▸『정의(正義)』: "의복은 자신을 외부로 드러내는 수단이다"라고 한 것은, 공안국의 전(傳)에 근거한 것이다. 『춘추좌씨전』에서는 "의복(衣服)은 자신을 외부로 드러내는[章] 수단이다"라고 말하고 있는데, 그 [두예(杜預)의] 주석에서는 "귀천(貴賤)을 드러내는 것이다[章貴賤]"라고 하였다.[9] [이것은] 복식(服飾)은 그 귀천을 드러내는 수단이고, '장(章)'은 드러내다[表]라는 뜻임을 말한다.

邢疏 ▮注"服者"至"偪下". ▸正義曰 : 云"服者身之表也"者, 此依孔傳也. 『左傳』曰, "衣身之章也", 彼注云, "章貴賤." 言服飾所以章其貴賤, 章則表之義也.

---

9 『춘추좌씨전』「민공 2년」: 狐突歎曰, "時, 事之微也, 衣, 身之章也, 佩, 衷之旗也.

형병 소 "선왕은 오복(五服)을 만듦에 있어 각각 차등을 두었다"라고 말한 것과 관련하여, 살펴보건대, 『상서』「고요편」에서는 "하늘의 명은 덕(德)이 있는 자에게 있으니, 오복(五服)으로 다섯 가지 등급을 드러내셨다"[10]라고 말하고 있고, 이에 대한 공안국 전에서는 "오복(五服)은 천자 · 제후 · 경 · 대부 · 사의 복식이다. 신분상의 존비(尊卑)에 따라 채색과 표상하는 것[采章]이 각각 다르다"고 말하고 있는데, 이것이 차등이 있다는 것이다.

邢疏 云"先王制五服, 各有等差"者, 案,『尙書』「皐陶篇」曰, "天命有德, 五服五章哉." 孔傳云, "五服, 天子 · 諸侯 · 卿 · 大夫 · 士之服也. 尊卑采章各異", 是有等差也.

형병 소 "경대부는 예법(禮法)을 준수하여 감히 윗사람의 복식과 비슷하게 만들어 정해진 규정을 넘어서거나[僭上] 아랫사람들에게 자신의 검소함을 강요하는 듯한 인상을[偪下] 주지 않음을 말한 것이다"라고 말한 주석과 관련하여, '참상(僭上)'은 복식이 정해진 규정을 넘어서서 윗사람의 의복과 같을 정도로 지나친 것을 말하고, '핍하(偪下)'는 복식이 지나치게 검소하여 아랫사람들에게 [자신의 검소한 모습과 같이 되기를] 강요하는 듯한 인상을 주는 것을 말한다. 경대부는 말을 할 때에 반드시 법도를 준수하고, 행동을 할 때에는 반드시 덕(德)을 따르며, 의복은 예법(禮法)에 맞게 하여 정해진 규정을 넘어서거나 강요하는 듯한 인상이 없어야 한다. 따라서 유현(劉炫)이 『예기』를 인용하여 그것을 증명하고는 "군자는 윗자리 있

10 『상서』「우서(虞書) · 고요모」: 天命有德, 五服五章哉.

으면, 윗사람의 법도를 넘어서지 않고, 아래에 있으면 아랫사람들을 강요하지 않는다"[11]라고 말한 것이 이것이다.

邢疏 云"言卿大夫遵守禮法, 不敢僭上偪下"者, 僭上, 謂服飾過制, 僭擬於上也, 偪下, 謂服飾儉固, 偪迫於下也. 卿大夫言必守法, 行必遵德, 服飾須合禮度, 無宜僭偪. 故劉炫引『禮』證之曰, "君子上不僭上, 下不偪下", 是也.

형병 소 또한 살펴보건대, 『상서』「익직편」에서는 [순임금이] 우(禹)에게 명하여 "내가 옛 사람들이 [의복을 만들 때 장식했던] 상징물들을 살펴서, 해[日] · 달[月] · 성신(星辰) · 산(山) · 용(龍) · 화충(華蟲; 꿩) 등을 그리며[會], 종이(宗彝; 호랑이와 원숭이) · 조(藻) · 화(火) · 분(粉) · 미(米) · 보(黼) · 불(黻)[12] 모양의 장식을 바느질하고 수놓아 다섯 가지 채색을 다섯 가지 색깔의 비단[五色][13]에 꾸며 의복을 제작하고자 하니, 그대는 그것을 명확하게 하라"고 말하고 있는데,[14] 이에 대한 공안국 전(傳)에서는 "천자의 의복은 해와 달 이하의 것을 모두 장식하고, 제후는 용곤(龍衮)이하부터 보(黼)와 불(黻)까

11 『예기』「잡기하(雜記下)」: 孔子曰, "管中鏤簋而朱紘, 旅樹而反坫, 山節而藻梲, 賢大夫也, 而難爲上也. 晏平仲祀其先人, 豚肩不揜豆, 賢大夫也, 而難爲下也. 君子上不僭上, 下不偪下."

12 공안국의 전에서는 '조(藻)'는 무늬가 있는 수초(水草), '화(火)'는 '화(火)'라를 글자 모양, '분(粉)'은 얼음처럼 곡식에 가루가 묻은 모양(粉之在粟, 其狀如冰), '미(米)'는 '미(米)'라는 글자를 모아 놓은 모양, '보(黼)'는 도끼 모양, '불(黻)'은 두 개의 '기(己)'자가 서로 어긋난 모양이라고 말하고 있다.

13 '오색(五色)'에 대한 이러한 해석은 이기동 역해, 『서경강설』(서울: 성균관대학교출판부, 2007) 141쪽의 주장을 따른 것이다.

14 『상서』「우서(虞書) · 익직(益稷)」: 予欲觀古人之象, 日 · 月 · 星辰 · 山 · 龍 · 華蟲, 作會, 宗彝 · 藻 · 火 · 粉 · 米 · 黼 · 黻, 絺繡, 以五采彰施于五色, 作服, 汝明.

지 장식하며, 사(士)의 의복은 조(藻)와 화(火) 문양을 장식하고, 대부(大夫)는 [조(藻)와 화(火) 이외에] 분(粉)과 미(米)를 장식한다. 상위 층에 속하는 사람은 하위 층에 속하는 사람들이 사용하는 의복의 장식물을 함께 사용할 수 있으나, 하위 층에 있는 사람들은 상위 층에 속하는 사람들이 사용하는 의복의 장식물을 침범에 사용할 수 없다"라고 말하였다.

邢疏　又案, 『尙書』「益稷篇」稱, "命禹曰予欲觀古人之象, 日·月·星辰·山·龍·華蟲. 作會, 宗彝·藻·火·粉·米·黼·黻, 絺繡, 以五采彰施於五色, 作服, 汝明." 孔傳曰, "天子服日月而下, 諸侯自龍袞而下至黼黻, 士[15]服藻火, 大夫加粉米, 上得兼下, 下不得僭上."

형병 소　고대의 천자의 면복(冕服)은 12장(章; 장식)으로 되어 있었다. [그 중] 해와 달, 성신(星辰) 및 산(山), 용(龍), 화충(華蟲; 꿩) 등의 6장(章)을 윗옷[衣]에 그려 넣었는데, 윗옷의 [장식물들은] 하늘에서 본받은 것으로, 그것들을 그려 양(陽)으로 삼았다. [또한] 조(藻), 화(火), 분(粉), 미(米), 보(黼), 불(黻) 등의 6장을 아랫도리[裳]에 수놓았는데, 아랫도리[裳]의 [장식물들은] 땅에서 본받은 것으로, 그것을 수놓아 음(陰)으로 삼았다. 해와 달, 성신은 빛이 아래로 비추는 이미지를 취한 것이고, 산(山)은 구름이 일고 비를 부르는 이미지를 취한 것이며, 용(龍)은 변화무쌍한 이미지를 취한 것이고, 화충(華蟲)은 꿩을 가리키는데, 올곧아 지조를 지키는[耿介] 이미지를 취한 것이다. 조(藻)는 색채와 무늬[文章]를 취한 것이고, 화(火)는 불꽃이 치

15　'사(士)'자에 대하여. '사'자는 본래 '칠(七)'자로 기록되어 있었는데, 완원(阮元)의 『교감기(校勘記)』에서는 "'칠'자는 마땅히 '사'가 되어야 한다."라고 했다.

솟아 그 덕을 돕는 이미지를 취한 것이며, 분(粉)은 깨끗하고 흰 이미지를 취한 것이고, 미(米)는 [다른 것을] 기를 수 있는 이미지를 취한 것이다. 보(黼)는 잘라서 쪼개는[斷割] 이미지를 취한 것이고, 불(黻)은 악을 등지고 선으로 향하는 이미지를 취한 것이다. [이러한 형상들은] 모두 모든 제왕들의 명시적인 교훈이 되어 그 덕을 더하게 한다. 제후(諸侯)는 용곤(龍袞) 이하의 8장(章), 즉 용, 화충, 조, 화, 분, 미, 보, 불을 의복에 장식하는데, 4장(章)은 윗옷에 그리고, 4장(章)은 아랫도리에 수를 놓는다. 대부(大夫)는 조, 화, 분, 미 4장(章)을 의복에 장식하는데, 2장(章)은 윗옷에 그림으로 그리고, 2장(章)은 아랫도리에 수를 놓는다.

邢疏 此古之天子冕服十二章, 以日月星辰及山龍華蟲六章畫於衣, 衣法於天, 畫之爲陽也. 以藻火粉米黼黻六章, 繡之於裳, 裳法於地, 繡之爲陰也. 日月星辰取照臨於下, 山取興雲致雨龍取變化無窮, 華蟲謂雉, 取耿介, 藻取文章, 火取炎上以助其德, 粉取潔白, 米取能養, 黼取斷割, 黻取背惡鄕善, 皆爲百王之明戒, 以益其德. 諸侯自龍袞而下八章也, 四章畫於衣, 四章繡於裳. 大夫藻火粉米四章也, 二章畫於衣, 二章繡於裳.

형병 소 공안국은 하나라와 은나라의 의복에 대한 장식제도[章服]를 생략하고 주나라의 의복 제도를 말하면서, 천자의 면복(冕服)은 9장(章)이며, [9장으로 한 것은 9가] 양(陽)의 수 가운데 극수(極數)를 본뜬 것이라고 생각하였다. 살펴보건대, 정현은 『주례』「춘관(春官)·사복(司服)」의 주석에서 "주나라에 이르러 해와 달, 성신을 깃발[旌旗]에 그렸는데, 이른바 '삼신(三辰; 日, 月, 星)의 깃발은 그 밝음을 드러내는 것이다'[16]라는 것이다"라고 말하였다. 또 [정현은 이 주석에서] "용을 산보다 앞에 놓고, 화(火)를 종이(宗彝)보다 앞에 두는 것은 그 신령스런 밝음을 높이는 것이다"라고 말하였다. 고문(古文)에서는 산(山)을 9장(章) 중에 맨 앞에 두고, 화(火)는 종이(宗彝) 다음에 두었다. 주나라 제도에서는 용(龍)을 9장(章) 중에 맨 앞에 두고, 화(火)는 종이(宗彝)보다 앞에 두었는데, 이것이 용을 산보다 앞에 두고, 화(火)를 종이(宗彝)보다 앞에 둔 것이다.

邢疏　　孔安國蓋約夏殷章服爲說周制, 則天子冕服九章, 象陽之數極也. 案, 鄭注『周禮』「司服」稱, "至周而以日月星辰畫於旌旗, 所謂'三辰旂旗, 昭其明也.'" 又云, "登龍於山, 登火於宗彝, 尊其神明也." 古文以山爲九章之首, 火在宗彝之下. 周制以龍爲九章之首, 火在宗彝之上, 是登龍於山, 登火於宗彝也.

형병 소　　또한 살펴보건대, 「사복」에서는 "왕(王)이 호천(昊天)과 상제(上帝)에게 제사를 드릴 때는 대구(大裘)를 입고 면류관을 쓰며, 오제(五帝)에게 제사를 드릴 때도 이와 같은 복장을 한다. 선왕(先王)을 흠향할 때는 곤면(袞冕)을 착용하고, 선공(先公)[17]을 흠향하거나 연회를 열고 [제후들과] 활쏘기 등을 할 때는 별면(鷩冕)을 착용하며, 사망(四望)과 산천(山川)을 제사지낼 때는 취면(毳冕)을 착용하고, 사직(社稷)과 오사(五祀)에 제사를 지낼 때는 치면(絺冕)을 착용하며, 여러 소사(小祀)를 제사지낼 때는 현면(玄冕)을 착용한다"[18]라고 말

16 『춘추좌씨전』「환공 2년」: 三辰旂旗, 昭其明也. 전체 내용을 확인하려면, 신동준 역, 『춘추좌전』1 (파주: 한길사, 2006), 80~81쪽을 보라.

17 정현은 선공(先公)과 관련하여 후직(后稷)의 아들 불줄(不窋)부터 대왕(大王)의 아버지 제주(諸盩) 사이의 임금들을 가리킨다고 한다.

하고 있다. [정현은 일(日), 월(月), 성신(星辰)은 깃발에 그려지기 때문에] 그래서 면복(冕服)은 9장(章)이라고 하였다.

邢疏　又案「司服」云, "王祀昊天 · 上帝則服大裘而冕, 祀五帝亦如之. 享先王則袞冕, 享先公 · 饗 · 射則鷩冕, 祀四望 · 山川則毳冕, 祭社稷 · 五祀則絺[19]冕, 羣小祀則玄冕." 而冕服九章也.

형병 소　또 [「사복」에 대한] 정현의 주석은 다음과 같이 말하고 있다. "9장(章)이란 처음이 용(龍), 다음으로 두 번째가 산(山), 다음으로 세 번째가 화충(華蟲), 다음으로 네 번째가 화(火), 다음으로 다섯 번째가 종이(宗彝)인데, 이것들은 모두 그림을 그려서 무늬를 놓았다. 그 다음으로 여섯 번째가 조(藻), 다음으로 일곱 번째가 분미(粉米), 다음으로 여덟 번째가 보(黼), 다음으로 아홉 번째가 불(黻)인데, 이것들은 모두 바느질을 해서 수를 놓았다. 그렇다면 곤면(袞冕)복의 경우 윗옷은 5장(章), 아랫도리가 4장(章)해서 모두 9장(章)이 된다. 별면(鷩冕)은 꿩을 그려 넣는데, [꿩은] 화충(華蟲)을 가리킨다. 별면복은 윗옷이 3장(章), 아랫도리가 4장(章)해서 모두 7장(章)이다. 취면(毳冕)은 호유(虎蜼; 호랑이나 원숭이)를 그려 넣는데, [호유(虎蜼)는] 종이(宗彝)를 가리킨다. 취면의 윗옷은 3장(章), 아랫도리는 2장(章)해서 모두 5장(章)이다. 치면(絺冕)은 분미(粉米)를 바느질해서 수를 놓고 그리는 것은 없다. 치면은 윗옷이 1장(章), 아랫도리가 2

18　『주례』「춘관(春官) · 사복」: 王之吉服, 祀昊天上帝則服大裘而冕, 祀五帝亦如之. 享先生則袞冕, 享先公 · 饗 · 射則鷩冕, 祀四望 · 山川則毳冕, 祭社稷 · 五祀則希冕, 祭羣小祀則玄冕.

19　'치(絺)'자에 대하여. 『십삼경주소』 북경대 출판본에서는 "'치(絺)'자는 『주례』에 '희(希)'자로 기록되어 있다."라고 했다.

장(章)해서 모두 3장(章)이다. 현면(玄冕)이라는 것은 윗옷에 무늬가 없고, 아랫도리에 불(黻)을 수놓을 뿐이니, 이 때문에 '현(玄)'이라고 한다. 일반적으로 면복(冕服)은 모두 윗옷은 검고 아랫도리는 분홍색[纁]이다."

邢疏　　又案, 鄭注, "九章, 初一曰龍, 次二曰山, 次三曰華蟲, 次四曰火, 次五曰宗彝, 皆畫以爲繢. 次六曰藻, 次七曰粉米, 次八曰黼, 次九曰黻, 皆絺以爲繡. 則衮之衣五章, 裳四章, 凡九也. 驚畫以雉, 謂華蟲也. 其衣三章, 裳四章, 凡七也[20]. 毳畫虎蜼, 謂宗彝也. 其衣三章, 裳二章, 凡五也. 絺刺粉米, 無畫也. 其衣一章, 裳二章, 凡三也. 玄者衣無文[21], 裳刺黻而已. 是以謂玄焉. 凡冕服, 皆玄衣纁裳."

형병 소　　또한 살펴보건대, 「사복」에서는 "공(公)의 의복은 곤면(衮冕) 이하 왕(王)의 의복과 같고, 후백(侯伯)의 의복은 별면(鷩冕) 이하 [공의 의복과 같으며], 자남(子男)의 의복은 취면(毳冕) 이하 [후백(侯伯)의 의복과 같고], 경대부의 의복은 현면(玄冕) 이하 [고(孤)의 의복과 같으며], 사의 의복은 피변(皮弁) 이하 대부(大夫)의 의복과 같다"[22]라고 말하였다. 그렇다면, 주나라는 공후백자남부터 그 의복에

20　'야(也)'자에 대하여. '야'자는 본래 '장(章)'자로 되어 있었는데, 완원(阮元)의 『교감기(校勘記)』에서는 "살펴보건대, 상하의 문장에 '모두 몇이다[凡幾也]'로 되어 있으니, 이곳에서도 '장(章)'으로 되어 있을 리가 없다."라고 했다.

21　'문(文)'자에 대하여. '문'자는 본래 '의(衣)'자로 기록되어 있었는데, 완원(阮元)의 『교감기(校勘記)』에서는 "『정오(正誤)』에는 '의'자가 '문'자로 기록되어 있는데, 이 기록이 옳다."라고 했다.

22　『주례』「춘관(春官)·사복」: 公之服, 自衮冕而下如王之服, 侯伯之服, 自鷩冕而下如公之服, 子男之服, 自毳冕而下如侯伯之服, 孤之服, 自希冕而下如子男之服, 卿大夫之服, 自玄冕而下如孤之服. 其凶服加以大功小功, 士之服, 自皮弁而下如大夫之服.

[새겨지는] 장(章)의 숫자가 또한 옛날에 그림을 새겨 넣었던 복식[喪服]과 달랐던 것이다.

邢疏　　又案, 「司服」"公之服自袞冕而下, 如王之服. 侯伯之服, 自鷩冕而下, 子男之服, 自毳冕而下, 卿大夫之服, 自玄冕而下, 士之服, 自皮弁而下, 如大夫之服." 則周自公侯伯子男, 其服之章數, 又與古之象服差矣.

형병 소　　▮ 어주 : "法言"~"敢也". ▸『정의(正義)』: "법언(法言)이란 예법(禮法)에 맞는 말을 가리키며"라는 것은, 이것은 바로『논어』에서 "예가 아니면 말하지 말라"[23]라고 말한 것이 이것이다.

邢疏　　▮ 注"法言"至"敢也". ▸ 正義曰 : 云"法言謂禮法之言"者, 此則『論語』云, "非禮勿言", 是也.

형병 소　　"덕행(德行)은 도덕에 맞는 행동을 가리킨다"라고 말한 것은 바로『논어』에서 "도(道)에 뜻을 두고, 덕(德)에 의거한다"[24]라고 말한 것이 이것이다.

邢疏　　云"德行謂道德之行"者, 卽『論語』云, "志於道, 據於德", 是也.

형병 소　　"만약 예법에 맞지 않은 것을 말하고, 도덕에 맞지 않은 것을 행동하면"이라고 말한 것은 바로「왕제」에서 "거짓을 말하면서도 논변이 뛰어나 논박할 수 없고, 거짓된 행동을 하면서도 빈틈

---

23 『논어』「안연(顔淵)」: 子曰, "非禮勿視, 非禮勿聽, <u>非禮勿言</u>, 非禮勿動."
24 『논어』「술이(述而)」: 子曰, "<u>志於道, 據於德,</u> 依於仁, 遊於藝."

이 없어 견고하다"[25]고 말한 것이 이것이다.

邢疏 云"若言非法, 行非德"者, 卽「王制」云, "言僞而辨, 行僞而堅", 是也.

형병 소 "효도에 어긋나게 되니, 이 때문에 감히 하지 않는 것이다"라고 말한 것은 이 때문에 감히 하지 않는다는 [경문의] 뜻을 풀이한 것이다.

邢疏 云"則虧孝道, 故不敢也"者, 釋所以不敢之意也.

형병 소 ▮어주 : "言必"~"遵道". ▸『정의(正義)』: 이것은 왕숙의 뜻에 근거하여 "선왕의 예법에 맞는 말[法言]이 아니면 감히 말하지 않으며, 선왕의 덕행(德行)이 아니면 감히 행하지 않는다"를 풀이한 것이다.

邢疏 ▮注"言必"至"遵道". ▸正義曰 : 此依王[26]義, 釋"非法不言, 非道不行"也.

형병 소 ▮어주 : "言行"~"擇也". ▸『정의(正義)』: 예법(禮法)을 지키지 않는 말과 도덕(道德)을 따르지 않는 행동들을 모두 그치고 제거한다[皆已而法[27]之]. 경문에서 '무택(無擇)'라고 말한 것은 '말과

---

25 『예기』「왕제」: 行僞而堅, 言僞而辯, 學非而博, 順非而澤, 以疑衆, 殺. 전체 내용을 확인하려면, 정병섭 역, 『예기집설대전 · 왕제』(서울: 학고방, 2009), 261쪽.

26 '왕(王)'자에 대하여. '왕'자는 본래 '정(正)'자로 기록되어 있었는데, 완원(阮元)의 『교감기(校勘記)』에서는 "포당(浦鏜)은 '정(正)'자는 아마도 '왕(王)'자의 잘못인 것 같다고 했다. 살펴보건대 포당(浦鏜)의 주장이 옳다."라고 했다.

27 청나라 심정방(沈廷芳)의 『十三經注疏正字』 卷七十五에서는 "'법(法)'은 아마도 '거(去)'자의 잘못인 듯하다['法', 疑'去'字誤]"라고 말하고 있다. 여기서는 심정방의 주장에

행동에 선택할 만한 것이 없게 함을 말한다.

邢疏　　▮注"言行"至"擇也". ▸正義曰 : 言不守禮法, 行不遵道德, 皆已而法之. 經言無擇, 謂令言行無可擇也.

형병 소　　▮어주 : "禮法"~"怨惡". ▸『정의(正義)』 : 말[口]로 인한 허물과 미움이 생기는 것은 그 말이 예법(禮法)에 맞는 것이 아니기 때문이며, 행동으로 인한 원망함과 미움이 생기는 것은 행동하는 것이 도덕에 맞는 것이 아니기 때문이다. 만약 말을 할 때 반드시 예법을 지키고, 행동할 때 반드시 도덕을 따르게 되면 말로 인한 허물과 원망이 없어서 미워함이 생겨날 곳이 없게 될 것이다.

邢疏　　▮注"禮法"至"怨惡". ▸正義曰 : 口有過惡者, 以言之非禮法, 行有怨惡者, 以所行非道德也. 若言必守法, 行必遵道, 則口無過怨惡, 無從而生.

형병 소　　▮어주 : "三者"~"之祀". ▸『정의(正義)』 : "세 가지 것이란 의복, 말, 행동을 말한다"라고 하였는데, 이것은 예법에 맞는 의복, 예법에 맞는 말, 덕행을 말한다. 그러나 [이 세 가지 중] 말과 행동은 군자가 가장 신중히 여기는 것이다. 자기에게서 나온 것을 근거로 다른 사람을 평가하고, 가까운 것을 근거로 멀리 있는 것을 보니, 발언(發言)이 좋지 못하면 천리(千里)가 어긋나고, 그 행동이 좋지 못하면 허물과 욕됨이 바로 여기에 미친다. 이 때문에 [『효경』의] 첫 장, (즉 「개종명의」)에서는 [신체를] 훼손시키지 않음을 한 번 서술

따라 '거(去)'로 번역하였다.

하고 두 번 입신을 말하였으며, 이 장(즉, 「경대부장」)에서는 법식에 맞는 의복을 한 번 거론하면서 말과 행동을 세 번이나 반복해서 말하였다. 그렇다면, 자신을 드러낼 경우 말과 행동으로 어긋나지 않고 훼손되지 않는 것은 오히려 쉬우나, 입신은 갖추기 어렵다는 것을 알 수 있다. 황간(皇侃)은 다음과 같이 말하였다. "처음에는 가르침의 근본을 진술하였기 때문에 세 가지 일을 [함께] 거론하였다. [그러나] 의복은 몸 밖에 있어서 [쉽게] 볼 수가 있기 때문에, 많은 경계가 필요 없지만, 말과 행동은 내부(內府; 마음)로부터 나오는 것이어서 명확하게 알기가 어렵기 때문에 반드시 상세히 설명해야 한다. [그리고] 최종적으로 마지막 결론에서는 마땅히 [처음에 진술했던 모든 것, 즉 이 세 가지를] 모두 묶어 함께 말해야 한다." [이것은] 다음과 같은 사실은 말한다. 즉, 사람들은 서로 만날 때, 먼저 용모의 꾸밈을 관찰하고, 다음으로 말을 서로 주고받으며, 그런 후에 덕행을 말하기 때문에 세 가지 것(즉 의복, 말, 덕행)을 말하면서 의복을 맨 앞에 두고, 덕행을 마지막에 두었다는 것이다.

邢疏 ▮注"三者"至"之祀". ▸正義曰 : 云"三者服言行也"者, 此謂法服, 法言, 德行也. 然言之與行, 君子所最謹. 出己加人, 發邇見遠, 出言不善, 千里違之, 其行不善, 譴辱斯及. 故首章一敍不毀而再敍立身, 此章一擧法服而三復言行也. 則知表身者, 以言行不虧不毁猶易, 立身難備也. 皇侃云, "初陳敎本, 故擧三事. 服在身外可見, 不假多戒, 言行出於內府難明, 必須備言. 最於後結, 宜應總言." 謂人相見, 先觀容飾, 次交言辭, 後謂德行, 故言三者以服爲先, 德行爲後也.

형병 소 "예(禮)에 따르면, 경대부는 세 개의 사당[三廟]을 세워서"라고 말한 것은 그 뜻이 [이 『효경』의] 마지막 장[「상친장」]에 보인다.

邢疏　云"禮, 卿大夫立三廟"者, 義見末章.

형병 소　"[사당을 세워서] 선조를 받든다"라고 말한 것은 조고(祖考)를 받들어 섬기는 것을 말한다.

邢疏　云"以奉先祖"者, 謂奉事其祖考也.

형병 소　"이 세 가지 것이 갖춰질 수 있으면 종묘의 제사를 오랫동안 유지할 수 있음을 말한다"라고 한 것은, 경대부가 만약 [예법과 법도에 맞는] 복식과 말, 행동을 갖출 수 있다면, 진실로 종묘(宗廟)를 유지시킬 수 있음을 말한 것이다.

邢疏　云"言能備此三者, 則能長守宗廟之祀"者, 言卿大夫若能備服飾言行, 故能守宗廟也.

경문 04-2

『시(詩)』에서 말하였다. '아침 일찍부터 밤늦게까지 나태함이 없이 한 사람만을 섬기네[夙夜匪懈, 以事一人]'"[28] 《 주: 숙(夙)은 '[시간이] 이르다[早]'라는 의미이고, 해(懈)는 '나태하다[惰]'라는 뜻이다. [이 시는] 경대부가 능히 아침 일찍부터 밤늦게까지 게으름 없이 그 임금을 공경

28 『시경』「대아(大雅)·증민(蒸民)」: 旣明且哲, 以保其身. 夙夜匪解, 以事一人. 이 시의 전체 내용을 확인하려면, 김학주 역, 『시경』 (서울: 명문당, 1988), 477~178쪽을 보라.

히 섬긴다는 의미를 취한 것이다.》

經文 04-2　**『詩經』云, '夙夜匪懈, 以事一人.'**"《注: 夙, 早也, 懈, 惰也. 義取爲卿大夫能早夜不惰, 敬事其君也.》

형병 소　▮경문 : "詩云"~"一人". ▸『정의(正義)』: 부자(夫子; 공자)가 이미 경대부가 행해야할 효(孝)를 진술하여 [그 진술을] 끝마치자 이에 『시경』「대아(大雅)·증민」의 시를 인용하여 [자신의 말을] 결론을 지었다. [이 경문에서는] 경대부는 마땅히 일찍 일어난 순간부터 밤에 잠자리에 들 때까지 천자를 섬김에 나태할 수 없음을 말하였다. [경문의] '비(匪)'는 '불(不)'과 같은 뜻이다.

邢疏　▮"詩云"至"一人". ▸正義曰 : 夫子旣述卿大夫行孝終畢, 乃引「大雅·烝民」之詩以結之. 言卿大夫當早起夜寐, 以事天子, 不得解惰. 匪猶不也.

형병 소　▮어주 : "夙早"~"君也". ▸『정의(正義)』: "숙(夙)은 '[시간이] 이르다[早]'라는 의미이다"라는 것은 『이아』「석고(釋詁)」 문장이며,[29] "해(懈)는 '나태하다[惰]'라는 뜻이다"는 『이아』「석언(釋言)」의 문장이다.[30]

邢疏　▮注"夙早"至"君也". ▸正義曰 : "夙, 早也", 「釋詁[31]」文, "懈, 惰[32]也", 「釋言」文.

29　『이아』「석고(釋詁)」: 朝·旦·夙·晨·晙, 早也.

30　『이아』「석언(釋言)」: 懈, 怠也.

31　'고(詁)'자에 대하여. '고(詁)'자는 본래 '고(古)'자로 기록되어 있었는데, 완원(阮元)의 『교감기(校勘記)』에서는 "『민본(閩本)』·『감본(監本)』·『모본(毛本)』에는 '고(古)'자가 '고(詁)'자로 기록되어 있는데, 이 기록이 옳다."라고 했다.

형병 소 "[이 시는] 경대부가 능히 아침 일찍부터 밤늦게까지 게으름이 없다는 의미를 취한 것이다"는 것은 『시』를 인용한 대의(大意)가 이와 같다는 것이다.

邢疏 云"義取爲卿大夫能早夜不惰"者, 引『詩經』大意如此.

형병 소 "그 임금을 공경히 섬긴다"라고 한 것은 "한 사람만을 섬기네"라는 경문을 풀이한 것으로, 천자라 말하지 않고 군주[君]라고 말한 것은 제후의 경대부를 포함시키고자 한 것이다.

邢疏 云"敬事其君也"者, 釋"以事一人", 不言天子而言君者, 欲通諸侯卿大夫也.

32 '타(惰)'자에 대하여. 『십삼경주소』 북경대 출판본에서는 "'자'자는 지금의 『이아』「석언(釋言)」에 '태(怠)'로 되어 있다."라고 했다.

제5장 사장士章

사士로서 행해야할 효

형병 소 『정의(正義)』: 경대부 다음이 바로 사(士)이다. 살펴보건대, 『설문(說文)』에서는 다음과 같이 말하고 있다. "수(數)는 하나[一]에서 시작하여 열[十]에서 끝난다. 공자(孔子)는 '하나[一]를 유추하여 열[十]을 부합시키는 자가 사(士)이다[推一合十][1]'라고 하였다." 『모시전(毛詩傳)』에서는 "사(士)는 일하다[事]라는 뜻이다"라고 말하였고, 『백호통』에서는 "사(士)는 '일하다'라는 뜻으로, 실무를 담당하는 사람을 가리킨다"라고 말하였다.[2] 이 때문에 『예변명기(禮辨名記)』에서는 다음과 같이 말하였다. "사(士)는 실무를 담당하는 사람을 가리킨다. 전(傳)에서는 '고금(古今)을 관통하여 그렇고 그렇지 않

---

1 단옥재(段玉裁)의 『설문해자주』「사(士)」의 조목에는 '推十合一'로 되어 있다. 이에 대해 단옥재의 주석에서는 "『운회(韻會)』와 『옥편(玉篇)』에는 모두 '推一合十'으로 되어 있고, 현본(鉉本) 및 『광운(廣韻)』에는 모두 '推十合一'로 되어 있는데, 현본(鉉本)이 나은 듯하다. 수는 일(一)에서부터 시작하여 십(十)에서 끝난다. 학자(學者)는 폭넓은 것으로부터 간략함으로 돌아간다. 따라서 '推十合一'이라고 말하였다. 널리 배우고[博學], 상세히 물으며[審問], 신중히 생각하고[愼思], 분명하게 따지며[明辨], 돈독히 행동하여[篤行] 오직 그 지극함을 구한다는 것이 이것이다. 일이관지(一以貫之)와 같은 것은 성인(聖人)의 최상의 경지다."(허신(許愼) 찬(撰)/단옥재(段玉裁) 주(注), 『설문해자주』(上海: 上海古籍出版社, 2001), 20쪽) 여기서는 『효경』 본래의 원문에 따라 번역하였다.

2 『백호통의』 卷上「德論上 · 爵」: 士者事也, 任事之稱也. 반고 저/신정근 역주, 『백호통의』(서울: 소명출판, 2005), 51쪽.

음을 분별하는 자를 사(士)라고 한다'라고 하였다."

邢疏　　正義曰 : 次卿大夫者, 卽士也. 案, 『說文』曰, "數始於一, 終於十. 孔子曰, '推一合十爲士.'" 『毛詩傳』曰, "士者, 事也." 『白虎通』曰, "士者, 事也. 任事之稱也." 故『禮辨名記[3]』曰, "士者, 任事之稱也. 傳曰, '通古今, 辯然不然, 謂之士.'"

▎경문 05-1

아버지를 모시는 태도를 취하여[資] 어머니를 모시되 사랑하는 마음을 똑같이 하고, 아버지를 모시는 태도를 취하여 군주를 섬기되 그 공경하는 마음을 똑같이 한다. 《 주: '자(資)'는 '취하다[取]'는 뜻이다. 아버지와 어머니를 사랑하는 마음을 똑같이 하고, 아버지와 군주를 공경하는 마음을 똑같이 함을 말한다.》 **따라서 어머니는 그 사랑하는 마음을 취하고, 군주는 그 공경하는 마음을 취하는데, 이 둘을 겸한 자가 아버지이다.** 《 주: 아버지를 모시는 데는 사랑과 공경을 같이 해야 함을 말한다.》 **이 때문에 효로써 군주를 섬기면 충성스럽게[忠] 되고,** 《 주: 부모를 모시는 효를 옮겨서 군주를 섬기면 충성스럽게 된다.》 **공경으로써 윗사람을 섬기면 순종하게[順] 된다.** 《 주: 형을 섬기는 공경을 옮겨서 윗사람을 섬기면, 순종하게 된다.》 **충성스러움**

3　'변명기(辨名記)'에 대하여. 『십삼경주소』 북경대 출판본에서는 "『민본(閩本)』·『감본(監本)』·『모본(毛本)』에는 '변(辨)'자가 '변(辯)'자로 기록되어 있는데, 아래의 '금변(今辨)'과 같다. 완원(阮元)의 『교감기(校勘記)』에서는 '살펴보건대, 『예기』「월령」 맹하(孟夏) 정의(正義)의 인용문에는 변명기(辨名記)로 되어 있고, 『백호통』에는 별명기(別名記)로 되어 있다.'"라고 했다.

과 순종함을 잃지 않고 그 윗사람을 섬긴 이후에야 자신의 봉록과 직위를 보존하여 자신의 제사를 유지할 수 있는 것이다.《 주: 충성스러움과 순종함을 다하여 군주와 윗사람을 섬길 수 있다면, 항상 봉록과 지위를 안정시켜 영원히 제사를 유지할 수 있다.》[**이러한 것들이**] **대체로 사(士)의 효이다.**

經文 05-1 **資於事父以事母, 而愛同, 資於事父以事君, 而敬同.**《 注: 資, 取也. 言愛父與母同, 敬父與君同.》**故母取其愛, 而君取其敬, 兼之者父也.**《 注: 言事父兼愛與敬也.》**故以孝事君則忠,**《 注: 移事父孝以事於君, 則爲忠矣.》**以敬事長則順.**《 注: 移事兄敬以事於長, 則爲順矣.》**忠順不失, 以事其上, 然後能保其祿位, 而守其祭祀.**《 注: 能盡忠順以事君長, 則常安祿位, 永守祭祀.》**蓋士之孝也.**

형병 소 ▮경문 : "資於"~"孝也". ▸『정의(正義)』 : 부자(夫子; 공자)는 경대부가 행해야할 효의 일을 서술하는 것을 끝내고, 다음으로 사(士)가 행해야할 효(孝)를 밝혔다.

邢疏 ▮"資於"至"孝也". ▸正義曰 : 夫子述卿大夫行孝之事終, 次明士之行孝也.

형병 소 여기서 말한 내용은 다음과 같다. 사(士)는 처음으로 공조(公朝; 조정)에 올라, 부모를 떠나서 벼슬길에 들어서는 자이다. 이 때문에 여기서는 아버지를 모시는 사랑과 공경이 어머니를 모시고 군주를 섬기는 데에도 마땅히 동등해야함을 서술하여, 의리[義]에 맞게 은해를 나눠야 함을 밝혔다.

邢疏 言士始升公朝, 離親入仕, 故此敍事父之愛敬, 宜均事母與事君, 以明割恩從義也.

형병 소 '자(資)'는 '취하다[取]'라는 뜻이다. 아버지를 모시는 행동을 취하여 어머니를 모시게 되면 아버지를 사랑하는 것과 어머니를 사랑하는 것이 동등하게 되며, 아버지를 모시는 행동을 취하여 군주를 섬기게 되면, 아버지를 공경하는 것과 군주를 공경하는 것이 동등하게 된다. 어머니가 자식에게서 먼저 그 사랑을 취하고, 군주가 신하에게서 먼저 그 공경을 취하는 것은 모두 그 본성을 빼지 않는 것이다. [그런데] 만약 사랑과 공경을 함께 취하는 자라면 오직 아버지뿐이지 않겠는가? 사랑과 공경의 취사선택의 도리에 대한 설명을 끝마치고 나서 마지막에 관리가 되고 벼슬길에 들어서는 행동에 대해 밝혔다.

邢疏 資者, 取也. 取於事父之行以事母, 則愛父與愛母同, 取於事父之行以事君, 則敬父與敬君同. 母之於子, 先取其愛, 君之於臣, 先取其敬, 皆不奪其性也. 若兼取愛敬者, 其惟父乎. 旣說愛敬取捨之理, 遂明出身入仕之行.

형병 소 '고(故)'라는 것은 위 문장을 연결시키는 어사(語詞)이다. [두 번째 고(故) 이하는 경문의 내용은] 아버지를 모시는 효를 옮겨 그 군주를 섬기면 충성스럽게 되고, 형을 섬기는 공경을 옮겨 윗사람[長]을 섬기면 순종하게 됨은 말한다. '장(長)'은 공경대부(公卿大夫)를 가리키며, 그 지위가 사(士)보다 높음[長]을 말한다.

邢疏 故者, 連上之辭也. 謂以事父之孝, 移事其君, 則爲忠矣, 以事兄之敬, 移事於長, 則爲順矣. 長謂公卿大夫, 言其位長於士也.

형병 소 또한 [경문에서는] 윗사람[上]을 섬기는 도는 충성스러움과 순종함에 있으니, 이 두 가지를 모두 잃지 않는다면 윗사람을 섬길 수 있다고 말하였다. '상(上)'은 군주[君]와 윗사람[長]을 가리킨다.

邢疏 又言事上之道, 在於忠順二者, 皆能不失則可事上矣. 上謂君與長也.

형병 소 [경문에서는 또한] 충성스러움과 순종함으로 윗사람을 섬긴 연후에야 자신의 복록과 관직의 직위를 보존할 수 있고, 오랫동안 선조들에 대한 제사를 유지할 수 있다고 말하였다. 대체로 이것이 사(士)의 효이다.

邢疏 言以忠順事上, 然後乃能保其祿秩官位, 而長守先祖之祭祀. 蓋士之孝也.

형병 소 『원신계(援神契)』에서는 다음과 같이 말하였다. "사(士)가 행하는 효를 '궁(窮)'이라고 하는데, 분명하게 살피는 것을 뜻으로 삼은 것이다. [사는] 마땅히 부모를 섬기는 것을 바탕으로 해서 군주를 섬기는 도는 분명하게 살펴야 하니, 이것이 부모를 영광스럽게 할 수 있는 것이다."

邢疏 『援神契』云, "士行孝曰究, 以明審爲義. 當須能明審資親事君之道, 是能榮親也."

형병 소 『백호통(白虎通)』에서는 "천자에 소속된 사(士)의 경우만을 '원사(元士)'라고 한다. 대체로 사(士)는 신분이 비천하여 군주와 일체시[體君] 되는 존경을 받을 수 없기 때문에, [천자에 소속된 사

(士)의 경우에만] '원(元)'을 덧보태 제후에 소속된 사(士)와 구별하였다"라고 말하고 있다.[4] 여기서는 단지 '사(士)'라고만 말하였으니, 제후에 소속된 사(士)이다. 앞에서는 대부(大夫)를 말하였는데, 이것은 천자에 소속된 대부를 경계시켜 제후에 소속된 대부가 어떠해야 되는지를 알 수 있게 한 것이며, 이 장(章)에서는 제후에 소속된 사(士)를 경계하였으니, 천자에 소속된 사(士)가 또한 어떠해야 되는지를 알 수 있다.

邢疏 『白虎通』云, "天子之士獨稱元士. 蓋士賤不得體君之尊, 故加'元'以別於諸侯之士也. 此直言'士', 則諸侯之士. 前言大夫, 是戒天子之大夫, 諸侯之大夫可知也. 此章戒諸侯之士, 則天子之士亦可知也.

형병 소 ▮어주 : "資取"~"君同". ▸『정의(正義)』: "'자(資)'는 '취하다[取]'는 뜻이다"라고 한 것은 [『고문효경』의] 공안국 전(傳)에 근거한 것이다. 살펴보건대, 정현의 『예기』「표기(表記)」 및 『주례』「고공기(考工記)」의 주석에서도 모두 "'자(資)'는 '취하다'는 뜻이다"라고 동일하게 말하였다.

邢疏 ▮注"資取"至"君同". ▸正義曰 : 云"資取也"者, 此依孔傳也. 案, 鄭注「表記」·「考工記」竝同訓資取也.

형병 소 "아버지와 어머니를 사랑하는 마음을 똑같이 하고, 아버지와 군주를 공경하는 마음을 똑같이 함을 말한다"고 한 것은 어

4 『백호통의』의 문장은 이와 다소 다르다. 『白虎通義』 卷上 「德論上 · 爵」 : 天子之士獨稱元士何? 士賤, 不得體君之尊, 故加'元'以別諸侯之士也. 전제 내용을 확인하려면, 반고 저/신정근 역주, 『백호통의』(서울: 소명출판, 2005), 51~53쪽을 보라.

머니를 모시는 사랑과 군주를 섬기는 공경이 모두 아버지와 동일함을 말한 것이다. 그럼에도 사랑과 공경은 모두 마음에서 우러나지만, 군주는 존귀하기 때문에 [사랑보다] 공경함이 깊고, 어머니는 길러주었기 때문에 [공경함보다] 사랑이 두텁다. 유현(劉炫)은 다음과 같이 말하였다. "일반적으로 친함이 지극하면 공경이 지극하지 못한데, 이것은 감정[情]으로 친하여 공손함이 줄어들었기 때문이며, 존귀함이 지극하면 사랑이 지극하지 못한데, 이것은 마음으로 공경하여 은혜가 감소되었기 때문이다. 따라서 공경함은 군주에게서 최대가 되고, 사랑은 어머니에게서 최대가 된다." 양왕(梁王)은 "「천자장」은 사랑과 공경을 진술하여 변화됨[化]을 변별하였고, 이 장(즉, 「사장(士章)」)은 사랑과 공경을 진술하여 감정[情]을 변별하였다"라고 말하였다.

邢疏　云"言愛父與母同敬父與君同"者, 謂事母之愛, 事君之敬, 竝同於父也. 然愛之與敬, 俱出於心, 君以尊高而敬深, 母以鞠育而愛厚. 劉炫曰, "夫親至則敬不極, 此情親而恭少, 尊至則愛不極, 此心敬而恩殺也. 故敬極於君, 愛極於母." 梁王云, "「天子章」陳愛敬以辨化也, 此章陳愛敬以辨情也."

형병 소　▮ 어주 : "言事"~"敬也". ▸『정의(正義)』: 이것은 왕숙(王肅)의 주석에 근거한 것이다. 유현은 다음과 같이 말하였다. "어머니는 친함은 지극하나 존귀함은 지극하지 않으니, 그렇다면 존귀함이 지극하지 못한 것이다. 군주는 존귀함은 지극하나 친함이 지극하지 못하니, 그렇다면 친함이 지극하지 못한 것이다. 오직 아버지만이 친하면서도 존귀하기 때문에 '겸(兼)'이라고 하였다." 유헌(劉𪉞)은 다음과 같이 말하였다. "아버지의 정(情)은 천성적[天屬][5]이어서, 존귀함이 시들 바가 없다. 그러므로 사랑과 공경이 모두 지극하다."

邢疏 ▮注"言事"至"敬也". ▸正義曰 : 此依王注也. 劉炫曰, "母親至而尊不至, 豈則尊之不極也. 君尊至而親不至, 豈則親之不極也. 惟父既親且尊, 故曰兼也." 劉巘曰, "父情天屬, 尊無所屈. 故愛敬雙極也."

형병 소 ▮어주 : "移事"~"忠矣". ▸『정의(正義)』: 이것은 정현의 주석에 따른 것이다. 「광양명장(廣揚名章)」에서 "군자는 부모를 섬김에 효를 다하기 때문에 충성스러움을 군주에게로 옮길 수가 있다"라고 말한 것이 바로 이것이다. 구설(舊說)에서는 "벼슬길에 들어서는 것은 본래 부모를 편안히 하고자 하는 것이지 부귀와 영화(榮華)를 탐하는 것이 아니다. 만약 부모를 편안히 하고자 하는 마음을 쓰게 되면 충성스럽게 되지만, 만약 영화를 탐하는 마음을 쓰게 되면 충성스러운 것이 아니다"라고 말하였다. 엄식지(嚴植之)는 "앞에서 군주와 아버지에 대한 공경이 동일하다고 말했으니, [군주에게] 충성하고 [아버지에게] 효도 하는 것에 차이날 수 없다. ['이 때문에 효로써 군주를 섬기면 충성스럽게 된다'는 것은] 지극한 효심으로 군주를 섬기면 반드시 충성스럽게 됨을 말한 것이다"라고 말하였다.

邢疏 ▮注"移事"至"忠矣". ▸正義曰 : 此依鄭注也. 「揚名章」云, "君子之事親孝, 故忠可移於君", 是也. 舊說云, "入仕本欲安親, 非貪榮貴也. 若用安親之心, 則爲忠也, 若用貪榮之心, 則非忠也." 嚴植之曰, "上

5 천속(天屬)은 『莊子』「山木」의 "或曰, '棄千金之璧, 負赤子而趨, 何也?' 林回曰, '彼以利合, 此以天屬也.'에 나오는 말로, 후에 부자와 형제, 자매 등 혈연관계에 있는 친속들을 '천속(天屬)'이라고 하였다.

云君父敬同, 則忠孝不得有異, 言以至孝之心事君必忠也."

형병 소 ▮어주 : "移事"~"順矣". ▸『정의(正義)』: 이것은 정현의 주석에 따른 것이다. 「광양명장」에서는 "형을 섬김에 우애[悌]를 다하기 때문에 순종함을 윗사람에게 옮길 수 있다"라고 말하였다. [이 「사장」 경문의] 주석에서 우애[悌]를 말하지 않고 공경[敬]을 말한 것은 경문(經文)을 따라 주석하였기 때문이다. 『춘추좌씨전』에서 "형은 [동생을] 우애[悌]하고, 동생은 [형을] 공경[敬]한다"라고 말하고, 또 "동생은 [형에게] 순종하여 공경[敬]한다[弟順而敬][6]"고 말하였으니,[7] 우애[悌]와 공경[敬]은 그 뜻이 같음을 알 수 있다. 『상서』에서는 "제후와 공경들[邦伯師長]"이라 말하고 있고,[8] 이에 대해 공안국은 "중장(衆長)[9]은 공경(公卿)을 가리킨다"라고 말하고 있다.[10] 그렇다면 대부(大夫) 이상이 모두 사(士)의 윗사람임을 알 수 있다.

邢疏 ▮注"移事"至"順矣". ▸正義曰 : 此依鄭注也. 下章云, "事兄悌, 故順可移於長", 注不言悌而言敬者, 順經文也. 『左傳』曰, "兄愛弟敬", 又曰, "弟順而敬", 則知悌之與敬, 其義同焉. 『尙書』云, "邦伯師長", 安國曰, "衆長, 公卿也", 則知大夫以上, 皆是士之長.

---

6 『춘추좌씨전』에는 '弟敬而順'로 되어 있다.

7 『춘추좌씨전』「소공 26년」: 公曰, "善哉! 我不能矣. 吾今而後知禮之可以爲國也." 對曰, "禮之可以爲國也久矣, 與天地並. 君令、臣共, 父慈 · 子孝, 兄愛 · 弟敬, 夫和 · 妻柔, 姑慈 · 婦德, 禮也. 君令而不違, 臣共而不貳, 父慈而教, 子孝而箴, 兄愛而友, 弟敬而順, 夫和而義, 妻柔而正, 姑慈而從, 婦聽而婉, 禮之善物也."

8 『상서』「상서 · 반경 하」: 嗚呼. 邦伯師長, 百執事之人, 尙皆隱哉.

9 중장(衆長)은 '사장(師長)'과 같은 뜻으로, 공영달(公穎達)의 소(疏)에서는 "'사(師)'는 무리[衆]라는 뜻으로, '중장(衆長)'이란 여러 관직의 우두머리[長]이기 때문에 삼공(三公)과 육경(六卿)이 된다"라고 말하고 있다.

10 『십삼경주소』(간자체본) 『상서정의』(北京: 北京大學出版社, 1999), 244쪽.

형병 소 ▮어주 : "能盡"~"祭祀". ▸『정의(正義)』: 충성스러움과 순종을 다하여 군주와 윗사람을 섬길 수 있다면 자신의 녹봉과 직위를 보존할 수 있음을 말하였다. '록(祿)'은 '녹봉으로 주는 쌀[廩食]'을 말하며, '위(位)'는 '작위(爵位)'를 말한다. 『광아(廣雅)』에서는 "'위(位)'는 '자리에 나아가다[涖]'라는 뜻으로, 아래의 자리에 나아가는 것이 위(位)이다"라고 말하였다. 『예기』「왕제」에서는 "토질이 가장 좋은 농경지는 한 명의 농부가 9명의 사람을 먹여 살릴 수 있다"라고 말하면서, 제후에 소속된 하사(下士)의 녹봉은 최상의 농경지에서 한 명의 농부가 제공할 수 있는 생산량에 비견되며, 중사(中士)의 녹봉은 하사(下士)의 배가 되고, 상사(上士)의 녹봉은 중사(中士)의 배가 된다고 하였다.[11] '제(祭)'라는 것은 '닿다[際]'는 뜻으로, 인간과 신(神)이 서로 접촉하기 때문에 '제(際)'라고 하였다. '사(祀)'라는 것은 '~인 듯하다[似]'의 뜻으로, 사(祀)는 장차 선조들을 만나는 듯이 함을 가리킨다. 사(士)에게도 사당[廟]이 있으나 경문에서는 말하지 않았을 뿐이다. 대부(大夫)의 효를 논하면서, 이미 종묘(宗廟)를 말하였으니, 사(士)의 [묘(廟)]가 어떠해야 하는지를 알 수 있으며, 사(士)의 효를 논하면서 제사(祭祀)를 말하였으니, 대부(大夫)의 제사 또한 어떠해야 하는지를 알 수 있다. [이 두 문장은] 서로 의미를 밝혀주는 관계에 있다. 제후의 경우에는 그 사직을 보존한다[保]고 말하고, 대부(大夫)의 경우에는 그 종묘를 유지한다[守]고 말하였는데, 사(士)

---

11 『예기』「왕제」: 制農田百畝. 百畝之分, 上農夫食九人, 其次食八人, 其次食七人, 其次食六人, 下農夫食五人. 庶人在官者其祿以是爲差也. 諸侯之下士視上農夫, 祿足以代其耕也. 中士倍下士, 上士倍中士, 下大夫倍上士, 卿四大夫祿, 君十卿祿, 次國之卿三大夫祿, 君十卿祿. 小國之卿倍大夫祿, 君十卿祿. 『예기』「왕제」편에 대한 전체 내용을 확인하려면, 정병섭 역, 『예기집설대전 · 왕제』(서울: 학고방, 2009)를 보라.

의 경우에 '보존한다[保]'와 '유지하다[守]'를 함께 말한 것과 관련하여, 황간(皇侃)은 다음과 같이 말하였다. "보(保)라고 말하는 것은 '안정시키다'는 뜻이고, '수(守)'라고 하는 것은 '망실됨이 없다'는 뜻이다. 사직(社稷)과 녹위(祿位)는 공적인 것이기 때문에 '보(保)'라고 말하였고, 종묘(宗廟)와 제사(祭祀)는 사적인 것이기 때문에 '수(守)'라고 말하였다. 사(士)는 처음으로 녹봉과 직위를 얻기 때문에 '보(保)'와 '수(守)'를 함께 말한 것이다."

邢疏 ▣注"能盡"至"祭祀". ▸正義曰 : 謂能盡忠順以事君長, 則能保其祿位也. '祿'謂'廩食', '位'謂'爵位'. 『廣雅』曰, "位, 涖也. 涖下爲位." 「王制」云, "上農夫食九人", 謂諸侯之下士視上農夫, 中士倍下士, 上士倍中士. 祭者, 際也, 神人相接, 故曰際也. 祀者, 似也, 謂祀者似將見先人也. 士亦有廟, 經不言耳. 大夫旣言宗廟, 士可知也, 士言祭祀, 則大夫之祭祀亦可知也. 皆互以相明也. 諸侯言保其社稷, 大夫言守其宗廟, 士則保守並言者, 皇侃云, "稱保者, 安鎭也, 守者無逸也. 社稷 · 祿位是公, 故言'保', 宗廟 · 祭祀是私, 故言'守'也. 士初得祿位, 故兩言之也."

▎경문 05-2

『시(詩)』에서 말하였다. '아침 일찍 일어나고 밤늦게 잠자리에 들어서 너를 낳아주신 부모님을 욕되게[忝] 하지마라'"[12] 《 주: '첨(忝)'은 '욕보이다[辱]'라는 뜻이다. '소생(所生)'은 부모를 가리킨다. [이 시는] 아침

12 『시경』「소아(小雅) · 소완(小宛)」: 夙興夜寐, 毋忝爾所生. 이 시의 전체 내용을 확인하려면, 김학주 역, 『시경』(서울: 명문당, 1988), 330~331쪽을 보라.

일찍 일어나고 밤늦게 잠자리에 들어 부모를 욕되게 함이 없다는 의미에서 취하였다.》

經文 05-2 **『詩經』云, ‘夙興夜寐, 無忝爾所生.’”**《注: 忝, 辱也. 所生謂父母也. 義取早起夜寐, 無辱其親也.》

형병 소 ▮경문 : “詩云”~“所生”. ▸『정의(正義)』 : 부자(夫子; 공자)는 사(士)가 행해야할 효를 진술함이 끝나자 『시경』「소아(小雅)·소완(小宛)」의 시를 인용하여 자신의 말을 증명하였다.

邢疏 ▮“詩云”至“所生”. ▸正義曰 : 此夫子述士行孝畢, 乃引「小雅·小宛」之詩以證之也.

형병 소 [이 경문에서는] 사(士)는 효를 행하면서 마땅히 일찍 일어나고 밤늦게 잠자리에 들어서 그 부모를 욕되게 하지 말아야함을 말하였다.

邢疏 言士行孝, 當早起夜寐, 無辱其父母也.

형병 소 ▮어주 : “忝辱”~“親也”. ▸『정의(正義)』 : “‘첨(忝)’은 ‘욕보이다[辱]’는 뜻이다”라고 한 것은 『이아』「석언(釋言)」의 문장이다. “‘소생(所生)’은 부모를 가리킨다”고 한 것은 「성치장(聖治章)」에서 “부모님이 우리를 낳아주셨으니”라고 말한 것이 이것이다.

邢疏 ▮注“忝辱”至“親也”. ▸正義曰 : 云“忝辱也”者, 「釋言」文. 云“所生, 謂父母也”者, 下章云, “父母生之”, 是也.

형병 소 “[이 시는] 아침 일찍 일어나고 밤늦게 잠자리에 들어 부모를 욕되게 함이 없다는 의미에서 취하였다"라고 말한 것은 또한 『시』을 인용한 대의(大意)가 [이와 같다는 것이다.]

邢疏 云"義取早起夜寐, 無辱其親也"者, 亦引『詩經』之大意也.

제6장 서인장庶人章

서인庶人으로서 행해야할 孝

형병 소 『정의(正義)』 : '서(庶)'는 '많다[衆]'는 뜻으로, 천하의 많은 사람들[衆人]을 가리킨다. 황간(皇侃)은 "[이 장의 명칭을 '서인(庶人)'이라고 하고] '중민(衆民)'이라 말하지 않은 이유는 부사(府史)[1]의 등속까지 두루 포함하여, 통상적으로 '서인(庶人)'이라 말하기 때문이다"라고 하였다. 엄식지(嚴植之)는 사(士)는 직위가 있고, 인(人)은 제한이 없기 때문에 사(士) 이하는 모두 서인(庶人)이 된다고 하였다.

邢疏 正義曰 : 庶者, 衆也, 謂天下衆人也, 皇侃云, "不言衆民者, 兼包府史之屬, 通謂之庶人也." 嚴植之以爲士有員位, 人無限極, 故士以下皆爲庶人.

경문 06-1

하늘의 길을 이용하고, 《 주: 봄에는 낳고, 여름에는 기르며, 가을에

1 부사(府史)는 재화와 문서를 관리하는 말단직 관리를 말한다. 『주례(周禮)』「천관(天官) · 서관(序官)」의 "府六人, 史十有二人."의 정현 주석에서는 "府, 治藏, 史, 掌書者. 凡府 · 史, 皆其官長所自闢除."라고 말하고 있다.

는 거두고, 겨울에는 저장하여 일삼는 것을 때에 따르는 것, 이것이 하늘의 길을 이용하는 것이다.》 **땅의 이로움을 구분하며**, 《주: 다섯 가지 지역[五土]의 특색을 구별하고 그 우열[高下]을 따져 각각에 맞는 [이로움이] 최대가 되게 하는 것, 이것이 땅의 이로움을 구분하는 것이다.》 **몸가짐을 신중히 하고 재용을 절약해서 부모를 봉양한다**. 《주: 몸가짐을 공손하고 신중하게 하면 치욕에서 멀어지고, 재용을 절약해서 사용하면 굶주림과 추위에서 벗어날 수 있으며, 공가(公家)[2]에서 거둬들인 세금이 이미 가득하면 개인적인 봉양에 모자람이 없게 된다.》 **이것이 서인(庶人)이 행해야할 효이다**. 《주: 서인의 효는 다만 이러할 뿐이다.》

經文 06-1 **用天之道**, 《注: 春生, 夏長, 秋收[3], 冬藏, 擧事順時, 此用天道也.》 **分地之利**, 《注: 分別五土, 視其高下, 各盡所宜, 此分地利也.》 **謹身節用, 以養父母**. 《注: 身恭謹則遠恥辱, 用節省則免饑寒, 公賦旣充則私養不闕.》 **此庶人之孝也**. 《注: 庶人爲孝, 唯此而已.》

형병 소 ▮경문 : "用天"~"孝也". ▸『정의(正義)』 : 부자(夫子; 공자)는 앞에서 사(士)가 행해야할 효를 기술하는 것을 이미 끝마치자, 그 다음으로 서인이 행해야할 효를 밝혔다. [이 경문은] 서인이 밭에다 파종을 하고 농사일에 힘씀에 마땅히 사계절마다 낳고 성장시켜

---

2 공가(公家)는 ①공실(公室)과 같은 말로, 제후왕국(諸侯王國)을 가리키고, ②조정(朝廷), 국가(國家) 또는 관부(官府)를 가리키며, ③공경지가(公卿之家)를 가리키고, ④개인과 구별되는 말로, 지금의 국가(國家), 기관(機關), 단체(團體) 등을 가리킨다.

3 '수(收)'자에 대하여. '수'자는 본래 '염(斂)'자로 기록되어 있었는데, 완원(阮元)의 『교감기(校勘記)』에서는 "『석대본(石臺本)』에서도 '수'자로 기록되어 있으니, 『정주본(鄭注本)』과 동일하다."라고 했다.

주는 하늘의 길을 이용하고, 다섯 가지 지역[五土]에 맞는 이로움을 구분하여야 하며, 몸가짐을 신중히 하고 재화를 절약하여 부모를 봉양하는 데, 이것이 바로 서인의 효라고 말하고 있다. 『수신계(援神契)』에서는 "서인이 행하는 효를 '휵(畜)'이라고 하는데, [이는] 길러 양육함을 뜻으로 삼은 것으로, 몸소 밭 갈고 농사에 힘써 자신의 덕(德)을 기르고 그 부모를 봉양할 수 있음을 말한다"고 하였다.

邢疏 ▮"用天"至"孝也". ▸正義曰 : 夫子上述士之行孝已畢, 次明庶人之行孝也. 言庶人服田力穡, 當須用天之四時生成之道也, 分地五土所宜之利, 謹愼其身, 節省其用, 以供養其父母, 此則庶人之孝也. 『援神契』云, "庶人行孝曰'畜', 以畜養爲義, 言能躬耕力農, 以畜其德而養其親也."

형병 소 ▮어주 : "春生"~"道也". ▸『정의(正義)』: "봄에는 낳고, 여름에는 기르며, 가을에는 거두고, 겨울에는 저장한다"고 말한 것은 정현의 주석에 따른 것이다. 『이아』「석천(釋天)」에서는 "봄은 생산[發生]이고, 여름은 성장[長毓]이며, 가을은 거둬들임[收成]이고, 겨울은 편안함[安寧]이다"[4]라고 말하고 있는데, 편안함[安寧]이란 곧 닫아 저장한다[閉藏]는 뜻이다.

邢疏 ▮注"春生"至"道也." ▸正義曰 : 云"春生, 夏長, 秋收, 冬藏"者, 此依鄭注也. 『爾雅』「釋天」云, "春爲發生, 夏爲長毓, 秋爲收成, 冬爲安寧." 安寧卽閉藏之義也.

---

4 『이아』「석천(釋天)」: 春爲發生, 夏爲長嬴, 秋爲收成, 冬爲安寧.

형병 소 "일삼는 것을 때에 따르는 것, 이것이 하늘의 길을 이용하는 것이다"라고 말한 것은, 농사짓는 일을 시행할 때, 사시(四時)의 기운에 순응하여, 봄의 낳음의 기운이 충만하면 땅을 갈아 파종하고, 여름의 성장의 기운이 충만하면 잡초를 뽑아주며, 가을의 거두어들이는 기운이 충만하면 곡식을 베고, 겨울의 저장의 기운이 충만하면 창고에 들여놓음을 가리킨다.

邢疏 云"擧事順時, 此用天之道也"者, 謂擧農畝之事, 順四時之氣, 春生則耕種, 夏長則芸苗, 秋收則獲刈, 冬藏則入廩也.

형병 소 ▮어주 : "分別"~"利也". ▸『정의(正義)』: "다섯 가지 지역[五土]의 특색을 구별하고 그 우열을 따진다"고 한 것은 정주(鄭注)에 따른 것이다. 살펴보건대, 『주례』「대사도(大司徒)」에서는 "다섯 가지 지역[五土]이란 첫째 산과 숲으로 이루어진 지역[山林], 둘째 강과 연못으로 이루어진 지역[川澤], 셋째 구릉지역[丘陵], 넷째 물가와 저지대 평야 지역[墳衍], 다섯째 평원과 저습지 지역[原隰]이다"라고 말하였다.[5] [이 주석의 내용은] 서인은 [이 다섯 가지 지역을] 분별하여 그 우열[高下]을 따져서 마땅한 바에 따라 파종을 할 수 있어야 하니, 『주례』「직방씨(職方氏)」에서 말한 청주(淸州)는 곡식 중에서 벼[稻]와 보리[麥]를 재배하기에 적당하고, 옹주(雍州)는 곡식 중에서 기장을 재배하기에 적당하다[6]는 부류가 이에 해당된다.

---

5 『주례』「지관 · 대사도」: 以土會之法, 辨五地之物生. 一曰山林, 其動物宜毛物其植物宜早物其民毛而方. 二曰川澤, 其動物宜鱗物其植物宜膏物其民黑而津. 三曰丘陵, 其動物宜羽物其植物宜覈物其民專而長. 四曰墳衍, 其動物宜介物其植物宜莢物其民晳而瘠. 五曰原隰, 其動物宜贏物其植物宜叢物其民豐肉而庳.

6 『주례』「하관 · 직방씨」: 正東曰青州, 其山鎭曰沂山, 其澤藪曰望諸, 其川淮泗, 其浸沂

邢疏 ▮注"分別"至"利也". ▸正義曰 : 云"分別五土, 視其高下"者, 此依鄭注也. 案, 『주례』「大司徒」云, "五土, 一曰山林, 二曰川澤, 三曰邱陵, 四曰墳衍, 五曰原隰." 謂庶人須能分別, 視此五土之高下, 隨所宜而播種之, 則「職方氏」所謂靑州其穀宜稻麥, 雍州其穀宜黍稷之類是也.

형병 소 "각각에 맞는 [이로움이] 최대가 되게 하는 것, 이것이 땅의 이로움을 구분하는 것이다"라고 한 것은, 공안국의 전에 따른 것이다. 유현(劉炫)은 "기장[黍稷]은 마른 땅에서 자라고, 고(菰)[7]와 벼[稻]는 물에서 자란다"라고 말하였다.

邢疏 云"各盡其所宜, 此分地之利也"者, 此依孔傳也. 劉炫曰, "黍稷生於陸, 菰稻生於水."

형병 소 ▮어주 : "身恭"~"不闕". ▸『정의(正義)』 : "몸가짐을 공손하고 신중하게 하면 치욕에서 멀어진다"는 것은 『논어』에서 "공손함이 예(禮)에 가까우면 치욕에서 멀어진다"[8]는 것과 같다.

邢疏 ▮注"身恭"至"不闕". ▸正義曰 : 云"身恭謹則遠恥辱"者, 『論語』曰, "恭近於禮, 遠恥辱也."

형병 소 "재용[用]을 절약해서 사용하면 굶주림과 추위에서 벗

沐, 其利蒲魚, 其民二男二女, 其畜宜雞狗, 其穀宜稻麥.......正西曰雍州, 其山鎭曰嶽山, 其澤藪曰弦蒲, 其川涇汭, 其浸渭洛, 其利玉石, 其民三男二女, 其畜宜牛馬, 其穀宜黍稷.

7 고(菰)는 벼과에 속하는 다년생 수초(水草)로서, 잎은 자리는 만드는데 사용되고 열매와 어린 싹은 식용으로 사용된다.

8 『논어』「학이(學而)」 : 有子曰, "信近於義, 言可復也. 恭近於禮, 遠恥辱也. 因不失其親, 亦可宗也."

어날 수 있다"고 하는 것은, '용(用)'은 서인의 의복과 음식 및 상사(喪事)와 제사(祭祀) 드는 재용을 말하며, 이는 마땅히 절약해야 한다. 『예기』에서는 "먹을 것은 절제하고 일을 벌이는 것은 적절한 때를 따른다"[9]라고 말하였고, 또한 "서인은 특별한 이유 없이 진귀한 음식을 먹지 않는다" 및 "3년 동안 농사를 지으면 반드시 1년분의 잉여식량을 얻게 되고, 9년 동안 농사를 지으면 반드시 3년분의 잉여식량을 얻게 된다. [그러므로] 30년 동안의 총 잉여식량을 살펴보면, 가뭄이 들거나 폭우가 내린 해일지라도 백성들에게는 푸르스름한 낯빛[菜色]이 없게 된다"[10]고 말하고 있는데, 이것이 굶주림과 추위에서 벗어난다는 것이다.

邢疏 云"用節省則免饑寒"者, '用'謂庶人衣服 · 飮食 · 喪祭之用, 當須節省. 『禮記』曰, "食節事時", 又曰, "庶人無故不食珍", 及"三年之耕, 必有一年之食, 九年耕, 必有三年之食. 以三十年之通, 雖有凶旱水溢, 民無菜色", 是免饑寒也.

형병 소 "공가(公家)에서 거둬들인 세금[賦]이 이미 가득하면 개인적인 봉양에도 모자람이 없게 된다"고 한 것과 관련하여, '부(賦)'는 위로부터 아래로 징수함을 가리키는 말이다. [이 주석은] 항상 재용을 절약하고, 공가(公家)에서는 거둬들인 세금이 풍족하여 개인적

---

9 『예기』「왕제」: 無曠土, 無游民, 食節事時, 民咸安其居, 樂事勸功, 尊君親上, 然後興學.(전체내용을 확인하려면, 정병섭, 200쪽, 참고)

10 『예기』「왕제」: 諸侯無故不殺牛, 大夫無故不殺羊, 士無故不殺犬豕, 庶人無故不食珍.(전체내용을 확인하려면, 정병섭, 167쪽, 참고)...... 三年耕必有一年之食, 九年耕必有三年之食, 以三十年之通, 雖有凶旱水溢, 民無菜色.(전체내용을 확인하려면, 정병섭, 125쪽, 참고)

으로 부모를 봉양함에 부족함이 없음을 말한다. 『맹자』의 "주나라 사람들은 100묘(畝)의 땅을 경작하고서 세금은 징수[徹]했는데, 실제로는 모두 10분의 1을 징수한 것이다"[11]라는 유희(劉熙)의 주석에서는 "1가(家)에서 100묘의 땅을 경작할 경우 10묘에서 나는 곡식을 거둬들이는 것을 부(賦)로 삼았다"라고 말하였고, 또 "공가(公家)의 일이 끝난 다음에 개인적인 일을 다스릴 수 있었다"고 말한 내용이 바로 이것이다.

邢疏 云"公賦旣充, 則私養不闕"者, '賦'者, 自上稅下之名也. 謂常省節財用, 公家賦稅充足, 而私養父母不闕乏也. 『孟子』稱, "周人百畝而徹, 其實皆什一也", 劉熙注云, "家耕百畝, 徹取十畝以爲賦也", 又云"公事畢然後敢治私事", 是也.

형병 소 ▮어주 : "庶人"~"而已". ▸『정의(正義)』 : 이 주석은 위주(魏注)에 따른 것이다. 살펴보건대, 천자, 제후, 경대부, 사(士)에서는 모두 '개(蓋; 대체로)'하고 하였으나, 서인에서만 '차(此; 이러하다)'라고 하였기 때문에, 주석에서 '차(此)'의 의미를 풀어 말한 것이다. [이 주석은] 천자에서 사(士)에 이르기까지는 효행(孝行)이 넓고 크기 때문에 그 장마다 대강을 간략하게 기술했기 때문에 '개(蓋; 대체로)'라고 하였고, 서인은 하늘의 길을 이용하고 땅의 이로움을 구분하며 몸가짐을 신중히 하고 재용을 절약하는 것에서 그의 효행(孝行)이 이미 끝나기 때문에 '차(此; 이러하다)'라고 말하여, 다만 이러할 뿐이라고 말한 것이다. 「서인」장에서 『시』를 인용하지 않은 것은 의미

11 『맹자』「등문공」상: 夏后氏五十而貢, 殷人七十而助, 周人百畝而徹, 其實皆什一也. 徹者, 徹也, 助者, 藉也.

가 여기에서 모두 전달될 수 있어서 쓸데없는 말을 덧붙이지 않은 것이다.

邢疏 ▪注"庶人"至"而已". ▸正義曰 : 此依魏注也. 案, 天子, 諸侯, 卿大夫, 士, 皆言'蓋', 而庶人獨言'此', 注釋言'此'之意也. 謂天子至士, 孝行廣大, 其章略述宏綱, 所以言'蓋'也, 庶人用天分地, 謹身節用, 其孝行已盡, 故曰'此', 言惟此而已. 「庶人」不引『詩經』者, 義盡於此, 無贅詞[12]也.

▎경문 06-2

그러므로 천자로부터 서인에 이르기까지 효도는 처음과 끝이 없어서 [즉 모두에게 동일하여], [효의 도리에] 미치지 못할까를 걱정하는 자는 있지 않았다. 《 주: 천자로부터 시작하여 서인에서 끝나니, 존귀함과 비천함이 비록 다르기는 하지만, 효의 도리는 동일하여 [효의 도리에] 미칠 수 없음을 걱정하는 자는 있지 않았다. 이는 이러한 이치는 없기 때문에 '있지 않았다[未有]'고 한 것이다. 》

經文 06-2 **故自天子至於庶人, 孝無終始, 而患不及者, 未之有也.** 《 注: 始自天子, 終於庶人, 尊卑雖殊, 孝道同致, 而患不能及者, 未之有也, 言無此理, 故曰未有. 》

12 '췌사(贅詞)'에 대하여. '췌사'는 본래 '췌제(贅諸)'로 기록되어 있었는데, 완원(阮元)의 『교감기(校勘記)』에서는 "『민본(閩本)』·『감본(監本)』·『모본(毛本)』에는 '췌제'가 '췌사'로 기록되어 있는데, 틀리지 않다."라고 했다.

형병 소 ▮경문 : "故自"~"有也". ▸『정의(正義)』: 부자(夫子; 공자)는 천자, 제후, 경대부, 사, 서인이 행해야할 효에 대한 기술이 끝나자, 여기에서 그 내용을 총결지었는데, 그렇다면 [효를 행하는 등급에는] 5등급이 있는 것이다. [이들의] 존귀함과 비천함은 비록 다르나 부모를 봉양함에 이르러서는 그 도리가 다르지 않다. 그러므로 천자로부터 이하 서인에 이르기까지 효의 도리는 시작과 끝, 귀하고 천함의 차이가 없는 것이다. [그래서] 혹 스스로 자기는 효에 미칠 수 없다고 걱정하는 자는 있지 않았다. 예로부터 지금에 이르기까지 이러한 이치는 있지 않았으니, 대체로 [이 문장은] 사람들에게 효를 행하도록 권면하는 말이다.

邢疏 ▮"故自"至"有也". ▸正義曰 : 夫子述天子·諸侯·卿大夫·士·庶人行孝畢, 於此總結之, 則其五等. 尊卑雖殊, 至於奉親, 其道不別. 故從天子已下至於庶人, 其孝道則無終始貴賤之異也. 或有自患己身不能及於孝, 未之有也. 自古及今, 未有此理, 蓋是勉人行孝之辭也.

형병 소 ▮어주 : "始自"~"未有". ▸『정의(正義)』: "천자로부터 시작하여 서인에서 끝난다"고 한 것은 이상의 5장(章)은 천자를 시작으로 해서, 서인을 끝으로 삼고 있음을 말한 것이다.

邢疏 ▮注"始自"至"未有". ▸正義曰 : 云"始自天子終於庶人"者, 謂五章以天子爲始, 庶人爲終也.

형병 소 "존귀함과 비천함이 비록 다르기는 하지만, 효의 도리는 동일하다"라고 한 것은, 천자와 서인은 존귀함과 비천함이 비록 다르지만, 효를 행하는 데 있어서는 그 도가 다르지 않음을 말한 것이다. 천자가 부모를 사랑하고 공경하는 것, 제후가 교만하게 굴거나 사치스럽지 않은 것, 경대부가 말과 행동에 있어 자기 멋대로 선택함이 없는 것, 사가 부모를 섬기는 태도를 취하여 군주를 섬기는 것, 서인이 몸가짐을 신중히 하고 재용을 절약하는 것 등은, 각각 마음에 따라 행동이 여기에 이르는 것이니, 어찌 만물을 창조하는 지혜와 솥을 들어 올릴[扛鼎][13] 만한 힘에 의지하는 것이겠는가? 대체로 그러한 것에 힘쓰면, 미치지 못함이 없을 것이다.

邢疏 云"尊卑雖殊, 孝道同致"者, 謂天子・庶人尊卑雖別, 至於行孝, 其道不殊. 天子須愛親敬親, 諸侯須不驕不溢, 卿大夫於言行無擇, 士須資親事君, 庶人謹身節用, 各因心而行之斯至, 豈藉創物之智・扛鼎之力? 若率强之, 無不及也.

형병 소 "[효의 도리에] 미칠 수 없음을 걱정하는 자는 있지 않았다"라고 한 것은, 사람에게는 귀천과 존비(尊卑)가 없고, 효의 도리를 행하는 것은 동일하니, 만약 각자 자신의 신분에 따르면 모두 부모를 봉양할 수 있음을 말한 것으로, 이는 효에 미치지 못함을 걱정하는 자는 있지 않았음을 뜻한다. [『예기』에서는] 효의 도리에 포함되어 있는 뜻이 넓고 커서 천지에 가득하고 사해(四海)를 가로지르고 있다고 말하였다.[14] 경문에서 "효도는 처음과 끝이 없다"고 말한 것은, 처음과 끝을 갖추기는 어렵고 다만 훼손됨을 초래하지 않음을 가리키는데, 자신을 세워 도를 행하고 그 부모를 편안히 함과

---

13 '강정(扛鼎)'은 『사기(史記)』 권7 「항우본기(項羽本紀)」의 "籍籍長八尺餘, 力能扛鼎"에 나오는 말로, 항우의 힘이 솥을 들어 올릴 정도로 힘이 세었음을 말하고 있다.

14 『예기』「제의(祭義)」: 曾子曰, "夫孝置之而塞乎天地, 溥之而橫乎四海……."

군주에게 충성함을 동일한 일로 일컬을 수 있으면, 행동이 완성되고 이름이 세워지니, 반드시 처음과 끝을 모두 갖출 필요까지는 없는 것이다. 여기서는 효를 행하는 것은 쉬운 일이어서 미치지 못하는 이치가 없기 때문에 효의 도리는 처음과 끝을 갖추지 않더라도 반드시 되돌아오는 근심이 일어나는 것이 아님을 말한 것이다.

邢疏 云"而患不能及者, 未之有也"者, 此謂人無貴賤尊卑, 行孝之道同致, 若各率其己分, 則皆能養親. 言患不及於孝者未有也. 說孝道包含之義廣大, 塞乎天地, 橫乎四海. 經言"孝無終始", 謂難備終始, 但不致毁傷, 立身行道, 安其親 · 忠於君, 一事可稱, 則行成名立, 不必始終皆備也. 此言行孝甚易, 無不及之理, 故非孝道不終始致必反之患也.

형병 소 "이는 이러한 이치는 없기 때문에 '있지 않았다[未有]'고 한 것이다"라고 한 것은, "있지 않았다[未之有]"는 의미를 풀이한 것이다. 사만(謝萬, 328?~369?)[15]은 [이 문장을] 처음이나 끝도 할 것 없이 항상 화[憂]가 미치지 않음이 있은 적이 없었다(즉, 항상 화가 미쳤다)고 생각하였는데, 이는 다소 수준이 떨어지는[少賤] 말이다. 유환(劉瓛)은 "예(禮)는 서인에까지 내려가지 않으니,[16] [이 문장은] 내가 신분이 미천하여 효를 행함에 화가 자신에게 미치지 않는 자가 있지 않음을 말한다"고 하였는데, 이것은 다만 화가 미치지 않는 이치만을 이해한 것이고, [사만이 말한] 다소 수준이 떨어지는 뜻을 찬탄(동

15 사만(謝萬, A.D.321~A.D.361) : 동진(東晉) 진군(陳郡) 양하(陽夏) 사람으로, 자는 만석(萬石)이다. 사안(謝安)의 동생이다. 그는 예주자사(豫州刺史), 산기상시(散騎常侍) 등의 관직을 지냈다. 일찍이 「팔현론(八賢論)」을 지어 굴원(屈原), 가의(賈誼), 혜강(嵇康) 등의 일을 서술하였는데, 이미 일실되었다.

16 『예기』「곡례상(曲禮上)」: 禮不下庶人, 刑不上大夫.

조, 歎)하는 실수를 범한 것에 불과하다.

邢疏 云"言無此理, 故曰未有"者, 此釋"未之有"之意也. 謝萬以爲無終始, 恒患不及, 未之有者, 少賤之辭也. 劉瓛云, "禮不下庶人, 若言我賤而患行孝不及己者, 未之有也." 此但得憂不及之理, 而失於歎少賤之義也.

형병 소 정(鄭)이 다음과 같이 물었다. "제가(諸家)들은 모두 [이 문장을] 화가 자신에게 미친다고 하였으나, 지금 [이융기의] 주석에서는 스스로 미치지 못함을 근심하는 것이라고 하였으니, 어떻게 설명해야 하는가?"

邢疏 鄭曰, "諸家皆以爲患及身, 今注以爲自患不及, 將有說乎?"

형병 소 이에 대답하여 다음과 같이 말했다. "살펴보건대, 『설문』에서는 '환(患)은 근심하다[憂]는 뜻이다'라고 하였고, 『광아(廣雅)』에서는 '환(患)은 걱정하다[惡]는 뜻이다'라고 하였다. 또한 [이융기의] 주석의 말을 살펴보면, '불급(不及)'의 뜻을 풀이한 것이 모두 4번인데, 대체적인 뜻은 모두 귀하고 천한 자가 효를 행하면서, [그 효의 도리에] 미치지 못함을 걱정하는 근심을 가리키니, [제가들의 말처럼] 환(患)을 화(禍)로 여긴 것은 아니다." 경전 가운데 '환(患)'을 일컬은 것들이 많다. 『논어』에서는 "다른 사람들이 자신을 알아주지 않음을 근심하지 않는다"[17]거나, 또는 "지위가 없음을 근심하지 않는다",[18] 또는 "재화가 적음을 근심할 것이 아니라 고르게 분배하

---

17 이 말은 『논어』「학이(學而)」의 "子曰, "不患人之不己知, 患不知人也."과 「헌문(憲問)」의 "子曰, "不患人之不己知, 患其不能也."에 두 번 나온다.

18 『논어』「이인(里人)」: 子曰, "不患無位, 患所以立. 不患莫己知, 求爲可知也."

지 못함을 근심한다”[19]라고 말하고 있고, 『춘추좌씨전』에서는 “한선자(韓宣子)가 그것을 근심하였다”[20]고 말하고 있는데, 이것들은 모두 근심하다[憂惡]는 말이다. 다만 『창힐편(蒼頡篇)』에서 “환(患)은 화(禍)이다”라고 말하고 있어, 공안국·정현·위소·왕숙의 학(學)에서는 『창힐편』의 내용을 끌어들여 이 경문을 해석하였고, 따라서 황간(皇侃)은 “시작은 없고 끝이 있다는 것은 잘못을 깨달아 선(善)으로 나아갔음을 말하는 것이니, 화가 어찌 반드시 미치겠는가?”라고 말하였는데, [여기서] 시작은 없다는 말은 이미 근거 없이 설정해 놓은 것이다. 『예기』「제의(祭義)」에서는 다음과 같이 말하고 있다. “증자(曾子)가 효에 대해 설명하면서 다음과 같이 말하였다. ‘백성의 근본적인 가르침을 효라 하고, 효의 기본적인 행위를 양(養; 봉양)이라고 한다. 봉양은 할 수 있으나 공경스럽게 봉양하기는 어렵고, 공경스럽게 봉양은 할 수 있으나 부모의 마음이 편하게 봉양하기는 어려우며, 부모의 마음을 편하게 봉양할 수는 있으나 효를 끝마치기는 어렵다. 부모가 돌아가신 후에 자신의 몸가짐을 신중히 행하여 부모에게 좋지 못한 명성을 남기지 않으면, 효를 끝마쳤다[終]라고 말할 수 있다.’”[21] 대체로 증삼(曾參)과 같은 자도 효를 행함에 친히 성인(聖人; 공자)의 뜻을 받들었지만, 효의 도리를 끝마칠 수 있음에 이르러서는 도리어 어렵다고 여겼으니, 능력이 모자라고 식견이 적은 자

---

19 『논어』「계씨(季氏)」: 孔子曰, “求! 君子疾夫舍曰欲之而必爲之辭. 丘也聞有國有家者, <u>不患寡而患不均</u>, 不患貧而患不安…….”

20 『춘추좌씨전』「소공 13년」: 宣子患之. 전체 내용을 확인하려면, 좌구명/신동준 옮김, 『춘추좌전』3 (파주; 한길사, 2006), 182쪽~184쪽을 보라.

21 『예기』「제의(祭義)」: 衆之本敎曰孝, 其行曰養. 養可能也, 敬爲難. 敬可能也, 安爲難. 安可能也, 卒爲難. 父母旣沒, 愼行其身, 不遺父母惡名, 可謂能終矣.

가 결코 기도(企圖; 시도)할 수 있는 바가 아니다. 이제 효를 행하면서 끝내지 못하면 화가 반드시 미친다고 하는데, 이러한 주장을 하는 사람은 한 단면만을 보고서 자기 입장을 고집하는 자이니, 어찌 경전에 통달한 자[經通]라고 말할 수 있겠는가?

邢疏　答曰, "案, 『說文』云'患, 憂也', 『廣雅』曰, '患, 惡也.' 又若案注說釋不及之義凡有四焉, 大意皆謂有患貴賤行孝無及之憂, 非以患爲禍也." 經傳之稱'患'者多矣. 『論語』"不患人之不己知", 又曰, "不患無位", 又曰, "不患寡而患不均". 『左傳』曰, "宣子患之", 皆是憂惡之辭也. 惟『蒼頡篇』謂, 患爲禍, 孔·鄭·韋·王之學引之以釋此經, 故皇侃曰, "無始有終, 謂改悟之善, 惡禍何必及之?" 則無始之言, 已成空設也. 『禮』「祭義」"曾子說孝曰, '衆之本敎曰孝, 其行曰養. 養可能也, 敬爲難, 敬可能也, 安爲難, 安可能也, 卒爲難. 父母旣沒, 愼行其身, 不遺父母惡名, 可謂能終矣.'" 夫以曾參行孝, 親承聖人之意, 至於能終孝道, 尙以爲難, 則寡能無識, 固非所企也. 今爲行孝不終, 禍患必及, 此人偏執, 詎謂經通?

형병 소　정(鄭)이 다음과 같이 물었다. "『상서』에서는 '하늘의 도는 착한 이에게 복을 주고 간악한 이[淫]에게는 화를 내린다'[22]라거나, '[하늘의 도를] 따르면 길(吉)하고, [하늘의 도를] 어기면 흉(凶)하니, 이는 마치 그림자가 형체에 응하고 메아리가 소리에 응하는 것과 같다'[23]라고 말하고 있는데, 그렇다면 반드시 재화(災禍)가 있는 것인데, 어떻게 [재화가] '없다'고 말할 수 있겠는가?"

---

22 『상서』「상서(商書)·탕고(湯誥)」: 天道福善禍淫, 降災于夏, 以彰厥罪.

23 『상서』「우서(虞書)·대우모(大禹謨)」: 禹曰, 惠迪吉, 從逆凶, 惟影響.

邢疏　鄭曰, "『書』云, '天道福善禍淫', 又曰,'惠迪吉, 從逆凶, 惟影響', 斯則必有災禍, 何得稱無也?"

형병 소　이에 대답하여 말하였다. "지난번 질문은[來問] 음흉하고 사특한 인륜을 지적한 것이고, [『효경』에 나오는] 경문의 말은 아름다운 일을 끝마치지 못한 무리들을 경계시킨 것이다." 『논어』에서는 "오늘날 효라는 것은 봉양을 잘할 수 있음을 말한다"[24]고 하였고, [『예기』「제의」에서는] "증자가 말하였다. 삼(參)아, 다만 봉양만 하는 것이라면 어찌 효라고 할 수 있겠느냐?"[25]라고 하였으며, 또 이 「서인장」에서는 "[이로써] 부모를 봉양하니, 이것이 서인의 효이다"라고 말하였다. 만약 봉양은 할 수 있으나 [효의 도리를] 끝마칠 수 없다면, 다만 완전한 아름다움을 이루지 못할 것이며, 마땅함이 없으면 곧 음흉하고 사특한 것과 동일하게 된다. [그렇다면] 옛날과 지금의 평범한 사람들이 어떻게 효의 도리를 알겠는가? [또] 다만 가령 봉양만 할 수 있다면, 어떻게 [효의] 시작과 끝을 알겠는가? 지금 모두에게 화가 미친다고 하는 것과 같은 것은 말단이 화를 끼칠 수 있다는 것과 같다. 그럼에도 당대(當代)의 학식이 깊은 자들은 정현의 주석이 잘못되지 않았다고 여겼고, 이 때문에 사만(謝萬)은 다음과 같이 말하였다. "'사람에게 [효의] 시작과 끝이 없다'고 하는 것은 효행(孝行)에는 시작과 끝이 있음을 말한다. '환불급(患不及)'이란 마음을 써서 근심이 초래되지 않음을 말한다. 그러나 이와 같은 선(善)을

---

24 『논어』「위정(爲政)」: 子游問孝. 子曰, "今之孝者, 是謂能養. 至於犬馬, 皆能有養, 不敬, 何以別乎?"

25 『예기』「제의(祭義)」: 曾子曰, "是何言與. 是何言與. 君子之所爲孝者, 先意承志, 諭父母於道. 參直養者也, 安能爲孝乎?"

행하는 것은 증자가 어렵다고 말했던 것이기 때문에, 정주(鄭注)에서는 '잘 있지 않았다[善未有]'라고 하였다." [그러나] 이 [경문의] 의미를 자세히 살펴보면, 그렇지 않다고 말할 것이다. 어째서 그러한가? 공성(孔聖; 공자)이 남긴 글들은 [그 범위가] 상하를 포괄하고 [그 내용은] 본성에 따르도록 노력을 다했으니, 어찌 고귀함과 비천함의 경계를 두었겠는가? 그렇다면 마음에 따라서 행동하면 미치지 않음이 없는 것이다. 만약 사만의 주장에 따를 경우, 이는 곧 인지상정(人之常情)에 어두운 것이 된다. [『논어』「자장」에서] 자하(子夏)는 "시작이 있고 끝이 있는 자는 오직 성인(聖人)일 뿐이구나!"[26]라고 말하였으니, 저 교화를 베푸는 것은 오직 성인을 기다려서만 가능하니, 천년만년에 한 번 [성인을] 만나 [교화가] 백성들에게 시행되고 사해에 모범이 된다는 것[27]과 같은 것이 어찌 근거 없이 말한 것이겠는가! [또한] 『제지(制旨)』에서는 다음과 같이 말하였다. "아! 효의 위대함은 마치 하늘로부터 달아날 수 없고 땅에서부터 멀어질 수 없는 것과 같다. 짐(朕)이 오효(五孝)의 말들을 궁구해 보니, 사람에게는 귀천이 없고, 행동에는 시작과 끝이 없어, 이러한 [효의] 도리로 말미암아 자신을 세우지 못하는 자는 있지 않다. 그렇다면 성인(聖人)의 덕이 어찌 [우리 자신과] 먼 것이라고 말할 수 있겠는가? 내가 그것을 하고자 하면 이에 이르니, 어찌 자신에게 미치지 못함을 걱정하겠는가!"

邢疏　　答曰, "來問指淫凶悖慝之倫, 經言戒不終善美之輩. 『論

---

26 『논어』「자장(子張)」: 子夏聞之, 曰, "噫! 言游過矣! 君子之道, 孰先傳焉? 孰後倦焉? 譬諸草木, 區以別矣. 君子之道, 焉可誣也? 有始有卒者, 其唯聖人乎!"

27 이것은 『효경』「천자장」의 "德敎加於百姓, 刑於四海"를 가리켜 말한 것이다.

語』曰, ‘今之孝者, 是謂能養’”, 曾子曰, “參! 直養者也, 安能爲孝乎?” 又此章云, “以養父母, 此庶人之孝也.” 儻有能養而不能終, 只可未爲具美, 無宜卽同淫慝也. 古今凡庸, 詎識孝道? 但使能養, 安知始終? 若今皆及於災, 便是比尾可貽禍矣. 而當朝通識者以爲鄭注非誤, 故謝萬云, “言爲人無終始者, 謂孝行有終始也, 患不及者, 謂用心憂不足也.” 能行如此之善, 曾子所以稱難, 故鄭注云, “善未有也.” 諦詳此義, 將謂不然. 何者? 孔聖垂文, 包於上下, 盡力隨分, 寧限高卑? 則因心而行, 無不及也. 如依謝萬之說, 此則常情所昧矣. 子夏曰, “有始有卒者, 其惟聖人乎!” 若施化惟待聖人, 千[28]載方期一遇, 加於百姓, 刑於四海, 乃爲虛說者與? 『制旨[29]』曰, “嗟乎. 孝之爲大, 若天之不可逃也, 地之不可遠也. 朕窮五孝之說, 人無貴賤, 行無終始, 未有不由此道而能立其身者. 然則聖人之德, 豈云遠乎? 我欲之而斯至, 何患不及於己者哉?”

28 ‘천(千)’자에 대하여. ‘천’자는 본래 ‘십(十)’자로 기록되어 있었는데, 완원(阮元)의 『교감기(校勘記)』에서는 “『민본(閩本)』·『감본(監本)』·『모본(毛本)』에 ‘십’자가 ‘천’자로 기록되어 있는데, 이 기록이 옳다.”라고 했다.

29 ‘지(旨)’자에 대하여. ‘지’자는 본래 ‘유(有)’자로 기록되어 있었는데, 완원(阮元)의 『교감기(校勘記)』에서는 “살펴보건대 ‘유’자는 마땅히 ‘지’가 되어야 한다.”라고 했다.

제7장 삼재장三才章

하늘과 땅, 사람으로 연결되는 효

형병 소 『정의(正義)』: 하늘과 땅을 '이의(二儀)'라고 하고, [여기에] 사람을 포함해 '삼재(三才)'라고 한다. 증자(曾子)는 부자(夫子; 공자)가 다섯 가지 등급의 효(孝)에 대한 진술이 이미 끝난 것을 보고 탄식하며, "대단하구나! 효의 위대함이오"라고 말하였고, 부자(공자)는 증자가 감탄하는 소리에 연유해서 이에 천경(天經)·지의(地義)·인행(人行)의 일을 말하였는데, 이것이 사람들을 교화시킬 만하기 때문에 장의 이름으로 삼아 오효(五孝)의 뒤에 두었다.

邢疏 正義曰 : 天地謂之'二儀', 兼人謂之'三才'. 曾子見夫子陳說五等之孝旣畢, 乃發歎曰, "甚哉! 孝之大也", 夫子因其歎美, 乃爲說天經·地義·人行之事, 可敎化於人, 故以名章, 次五孝之後.

경문 07-1

증자가 말하였다. "대단하구나! 효의 위대함이오." 《 주: 증삼이 효를 행하는 데는 지위의 높고 낮음에 제한이 없음을 듣고 비로소 효의 위대함을 알았다. 》 **공자가 말하였다. "무릇 효는 [늘 변하지 않는] 하**

늘의 항상됨[經]과 같고, [만물을 이롭게 하는] **땅의 의로움[義]과 같으며,** [근본적으로 가장 먼저해야할] **백성들의 행동이다.** 《 주: '경(經)'은 '[변함이 없이] 일정하다[常]'는 뜻이다. 만물을 이롭게 하는 것이 의(義)이다. 효는 수많은 행위 중에 으뜸이며, 사람의 상덕(常德)으로, 마치 삼신(三辰)[1]이 하늘을 운행하면서 일정함이 있고, 다섯 가지 특성의 지역[五土]이 땅을 구분지어 만물을 이롭게 하는 것과 같다. 》 **하늘과 땅은** [늘 변하지 않는] **항상됨을 지니고 있고, 그래서 백성은 그것을 본받는다.** 《 주: 하늘은 늘 변치 않는 밝음을 지니고 있고, 땅은 늘 변치 않는 이로움을 지니고 있는데, [이 문장은] 사람이 하늘과 땅을 본보기로 삼아 또한 효(孝)를 늘 변치 않는 행동으로 삼는다는 것을 말한 것이다. 》 **하늘의 밝음을 본받고 땅의 이로움에 의거하여, 천하에서 순리에 맞게 행동한다. 그 결과 교화는 삼가하여 주의시키지 않더라도 이루어지고, 정치(政治)는 엄격히 하지 않더라도 다스려진다.** 《 주: 하늘의 밝음을 본받아 늘 변치 않는 일정함으로 삼고, 땅의 이로움에 의거하여 의로움을 행하여, 이에 따라 정치와 교화를 시행하면, 삼감과 엄격함을 기다리지 않더라도 이루어지고 다스려진다. 》

經文 07-1 **曾子曰, "甚哉! 孝之大也."** 《 注: 參聞行孝無限高卑, 始知孝之爲大也. 》 **子曰, "夫孝, 天之經也, 地之義也, 民之行也.** 《 注: 經, 常也. 利物爲義. 孝爲百行之首, 人之常德, 若三辰運天而有常, 五土分地而爲義也. 》 **天地之經而民是則之.** 《 注: 天有常明, 地有常利, 言人法則天地, 亦以孝爲常行也. 》 **則天之明, 因地之利, 以順天下. 是以其**

1 삼신(三辰)은 해[日], 달[月], 별[星]을 가리킨다.

教不肅而成, 其政不嚴而治.《 注: 法天明以爲常, 因地利以行義, 順此以施政教, 則不待嚴肅而成理也. 》

형병 소 ▮경문 : "曾子曰"~"而治". ▮『정의(正義)』 : 부자(夫子; 공자)는 앞에서 천자로부터 아래로 서인에 이르기까지의 다섯 등급의 효를 진술하고 난 이후에 그것을 종합하여 결론을 내리고 어조를 마무리 지으면서, 다시 효도의 위대함을 밝히고자 하였으나, 말을 꺼낼 계기가 없었다. [그러다가] 특별히 증자가 효의 위대함에 대해 탄식한 것을 빌려, 다시 더 확대된 [효의] 뜻을 증자에게 고하여 "무릇 효는 [늘 변하지 않는] 하늘의 항상됨[經]과 같고, [만물을 이롭게 하는] 땅의 의로움[義]과 같으며, [근본적으로 가장 먼저해야할] 백성들의 행동이다"라고 말했던 것이다. '경(經)'은 '[변함이 없이] 일정하다[常]'는 뜻이다. 사람은 하늘과 땅 사이에서 태어나고 하늘과 땅의 기운을 품수 받으니, 사람이 본받는 것은 하늘과 땅의 항성성과 이로움[常義]이다. 성인(聖人)은 백성을 통치함에 진실로 하늘의 늘 변치 않는 밝음을 본받고, 땅의 만물을 이롭게 함에 의거하여 천하에서 순리대로 행동해야 한다. 이 때문에 성인의 교화는 엄숙함에 기대지 않더라도 이루어지며, 성인의 정치는 위엄을 빌리지 않더라도 자연스럽게 다스려진다.

邢疏 ▮"曾子曰"至"而治". ▸正義曰 : 夫子述上從天子下至庶人五等之孝, 後總以結之, 語勢將畢, 欲以更明孝道之大, 無以發端. 特假曾子歎孝之大, 更以彌大之義, 告之也, 曰, "夫孝, 天之經, 地之義, 民之行." 經, 常也. 人生天地之間, 禀天地之氣節, 人之所法, 是天地之常義也. 聖人司牧黔庶, 故須則天之常明, 因依地之義利, 以順行於天下. 是以其爲敎也, 不待肅戒而成也, 其爲政也, 不假威嚴而自理也.

형병 소 ▮어주 : "參聞"~"大也". ▸『정의(正義)』: '고(高)'는 천자를 가리키고, '비(卑)'는 서인을 가리킨다. [이 주석은] 증삼이 이미 부자가 천자와 서인은 모두 마땅히 효를 행해야 한다는 진술을 듣고서 비로소 효의 위대함을 알았음을 말하고 있다.

邢疏 ▮注"參聞"至"大也". ▸正義曰 : 高謂天子, 卑謂庶人. 言曾參旣聞夫子陳說天子庶人皆當行孝, 始知孝之爲大也.

형병 소 ▮어주 : "經常"~"義也". ▸『정의(正義)』: "'경(經)'은 '[변함이 없이] 일정하다[常]'는 뜻이다. 만물을 이롭게 하는 것이 의(義)이다"라고 하는 것과 관련하여, "경(經)'은 '[변함이 없이] 일정하다[常]'는 뜻이다"는 전적(典籍)들의 통상적인 해석이다. 『역』「문언전(文言傳)」에서 "만물을 이롭게 하여 의를 조화롭게 할 만하다"[2]라고 말한 것이 "만물을 이롭게 하는 것이 의(義)이다"는 것이다.

邢疏 ▮注"經常"至"義也". ▸正義曰 : 云"經常也, 利物爲義"者, 經常, 卽書傳通訓也. 『易』「文言」曰, "利物足以和義", 是"利物爲義"也.

형병 소 "효는 수많은 행위 중에 으뜸이며, 사람의 상덕(常德)이다"는 것과 관련하여, 정현은 『논어』에 주석하여 "효는 수많은 행동의 근본"이라고 하였는데, [이는] 사람의 행위 가운데 효보다 앞서는 것이 없음을 말한다. 살펴보건대, 『주역』에서 "그 덕을 늘 변함이 없이 하니, 바르다"[3]고 말하는 것이 효는 사람의 상덕(常德)이라는

2 『주역』「건괘(乾卦)」: 文言曰, 元者, 善之長也, 亨者, 嘉之會也, 利者, 義之和也, 貞者, 事之幹也. 君子體仁足以長人, 嘉會足以合禮, 利物足以和義, 貞固足以幹事.

것이다.

邢疏　　云"孝爲百行之首, 人之常德"者, 鄭注『論語』云, "孝爲百行之本", 言人之爲行, 莫先於孝. 案, 『周易』曰, "常其德, 貞", 孝是人之[4]常德也.

형병 소　　"마치 삼신(三辰)이 하늘을 운행하면서"라는 것은 해, 달, 별이 때에 맞춰 하늘을 운행하는 것을 말한다. 『석명(釋名)』에서는 "토(土)는 '토해내다[吐]'는 것이니, 만물을 토해내는 것을 말한다"[5]고 하였고, 『주례』에서는 "오토(五土)와 십지(十地)의 이로움은 효가 수많은 행동 중에 으뜸임을 말한다"[6]고 하였는데, 이는 사람은 태어나면서 늘 변치 않는 덕을 가지는 것이 마치 해, 달, 별[星辰]들이 하늘에서 운행하면서 일정함이 있고, 산과 강 평원과 습지가 토지를 구별하여 각 지역에 맞는 [일정한] 이로움이 있는 것과 같다는 것이다. 그렇다면 귀천이 비록 구분되기는 하지만 반드시 효에 의해 자신을 세움에 모두 천지에서 본받는 것을 소중하게 여김을 알 수 있다. 그런데 이 경문은 『좌전』에서 정(鄭)나라 자대숙(子大叔)이 예(禮)와 관련된 조간자(趙簡子)의 질문에 대답한 내용과 동일하고, 그 한두 글자가 다를 뿐이니,[7] [이는] 효와 예는 그 뜻이 같음을 밝힌 것이다.

3　『주역』「항괘(恒卦)」: 六五, 恒其德, 貞, 婦人吉, 夫子凶.

4　'지(之)'자에 대하여. '조'자는 본래 '소(所)'자로 기록되어 있었는데, 완원(阮元)의 『교감기(校勘記)』에서는 "『정오(正誤)』에는 '소'자를 '지'자로 기록하고 있다."라고 했다.

5　『석명』「석지(釋地)」.

6　현행본 『주례』에는 이러한 내용이 없다.

7　『춘추좌씨전』「소공」25년: 夏, 會于黃父, 謀王室也. 趙簡子令諸侯之大夫輸王粟、具戍人, 曰, "明年將納王." 子大叔見趙簡子, 問揖讓、周旋之禮焉. 對曰, "是儀也, 非禮也." 簡子曰, "敢問, 何謂禮?" 對曰, "吉也聞諸先大夫子産曰, '夫禮, 天之經也, 地之義也, 民之行

邢疏　云"若三辰運天", 謂日月星以時運轉於天. 『釋名』云, "土者吐也, 言吐生萬物", 『周禮』"五土十地之利, 言孝爲百行之首, 是人生有常之德, 若日月星辰運行於天而有常, 山川原隰分別土地而爲利. 則知貴賤雖別, 必資孝以立身, 皆貴法則於天地. 然此經全與『左傳』鄭子大叔答趙簡子問禮同, 其異一兩字而已. 明孝之與禮, 其義同.

형병 소　▮어주 : "天有"~"行也". ▸『정의(正義)』: "하늘은 늘 변치 않는 밝음을 지니고 있다"는 것은 해, 달, 별들이 아래로 빛을 내려서 사시(四時)에 법도가 되고, 인사(人事)는 그것을 규칙으로 삼아서 "아침 일찍 일어나고 밤늦게 잠자리에 들어 너의 부모를 욕되게 하지 않는 것이다"[8]는 것을 가리킨다. 이 때문에 아래 문장에서 "하늘의 밝음을 본받는다"라고 말한 것이다.

邢疏　▮注"天有"至"行也". ▸正義曰 : 云"天有常明"者, 謂日月星辰照[9]臨於下, 紀於四時, 人事則之, 以"夙興夜寐, 無忝爾所生". 故下文云"則天之明"也.

형병 소　"땅은 늘 변치 않는 이로움을 지니고 있다"고 하는 것은 산과 강, 평원과 습지에서 동물과 식물 등의 생산물이 생산되어, 인사(人事)는 이로 인해 아침저녁의 식사를 장만하고 부모를 봉양함을

也.' 天地之經, 而民實則之. 則天之明, 因地之性, 生其六氣, 用其五行./ 전체 내용을 확인하려면, 좌구명/신동준 옮김, 『춘추좌전』3(파주: 한길사, 2006), 278쪽~281쪽을 보라.

8 『시경』「소아(小雅)·소완(小宛)」: 夙興夜寐, 毋忝爾所生. 이 시의 전체 내용을 확인하려면, 김학주 역, 『시경』(서울: 명문당, 1988), 330~331쪽을 보라.

9 '조(照)'자에 대하여. '조'자는 본래 '명(明)'자로 기록되어 있었는데, 완원(阮元)의 『교감기(校勘記)』에서는 "『정오(正誤)』에는 '명'자가 '조'자로 기록되어 있는데, 이 기록이 옳다."라고 했다.

어기지 않는다. 이 때문에 다음 문장에서는 “땅의 이로움에 의거한다”고 말한 것이다. 여기서는 모두 사람은 천지를 규범으로 삼아 효행을 할 수 있다는 것이니, 이 때문에 “또한 효를 늘 변치 않는 행동으로 삼는다”고 말 한 것이다. 앞에서는 “[늘 변하지 않는] 하늘의 항상됨[經]과 같고[天之經], [만물을 이롭게 하는] 땅의 의로움[義]과 같으며[地之義]”라고 하였고, 여기서는 “하늘과 땅은 [늘 변하지 않는] 항상됨을 지니고 있고[天地之經]”라고 하여, ‘의로움[義]’을 말하지 않은 것은 땅에는 만물을 이롭게 하는 의로움[義]이 있는데, 이 또한 하늘의 상도(常道)이기 때문이다. 만약 구분해서 말하면 의로움[義]이 되고, 합해서 말하면 변치 않음[常]이 된다.

邢疏　云“地有常利”者, 謂山川原隰, 動植物産, 人事因之, 以晨羞夕膳也, 色養無違. 故下文云“因地之利”也. 此皆人能法則天地以爲孝行者, 故云“亦以孝爲常行也.” 上云“天之經, 地之義”, 此云“天地之經”而不言‘義’者, 爲地有利物之義, 亦是天常也. 若分而言之則爲義, 合而言之則爲常也.

형병 소　▮어주 : “法天”~“理也”. ▸『정의(正義)』 : “하늘의 밝음을 본받아 늘 변치 않는 행동을 하고, 땅의 이로움에 의거하여 의로움을 행한다”는 것은 앞 문장에서 “무릇 효는 [늘 변하지 않는] 하늘의 항상됨[經]과 같고[天之經], [만물을 이롭게 하는] 땅의 의로움[義]과 같다[地之義]”라고 말했기 때문에 “하늘의 밝음을 본받아 늘 변치 않는 일정함으로 삼고”라고 하여 “하늘의 밝음”을 해석하였고, “땅의 이로움에 의거하여 의로움을 행하여”라고 하여 “땅의 이로움”을 해석하였다. “이에 따라 정치와 교화를 시행하면, 삼감과 엄격함을 기다리지 않더라도 이루어지고 다스려진다"는 것과 관련하여, 경문에서는 "그 결과 교화는 삼가하여 주의시키지 않더라도 이루어지고, 정치는 엄격하지 않더라도 다스려진다"라고 말하였고, 주석에서는 정치와 교육을 서로 따르게 하여 그 의미를 밝히고, 삼감과 엄격함을 서로 연결시켜 그것을 풀이 하였는데, 이는 편의에 따라 생략한 것이다. 『제지(制旨)』에서는 다음과 같이 말하고 있다. "하늘은 지극함을 세우는 실마리(기초)[統]가 없어서 항상 그 밝음이 유지되고, 땅은 지극함을 세우는 실마리(기초)[統]가 없어서 항상 그 이로움이 유지되며(본래는 11자가 빠져 있다), 사람은 자신을 세우는 근본이 없어서 항상 그 덕(德)이 유지된다. 그렇다면, 삼신(三辰)이 번갈아 운행하면서 하나같이 경(經)으로 삼는 것은 천리(天利)의 본성이며, 오토(五土)가 식물군을 구분 지으면서 하나같이 마땅함으로 삼는 것은 대순(大順)[10]의 이치이고, 백행(百行)이 그 길을 달리하면서 하나로 귀착하려는 것[11]은 대중(大中)[12]의 핵심[要]이다. 대체로 사랑[愛]은 온화로움[和]에서 시작되고 공경은 어기지 않는 순종[順]에서 생긴다. 이 때문에 온화로움으로 사랑을 가르치면, 쉽게 이해하여 친함이 있게 되고, 순종으로 공경을 가르치면 쉽게 따라와서 효과[功]가 있게 되며, 사랑과 공경의 교화가 행해져서 예악(禮樂)의 정치가 갖춰지게 된다. 성인은 하늘의 밝음으로 불변의 항상됨[經]으로 삼고, 땅의 이로움에 의거하여 의로운 행동을 하기 때문에, 엄격함과 삼감

10 대순(大順)은 ①倫常과 天道를 따른다는 뜻과 ②자연스럽다는 뜻, 그리고 ③大法의 뜻이 있다.

11 이 문장은 『주역』「계사하」의 "天下同歸而殊塗, 一致而百慮"라는 내용과 유사하다.

12 대중(大中)은 『주역』「대유괘(大有卦)」의 "彖曰, '大有', 柔得尊位大中, 而上下應之, 曰大有."에 나오는 말로, 지나침과 모자람이 없는 중정(中正)의 도(道)를 가리킨다.

을 기다리지 않더라도 영원하고 위대한 업적을 이룰 수 있는 것이다.

邢疏 ▮注"法天"至"理也". ▸正義曰：云"法天明以爲常, 因地利以行義"者, 上文云"夫孝天之經, 地之義也", 故云"法天明以爲常", 釋"天之明也", "因地利以爲義", 釋"地之義也." 云"順此以施政教, 則不待嚴肅而成理也"者, 經云"其教不肅而成, 其政不嚴而治", 注則以政教相就而明之, 嚴肅相連而釋之, 從便宜省也. 『制旨』曰, "天無立極之統, 無以常其明, 地無立極之統, 無以常其(元缺十一字)利, 人無立身之本, 無以常其德. 然則三辰迭運, 而一以經之者, 天利之性也, 五土分植而一以宜之者, 大順之理也, 百行殊塗而一致之者, 大中之要也. 夫愛始於和, 而敬生於順. 是以因和以教愛, 則易知而有親, 因順以教敬, 則易從而有功, 愛敬之化行而禮樂之政備矣. 聖人則天之明以爲經, 因地之利以行義, 故能不待嚴肅而成可久可大之業焉.

▍경문 07-2

선왕은 [하늘과 땅의] 가르침으로 백성을 교화시킬 수 있음을 보았다.《 주: 하늘과 땅의 교화로 인해 백성이 바뀌는 것을 보았다.》 **이 때문에 선왕이 몸소 널리 사랑함[博愛]을 먼저 행하니, 백성들이 그 부모를 버리지 않았고,**《 주: 군주가 자신의 부모를 사랑하면, 백성[人]들이 그 행동에 교화되어 자신들의 부모를 버리는 자가 없게 된다.》 **[대신(大臣)들이 군주를 도와] 덕(德)과 의(義)의 아름다움을 진술하니, 백성들이 [덕의(德義)]를 일으켜 행하였으며,**《 주: 덕의(德義)의 아름다움을 진술하여 대중들에게 흠모를 받게 되면, 백성들은 마음을 움직여 덕과 의를 행하게 된다.》 [선왕이 몸소] **공경과 양보를 먼저 행하니, 백성들이 다투지 않았고,**《 주: 군주가 공경과 양보를 행하면, 백성들은 교화되어 다투지 않는다.》 [**대신(大臣)들이 군주를 도와**] **예악으로써 인도하니 백성들이 화목해졌으며,**《 주: 예(禮)로써 자신의 행동을 점검하고 악(樂)으로써 자신의 마음을 바로잡으면 화목하게 된다.》 [**대신(大臣)들이 군주를 도와**] **좋고 싫어함으로써 보여주니, 백성들이 금지할 바를 알았다.**《 주: 좋아함으로써 그것을 인도함을 보여주고, 싫어함으로써 그것을 금지함을 보여주면, 백성들은 금지하는 법령을 알게 되어 감히 범하지 않게 된다.》

經文 07-2 **先王見教之可以化民也.**《 注: 見因天地教化, 人之易也.》 **是故先之以博愛, 而民[13]莫遺其親,**《 注: 君愛其親, 則人化之, 無有遺其親者.》 **陳之以德義, 而民興行,**《 注:陳說德義之美, 爲衆所慕, 則人起心而行之.》 **先之以敬讓, 而民不爭,**《 注: 君行敬讓, 則人化而不爭》 **導之以禮樂, 而民和睦,**《 注: 禮以檢其跡, 樂以正其心, 則和睦矣.》 **示之以好惡, 而民知禁.**《 注: 示好以引之, 示惡以止之, 則人知有禁令, 不敢犯也.》

형병 소 ▮경문 : "先王"~"知禁". ▸『정의(正義)』: [이 경문에서는] 다음과 같이 말하고 있다. 선왕은 하늘과 땅의 변치 않는 항상됨에 의거하여 삼가거나 엄격하지 않은 정치와 교화로써 앞장서 아래 백성들[下人]들을 변화 시킬 수 있음을 보았다. 이 때문에 [성왕은] 몸

13 '민(民)'자에 대하여. '민'자는 본래 '인(人)'자로 기록되어 있었는데, 완원(阮元)의 『교감기(校勘記)』에서는 "『정주본(鄭注本)』에는 '인'자가 '민'자로 되어 있다. 『정의』에서는 '이는 정주(鄭注)에 따는 것이다'라고 하니, 마땅히 '민'자가 되어야 한다."라고 했다.

소 박애(博愛)의 도리를 행하여 남들보다 앞서 하니, 사람들은 점차 그 풍교(風敎)에 젖어들어 자신들의 부모를 버리는 자가 없었다. 그리고 [선왕이] 덕과 의의 아름다움을 진술하여, 가르침에 따라 사람들을 깨우치니, 사람들은 마음을 움직여 그것을 행하였다. 선왕은 또한 몸소 공경과 양보의 도리를 행하여 남들보다 앞서 하니, 사람들은 점차 그 덕에 젖어들어 다투지 않았다. 또 예악의 가르침으로 인도하여 그 마음과 행동을 바로잡으니, 사람들은 그 가르침에 힘입어 저절로 화목하였다. 또 좋은 것은 반드시 그것을 사랑하여 보여주고 나쁜 것은 반드시 그것을 다스려 보여주니, 사람들이 그것을 보고 나라에 금령이 있음을 알았다.

邢疏 ▮"先王"至"知禁". ▸正義曰 : 言先王見因天地之常, 不肅不嚴之政敎, 可以率先化下人也. 故須身行博愛之道, 以率先之, 則人漸其風敎, 無有遺其親者. 於是陳說德義之美, 以順敎誨人, 則人起心而行之也. 先王又以身行敬讓之道, 以率先之, 則人漸其德而不爭競也. 又導之以禮樂之敎, 正其心迹, 則人被其敎, 自和睦也. 又示之以好者必愛之, 惡者必討之, 則人見之而知國有禁也.

형병 소 ▮어주 : "見因"~"易也". ▸『정의(正義)』: 이 주석은 정주(鄭注)에 따른 것이다. [이 주석에서는] 선왕이 하늘의 밝음과 땅의 이로움이 사람들에게 도움을 주어, 이에 의거하여 교화가 베풀어지고 이것을 행함이 매우 쉬움을 보았음을 말하고 있다.

邢疏 ▮注"見因"至"易也". ▸正義曰 : 此依鄭注也. 言先王見天明地利, 有益於人, 因之以施化, 行之甚易也.

형병 소 ▮어주 : "君愛"~"親者". ▸『정의(正義)』: 이 주석은 왕주(王注)에 따른 것이다. [이 주석에서는] 군주가 박애(博愛)의 도리를 행하면 사람들이 그에 교화되어 모두 사랑과 공경을 행할 수 있어 자신들의 부모를 버려두는 자가 없게 될 것임을 말하였다. 즉 「천자장」에서 "부모를 섬기는데 사랑과 공경을 다하고 백성들에게 덕교(德敎)를 시행하여"라고 말한 것이 이것이다.

邢疏 ▮注"君愛"至"親者". ▸正義曰 : 此依王注也. 言君行博愛之道, 則人化之, 皆能行愛敬, 無有遺忘其親者. 卽「天子章」之"愛敬盡於事親, 而德敎加於百姓", 是也.

형병 소 ▮어주 : "陳說"~"行之". ▸『정의(正義)』: 『역』에서는 "군자는 덕(德)에 나아가 업(業)을 닦는다"[14]라고 말하였고, 또 『논어』에서는 "[군자는] 의(義)를 기본 원칙으로 삼는다"[15]고 말하였으며, 또 『좌전』에서는 조최(趙衰)가 극곡(郤縠)을 추천하면서 말한 내용을 실어 "[극곡은] 예악을 좋아하면서 『시』·『서』에 조예가 깊은데, 『시』·『서』는 의(義)의 창고[府]이고, 예악은 덕(德)의 준칙으로, 덕과 의는 [백성을] 이롭게 하는 근본이 됩니다"[16]라고 말하고 있다. 또한 덕과 의의 이로움은 정치를 하는 근본이다. [이 주석에서는] 대신(大臣)이 덕과 의의 아름다움을 진술하는 것은 천자가 중시하는

14 『주역』「건괘(乾卦)·문언전(文言傳)」: 九四曰"或躍在淵, 无咎", 何謂也? 子曰, "上下无常, 非爲邪也, 進退无恒, 非離羣也. <u>君子進德修業</u>, 欲及時也, 故'无咎'."

15 『논어』「위령공」: 子曰, "君子<u>義以爲質</u>, 禮以行之, 孫以出之, 信以成之. 君子哉!"

16 『춘추좌씨전』「희공」27년: 趙衰曰, "郤縠可. 臣亟聞其言矣, 說禮·樂而敦詩·書. 詩·書, 義之府也, 禮·樂, 德之則也, 德·義, 利之本也……." 전체 내용을 확인하려면, 좌구명/신동준 옮김, 『춘추좌전』1(파주: 한길사, 2006), 302쪽~304쪽을 보라.

바이고 대중들의 정서가 흠모하는 대상이니, 사람들이 마음의 뜻을 일으켜 그것을 본받아 행함을 말하고 있다.

邢疏 ▮注"陳說"至"行之". ▸正義曰 : 『易』稱, "君子進德修業", 又『論語』云, "義以爲質", 又『左傳』說趙衰薦郤縠云, "說禮樂而敦詩·書, 詩·書, 義之府也, 禮樂, 德之則也, 德義, 利之本也." 且德義之利, 是爲政之本也. 言大臣陳說德義之美, 是天子所重, 爲群情所慕, 則人起發心志而效行之.

형병 소 ▮어주 : "君行"~"不爭". ▸『정의(正義)』 : 이 주석은 위주(魏注)에 따른 것이다. 살펴보건대, 『예기』「향음주의(鄕飮酒義)」에서는 "예(禮)를 우선시하고 재물을 차선시 하면, 백성들이 공경과 양보의 마음을 일으켜 다투지 않는다"[17]라고 말하고 있다. [이 주석에서는] 군주가 몸소 공경과 양보를 먼저 행하면 천하 사람들이 스스로 [재물을] 탐내어 다투는 것을 그만둘 것임을 말하였다.

邢疏 ▮注"君行"至"不爭". ▸正義曰 : 此依魏注也. 案, 『禮記』「鄕飮酒義」云, "先禮而後財, 則民作敬讓而不爭矣." 言君身先行敬讓, 則天下之人自息貪競也.

형병 소 ▮어주 : "禮以"~"睦矣". ▸『정의(正義)』 : 이 주석은 위주(魏注)에 따른 것이다. 살펴보건대, 『예기』에서는 "악(樂)은 안[中]에서부터 나오고, 예(禮)는 겉[外]에서부터 일어난다"[18]라고 말하고 있다. [여기서] '중(中)'은 마음이 그 안에 있음을 말하고, '외(外)'는

17 『예기』「향음주의」: 先禮而後財, 則民作敬讓而不爭矣.
18 『예기』「악기(樂記)」: 樂由中出, 禮自外作.

행동이 밖으로 드러나는 것을 말한다. 마음으로부터 나오는 것은 마땅히 음악을 들음으로써 바로잡아야 하고, 행동으로 드러나는 것은 마땅히 예로써 점검해야 한다. '그것을 점검한다[檢之]'는 말은 점검하여 단속함[檢束]을 말한다. [이 주석에서는] 마음과 행동이 예악에 어긋나지 않으면, 사람들은 마땅히 저절로 화목하게 됨을 말하고 있다.

邢疏 ▮注"禮以"至"睦矣". ▸正義曰：此依魏注也. 案,『禮記』云, "樂由中出, 禮自外作." '中'謂心在其中也, '外'謂跡見於外也. 由心以出者, 宜聽樂以正之, 自跡以見者, 當用禮以檢之. '檢之'謂檢束也. 言心跡不違於禮樂, 則人當自和睦也.

형병 소 ▮어주 : "示好"~"犯也". ▸『정의(正義)』: "좋아함으로써 그것을 인도함을 보여주고, 싫어함으로써 그것을 금지함을 보여주면"이라고 한 것과 관련하여, 살펴보건대『예기』「악기」에서는 "선왕은 예악을 제정하면서 백성들에게 좋은 것과 싫은 것을 알도록 하여 사람이 해야 할 올바른 도리로 돌아가게 만들고자 하였다"[19]고 말하고 있다. 따라서 좋은 것이 있으면 반드시 상(賞)이 내려짐을 보임으로써 그들을 이끌어 깨우쳐서는 그들이 선망하여 선(善)으로 귀착되도록 하였으며, 나쁜 것이 있으면 반드시 벌이 내려짐을 보임으로써 금령(禁令)으로 그것을 징벌하고 그치게 하여 그들이 두려워 행하지 못하도록 하였다. "백성들은 금지하는 법령을 알게 되어 감히 범하지 않게 된다"는 것은 사람(백성)들이 좋고 싫어함을 알아서 금

19 『예기』「악기(樂記)」: 是故先王之制禮樂也, 非以極口腹耳目之欲也, 將以教民平好惡而反人道之正也.

령을 범하지 않음을 말한다.

邢疏　　■注"示好"至"犯也". ▸正義曰 : 云"示好以引之, 示惡以止之"者, 案「樂記」云, "先王之制禮樂也, 將以敎民平好惡而反人道之正也." 故示有好必賞之, 令以引喻之, 使其慕而歸善也, 示有惡必罰之, 禁以懲止之, 使其懼而不爲也. 云"則人知有禁令, 不敢犯也"者, 謂人知好惡而不犯禁令也.

▎경문 07-3

『시』에서 말하였다. "눈부시게 빛나는[赫赫] 태사(太師) 윤씨(尹氏)여!, 백성들이 모두 그대를 우러러보네."《 주: '혁혁(赫赫)'은 밝음이 성한 모양이다. 윤씨는 태사(太師)로서 주나라의 삼공(三公)이었다. [이 시는] 의미상으로 대신(大臣)이 군주를 도와 교화를 행하니, 사람들이 모두 그를 우러러 보았다는 내용을 취한 것이다.》

經文 07-3　　**詩云, "赫赫師尹! 民具爾瞻."**《 注: 赫赫, 明盛貌也. 尹氏爲太師, 周之三公也. 義取大臣助君行化, 人皆瞻之也.》

형병 소　　■경문 : "詩云"~"爾瞻". ▸『정의(正義)』: 부자(夫子; 공자)는 이미 선왕이 몸소 아래를 인도함에, 먼저 대신(大臣)들이 군주를 도와 교화를 행함에 이르는 뜻을 서술하고서 그것을 끝마치자, 이에 「소아(小雅) · 절남산(節南山)」의 시를 끌어들여 그를 증명하였다. '혁혁(赫赫)'은 밝음이 성한 모양이며, 태사 윤씨를 말한다. [이 경문에서는] 군주를 도와 교화를 행함에 다른 사람들의 규범이 되었기 때문에 다른 사람들이 모두 그를 우러러 보았음을 말하고 있다.

邢疏 ▮"詩云"至"爾瞻". ▸正義曰 : 夫子旣述先王以身率下, 先及大臣助君行化之義畢, 乃引「小雅 · 節南山」詩以證成之. 赫赫, 明盛之貌也, 是太師尹氏也. 言助君行化, 爲人模範, 故人皆瞻之.

형병 소 ▮어주 : "赫赫"~"之也". ▸『정의(正義)』: "'혁혁(赫赫)'은 밝음이 성한 모양이다. 윤씨는 태사(太師)로서 주나라의 삼공(三公)이었다"라고 말한 것은 모전(毛傳; 毛亨의 傳)의 문장이다. 태사(太師) · 태부(太傅) · 태보(太保)는 주나라의 삼공(三公)이다. 윤씨가 당시에 태사가 되었기 때문에 [주석에서] '윤씨(尹氏)'라고 말한 것이다.

邢疏 ▮注"赫赫"至"之也". ▸正義曰 : 云"赫赫, 明盛貌也. 尹氏爲太師, 周之三公也"者, 此毛傳文. 太師 · 太傅 · 太保, 是周之三公. 尹氏時爲太師, 故曰'尹氏'也.

형병 소 "[이 시는] 의미상으로 대신(大臣)이 군주를 도와 교화를 행하니, 사람들이 모두 그를 우러러 보았다는 내용을 취한 것이다"라고 말한 것은『시』를 인용한 대체적인 뜻이 이와 같다는 것이다.

邢疏 云"義取大臣助君行化, 人皆瞻之也"者, 引『詩經』大意如此.

형병 소 공안국(孔安國)은 다음과 같이 말하였다. "구(具)는 모두[皆]라는 뜻이다. '이(爾)'는 너[女]라는 뜻이다. 고어(古語)에 혹 '인구이첨(人具爾瞻)'이라 말하고 있으니, [이 문장은] 사람들이 모두 너를 쳐다본다는 뜻이다."

邢疏 孔安國曰, "具, 皆也. 爾, 女也. 古語或謂'人具爾瞻', 則人皆贍女也."

형병 소 이 「삼재장」에는 두 번이나 '먼저 행하다[先之]'라고 말하고 있는데, 이것은 나 자신이 다른 대상보다 솔선수범하여 행한다는 것이며, '그것을 진술하다[陳之]'와 '그들을 인도하다[導之]', '그것을 보여주다'라고 하는 것은 대신(大臣)들이 군주를 도와 정사를 행하는 것이다. 살펴보건대, 『대대례기(大戴禮記)』에서는 다음과 같이 말하고 있다. "옛날에 순임금은 우(禹)를 왼쪽에 고요(皐陶)를 오른쪽에 두어 자신은 당(堂; 조정)을 내려오지 않더라도 천하가 크게 다스려졌다. 대체로 정치가 중도(中道)를 잃는 것은 군주의 잘못이며, 정치가 이미 중도에 맞는데도 명령이 시행되지 않는 것은 실무를 맡은 자들의 죄이다."[20] 뒤에서 『주례』에서 "삼공(三公)에게는 소속된 관원이 없고, 왕(王)과 직무를 함께하여 앉아서 도(道)를 논의한다"고 말한 내용을 인용하였고,[21] 또한 살펴보건대 『상서』「익직(益稷)」편에서 "순임금이 말하였다. '아! 신하여 너는 내 가까이 있으라. 가까이 있으니, 너는 내 신하로다!'"[22]라고 말하였고, 또 [같은 곳에서] "신하는 짐(朕)의 다리오, 팔이오, 눈이오, 귀이니라"[23]라고 말하

20 『대대례기』「주언(主言)」: 孔子愀然揚麋曰, "參! 女以明主爲勞乎? 昔者, 舜左禹而右皐陶, 不下席而天下大治. 夫政之不中, 君之過也, 政之旣中, 令之不行, 職事者之罪也. 明主奚爲其勞也?……."

21 현행본 『주례』의 「고공기」에 "坐而論道謂之王(三)公"이라는 문장은 있으나, 본문과 동일한 내용의 문장은 없다. 정현(鄭玄)이 지은 『駁五經異義補遺』의 「삼공(三公)」에서 "古『주례』說天子立三公, 曰太師, 太傅, 太保, 無官屬, 與王同職, 故曰坐而論道謂之三公"이라는 문장이 있는 것으로 보아, 본문의 내용은 현행본 『주례』가 만들어지기 이전의 고『주례』에 나오는 말인 듯하다.

22 『상서』「우서(虞書)·익직(益稷)」: 帝曰, "吁! 臣哉鄰哉, 鄰哉臣哉."

23 『상서』「우서(虞書)·익직(益稷)」: 帝曰, "臣作朕股肱耳目……."

였다. [이 『상서』 「익직」의 경문에 대한] 공전(孔傳; 공안국 전)에서는 "[앞의 경문은] 군주와 신하의 도(道)는 가까워서, 서로 구하여서 완성됨을 말한 것이고, [뒤의 경문은 군주와 신하가] 한 몸처럼 하나로 되어 있어서 군주는 다리와 팔을 부리고, 신하는 머리를 이고 있다는 뜻을 말한 것이다"라고 말하였다. 이 때문에 『예기』 「치의(緇衣)」에서는 다음과 같이 말하였다. "위에서 좋아하는 일은 아래에서 반드시 좋아한다. 그러므로 윗자리에 있는 이의 좋아함과 싫어함은 신중히 하지 않을 수 없으니, 그것이 백성들의 기준이 되기 때문이다. 『시』에서는 '눈부시게 빛나는[赫赫] 태사(太師) 윤씨(尹氏)여!, 백성들이 모두 그대를 우러러보네'[24]라고 하였고, 『상서』 「보형(甫刑)」에서는 '한 사람에게 선한 모습[慶]이 있으면, 일반 백성들[兆民]은 그것에 의지한다'[25]라고 하였다."[26] 『예기』 「치의」에서 『시』와 『서』를 인용한 것은 아래 백성들은 윗사람을 따른다는 뜻을 밝힌 것이다. [『시』의] 사윤(師尹)은 대신(大臣)이며, [『상서』의] '일인(一人)'은 천자이다. 이것은 군주가 정치를 행함에 직접 행하는 경우도 있고, 대신(大臣)들이 그를 도와 행하는 경우도 있음을 말한 것이다. 사람들이 윗사람을 따르는 것은 군주만을 따르는 것이 아니라, 도(道)를 의론하는 대신들도 따르기 때문에 이들을 함께 아울러 인용함으로써 결론지은 것이다. 이 「삼재장」의 앞부분에서는 '선왕(先

---

24 『시경』 「소아(小雅) · 절남산(節南山)」: 赫赫師尹, 民具爾瞻. 전체 시의 내용을 확인하려면, 김학주 역, 『시경』(서울: 명문당, 1988), 311쪽~313쪽을 보라.

25 『서』 「주서(周書) · 여형」: 一人有慶, 兆民賴之.

26 『예기』 「치의(緇衣)」: 子曰, "下之事上也, 不從其所令, 從其所行. 上好是物, 下必有甚者矣. 故上之所好惡不可不愼也, 是民之表也." 子曰, "禹立三年, 百姓以仁遂焉, 豈必盡仁?" 『詩經』云, "赫赫師尹, 民具爾瞻." 「甫刑」曰, "一人有慶, 兆民賴之." 大雅曰, "成王之孚, 下土之式."

王)'을 말하였고, 끝부분에서는 '사윤(師尹)'을 인용하였으니, 군주와 신하는 동체여서 서로 구하여 완성된다는 것은 이것을 가리킴을 알 수 있다. 황간(皇侃)은 선왕(先王)이 윗자리에 있음을 언급하는 시가 없기 때문에 이 장의 끝부분[斷章]에서 태사(太師)의 시편을 인용하였다고 하였는데, 지금은 [그의 해석을] 취하지 않는다.

邢疏 此章再言'先之', 是吾身行率先於物也, '陳之', '導[27]之', '示之', 是大臣助君爲政也. 案, 『大戴禮』云, "昔者舜左禹而右皐陶, 不下席而天下大治. 夫政之不中, 君之過也, 政之旣中, 令之不行, 職事者之罪也." 後引『周禮』稱, "三公無官屬, 與王同職, 坐而論道", 又案『尙書』「益稷」篇稱, "帝曰, '吁! 臣哉鄰哉, 鄰哉臣哉!'", 又曰, "臣作朕股肱耳目." 孔傳曰, "言君臣道近, 相須而成. 言同[28]體若身, 君任股肱, 臣戴元首之義也." 故『禮』「緇衣」稱, "上好是物, 下必有甚者矣. 故上之好惡, 不可不愼也, 是民之表也." 詩云, "赫赫師尹, 民具爾瞻", 「甫刑」曰, "一人有慶, 兆民賴之." 「緇衣」之引『詩經』·『書』, 是明下民從上之義. 師尹, 大臣也, 一人, 天子也. 謂人君爲政, 有身行之者, 有大臣助行之者. 人之從上, 非唯從君, 亦從論道之大臣, 故幷引以結之也. 此章上言'先王', 下引師尹, 則知君臣同體, 相須而成者, 謂此也. 皇侃以爲無先王在上之詩, 故斷章引太師之什, 今不取也.

---

27 '도(導)'자에 대하여. '도(導)'자는 본래 '도(道)'자로 기록되어 있었는데, 완원(阮元)의 『교감기(校勘記)』에서는 "『민본(閩本)』·『감본(監本)』·『모본(毛本)』에서는 '도(道)'자를 '도(導)'자로 기록하고 있는데, 이 기록이 옳다."라고 했다.

28 '동(同)'자에 대하여. '동'자는 본래 '대(大)'자로 되어 있었는데, 완원(阮元)의 『교감기(校勘記)』에서는 "『정오(正誤)』에서는 '대'자를 '동'자로 기록하고 있는데, 이 기록이 옳다."라고 했다.

제8장 효치장孝治章

효에 의한 통치

형병 소 『정의(正義)』: 부자(夫子; 공자)는 여기에서 명왕(明王; 영명하고 명철한 왕)이 효로써 천하를 다스리는 것을 진술하였다. 앞 장[즉, 「삼재장」]에서는 하늘과 땅에 의거하고 인정(人情)에 따르는 것을 가르침으로 삼았고, 이 장에서는 명왕(明王)이 효에 의거하여 [천하를] 다스리는 것을 말했기 때문에 이로써 장(章)의 이름으로 삼아, 「삼재장」의 뒤에 두었다.

邢疏 正義曰 : 夫子述此明王以孝治天下也. 前章明先王因天地 · 順人情以爲教, 此章言明王由孝而治, 故以名章, 次「三才」之後也.

경문 08-1

공자가 말하였다. "옛날에 명왕(明王)이 효로써 천하를 다스릴 때에,《 주: 선대(先代)의 성스럽고 밝은[聖明] 왕은 지극한 덕과 핵심적인 도로써 사람들을 교화시켰는데, 이것은 효로써 다스린 것임을 말하고 있다.》 **소국(小國)의 신하라도 감히 버려두지 않았으니, 하물며 공(公) · 후(侯) · 백(伯) · 자(子) · 남(男)에 있어서는 어떠했겠는가?**

《 주: 작은 나라의 신하는 매우 비천한 자일 뿐이다. [그런데도] 군주는 오히려 그를 예(禮)로써 대우하였으니, 하물며 오등(五等)의 제후에 있어서는 어떠했겠는가. 이것이 공경을 확대하는 것이다. 》 **이 때문에 [명왕(明王)들은] 수많은 나라[萬國]의 환심을 얻어, [만국이] 그들의 선왕(先王)에 제사 드리는 것을 도와 섬겼던 것이다.** 《 주: '만국(萬國)'은 그 많음을 든 것이다. [이 경문은] 효도를 행하여 천하를 다스림에, 모두에게 환심을 얻으면, [그들이] 각자 자신들의 조공물(朝貢物)을 가지고 와서 제사를 도움을 말한 것이다. 》

經文 08-1 **子曰, "昔者, 明王之以孝治天下也,** 《 注: 言先代聖明之王, 以至德要道化人, 是爲孝理[29] 》 **不敢遺小國之臣, 而況於公侯伯子男乎?** 《 注: 小國之臣, 至卑者耳. 主尙接之以禮, 況於五等諸侯. 是廣敬也. 》 **故得萬國之懽心, 以事其先王.** 《 注: 萬國擧其多也. 言行孝道, 以理天下, 皆得懽心, 則各以其職來助祭也. 》

형병 소 ■경문 : "子曰"~"先王". ▸『정의(正義)』: 이 장의 앞머리에서 "공자가 말했다[子曰]"고 한 것은 하나의 일이 마무리되고 다시 별도로 첫머리를 시작하기 때문이다. [이 경문에서는] 다음과 같이 말하고 있다. 옛날에 영명하고 명철[聖明]한 왕은 효도로써 천하를 다스려 접하는 대상[物]을 크게 가르칠 수 있었기 때문에 작은 나라의 신하일지라도 감히 버려두지 않았으니, 하물며 오등(五等)의 군주야 어떠했겠는가? 반드시 그들을 예우하고 공경하였던 것이다.

29 '리(理)'자에 대하여. 『십삼경주소』 북경대 출판본에서는 "살펴보건대, '리'자는 마땅히 '치(治)'가 되어야 하는데, 이것은 주석가들이 당나라 고종(高宗)인 이치(李治)의 이름을 피휘하여 '치'자를 '리'자로 고친 것이다. 다음 주석의 문장 가운데 '리(理)'자도 대부분 '치(治)'자가 되어야 하는데, 따로 교감을 하지 않는다."라고 했다.

명왕(明王)은 이와 같을 수 있었기 때문에 수많은 나라의 환심을 얻었고, 이로 인해 [수많은 나라들은] 각자가 자신의 덕을 닦고, [명왕에 대한 자신의] 환심(歡心)을 다하여 [명왕에게] 와서 제사를 도와 [명왕의] 선왕(先王)을 섬겼던 것이다. 『효경』의 경문에 '선왕(先王)'이란 말은 다음과 같이 6번 나오는데, 첫째 [「개종명의장」의] "선왕들은 지극한 덕을 가지고 있다", 둘째 [「경대부장」의] "선왕의 예법에 맞는 의복이 아니면", 셋째 [「경대부장」의] "선왕의 예법에 맞는 말이 아니면", 넷째 [「경대부장」의] "선왕의 덕행이 아니면", 다섯째 [「삼재장」의] "선왕은 [하늘과 땅의] 가르침이 [백성을 교화시킬 수 있음을] 보았다" 등 이것들은 모두 선대(先代)에 효를 행한 왕을 가리키고, 이 「효치장」에서 "선왕의 제사를 도와 섬겼다"라고 할 때의 선왕은 효를 행한 왕의 조고(祖考)를 가리킨다.

邢疏　▮"子曰"至"先王". ▸正義曰 : 此章之首稱"子曰"者, 爲事訖, 更別起端首故也. 言昔者聖明之王, 能以孝道治於天下, 大敎接物, 故不敢遺小國之臣, 而況於五等之君乎? 言必禮敬之. 明王能如此, 故得萬國之懽心, 謂各修其德, 盡其懽心, 而來助祭, 以事其先王. 經'先王'有六焉. 一曰"先王有至德", 二曰"非先王之法服", 三曰"非先王之法言", 四曰"非先王之德行", 五曰"先王見敎之". 此皆指先代行孝之王. 此章云"以事其先王", 則指行孝王之祖考[30].

형병 소　▮어주 : "言先"~"孝理". ▸『정의(正義)』: 이 주석은 '효치(孝治)'의 뜻을 풀이하였다. 『국어(國語)』에서는 "'고(古)'를 '옛날에

30 '조고(祖考)'에 대하여. '조고'는 본래 '고조(考祖)'로 되어 있었는데, 완원(阮元)의 『교감기(校勘記)』에서는 "『정오(正誤)』에는 '조고'로 되어 있다."고 했다.

[在昔]'라고 하였고, '석(昔)'을 '선민(先民)'이라고 하였다"고 말하고 있고, 『상서』「홍범」에서는 "깊고 밝으면 성스럽게 된다"[31]라고 말하고 있으며, 『좌전』에서는 "사방으로 빛이 비추는 것은 '명(明)'이라고 한다"[32]라고 말하고 있다. [경문의] '석자(昔者)'는 당시대의 명칭이 아니고, '명왕(明王)'은 성왕에 대한 칭호이니, 이것은 이전 시대의 성왕 중에 덕이 있는 자를 범범하게 가리키는 것이다. 경문에서 '명왕(明王)'이라고 말한 것 또한 맨 앞장[즉, 「개종명의장」]의 '선왕'을 가리킨다. 세대(世代)를 가지고 말하면 선왕(先王)이고, 영명함과 명철함[聖明]을 가지고 말하면 명왕(明王)이다. 사리가 서로 같기 때문에 주석에서는 지극한 덕과 핵심적인 도로써 그것을 풀이했던 것이다.

邢疏　▮注"言先"至"孝理". ▸正義曰 : 此釋'孝治'之義也. 『國語』云, "古曰在昔, 昔[33]曰先民", 『尚書』「洪範」云, "睿作聖", 『左傳』"照臨四方曰明." '昔者', 非當時代之名, '明王', 則聖王之稱也, 是泛指前代聖王之有德者. 經言'明王', 還指首章之'先王'也. 以代言之, 謂之先王, 以聖明言之, 則爲明王. 事義相同, 故注以至德要道釋之.

형병 소　▮어주 : "小國"~"敬也". ▸『정의(正義)』: 이 주석은 왕주(王注)의 뜻에 근거한 것이다. 오등(五等)의 제후(諸侯)는 공(公)·

31 『상서』「홍범」: 二, 五事, 一曰貌, 二曰言, 三曰視, 四曰聽, 五曰思, 貌曰恭, 言曰從, 視曰明, 聽曰聰, 思曰睿, 恭作肅, 從作乂, 明作哲, 聰作謀, 睿作聖. 공안국은 "사리[事]에 대해서 통하지 않음이 없는 것을 '성(聖)'이라고 한다"고 말하고 있다.

32 『춘추좌씨전』「소공 28년」: 心能制義曰度, 德正應和曰莫, 照臨四方曰明, 勤施無私曰類, 敎悔不倦曰長, 賞慶刑威曰君, 慈和徧服曰順, 擇善而從之曰比, 經緯天地曰文.

33 '석(昔)'자에 대하여. '석'자는 본래 없던 글자인데, 완원(阮元)의 『교감기(校勘記)』에서는 "『정오(正誤)』에서 '석'자를 거듭 반복해 놓은 것은 『국어』의 문장에 따라 덧보태 넣은 것이다."라고 했다.

후(侯)·백(伯)·자(子)·남(男)이다. 옛날의 풀이에서는 다음과 같이 말하고 있다. '공(公)'은 '올바르다[正]'는 뜻으로 그 일을 올바로 시행함을 말하며, '후(侯)'는 '살피다[候]'는 뜻으로 잘 살펴서 일에 복종함을 말하고, '백(伯)'은 '우두머리[長]'라는 뜻으로 일국(一國)의 우두머리라는 말이고, '자(子)'는 '사랑하다[字]'라는 뜻으로 소인(小人)들을 자애함을 말하며, '남(男)'은 '맡다[任]'는 뜻으로 왕이 내린 직무를 맡음을 말한다. 관작[爵]의 경우 상위의 계층들이 모두 아래 계층을 감당하며, 만약 실무를 행할 경우에는 또 서로 소통을 한다.

邢疏 ▮注"小國"至"敬也". ▸正義曰：此依王注義也. 五等諸侯, 則公·侯·伯·子·男. 舊解云, 公者正也, 言正行其事, 侯者候也, 言斥候而服事, 伯者長也, 爲一國之長也, 子者字也, 言字愛於小人也, 男者任也, 言任王之職事也. 爵則上皆勝下, 若行事亦互相通.

형병 소 「순전(舜典)」에서 "다섯 개의 홀(笏)을 거둔다"[34]라는 문장에 대해 공안국은 "순임금이 공·후·백·자·남의 홀(笏)인 규벽(圭璧)을 거둔다"라고 말하고 있는데, 그렇다면 요순(堯舜) 시대에 이미 다섯 등급의 제후가 있었던 것이다.

邢疏 「舜典」曰, "輯五瑞", 孔安國曰, "舜斂公·侯·伯·子·男之瑞圭璧", 斯則堯舜之代已有五等諸侯也.

형병 소 [그런데] 『논어』에서는 "은나라는 하나라의 예(禮)에 의거하였고, 주나라는 은나라의 예(禮)에 의거하였다"[35]라고 말하고

---

34 『상서』「우서(虞書)·순전(舜典)」: 正月上日, 受終于文祖, 在璿璣玉衡, 以齊七政, 肆類于上帝, 禋于六宗, 望于山川, 徧于羣神, 輯五瑞, 既月, 乃日覲四岳羣牧, 班瑞于羣后.

있다. 살펴보건대, 『상서』「무성(武成)」 편에서는 "관작[爵]은 다섯 가지로 배열하였고, 땅은 세 가지로 구분하였다"[36]라고 말하고 있으며, [또한] 정현의 「왕제」 편의 주석에서는 다음과 같이 말하고 있다. "은나라의 [관작제도는] 하나라의 관작제도인 세 등급의 제도에 의거하였는데, 이는 공·후·백은 있었으나 자·남은 없었음을 말해준다. 주나라 무왕(武王)이 관작의 등급을 증가시켜 모두 다섯 등급을 세웠다. 당시에는 구주(九州)[37]의 영역이 좁았기 때문에 그 영토는 다만 세 등급만 있었을 뿐이니, 「왕제」에서 '공·후는 사방 100리, 백(伯)은 사방 70리, 자·남은 사방 50리'라고 말한 것이 그것이다. 주공(周公)이 [성왕을 대신하여] 섭정을 하면서 구주(九州)의 영역을 개척하였고, 제후들 중에 가장 큰 자의 영토는 사방 500리로, 후는 400리로, 백은 300리로, 자는 200리로, 남은 100리로 확장시켰다."[38] 그렇다면 정현의 주장에 따르면, 하나라와 은나라는 자와 남의 관작을 세우지 않았고, 주나라 무왕이 다시 그 등급을 증가시킨 것이라 하겠다.

35 『논어』「위정(爲政)」: 子張問十世可知也. 子曰, "殷因於夏禮, 所損益, 可知也, 周因於殷禮, 所損益, 可知也. 其或繼周者, 雖百世, 可知也."

36 『상서』「주서(周書)·무성」: 列爵惟五, 分土惟三, 建官惟賢, 位事惟能.

37 구주(九州)는 일반적으로 중국의 전 영토를 말한다.

38 『예기』「왕제」: 公侯田方百里, 伯七十里, 子男五十里. 不能五十里者不合於天子, 附於諸侯, 曰附庸. 天子之三公之田視公侯, 天子之卿視伯, 天子之大夫視子男, 天子之元士視附庸. 이에 대한 정현의 주석에서는 "此地, 殷所因夏爵三等之制也. 殷有鬼侯·梅伯, 『春秋』變周之文, 從殷之質, 合伯·子·男以爲一, 則殷爵三等者, 公·侯·伯也. 異畿內謂之子. 周武王初定天下, 更立五等之爵, 增以子·男, 而猶因殷之地, 以九州之界, 尙狹也. 周公攝政致太平, 斥大九州之界, 制禮成武王之意, 封王者之後爲公, 及有功之諸侯, 大者地方五百里, 其次侯四百里, 其次伯三百里, 其次子二百里, 其次男百里. 所因殷之諸侯. 亦以功黜陟之, 其不合者, 皆益之地爲百里焉. 是以周世有爵尊而國小, 爵卑而國大者, 唯天子畿內不增, 以祿群臣, 不主爲治民."이라고 말하고 있다.

邢疏　『論語』云, "殷因於夏禮, 周因於殷禮." 案『尙書』「武成」篇云, "列爵惟五, 分土惟三", 鄭注「王制」云, "殷所因夏爵, 三等之制也. 是有公 · 侯 · 伯而無子 · 男. 武王增之, 總建五等. 時九州界狹, 故土惟三等, 則「王制」云, '公 · 侯方百里, 伯七十里, 子男五十里.' 至周公攝政, 斥大九州之界, 增諸侯之大者地方五百里, 侯四百里, 伯三百里, 子二百里, 男百里." 然據鄭玄, 夏 · 殷不建子 · 男, 武王復增之也.

형병 소　이 다섯 가지 등급을 살펴보건대, 공이 최상의 등급이고, 후와 백이 다음 등급이며, 자와 남이 최하 등급이니, 소국(小國)의 신하는 자 · 남의 경 · 대부를 가리키며, 더욱이 이 제후들은 매우 비천하다. 「곡례」에서는 "열국(列國)의 대부들은 천자의 나라에 들어와서 [스스로를 일컬어] '아무개 사[某士]'[39]라고 한다"[40]라고 하였다. 제후에 대해 열국이라고 일컬을 경우 소국(小國)과 대국(大國)을 겸하여 말하는데, 이것은 소국(小國)의 경(卿) · 대부(大夫)가 천자를 알현할 경우의 예(禮)를 말한 것이다. [이 경문의 주석은] 비록 지극히 비천하나, 모두 조빙을 오게 되면, 천자가 예(禮)로써 그들을 접대함을 말하고 있다. 살펴보건대, 『주례』「장객(掌客)」에서는 다음과 같이 말하고 있다. "[빈객들을 접대할 때] 상공(上公)의 경우 옹희(饔餼)[41]는 9뢰(牢), 손(飧)[42]은 5뢰(牢)로 하고, 후(侯)와 백(伯)은 옹희(饔餼) 7뢰, 손(飧) 4뢰로 하며, 자(子)와 남(男)은 옹희(饔餼) 5뢰, 손

39 정현의 주석에 따르면, 가령 진(晉)나라 한기(韓起)가 주나라에 방문했을 때, 빈자(擯者; 손님을 안내하는 사람)가 '진사(晉士) 기(起)'라고 한 것과 같다고 말하고 있다.

40 『예기』「곡례하」: 列國之大夫, 入天子之國曰某士, 自稱曰陪臣某.

41 옹희(饔餼)는 빈객과 상견례를 하고 나서 크게 음식을 마련해 접대하는 것을 말한다.

42 손(飧)은 빈객이 처음 이르렀을 때, 간단히 음식을 차려 접대하는 것을 말한다.

(飱) 3뢰로 하여, 세 개의 등급으로 구분한다. 이들 다섯 등급(즉, 상공·후·백·자·남)을 수행하는 개(介)·행인(行人)·재(宰)·사(史)들 모두에게 손(飱)과 옹희(饔餼)를 마련해 주는데, 다만 상개(上介; 가장 높은 직위의 보좌관)에게는 [쌍을 이뤄 집단으로 서식하는] 새고기를 준다. 각 제후들의 경(卿)·대부(大夫)·사(士)가 특별히 와서 빙문할 경우, 그들이 개(介)가 되었을 때처럼 그들을 대우한다."[43] 이는 제후 및 그 신하들을 대접하는 예(禮)를 말한 것이며, 모두 공경을 확대하는 도이다.

邢疏 案五等, 公爲上等, 侯伯爲次等, 子男爲下等, 則小國之臣, 謂子男卿大夫, 況此諸侯則至卑也. 「曲禮」云, "列國之大夫, 入天子之國, 曰'某士.'" 諸侯言列國者, 兼小大. 是小國之卿·大夫有見天子之禮也. 言雖至卑, 盡來朝聘, 則天子以禮接之. 案『周禮』「掌客」云, "上[44]公饔餼九牢, 飱五牢, 侯·伯饔餼七牢, 飱四牢, 子·男饔五牢, 飱三牢, 三等. 其五等之介行人宰史, 皆有飱饔餼, 唯上介有禽獸[45]. 其卿·大夫·士有特來聘問者, 則待之如其爲介時也." 是待諸侯及其臣之禮, 是皆廣敬之道也.

형병 소 ▮어주 : "萬國"~"祭也". ▸『정의(正義)』: "'만국(萬國)'은

---

43 『주례』「추관(秋官)·장객」

44 '상(上)'자에 대하여. '상'자는 본래 '왕(王)'자로 기록되어 있었는데, 완원(阮元)의 『교감기(校勘記)』에서는 "『주례』「장객」을 살펴보건대, '왕'자가 '상'자로 기록되어 있다."라고 했다.

45 『십삼경주소』 북경대 출판본에서는 "'수(獸)'는 『주례』에 '헌(獻)'으로 되어 있다."라고 했다. 그런데, 현행본 『주례』에는 '승금(乘禽)'으로 되어 있으며, 이에 대해 가공언(賈公彦)의 소(疏)에서는 "쌍을 이루며 함께 무리지어 거처하는 새로, 꿩이나 기러기 같은 부류들을 말한다"고 말한다. 여기서는 가공언의 풀이에 따라 번역하였다.

그 많음을 든 것이다"라고 한 것은 이는 위주(魏注)에 따른 것이다. 『시』·『서』에서 만국(萬國)을 언급한 곳이 많은데, 이는 또한 '만방(萬方)'이라고 말하는 것과 같은 것으로, 그 많음을 들어서 말한 것이니, 반드시 그 수가 만(萬)을 가득 채우고 있다는 것이 아니다.

邢疏 ▮注"萬國"至"祭也". ▸正義曰 : 云"萬國, 擧其多也"者, 此依魏注也. 『詩經』·『書』之言'萬國'者多矣, 亦猶言'萬方', 是擧多而言之, 不必數滿於萬也.

형병 소 황간은 다음과 같이 말하였다. "『춘추』에서는 '우(禹)임금이 제후들과 도산(塗山)에서 회맹을 하였는데, 옥백(玉帛)을 잡고 모인 나라가 만국(萬國)이었다'[46]라고 하였는데, 이는 다음과 같은 사실을 말해준다. 즉, 우임금이 소유한 나라의 영토 범위는 사방 7,000리이고 구주(九州)를 두었으며, 구주(九州)의 안에는 사방 100리, 70리, 50리의 나라들이 있어 그 모두를 따져보면 모두 10,000개의 나라가 된다는 것이다. 「왕제」에서 은나라의 제후는 1,773개의 나라가 있었다고 하고,[47] 『효경』에서는 '주나라의 제후는 9,800개의 나라였다'라고 말한 것에 근거하면, 만국(萬國)은 하나라의 법식이었음이 증명된다." 진실로 이 주장과 같다면, 「주송(周頌)」에서는 "만방(萬邦)을 편안히 하고"[48]라고 말하였고, 「육월(六月)」에서는 "만

46 『춘추좌씨전』「애공」7년: 孟孫曰, "二三子以爲何如? 惡賢而逆之?" 對曰, "禹合諸侯於塗山, 執玉帛者萬國. 今其存者, 無數十焉, 唯大不字小、小不事大也. 知必危, 何故不言? 魯德如邾, 而以衆加之, 可乎?" 전체 내용을 확인하려면, 좌구명/신동준 옮김, 『춘추좌전』3 (파주: 한길사, 2006), 466쪽~468쪽을 보라.

47 『예기』「왕제」: 凡九州千七百七十三國, 天子之元士諸侯之附庸不與.

48 『시경』「주송(周頌)·항(恒)」: 綏萬邦, 婁豐年. 天命匪解, 桓桓武王, 保有厥士. 于以四方, 克定厥家. 於昭于天, 皇以間之. 전체 시의 내용을 확인하려면, 김학주 역저, 521

방(萬邦)의 모범이 되네"[49]라고 말하고 있는데, 어떻게 하나라를 대신한 주나라에 만개의 나라만 있겠는가? 지금은 [이러한 황간의 주장을] 취할 게 못된다.

邢疏　皇侃云, "『春秋』稱, '禹會諸侯於塗山, 執玉帛者萬國', 言禹要服之內, 地方七千里, 而置九州, 九州之中, 有方百里, 七十里, 五十里之國, 計有萬國也. 因引「王制」殷之諸侯有千七百七十三國也. 『孝經』稱周諸侯有九千八百國, 所以證萬國爲夏法也." 信如此說, 則「周頌」云, "綏萬邦", 「六月」云, "萬邦爲憲", 豈周之代復有萬國乎? 今不取也.

형병 소　"[이 경문은] 효도를 행하여 천하를 다스림에, 모두에게 환심을 얻으면, [그들이] 각자 자신들의 조공물을 가지고 와서 제사를 도움을 말한 것이다"라고 한 것은, 명왕은 효도로 천하를 다스릴 수 있어서 제후들의 환심을 얻어 자신의 선왕(先王)을 섬기게 했음을 말하고 있다. [제후들이] 각자 자신들의 조공물(朝貢物)을 가지고 와서 제사를 도왔다는 것은 천하의 제후들이 각자 자신들의 조공물을 가지고 와서 천자의 제사를 도왔음을 말한다.

邢疏　云"言行孝道以理天下, 皆得懽心, 則各以其職來助祭也"者, 言明王能以孝道理於天下, 則得諸侯之懽心, 以事其先王也. 各以其職來祭者, 謂天下諸侯, 各以其所職貢來助天子之祭也.

형병 소　직(職)[50]이라는 것은 다음과 같은 것이다. 「예기(禮

쪽~522쪽을 보라.

49　『시경』「소아(小雅)·육월」: 文武吉甫, 萬邦爲憲. 전체 시의 내용을 확인하려면, 김학주 역저, 286쪽~287쪽을 보라.

50　원문에는 '화(和)'로 되어 있으나, 문맥상 '직(職)'이 되어야 타당한 듯하다. 이에 '직

器)」의 "대향(大饗)을 거행하는 것은 대체로 왕(천자)의 일이라!"[51]라는 문장의 [정현의] 주석에서 "음식과 공물을 성대하게 차려놓고 선왕들에게 협제(祫祭; 合祀)를 지내는 것이다"라고 하였고, 또 "[소, 양, 돼지 등]의 3가지 희생물과 물고기, 육포 등은 사해(四海) 구주(九州)에서 온 진귀한 맛들이다. 변두(籩豆)에 담겨진 음식물들은 사시(四時)의 조화로운 기운이 만들어 낸 것이다"의 [정현의] 주석에서는 "이러한 음식물들은 제후가 바친 것이다"라고 말하였다. 또 "금(金)을 거두어 뜰에 진열하는 것은 화락한 모습을 보여주는 것이다"의 [정현의] 주석에서는 "이것은 [제후가] 바친 것인데, 그것을 거두어 조정의 뜰에 진열함에 금(金)을 먼저 진설한다. 금은 [그 형태를] 변화시킬 수 있고, 성질이 조화로운데[和], 형주(荊州)와 양주(楊州) 두 지역에서 3가지 색을 가진 금(金)을 바친다"고 말하고 있다. 또 "속백(束帛)[52] 위에 옥을 다는 것은 덕행을 존중하기 때문이다"의 [정현의] 주석에서는 "공물은 [천자에게] 치사(致詞)를 하면서 가져온 것을 바치는 것이니, 군자가 옥(玉)으로써 덕(德)을 견준 것이다"라고 말하고 있고, 또 "거북이를 여러 공물들 맨 앞에 배열하는 것은 [거북이가] 예지능력이 있기 때문이다"의 [정현의] 주석에서는 "거북이는 일의 실정을 미리 아는 것으로, [공물들을] 조정의 뜰에 배열할 때 맨 앞에 둔다. 형주(荊州)에서 대귀(大龜)를 바친다"라고 말하고 있다. 또 "금(金)을 거북이 뒤에 놓는 것은 화애로운 정(情)을 드러내는 것이다"의 [정현의] 주석에서는 "금(金)은 빛이 나는 물건이다. 금(金)

(職)'으로 번역하였다.

51 『예기』「예기(禮器)」: 大饗, 其王事與!

52 속백(束帛)은 비단 5필을 각각 양끝에서 마주 말아서 한 묶음으로 한 것을 말하는데, 옛날에는 빙문(聘問)과 궤증(饋贈)의 예물(禮物)로 사용되었다.

에는 두 가지의 의미가 있으니,[53] 먼저는 들이는 것이고, 뒤에는 진설하는 것이다"라고 말하고 있다. 또 "주사(朱砂)·옻·실·솜·대나무·화살을 만드는 가는 대나무는 대중들과 함께 재물을 공유함을 보이는 것이다"의 [정현의] 주석에서는 "만민은 모두 이러한 물건들을 소유하고 있는데, 형주(荊州)에서는 주사를 바치고, 연주(兗州)에서는 옻을 바치며, 예주(豫州)에서는 솜을 바치고, 양주(楊州)에서는 가는 대나무를 바친다"라고 말하고 있다. 또 "그 나머지는 정해진 재화가 없기 때문에 각각 자기 나라에서 소유한 것을 바치게 하니, 이는 먼 지역의 산물들이 이르게 하는 것이다"의 [정현의] 주석에서는 "그 나머지란, 구주(九州) 이외의 이복(夷服)·진복(鎭服)·번복(蕃服)의 나라를 말한다. 『주례』에서는 '구주(九州) 이외의 지역을 번국(蕃國)이라고 하는데, 새로운 왕이 대를 이를 때에만 한 번 천자를 알현하며, 각각 그 나라에서 생산되는 귀중한 보배로 폐백을 갖춘다.' 주나라 목왕(穆王)은 견융(犬戎)을 정벌하고서 흰 이리와 흰 사슴을 얻어 그 보배들을 가까이 할 수 있었다"고 말하였다. [그리고] 「대전(大傳)」에서는 "그리고 나서 천하의 제후들을 모두 거느려 변두(籩豆)를 잡고 분주히 움직였다"[54]라고 말하였고, 또 「주송(周頌)」에서는 "묘당에서 분주히 뛰어 다니네"[55]라고 말하였다. 이러한 것들이 모두 제사를 돕는 사례들이다.

邢疏 和[56]者, 「禮器」云, "大饗, 其王事與!", 注云, "盛其饌與貢,

53 즉 화락한 모습을 보여주는 것과 화애로운 정을 보여주는 것을 가리킨다.

54 『예기』「대전(大傳)」: 祈於社, 設奠於牧室, 遂率天下諸侯執豆籩, 逡奔走, 追王大王亶父王季歷文王昌, 不以卑臨尊也.

55 『시경』「주송(周頌)·청묘(淸廟)」: 對越在天, 駿奔走在廟. 전체 시의 내용을 확인하려면, 김학주 역저, 497쪽~450쪽 참고.

謂祫祭先王", 又云"三牲 · 魚 · 腊, 四海九州之美味也. 籩豆之薦, 四時之和氣也", 注云, "此饌, 諸侯所獻." 又云, "內金, 示和也", 注云, "此所貢也, 內之庭實, 先設之. 金[57]從革, 性和, 荊 · 楊二州, 貢金三品." 又云, "束帛加璧, 尊德也", 注云, "貢享所執致命者, 君子於玉比德焉." 又云, "龜爲前列, 先知也", 注云, "龜知事情者, 陳於庭, 在前. 荊州納錫大龜." 又云, "金次之, 見情也", 注云, "金炤物. 金有兩義, 先入後設." 又云, "丹 · 漆 · 絲 · 纊 · 竹 · 箭, 與衆共財也", 注云, "萬民皆有此物, 荊州貢丹, 兗州貢漆絲, 豫州貢纊, 楊州貢篠[58]簜." 又云, "其餘無常貨, 各以其國之所有, 則致遠物也", 注云, "其餘, 謂九州之外夷服 · 鎭服 · 蕃服之國. 『周禮』'九州之外謂之蕃國, 世一見, 各以其所貴寶爲贄.' 周穆王征犬戎, 得白狼白鹿, 近之." 「大傳」云, "遂率天下諸侯, 執豆籩, 駿奔走", 又「周頌」曰, "駿奔走在廟". 此皆助祭者也.

▎경문 08-2

나라를 다스리는 제후는 홀아비[鰥]와 과부[寡]를 감히 업신여기지 않으니, 하물며 사(士)와 민(民)에게는 어떠했겠는가? 《 주: 나라는 다스

---

56 『십삼경주소』 북경대 출판본에서는 "'화(和)'는 『정오(正誤)』에 '지(知)'로 되어 있는데, 문맥에 따르면 아마도 '직(職)'이 되어야할 듯하지만, 잠시 의심나는 대로 남겨둔다."라고 했다.

57 『십삼경주소』 북경대 출판본에서는 "'금(金)'자는 본래 '금(今)'자로 기록되어 있었는데, 『예기』 「예기」의 주석에 근거하여 고쳤다."라고 했다.

58 '조(篠)'자에 대하여. '조(篠)'자는 본래 '조(蓧)'자로 기록되어 있었는데, 완원(阮元)의 『교감기(校勘記)』에서는 "『민본(閩本)』 · 『모본(毛本)』에는 '조탕(蓧蕩)'이 '조탕(篠簜)'으로 되어 있는데, 이 기록이 옳다."라고 했다.

린다는 것은 제후(諸侯)를 가리킨다. 홀아비와 과부는 나라에서 미천한 자들인데도, 군주는 오히려 [그들을] 경시하거나 업신여기지 않으니, 하물며 예의(禮義)를 아는 사(士)는 어떠하겠는가?》 **이 때문에 백성들의 환심을 얻어서, [백성들이] 자신의 선군(先君)을 섬기게 하였다.**《 주: 제후가 효도를 행할 수 있어서 통치하는 대상들의 환심을 얻게 되면, 모두가 자신들의 직무를 신중히 하고 제후의 제향(祭享)을 돕게 된다.》

經文 01-1 **治國者, 不敢侮於鰥寡, 而況於士民乎?**《 注: 理國, 謂諸侯也. 鰥寡, 國之微者, 君尙不敢輕侮, 況知禮義之士乎?》 **故得百姓之懽心, 以事其先君.**《 注: 諸侯能行孝理, 得所統之懽心, 則皆恭事助其祭享也.》

형병 소 ▮경문 : "治國者"~"先君". ▸『정의(正義)』: 여기서는 제후(諸侯)의 효치(孝治)에 대해 말하였다. 이 경문의 내용은 다음과 같다. 제후들 중에 효도로써 그 나라를 다스리는 자는 오히려 홀아비와 과부들을 경시하거나 업신여기지 않으니, 하물며 예의(禮義)를 아는 사민(士民)에 대해서는 어떠하겠는가? 반드시 [사민들을] 경시하거나 업신여기지 않을 것이다. 이 때문에 그 나라 안의 백성들의 환심을 얻게 되어 자신의 선군(先君)을 섬기게 한다.

邢疏 ▮"治國者"至"先君". ▸正義曰 : 此說諸侯之孝治也. 言諸侯以孝道治其國者, 尙不敢輕侮於鰥夫寡婦, 而況於知禮義之士民乎? 亦言必不輕侮也. 以此故得其國內百姓懽悅, 以事其先君也.

형병 소 ▮어주 : "理國"~"士乎". ▸『정의(正義)』: "나라는 다스

린다는 것은 제후(諸侯)를 가리킨다"고 하는 것은, 위주(魏注)에 따른 것이다. 살펴보건대 『주례』에서는 "성내[國]와 교외[野]의 영역을 구획하고"[59]라고 하였고, 『시』에서는 "이 왕의 나라[國]에 태어났는데"[60]라고 말하고 있으니, 이는 천자의 경우에도 '국(國)'이라는 말을 사용했다는 것이다. 『역』에서 "선왕이 만국(萬國)을 세워 제후를 친근히 하였다"[61]고 하였는데, 여기서의 [국(國)은] 제후의 나라이다. 앞에서는 명왕(明王)이 천하를 다스린다고 하였고, 여기서는 나라를 다스린다고 말하였기 때문에 제후의 나라임을 알 수 있다.

邢疏 ▮注"理國"至"士乎". ▸正義曰：云"理國, 謂諸侯也"者, 此依魏注也. 案『周禮』云, "體國經野", 『詩經』曰, "生此王國", 是其天子亦言國也. 『易』曰, "先王以建萬國, 親諸侯", 是諸侯之國. 上言明王理天下, 此言理國, 故知諸侯之國也.

형병 소 "홀아비와 과부는 나라에서 미천한 자들인데도, 군주는 오히려 [그들을] 경시하거나 업신여기지 않으니"라고 말한 것과 관련하여, 「왕제」에서는 "늙어서 아내가 없는 것을 환(鰥)이라고 하고, 늙어서 남편이 없는 것을 과(寡)라고 한다. 이들은 천민(天民) 중에 궁하더라도 하소연할 곳이 없는 자들이다"[62]라고 말하였으니, 홀아비와 과부는 나라 안에서 미천한 자들임을 알 수 있다. 이 주석에

59 『주례』「천관」: 體國經野.

60 『시경』「대아(大雅)·문왕(文王)」: 思皇多士, 生此王國. 전체 시의 내용을 확인하려면, 김학주 역저, 405쪽~406쪽을 보라.

61 『주역』「비괘(比卦)」: 象曰, 地上有水, 比, 先王以建萬國, 親諸侯.

62 『예기』「왕제」: 少而無父者謂之孤, 老而無子者謂之獨, 老而無妻者謂之矜, 老而無夫者謂之寡. 此四者天民之窮而無告者也, 皆有常餼.

서는 그렇게 미천한 자들도 군주는 오히려 경시하거나 업신여기지 않으니, 하물며 예의(禮義)를 아는 사(士)는 어떠하겠는가라고 말하고 있다.

邢疏　　云"鰥寡, 國之微者, 君尚不敢輕侮"者, 案「王制」云, "老而無妻者謂之鰥, 老而無夫者謂之寡, 此天民之窮而無告者也", 則知鰥夫寡婦, 是國之微賤者也. 言微賤之者[63], 國君尚不輕侮, 況知禮義之士乎.

형병 소　　경문의 '사민(士民)'을 풀이해 보면, 『시』에서는 "저 서울 양반[彼都人士]"[64]이라고 하였고, 『좌전』에서는 "나라의 인재[國士]들을 많이 죽이게 된다"[65]라고 말하고 있는데, 이것은 모두 지식이 있는 사(士)를 가리키는 것이지, 반드시 관리가 되어 직무를 받은 사(士)를 가리키는 것이 아니다. 옛날의 해석에서는 사는 의리(義理)를 안다고 하였고, 또 "사(士)는 장부(丈夫)에 대한 미칭(美稱)이다"라고 하였다. 따라서 주석에서 "예의(禮義)를 아는 사(士)는 어떠하겠는가"라고 말했을 때의 '사'는 백성들 중에 예의(禮義)를 아는 자를 가리킨다.

邢疏　　釋經之'士民', 『詩經』云, "彼都人士", 『左傳』曰, "多殺國士", 此皆況惜有知識之人, 不必居官授職之士. 舊解, 士知義理, 又曰,

---

63 『십삼경주소』 북경대 출판본에서는 "'言微賤之者'는 『정오(正誤)』에 '言國之微者'로 되어 있으며, 또한 "아래의 '국(國)'자는 쓸데없이 잘못 들어간 것이라고 말하고 있다."라고 했다.

64 『시경』「소아(小雅) · 도인사(都人士)」 : 彼都人士, 狐裘黃黃. 전체 시의 내용을 확인하려면, 김학주 역저, 388쪽~389쪽을 보라.

65 『춘추좌씨전』「애공」8년: 及稷門之內, 或謂季孫曰, "不足以害吳, 而多殺國士, 不如已也." 乃止之. 전체 내용을 확인하려면, 좌구명/신동준 옮김, 『춘추좌전』3(파주: 한길사, 2006), 470쪽~474쪽을 보라.

"士, 丈夫之美稱." 故注言知禮義之士乎, 謂民中知禮義者.

형병 소 ▮어주 : "諸侯"~"享也". ▸『정의(正義)』: "제후가 효도를 행할 수 있어서 통치하는 대상들의 환심을 얻게 되면"이라고 한 것은, 이는 제후가 효로써 그 나라를 다스리면 백성의 환심을 얻을 수 있음을 말한 것이다. 한 나라의 백성들은 모두 군주가 통치하는 대상이기 때문에 '통치하는 대상[所統]'으로 백성을 말한 것이다. 공안국이 "또한 서로 통치하게 한다"고 말한 것이 이것이다.

邢疏 ▮注"諸侯"至"享也". ▸正義曰 : 云"諸侯能行孝理, 得所統之懽心"者, 此言諸侯孝治其國, 得百姓之懽心也. 一國百姓, 皆是君之所統理, 故以所統言之. 孔安國曰, "亦以相統理", 是也.

형병 소 "모두가 자신들의 직무를 신중히 하고 제후의 제향(祭享)을 돕게 된다"라고 하는 것과 관련하여, 제향(祭享)은 사시(四時)에 지내는 제사 및 체제(禘祭)와 협제(祫祭)를 말한다. 이러한 제향(祭享)을 지낼 때에 통치를 받는 사람들이 모두 자신이 맡은 일들을 신중히 하고 자신이 소유한 것들을 바쳐 군주를 돕기 때문에, "제후의 제향을 돕는다"고 말한 것이다.

邢疏 云"則皆恭事助其祭享也"者, 祭享謂四時及禘·祫也. 於此祭享之時, 所統之人, 則皆恭其職事, 獻其所有, 以助於君, 故云"助其祭享也".

▎경문 08-3

가(家)를 다스리는 경대부는 노비[臣妾]에게 감히 신망(信望)을 잃지 않으니, 하물며 처자식에게는 어떠하겠는가?《 주: 가(家)를 다스린다는 것은 경대부를 가리킨다. 신첩(臣妾)은 가(家)에서 천한 자들이고, 처자(妻子)는 가(家)에서 귀한 자들이다.》**이 때문에 사람들의 환심을 얻어서, [그들로 하여금] 자신의 부모를 섬기게 한다.**《 주: 경대부는 직위에 재능으로써 나아가고, 녹봉을 받아 부모를 봉양하는데, 만약 효로써 자신의 가(家)를 다스릴 수 있다면, 신첩[小] 및 처자식[大]의 환심을 얻게 되어 자신의 부모를 봉양하는데 도움을 받게 된다.》

經文 08-3　**治家者, 不敢失於臣妾, 而況於妻子乎?**《 注: 理家, 謂卿大夫. 臣妾, 家之賤者, 妻子, 家之貴者.》**故得人之懽心, 以事其親.**《 注: 卿大夫位以材進, 受祿養親, 若能孝理其家, 則得小大之懽心, 助其奉養.》

형병 소　▮경문 : "治家者"~"其親". ▸『정의(正義)』: 여기서는 경대부의 효치(孝治)에 대해 설명하였다. 이 경문의 내용은 다음과 같다. 효도로써 그 가(家)를 다스리는 자는 그 가(家)의 천한 노비들에게 신망을 잃지 않으니, 하물며 귀한 처자식들에게는 어떠하겠는가? 반드시 [처자식들에게] 신망을 잃지 않을 것이다. 따라서 경대부 자신의 가(家)의 환심을 얻어 [그들이] 자신의 부모를 받들어 섬기게 된다.

邢疏　▮"治家者"至"其親". ▸正義曰 : 說卿大夫之孝治也. 言以孝道理治其家者, 不敢失於其家臣妾賤者, 而況於妻子之貴者乎? 言必不失也. 故得其家之懽心, 以承事其親也.

형병 소 ▮어주 : "理家"~"貴者". ▸『정의(正義)』: "가(家)를 다스린다는 것은 경대부를 가리킨다"라고 한 것은, 이것은 정주(鄭注)에 따른 것이다. 살펴보건대, 뒷부분에 나오는 「간쟁장」에서는 "대부에게 간언을 하는 3명의 신하가 있었다면, 비록 대부가 무도(無道)하더라도 그 가(家)를 잃지 않게 된다"라고 말하였고, 『예기』「왕제」에서는 "상대부(上大夫) 인 경(卿)"[66]이라고 말하고 있으니, 가(家)를 다스린다는 것은 경대부(卿大夫)를 가리키는 것임을 알 수 있다.

邢疏 ▮注"理家"至"貴者". ▸正義曰 : 云"理家, 謂卿大夫"者, 此依鄭注也. 案下章云, "大夫有爭臣三人, 雖無道, 不失其家", 『禮記』「王制」曰, "上大夫卿", 則知治家謂卿大夫.

형병 소 "신첩(臣妾)은 가(家)에서 천한 자들이고"라고 한 것과 관련하여, 살펴보건대 『상서』「비서(費誓)」의 "소와 말을 훔치고, 신첩(臣妾)들을 유인하면"이라는 문장에 대해, 공안국은 "노비(奴婢)들을 유인하는 것"이라고 말하고 있어, 이미 신첩(臣妾)을 노비를 여기고 있으니, 이것이 가(家)에서 천한 자들이라는 것이다.

邢疏 云"臣妾, 家之賤"者, 案『尙書』「費誓」曰, "竊馬牛, 誘臣妾", 孔安國云, "誘偸奴婢", 旣以臣妾爲奴婢, 是家之賤者也.

형병 소 "처자(妻子)는 가(家)에서 귀한 자들이다"라는 것은, 살펴보건대 『예기』에서 노나라 애공(哀公)이 공자에게 물으니, 공자가 "처(妻)는 부모의 제사를 주관하는 자이니, 어찌 공경하지 않을 수

66 『예기』「왕제」: 諸侯之上大夫卿, 下大夫, 上士, 中士, 下士, 凡五等. 전체 내용을 확인하려면, 정병섭 역, 14쪽를 보라.

있겠는가? 자식은 부모의 후계자이니, 어찌 공경하지 않을 수 있겠는가?”[67]라고 말하고 있는데, 이것이 처자식은 집안에서 귀한 자들이라는 것이다.

邢疏　云“妻子家之貴”者, 案『禮記』“哀公問於孔子, 孔子對曰, ‘妻者親[68]之主也, 敢不敬與? 子者親之後也, 敢不敬與?”, 是妻子家之貴者也.

형병 소　▮어주 : “卿大夫”~“奉養”. ▸『정의(正義)』: “경대부는 직위에 재능으로써 나아가고”라고 한 것과 관련하여, 살펴보건대 『모시전』에서 “나라를 세울 때에 거북껍질에 점사(占辭)를 적어 점을 칠 수 있고, 사냥을 할 때에 교령(敎令)을 내릴 수 있으며, 그릇을 만들 때는 기명(記銘)을 적을 수 있다. [또] 사신으로 갔을 때는 사령(辭令)을 지어 대답할 수 있고, 높은 곳에 올라서는 자신의 느낌을 시로 지을 수 있으며, 군사를 거느릴 때는 군사들을 경계시킬 수 있고, 산천(山川)을 지날 때는 그 형세를 논할 수 있다. [또] 상사(喪事)에 만사(輓詞)를 지을 수 있고, 제사에는 제문(祭文)을 지을 수 있다. 군자로서 이 9가지에 능한 자는 덕음(德音)이 있다고 말할 수 있으며, 대부(大夫)가 될 수 있다”[69]라고 하였는데, 이것이 직위에 재능으로써 나아간다는 것이다.

---

67 『예기』「애공문(哀公問)」: 孔子遂言曰, “昔三代明王之政必敬其妻子也有道. 妻也者, 親之主也, 敢不敬與? 子也者, 親之後也, 敢不敬與? 君子無不敬也, 敬身爲大…….”

68 ‘친(親)’자는 본래 ‘군(君)’자로 기록되어 있었는데, 완원(阮元)의 『교감기(校勘記)』에서는 “『정오(正誤)』에는 ‘군’자를 ‘친’자로 기록하고 있는데, 이 기록이 옳다.”라고 했다.

69 이 문장은 『시경』「국풍 · 용풍(鄘風) · 정지방중(定之方中)」의 “卜云其吉, 終然允臧”이라 구절의 모형(毛亨) 전(傳)의 내용이다.

邢疏 ▮注"卿大夫"至"奉養". ▸正義曰 : 云"卿大夫位以材進"者, 案『毛詩傳』曰, "建邦能命龜, 田能施命, 作器能銘, 使能造命, 升高能賦, 師旅能誓, 山川能說, 喪紀能誄, 祭祀能語. 君子能此九者, 可謂有德音, 可以爲大夫", 是位以材進也.

형병 소 "녹봉을 받아 부모를 봉양하는데"라고 한 것은, 만약 [경대부가] 효로써 자신의 가(家)를 다스릴 수 있으면, 그에게 주어진 녹(祿)을 받아서 부모를 봉양한다는 것이다.

邢疏 云"受祿養親"者, 言能孝理其家, 則受其所稟之祿, 以養其親.

형병 소 "만약 효로써 자신의 가(家)를 다스릴 수 있다면, 신첩(臣妾; 小) 및 처자식들[大]의 환심을 얻게 되어"라고 한 것과 관련하여, 이는 신첩(臣妾) 및 처자들 모두가 그에게 환심을 갖게 됨을 말한다. '소(小)'는 신첩(臣妾)을 가리키고, '대(大)'는 처자식을 가리킨다.

邢疏 云"若能孝理其家, 則得小大之懽心"者, 謂小大皆得其懽心. 小謂臣妾, 大謂妻子也.

형병 소 "자신의 부모를 봉양하는데 도움을 받게 된다"라고 한 것과 관련하여, 살펴보건대 『예기』「내칙(內則)」에는 다음과 같은 내용이 있다. "자식이 부모를 섬기고, 며느리가 시부모를 섬김에 있어, 날마다 닭이 처음 울면 모두 세수 및 양치질을 하고 부모 및 시부모의 처소로 간다. [그리고 나서] 입은 옷이 추운지 더운지를 묻는다. 죽[饘] · 쌀술[酏] · 술[酒] · 단술[醴] · 고기에 채소를 섞어 끓인 국[芼] · 국[羹] · 콩 · 보리 · 들깨[蕡] · 벼[稻] · 메기장[黍] · 기장[粱] ·

찰벼[秫] 등 그들이 원하는 바를 올리고, 대추 · 밤 · 꿀 등으로 음식을 달게 한다. 부모 및 시부모가 그것을 맛본 이후에 물러난다." 이러한 일들이 모두 부모를 봉양하여 모시는 것이다.

邢疏 云"助其奉養"者, 案『禮記』「內則」稱子事父母, 婦事舅姑, 日以雞初鳴, 咸盥漱, 以適父母 · 舅姑之所. 問衣燠寒. 饘 · 酏 · 酒 · 醴 · 芼 · 羹 · 菽 · 麥 · 蕡 · 稻 · 黍 · 粱[70] · 秫, 唯所欲, 棗 · 栗 · 飴 · 蜜以甘之. 父母 · 舅姑必嘗之而後退. 此皆奉養事親也.

형병 소 천자와 제후는 자신의 부모를 이어 즉위하기 때문에 '선왕(先王)' · '선군(先君)'이라고 말하였다. 대부는 현명한 이에게만 제수되니, 지위에 있을 때 혹 봉록이 부모에게 이르기 때문에 '그의 부모[其親]'라고 말하였다. 주석은 경문에 따라서, 그 봉양함을 돕는다고 말했는데, 이는 친히 길러준 이를 섬기는 의(義)를 말한 것이다. 만약 부모가 돌아가셨다면, 또한 마땅히 그 제사를 도와야 함을 말하고 있다.

邢疏 天子諸侯繼父而立, 故言'先王' · '先君'也. 大夫惟賢是授, 居位之時, 或有俸祿以逮於親, 故言其親也. 注順經文, 所以言助其奉養, 此謂事親生之義也. 若親以終沒, 亦當言助其祭祀也.

형병 소 명왕(明王)의 경우에는 "소국(小國)의 신하를 감히 버려두지[遺] 않는다"고 말하였고, 제후의 경우에는 "홀아비와 과부를 감

---

70 '량(粱)'자에 대하여. '량(粱)'자는 본래 '량(梁)'자로 기록되어 있었는데, 완원(阮元)의 『교감기(校勘記)』에서는 "『모본(毛本)』에는 '량(梁)'자를 '량(粱)'자로 기록하고 있는데, 틀리지 않다."라고 했다.

히 업신여기지[侮] 않는다"고 말하였으며, 대부의 경우에는 "신첩(臣妾)에게 감히 [신망을] 잃지[失] 않는다"고 말하였는데, 이에 대해 유현(劉炫)은 "'유(遺)'는 생각이 그를 임용하는데 있지 않음을 말하고, '모(侮)'는 그 사람을 경시하고 업신여김을 말하며, '실(失)'은 그 뜻을 얻지 못했음을 말한다"고 하였다. 소국의 신하는 그 지위가 낮아서 간혹 그 예(禮)를 간략하게 하는 경우가 있기 때문에 "감히 버려두지 않는다"고 말하였고, 홀아비와 과부는 사람들 중에서도 비천하고 약해서 간혹 다른 사람들에게 경시와 능욕을 당하기 때문에 "감히 업신여기지 않는다"고 말하였으며, [또한] 신첩(臣妾)은 실무와 생산을 맡고 있어서 마땅히 그들의 몸과 마음을 얻어야 하기 때문에 "감히 잃지 않는다"고 말하였다.

邢疏　明王言"不敢遺小國之臣", 諸侯言"不敢侮於鰥寡", 大夫言"不敢失於臣妾"者, 劉炫云, "'遺'謂意不存錄, '侮'謂忽慢其人, '失'謂不得其意." 小國之臣位卑, 或簡其禮, 故云"不敢遺"也, 鰥寡人中賤弱, 或被人輕侮欺陵, 故云"不敢侮"也, 臣妾營事産業, 宜須得其心力, 故云"不敢失"也.

형병 소　[또한] 명왕의 경우는 "하물며 공·후·백·자·남에 있어서는 어떠했겠는가"라고 하였고, 제후의 경우는 "하물며 사민(士民)은 어떠했겠는가"라고 하였으며, 경대부(卿大夫)의 경우에는 "하물며 처자식에게는 어떠했겠는가"라고 하였는데, 이는 왕자(王者)는 존귀하기 때문에 하물며 열국(列國)의 귀한 자는 어떠했겠는가라고 하였고, 제후는 [왕자에 비해] 다소 비천하기 때문에 하물며 나라 안[國中]의 비천한 자는 어떠했겠는가라고 하였으며, 오등(五等)은 모두 귀하기 때문에 하물며 그 비천함에 있어서는 어떠했겠는가라고 하였고, 대부는 혹 부모를 섬기기 때문에 하물며 가인(家人) 중에 귀한 자는 어떠했겠는가라고 말했던 것이다.

邢疏　明王"況公·侯·伯·子·男", 諸侯"況士民", 卿大夫"況妻子"者, 以王者尊貴, 故況列國之貴者, 諸侯差卑, 故況國中之卑者, 以五等皆貴, 故況其卑也, 大夫或事父母, 故況家人之貴者也.

경문 08-4

대체로 그렇게 때문에 부모가 살아계실 때는 친히 그 효성스런 봉양에 마음 편안히 하고, 부모가 돌아가셔서 제사를 받을 때는 귀신이 되어 그것을 흠향한다. 《 주: 대체로 그러한 것은, 위에 있는 자로서 효로써 다스림에 모두 환심을 얻게 되면, 살아서는 그 영화로움에 마음 편안히 하고, 죽어서는 그 제사를 흠향하게 된다. 》 **이 때문에 천하는 화목하고 태평해져서, 재해가 발생하지 않고 화란(禍亂)이 일어나지 않는다.** 《 주: 위에서는 공경을 하고 아래에서는 기뻐하여, 살아서는 편안히 하고 죽어서는 흠향을 하니, 사람들이 화목해져서 태평한 상태에 이르게 되면, 재해와 화란(禍亂)이 의거하여 일어날 곳이 없게 되는 것이다. 》 **진실로 명왕(明王)이 효로써 천하를 다스리는 것은 이와 같다.** 《 주: 명왕(明王)이 효로써 다스리면 제후 이하가 교화되어 효를 행하기 때문에 이처럼 복이 응함에 이르게 됨을 말한 것이다. 》

經文 08-4　**夫然, 故生則親安之, 祭則鬼享之.** 《 注: 夫然者, 上孝理皆得懽心, 則存安其榮, 沒享其祭. 》 **是以天下和平, 災害不生, 禍亂不**

作.《注: 上敬下懽, 存安沒享, 人用和睦, 以致太平, 則災害禍亂, 無因而起.》**故明王之以孝治天下也如此**.《注: 言明王以孝爲理, 則諸侯以下化而行之, 故致如此福應.》

형병 소 ▮경문 : "夫然"~"如此". ▸『정의(正義)』: 이것은 천자와 제후, 경대부의 효치(孝治)를 종합해서 결론지은 것이다. 이 경문의 내용은 다음과 같다. 명왕(明王)이 그 아래를 효로써 다스리며, 제후 이하는 각각 그 가르침에 따라 모두 자신들의 국가(國家)를 다스리게 된다. 이처럼 각각 환심을 얻게 되면, 부모가 만약 살아계실 때는 그 효성스런 봉양에 마음 편안히 하고, 돌아가셨을 경우에는 그들의 제사에 흠향하니, 이 때문에 조화로운 기운이 내려와 밝고 어두운 곳을 감응시킨다. 그래서 온 천하가 화목하고 태평해지며, 재해의 싹이 트지 않고, 화란(禍亂)의 실마리가 일어나지 않는다. 이것은 명왕이 효로써 천하를 다스림에 이와 같은 아름다움을 불러오게 할 수 있음을 말하고 있다.

邢疏 ▮"夫然"至"如此". ▸正義曰 : 此總結天子諸侯卿大夫之孝治也. 言明王孝治其下, 則諸侯以下各順其教, 皆治其國家也. 如此各得懽心, 親若存則安其孝養, 沒則享其祭祀, 故得和氣降生, 感動昭昧. 是以普天之下, 和睦太平, 災害之萌不生, 禍亂之端不起. 此謂明王之以孝治天下也, 能致如此之美.

형병 소 ▮어주 : "夫然者"~"其祭". ▸『정의(正義)』: "대체로 그러한 것은, 위에 있는 자로서 효로써 다스림에 모두 환심을 얻게 되면"이라고 하였는데, 이는 명왕과 제후, 대부가 효로써 다스릴 수 있어서 모두 그 환심을 얻었음을 말한 것이다.

邢疏　　　▮注"夫然者"至"其祭". ▸正義曰：云"夫然者, 上孝理皆得懽心"者, 此謂明王·諸侯·大夫能行孝治, 皆得其懽心也.

형병 소　　　"살아서는 그 영화로움에 마음 편안히 하고"라고 한 것은 '생즉친안지(生則親安之)'를 풀이한 것이고, "죽어서는 그 제사를 흠향하게 된다"라고 한 것은 '제즉귀향지(祭則鬼享之)'를 풀이한 것이다.

邢疏　　　云"則存安其榮"者, 釋'生則親安之'. 云"沒享其祭"者, 釋'祭則鬼享之'也.

형병 소　　　▮어주 : "上敬"~"而起". ▸『정의(正義)』: 여기서는 "천하는 화목하고 태평해진다"라는 문장을 풀이하면서, 이 모두는 명왕(明王)이 효로써 다스린 소치(所致)에서 연유하였다고 한다. 황간은 다음과 같이 말하였다. "하늘이 때를 어기면 재해[災]가 일어나니, 바람과 비가 시기(時期)에 맞지 않음을 말하고, 땅이 만물의 본성을 어기면 재이[妖]가 나타나는데, 재이[妖]가 발생하면 만물을 해치니, 홍수와 가뭄이 농작물에게 피해를 주는 것을 말한다. 잘하고자 하였는데 재앙을 만나면 화(禍)가 되고, 신하가 반역을 하면 난(亂)이 일어난다.[71]"

邢疏　　　▮注"上敬"至"而起". ▸正義曰：此釋"天下和平", 以皆由明王孝治之所致也. 皇侃云, "天反時爲災, 謂風雨不節, 地反物爲妖, 妖即害物, 謂水旱傷禾稼也. 善則逢殃爲禍, 臣下反逆爲亂也."

71　이와 비슷한 문장이 『춘추좌씨전』「선공(宣公)」15년에 보이는데, "伯宗曰,'…天反時爲災, 地反物爲妖, 民反德爲亂. 亂則妖災生……."이 그것이다. 자세한 내용을 확인하려면, 좌구명/ 신동준 옮김, 『춘추좌전』3 (파주: 한길사, 2006), 504쪽~505쪽을 보라.

형병 소 ▮어주 : "言明"~"福應". ▸『정의(正義)』: "명왕(明王)이 효로써 다스리면 제후 이하가 교화되어 효를 행하기 때문에"라고 한 것과 관련하여, 살펴보건대 앞 문장에서는 명왕 · 제후 · 대부 등 세 등급이 있으나, 이 경문에서는 오직 명왕의 효치(孝治)가 이와 같다고 하였는데, 이는 명왕(明王)으로부터 시작되었기 때문이니, 제후 이하가 효를 받들어 행하였으나 그 공은 명왕에게 귀속됨을 말한 것이다.

邢疏 ▮注"言明"至"福應". ▸正義曰 : 云"言明王以孝爲理, 則諸侯以下化而行之"者, 案上文有明王 · 諸侯 · 大夫三等, 而經獨言明王孝治如此者, 言由明王之故也, 則諸侯以下奉而行之, 而功歸於明王也.

형병 소 "이 때문에 이처럼 복이 응하게 된다"라고 하였는데, 복은 천하가 화목하고 태평함을 말하고, 응함[應]이란 재해가 발생하지 않고, 화란(禍亂)이 일어나지 않는 것을 말한다.

邢疏 云"故致如此福應"者, 福謂天下和平, 應謂災害不生, 禍亂不作.

▌경문 08-5

『시』에서 말하였다. '큰[覺] 덕행(德行)이 있어서, 사방(四方)의 나라들이 그를 따른다.'[72]" 《 주: '각(覺)'은 '크다[大]'는 뜻이다. [이 시는] 의미

72 이 시는 『시경』「대아(大雅) · 억(抑)」에 나오는 구절이다. 전체 시의 내용을 확인하려면, 김학주 역저, 458쪽~461쪽을 보라.

상으로 천자에게 큰 덕행이 있으면, 사방의 나라들이 그를 따라 행함을 취한 것이다.》

經文 08-5 **詩云, '有覺德行, 四國順之.'"** 《注: 覺, 大也. 義取天子有大德行, 則四方之國順而行之.》

형병 소 ▮경문 : "詩云"~"順之". ▸『정의(正義)』: 부자(夫子; 공자)는 옛날의 명왕(明王)이 효로써 [천하를] 다스린 뜻을 진술하고 나서 그 진술이 끝나자 이에 「대아(大雅)·억(抑)」편을 인용하여 그것을 찬미하였다. [이 경문은] 천자가 몸소 지극한 덕행(德行)이 있어서 사방의 나라들이 모두 그를 따라 행하게 하였음을 말하였다.

邢疏 ▮"詩云"至"順之". ▸正義曰 : 夫子述昔時明王孝治之義畢, 乃引「大雅·抑」篇贊美之也. 言天子身有至大德行, 使四方之國皆順而行之.

형병 소 ▮어주 : "覺大"~"行之". ▸『정의(正義)』: "'각(覺)'은 '크다[大]'는 뜻이다"라고 하였는데, 이는 정주(鄭注)에 따른 것이다. 따라서『시전(詩箋)』에서는 "큰 덕행이 있으면[有大德行], 천하가 그 교화에 순종한다"라고 말하였는데, 이것은 '각(覺)'을 크다[大]의 뜻으로 생각한 것이다.

邢疏 ▮注"覺大"至"行之". ▸正義曰 : 云"覺大也"者, 此依鄭注也. 故『詩箋』云, "有大德行, 則天下順從其化." 是以覺爲大也.

형병 소 "[이 시는] 의미상으로 천자에게 큰 덕행이 있으면, 사방의 나라들이 그를 따라 행함을 취한 것이다"라고 한 것은, 이

『시』를 인용한 대의(大意)가 이와 같음을 말한 것이다.

邢疏 云"義取天子有大德行, 則四方之國順而行之"者, 言引『詩經』之大意如此也.

제9장 성치장聖治章

성인이 시행했던 효에 의한 통치

형병 소 『정의(正義)』: 이 「성치(聖治)」장에서는 증자가 성군(聖君)들이 효로 천하를 다스려서, 화평함을 이루었다는 얘기를 듣고서, 그 연장선에서 성인(聖人)의 덕(德) 중에 효보다 더 큰 것이 있는지 아니면 없는지를 물어보았고, 공자는 증자의 질문에 연유하여, 성인의 다스림에 대해서 설명하고 있다. 그렇기 때문에 '성치'라는 단어로 장(章)의 이름을 정하고, 순서를 「효치(孝治)」장 뒤에 두게 되었다.

邢疏 正義曰 : 此言曾子聞明王孝治以致和平, 因問聖人之德, 更有大於孝否? 夫子因問而說聖人之治, 故以名章, 次「孝治」之後.

경문 09-1

증자가 말하였다. "감히 묻겠습니다. 성인의 덕(德) 중에는 효보다 더 나은 것은 없습니까?" 《 주: 증자는 성군들은 효로 천하를 다스려서 화평함을 이루었다는 얘기를 듣고서, 또다시 성인들이 덕과 교화 중에 효보다 더 큰 것이 있는지, 아니면 없는지를 물어본 것이다. 》 **공**

자가 대답하였다. "세상에 존재하는 생명체 중에서 사람이 가장 귀중하다.《 주: 만물 중에서도 뛰어남을 귀중하게 여기는 것이다.》**그리고 사람의 행실 중에는 효보다 큰 것은 없으며,**《 주: 효라는 것은 덕의 근본이 된다.》**효는 부친을 존엄하게 대하는 것보다 큰 것이 없고,**《 주: 만물은 건괘(乾卦)에 힘입어서 시작되고, 인륜은 부친을 하늘처럼 받드는 것에 힘입는다. 그렇기 때문에 효행 중에서도 가장 큰 것은 부친을 존엄하게 대하는 것에서 벗어나지 않는다.》**부친을 존엄하게 대하는 것은 하늘에 함께 배향하는 것보다 큰 것이 없으니, 주공(周公)이 바로 그러한 인물에 해당한다."**《 주: 부친을 하늘처럼 떠받드는 것은 비록 신분의 귀천에 따른 차이가 없는 것이지만, 부친을 하늘에 배향하는 예(禮)는 주공에서 비롯되었다. 그렇기 때문에 "바로 그러한 인물이다."라고 말한 것이다.》

經文 09-1 **曾子曰: "敢問聖人之德, 無以加於孝乎?"**《 注: 參聞明王[1]孝理以致和平, 又問聖人德教更有大於孝不?》**子曰: "天地之性人爲貴.** 《 注: 貴其異於萬物也.》**人之行莫大於孝,**《 注: 孝者, 德之本也.》**孝莫大於嚴父,**《 注: 萬物資始於乾, 人倫資父爲天. 故孝行之大, 莫過尊嚴其父也.》**嚴父莫大於配天, 則周公其人也.**《 注: 謂父爲天, 雖無貴賤, 然以父配天之禮始自周公, 故曰其人也.》

형병 소 ▮경문 : "曾子"~"其人". ▸『정의(正義)』: 공자는 앞장에서 효로 천하를 다스리면, 재앙이 일어나지 않도록 할 수 있고, 난리

1 '문(聞)'자에 대하여. '문(聞)'자는 본래 '문(問)'자로 기록되어 있었는데, 완원(阮元)의 『교감기(校勘記)』에서는 "『악본(岳本)』에서는 '삼(參)'자가 '증자(曾子)'라고 기록되어 있고, 『석대본(石臺本)』에서는 '문(問)'자가 '문(聞)'자로 기록되어 있으니, 이곳 판본이 옳은 기록이다. 『감본(監本)』에서는 '왕(王)'자가 잘못 기록되어 '지(至)'자로 되어 있다"고 했다.

가 생기지 않도록 할 수 있다고 하였으니, 이것은 덕행(德行) 중에서도 가장 큰 것이다. 그리고 성인(聖人)의 덕이 광대한 것은 효에 지나지 않는다는 것을 장차 언급하려고 하는데, 이야기를 꺼낼 실마리가 딱히 없었기 때문에, 또다시 증자의 질문에 의탁하여, "성인의 덕 중에서 효보다 더 나은 것이 있습니까?"라고 한 것이다. 이때의 '호(乎)'자는 가부를 묻는 '부(否)'자와 같은 뜻이다. 공자는 증자의 질문에 따라서 그 의미를 풀이해주며, "천하의 모든 생명체 중에서 사람이 가장 귀중한 존재이다."라고 했다. 이때의 '성(性)'자는 '생명체[生]'를 뜻한다. 공자의 말은 천지가 낳은 생명체들 중에서 오직 사람만이 가장 존귀한 존재이다. 그리고 사람의 행실 중에서는 효행보다 큰 것이 없다. 효행 중에 가장 큰 것은 자신의 부친을 존엄하게 대하는 것보다 큰 것이 없다. 부친을 존엄하게 대하는 것 중에서 가장 큰 것은 부친을 하늘에 배향하여 제사를 지내는 것보다 큰 것이 없다는 뜻이다. 그리고 부친을 하늘에 배향하여 제사를 지냈던 자는 문왕(文王)의 아들이자, 성왕(成王)의 숙부인 주공(周公)이 바로 그러한 인물에 해당한다.

邢疏 ▮"曾子"至"其人"也. ▸正義曰 : 夫子前說孝治天下, 能致災害不生, 禍亂不作, 是言德行之大也. 將言聖德之廣, 不過於孝, 無以發端, 故又假曾子之問曰: 聖人之德, 更有加於孝乎? 乎猶否也. 夫子承問而釋之曰: 天地之性人爲貴. 性, 生也. 言天地之所生, 唯人最貴也. 人之所行者, 莫有大於孝行也. 孝行之大者, 莫有大於尊嚴其父也. 嚴父之大者, 莫有大於以父配天而祭也. 言以父配天而祭之者, 則文王之子・成王叔父周公是其人也.

형병 소 ▮어주 : "萬物"~"物也". ▸『정의(正義)』 : 이 문장은 정현의 주석에 근거한 말이다. 무릇 귀(貴)라고 부르는 것은 남다르게 여겨서 중시할 만하다는 명칭이다. 『예기(禮記)』의 「예운(禮運)」편에서, "사람은 오행(五行)의 빼어난 기운이 합쳐져서 만들어진 존재이다."[2]라고 했고, 『서경(書經)』에서 "오직 천지(天地)만이 만물의 부모가 되며, 오직 사람만이 만물 중에서도 가장 영묘한 존재이다."[3]라고 한 말을 살펴보면, 이 말은 곧 사람이 만물 중에서도 가장 남다른 존재임을 뜻한다.

邢疏 ▮注"貴其"至"物也". ▸正義曰 : 此依鄭注也. 夫稱貴者, 是殊異可重之名. 按「禮運」曰: "人者五行之秀氣也." 『尙書』曰: "惟天地萬物父母, 惟人萬物之靈." 是異於萬物也.

형병 소 ▮어주 : "萬物"~"父也". ▸『정의(正義)』 : 주에서 "만물은 건괘(乾卦)에 힘입어서 시작된다"고 말한 것은 『주역(周易)』에서 "위대하구나. 건원(乾元)이여. 만물이 힘입어서 시작되는구나."[4]라고 한 말이 바로 이러한 뜻을 가리킨다. 주에서 "인륜은 부친을 하늘처럼 받드는 것에 힘입는다"고 하였는데, 『예기』「곡례(曲禮)」편에는 "부친의 원수는 함께 하늘을 이고 살 수 없다"[5]는 기록이 있는데, 이 기록에 대한 정현의 주에서는 "부친은 아들의 입장에서는 하늘이니, 자신의 하늘을 죽인 자와 함께 하늘을 이고 사는 자들은 효자가

2 『예기』「예운(禮運)」: 故人者, 其天地之德, 陰陽之交, 鬼神之會, 五行之秀氣也.
3 『상서』「주서(周書)·태서(泰誓)」: 惟天地萬物父母, 惟人萬物之靈.
4 『주역』「건괘(乾卦)·단전(彖傳)」: 彖曰, 大哉乾元! 萬物資始, 乃統天.
5 『예기』「곡례상(曲禮上)」: 父之讎, 弗與共戴天. 兄弟之讎, 不反兵. 交遊之讎, 不同國.

아니다"[6]라고 했고, 두예(杜預)의 『좌씨전주(左氏傳注)』에서는 "여자가 아직 시집을 가지 않았을 때에는 부친을 하늘처럼 떠받들고, 출가해서는 지아비를 하늘처럼 떠받든다"[7]고 하였으니, 이러한 기록들이 바로 인륜이 부친을 하늘처럼 받드는 것에 힘입는다는 뜻을 가리킨다. 주에서 "그렇기 때문에 효행 중에서도 가장 큰 것은 부친을 존엄하게 대하는 것에서 벗어나지 않는다"는 말에서 '존(尊)'자는 숭상한다는 뜻이고, '엄(嚴)'자는 공경한다는 뜻이다. 부친은 이미 하늘과 동급이기 때문에, 모름지기 부친에 대해서는 숭상하고 공경해야만 하는 것이니, 이것이 바로 효행 중에서도 가장 큰 것을 뜻한다.

邢疏 ▮注"萬物"至"父也". ▸正義曰：云"萬物資始於乾"者,『易』云"大哉乾元, 萬物資始", 是也. 云"人倫資父爲天"者,「曲禮」曰: "父之讎, 弗與共戴天." 鄭玄曰: "父者子之天也, 殺己之天, 與共戴天, 非孝子也." 杜預『左氏傳注[8]』曰: "婦人在室則天父, 出則天夫." 是人倫資父爲天也. 云"故孝行之大莫過尊嚴其父也"者, 尊, 謂崇也; 嚴, 敬也. 父旣同天, 故須尊嚴其父, 是孝行之大也.

형병 소 ▮어주 : "謂父"~"人也". ▸『정의(正義)』: 주에서 "부친을 하늘처럼 떠받드는 것은 비록 신분의 귀천에 따른 차이가 없다"는 말은 하늘에 배향하는 예(禮)가 주공(周公)으로부터 시작되었음

---

6 『예기』「곡례상(曲禮上)」편의 정현주(鄭玄注) : 父者子之天, 殺己之天, 與共戴天, 非孝子也. 行求殺之, 乃止.

7 『춘추좌씨전』「환공 15년」편의 두예주(杜預注) : 婦人在室則天父, 出則天夫. 女以爲疑, 故母以所生爲本解之.

8 '좌씨전주(左氏傳注)'에 대하여. 이 구문의 '주(注)'자는 원본에는 없는 글자인데, 완원(阮元)의 『교감기(校勘記)』에서는 "'왈(曰)'자 위에는 마땅히 '주(注)'자가 있어야 한다."고 했다.

을 풀이하려고 하여, 이보다 앞서서 이 문장을 끌어들인 것이니, 사람은 신분의 귀천과 관계없이 부친을 하늘처럼 떠받든다고 할 수 있다는 말이다. 주에서 "그러나 부친을 하늘에 배향하는 예(禮)는 주공에서 비롯되었다. 그렇기 때문에 '바로 그러한 인물이다'라고 말한 것이다"는 말에서, 다만 부친을 하늘에 배향한다는 것은 여러 경전(經典)들에서 두루 검증되고 있기 때문에, 다른 사설이 있을 수 없다. 그러나 『예기』를 살펴보면, 유우씨(有虞氏)는 덕을 숭상하였지만, 그들의 시조(始祖)에게 교(郊)제사[9]를 지내지 않았고, 하(夏)나라와 은(殷)나라 때에 와서야 비로소 교에서 그들의 시조를 존숭하였지만, 부친을 하늘에 배향하는 예는 없었는데, 주공은 위대한 성인이었기 때문에 처음으로 그러한 예를 시행한 것이다.[10] 다만 제례(祭禮)에서는 하나의 제사에서 높이는 대상이 둘이 될 수가 없으므로, 이미 후직(后稷)[11]을 하늘에 배향하여 교제사를 지냈으므로, 또다시 문왕을 하늘에 배향할 수가 없었다. 오제(五帝)는 천(天)의 다른 명

9 교제(郊祭)는 '교사(郊祀)'라고도 부른다. 교외(郊外)에서 천지(天地)에 제사를 지냈기 때문에 붙여진 명칭이다. 음양설(陰陽說)이 성행했던 한(漢)나라 때에는 하늘에 대한 제사는 양(陽)의 뜻을 따라 남교(南郊)에서 지냈고, 땅에 대한 제사는 음(陰)의 뜻을 따라 북교(北郊)에서 지냈다. 『한서』「교사지하(郊祀志下)」편에는 "帝王之事莫大乎承天之序, 承天之序莫重於郊祀. …… 祭天於南郊, 就陽之義也. 地於北郊, 卽陰之象也."라는 기록이 있다. 한편 '교사'는 후대에 제사를 범칭하는 용어로도 사용되었다. '교사' 중의 '교(郊)'자는 규모가 큰 제사를 뜻하며, '사(祀)'는 비교적 규모가 작은 제사들을 뜻한다.

10 『예기』「제법(祭法)」: 祭法, 有虞氏禘黃帝而郊嚳, 祖顓頊而宗堯. 夏后氏亦禘黃帝而郊鯀, 祖顓頊而宗禹, 殷人禘嚳而郊冥, 祖契而宗湯. 周人禘嚳而郊稷, 祖文王而宗武王.

11 후직(后稷)은 전설상의 인물이다. 주(周)나라의 선조(先祖) 중 한 사람이다. 강원(姜嫄)이 천제(天帝)의 발자국을 밟고 회임을 하여 '후직'을 낳았는데, 불길하다고 생각하여 버렸기 때문에, 이름이 기(棄)로 지어졌다고 한다. 이후 순(舜)이 '기'를 등용하여 농사를 담당하는 신하로 임명해서, 백성들에게 농사짓는 법을 가르쳤기 때문에, '후직'으로 일컬어지게 되었다. 『시』「대아(大雅)·생민(生民)」편에는 "厥初生民, 時維姜嫄. …… 載生載育, 時維后稷."이라는 기록이 있다.

칭이다. 주공은 이러한 제한사항 때문에, 명당(明堂)[12]에서 제사를 지내며, 문왕을 배향하였으니, 이것이 바로 주공이 그의 부친을 존엄하게 대하여 하늘에 배향시켰다는 의미이며, 또한 문왕에게도 조상을 존엄하게 대했던 예가 있었다는 사실을 거듭 말하고 있는 것이다. 그러나 경문에서는 "주공이 바로 그러한 인물이다"고 했으므로, 주에서도 경문의 뜻에 따라서, "주공으로부터 시작되었다"고 한 것이다.

邢疏 ▮注"謂父"至"人也". ▸正義曰 : 云"謂父爲天, 雖無貴賤"者, 此將釋配天之禮, 始自周公, 故先張此文, 言人無限貴賤, 皆得謂父爲天也. 云"然以父配天之禮, 始自周公, 故曰其人也"者, 但以父配天, 偏檢群經, 更無殊說. 按『禮記』有虞氏尙德, 不郊其祖, 夏殷始尊祖於郊, 無父配天之禮也, 周公大聖而首行之. 禮無二尊, 旣以后稷配郊天, 不可又以文王配之. 五帝, 天之別名也. 因享明堂, 而以文王配之, 是周公嚴父配天之義也, 亦所以申文王有尊祖之禮也. 經稱"周公其人", 注順經旨, 故曰始自周公也.

12 명당(明堂)은 일반적으로 고대 제왕이 정교(政敎)를 베풀던 장소를 지칭하는 용어로 사용되었다. 이곳에서는 조회(朝會)·제사(祭祀)·경상(慶賞)·선사(選士)·양로(養老)·교학(敎學) 등의 국가 주요 업무가 시행되었다. 『맹자』「양혜왕하(梁惠王下)」편에는 "夫明堂者, 王者之堂也."라는 용례가 있고, 『옥태신영(玉台新詠)』「목난사(木蘭辭)」에도 "歸來見天子, 天子坐明堂."이라는 용례가 있다. '명당'의 규모나 제도는 시대마다 다르다. 또한 '명당'은 '명당'이라는 건물군 중에서도 남쪽의 실(室)을 가리키는 용어로도 사용되었다.

❙ 경문 09-2

옛날에 주공은 후직에게 교제사를 지내면서 하늘에 배향을 하였고, 《 주: 후직은 주나라의 시조이다. 교(郊)제사는 원구단[13]에서 하늘에 제사를 지내는 것을 말한다. 주공이 성왕을 섭정하였기 때문에, 교에서 하늘에 대해 지내는 제사를 대신 시행하며, 시조를 높여서 하늘에 배향했던 것이다. 》 **명당에서 문왕을 높여서 제사지내며**, **상제에게 배향하였다**. 《 주: 명당은 천자가 정사를 시행하던 궁이다. 주공은 명당에서 동 · 서 · 남 · 북 · 중앙의 다섯 상제에게 제사를 지내면서 문왕을 높여서 상제에게 배향했던 것이다. 》 **이러한 까닭으로 천하의 모든 제후들이 자신의 직무를 올바로 수행하고**, **왕실에 찾아와서 제사를 도왔다**. 《 주: 군주가 부친을 존엄하게 대하며 하늘에 배향하는 예를 시행하니, 덕과 교화가 온 천하에 모범이 되었다. 그래서 천하에 있는 모든 제후들이 제각각 그들의 직무에 따라 천자에게 찾아와서 제사를 돕는 일을 성실하게 수행했다. 》 **무릇 성인의 덕 중에서 또 무엇이 효보다 큰 것이 있겠는가**? 《 주: 효보다 큰 것이 없다는 말이다. 》

經文 09-2　**昔者周公郊祀后稷以配天**, 《 注: 后稷, 周之始祖也. 郊謂圜丘祀天也. 周公攝政, 因行郊天之祭, 乃尊始祖以配之也. 》 **宗祀文王於明堂**, **以配上帝**. 《 注: 明堂, 天子布政之宮也. 周公因祀五方上帝於

13 원구(圓丘)는 환구(圜丘)라고도 부른다. 고대에 제왕이 동지(冬至)에 제천(祭天) 의식을 집행하던 곳이다. 자연적으로 형성된 언덕의 형상을 본떠서, 흙을 높이 쌓아올려 만들었기 때문에, '구(丘)'자를 붙여서 부른 것이며, 하늘의 둥근 형상을 본떴다는 뜻에서 '환(圜)' 또는 '원(圓)'자를 붙여서 부른 것이다. 『주례』「춘관(春官) · 대사악(大司樂)」편에는 "冬日至, 於地上之圜丘奏之."라는 기록이 있고, 이에 대한 가공언(賈公彦)의 소(疏)에서는 "土之高者曰丘, 取自然之丘. 圜者, 象天圜也."라고 풀이했다.

明堂, 乃尊文王以配之也.》**是以四海之內, 各以其職來[14]祭.**《注: 君行嚴配之禮, 則德敎刑於四海. 海內諸侯, 各脩其職來助祭也.》**夫聖人之德, 又何以加於孝乎?**《注: 言無大於孝者.》

형병 소 ▮경문 : "昔者"~"孝乎". ▸『정의(正義)』: 앞에서 주공이 부친을 하늘에 배향했다고 진술하였기 때문에, 그 연장선에서 하늘에 배향하였던 일화를 언급하고 있는 것이다. 예전 무왕이 붕어하자, 성왕은 어린 나이에 즉위를 하였으므로, 주공이 섭정을 하며, 교에서 하늘에 대해 제사를 지내는 지례를 시행했던 것이며, 이때에 시조인 후직을 하늘에 배향하여 제사를 지냈던 것이다. 그리고 동·서·남·북·중앙을 담당하는 다섯 상제(上帝)에게 명당에서 제사를 지내면서, 그의 부친인 문왕을 높여서 배향하여 제사를 지냈다. 부친과 시조를 높여서 하늘에 배향하고, 효성스럽게 제사지내는 것을 숭상하여 공경함을 다하였으니, 이로써 천하 안에 있는 자신의 영토를 가진 제후들이 각각 그들의 공납할 의무에 따라서 천자에게 찾아와서 제사를 도왔던 것이다. 앞에서 '성치(聖治)'의 뜻을 밝혔으므로, 이 문장에서는 그 뜻을 종합하여 대답을 해준 것이다. 주공은 성인으로, 처음으로 부친을 존엄하게 받들어서 하늘에 배향하는 예

14 『십삼경주소』 북경대 출판본에서는 "'래(來)'자 아래에는 『석대본(石臺本)』·『당석경(唐石經)』·『송희영석각악본』·『민본(閩本)』·『감본(監本)』·『정의본』에 모두 '조(助)'자가 기록되어 있다. 완원(阮元)의 『교감기(校勘記)』에서는 '『예기』「예기(禮器)」에 대한 『정의(正義)』와 『공양전(公羊傳)』 희공 15년의 소(疏) 및 『후한서(後漢書)』「반표전(班彪傳)」의 주에서도 이 문장을 인용하며 래조제(來助祭)라고 기록하고 있으며, 정현의 주에서도 각수기직래조제야(各脩其職來助祭也)라고 하였으니, 경문에도 본래 조(助)자가 있어야 하는데, 『석대본(石臺本)』에 누락되어 있었던 것을 여러 판본들이 그것을 답습하게 된 것이다.'"라고 했다.

를 시행하였고, 이것을 통하여 효와 공경하는 마음을 지극하게 실천한 것이니, "무릇 성인의 덕 중에서 또 무엇이 효보다 큰 것이 있겠는가?"라는 말은 더 보탤 것이 없다는 뜻이다.

邢疏 ▮"昔者"至"孝乎". ▸正義曰 : 前陳周公以父配天, 因言配天之事. 自昔武王旣崩, 成王年幼卽位, 周公攝政, 因行郊天祭禮, 乃以始祖后稷配天而祀之. 因祀五方上帝於明堂之時, 乃尊其父文王, 以配而享之. 尊父祖以配天, 崇孝享以致敬, 是以四海之內有土之君各以其職貢來助祭也. 旣明聖治之義, 乃總其意而答之也. 周公, 聖人, 首爲尊父配天之禮, 以極於孝敬之心, 則"夫聖人之德, 又何以加於孝乎?" 是言無以加也.

형병 소 ▮어주 : "后稷"~"配之". ▸『정의(正義)』 : 주에서 "후직은 주나라의 시조이다"라고 하였는데, 『사기(史記)』「주본기(周本紀)」를 살펴보면, "후직은 이름이 기(棄)이고, 그의 어머니는 유태씨(有邰氏)의 여식으로, 이름은 강원(姜嫄)이다. 제곡(帝嚳)[15]의 본처가 되었는데, 야외로 나왔다가 거인의 발자국을 보고, 마음에 흡족해져서 그것을 밟고자 하였다. 발자국을 밟고 나서 몸에 이상한 기운이 감도니 마치 잉태를 한 것과 같았고, 1년이 지나서 아들을 낳게 되었다. 그 아들을 상서롭지 못하다고 여겨서 저자거리에 버렸는데, 말과 소들이 지나치면서 모두들 피하여 밟지 않았고, 다시 숲으로 옮겼으나, 때마침 숲속에 사람들이 몰려들어서, 다시 옮겨서 도랑의

---

15 제곡(帝嚳)은 고신씨(高辛氏)라고도 부른다. '제곡'은 고대 오제(五帝) 중 하나이다. 황제(黃帝)의 아들 중에는 현효(玄囂)가 있었는데, '제곡'은 현효의 손자가 된다. 은(殷)나라의 복사(卜辭) 기록 속에서는 은나라 사람들이 '제곡'을 고조(高祖)로 여겼다는 기록도 나온다. 한편 '제곡'은 최초 신(辛)이라는 땅을 분봉 받았다가, 이후에 제(帝)가 되었으므로, '제곡'을 고신씨(高辛氏)라고도 부르는 것이다.

빙판 위에 버렸는데, 새들이 날아와 깃털로 감싸주었다. 강원은 그 현상을 신비롭게 여겨서, 마침내 다시 거둬서 키웠다. 애초에 그를 버리려고 하였기 때문에, 이름을 기라고 한 것이다.

邢疏 ▮注"后稷"至"配之". ▸正義曰：云"后稷, 周[16]之始祖也"者, 按「周本紀」云: "后稷名棄, 其母有邰氏女, 曰姜嫄[17]. 爲帝嚳元妃, 出野見巨人跡, 心忻然, 欲踐之. 踐之而身動如孕者, 居期而生子. 以爲不祥, 棄之隘巷, 馬牛過者皆辟不踐; 徙置之林中, 適會山林多人, 遷之而棄渠中冰上, 飛鳥以其翼覆薦之. 姜嫄以爲神, 遂收養長之. 初欲棄之, 因名曰棄.

형병 소 후직은 어려서부터 마나 콩 등을 파종하는 것을 좋아하였고, 장성하여서는 마침내 농사일을 좋아하게 되었다. 요임금이 그를 발탁하여 농사일을 주관하는 자로 삼았더니, 온 천하가 이롭게 되어, 공적을 세웠다. 순임금은 '기야, 백성들이 굶주리고 있으니, 너를 후직으로 삼는다. 때에 맞게 백곡을 파종하거라'[18]라고 말하고, 기를 태(邰) 땅에 분봉하며, 후직이라고 불렀다"[19]라고 했다. 후직의

---

16 '주(周)'자에 대하여. '주'자 아래에는 본래 '공(公)'자가 기록되어 있었는데, 완원(阮元)의 『교감기(校勘記)』에서는 "'공'자는 연문이다."라고 했다.

17 '원(嫄)'자에 대하여. 『십삼경주소』 북경대 출판본에서는 "'원(嫄)'자는 본래 '원(原)'자로 기록되어 있었고, 『민본(閩本)』·『감본(監本)』·『모본(毛本)』에는 '원(嫄)'자로 기록되어 있었는데, 문맥의 뜻이나 위아래의 문장을 살펴보면, '원(嫄)'자로 기록하는 것이 마땅하므로, 수정하였다."라고 했다.

18 『상서』「우서(虞書)·요전(堯典)」: 帝曰, 棄, 黎民阻飢, 汝后稷, 播時百穀.

19 『사기』「주본기(周本紀)」: 周后稷, 名棄. 其母有邰氏女, 曰姜原. 姜原爲帝嚳元妃. 姜原出野, 見巨人跡, 心忻然說, 欲踐之, 踐之而身動如孕者. 居期而生子, 以爲不祥, 棄之隘巷, 馬牛過者皆辟不踐; 徙置之林中, 適會山林多人, 遷之而棄渠中冰上, 飛鳥以其翼覆薦之. 姜原以爲神, 遂收養長之. 初欲棄之, 因名曰棄. 棄爲兒時, 屹如巨人之志. 其游戲, 好種樹麻·菽, 麻·菽美. 及爲成人, 遂好耕農, 相地之宜, 宜穀者稼穡焉, 民皆法則之. 帝堯聞之, 擧棄

증손자인 공류(公劉)는 다시 후직의 과업을 수행하였고, 후직으로부터 왕계에 이르기까지 15대가 지나서 문왕을 낳아, 천명을 받고 주나라를 건립하였다. 『모시(毛詩)』의 「대아(大雅) · 생민(生民)」 편의 서문에서는 "「생민」 편은 시조를 높이는 내용이다. 후직은 강원에게서 태어났고, 문왕과 무왕의 공적은 후직에게서 시작되었다. 그렇기 때문에 후직을 추존하여 하늘에 배향했던 것이다"[20]라고 한 말이 바로 이것을 가리킨다.

邢疏　　棄爲兒, 好種樹麻 · 菽. 及爲成人, 遂好耕農. 帝堯擧爲農師, 天下得其利, 有功. 帝舜曰: '棄, 黎民阻[21]飢, 爾后稷播時百穀.' 封棄於邰, 號曰后稷." 后稷曾孫公劉復脩其業. 自后稷至王季十五世而生文王, 受命作周. 按『毛詩』「大雅 · 生民」之序曰: "生民, 尊祖也. 后稷生於姜嫄, 文 · 武之功起於后稷, 故推以配天焉", 是也.

형병 소　　주에서 "교(郊)제사는 원구단에서 하늘에 제사를 지내는 것을 말한다"는 말은 공안국(孔安國)의 전(傳)에 나오는 기록이다. '사(祀)'자는 제사를 지낸다는 뜻이다. 하늘에 제사를 지내는 것을 '교(郊)'라고 부른다.

邢疏　　云"郊謂圜丘祀天也"者, 此孔傳文. 祀, 祭也. 祭天謂之郊.

爲農師, 天下得其利, 有功. 帝舜曰, "棄, 黎民始飢, 爾后稷播時百穀." 封棄於邰, 號曰后稷, 別姓姬氏. 后稷之興, 在陶唐 · 虞 · 夏之際, 皆有令德.

20 『시경』「대아(大雅) · 생민(生民)」의 毛序 : 生民, 尊祖也. 后稷, 生於姜嫄, 文武之功, 起於后稷. 故推以配天焉.

21 '조(阻)'자에 대하여. 완원(阮元)의 『교감기(校勘記)』에서는 "『사기』「주본기(周本紀)」에서 '조'자를 '시(始)'자로 기록하고 있는데, 이 문장에서는 '조'자로 기록하고 있다. 『고문상서(古文尚書)』에 근거하여, 수정을 하는 것은 옳은 일이 아니다. 단옥재(段玉裁)는 『상서찬이(尚書撰異)』에서 '『금문상서(今文尚書)』에서는 조(祖)자로 기록되어 있다.'"라고 했다.

형병 소 『주례(周禮)』의 「대사악(大司樂)」 편에서는 "무릇 음악은 환종(圜鍾)으로 궁(宮)음을 삼고, 황종(黃鍾)으로 각(角)음을 삼으며, 太蔟(태주)로 치(徵)음을 삼고, 沽洗(고선)으로 우(羽)음을 삼는다. 뇌고(雷鼓)와 뇌도(雷鼗)라는 타악기와 고죽(孤竹)으로 만든 관악기, 운화(雲和)산에서 자란 나무로 만든 금슬(琴瑟)과 운문(雲門)[22]이라는 춤은 동지일에 지상에 설치한 환구단에서 그것들을 연주하며, 음악을 여섯 차례 악장을 바꿔가며 연주를 하면, 천신(天神)이 모두 강림하므로, 예로 대접할 수 있다"[23]고 했고, 「교특생(郊特牲)」 편에서는 "교에서 지내는 제사는 해가 길어지기 시작하는 때를 맞이하는 것으로, 하늘의 은덕에 크게 보답하고, 해를 존숭하는 것이다. 남쪽 교외에 제단을 설치하는 것은 양기(陽氣)에 맞는 방위를 선택한 것이다"[24]고 했고, 또 "교에서 지내는 제사는 자신의 본원을 잊지 않고 조상의 은덕에 보답하는 것이다"[25]고 했으니, 이 말은 동지일 이후에 낮이 점차 길어지게 되니, 교제사를 지내서 그 기운을 영접한다는 것으로, 북두칠성의 자루가 하늘의 자(子) 방위를 가리키는 달이 되면, 『예기』에서 말하는 것처럼 모두 하늘에 교제사를 지내게 되며, 환구단은 남쪽 교외에 설치한다는 사실을 알 수 있다.

---

22 운문(雲門)은 황제(黃帝) 시대에 만들어진 악무(樂舞) 중 하나라고 전해진다. 주(周)나라의 육무(六舞) 중 하나로 정착하였다. 주로 천신(天神)에게 제사를 지낼 때 사용되었다.

23 『주례』「춘관(春官) · 대사악(大司樂)」: 凡樂, 圜鍾爲宮, 黃鍾爲角, 大蔟爲徵, 姑洗爲羽, 雷鼓雷鼗, 孤竹之管, 雲和之琴瑟, 雲門之舞, 冬日至, 於地上之圜丘奏之, 若樂六變, 則天神皆降, 可得而禮矣.

24 『예기』「교특생(郊特牲)」: 郊之祭也, 迎長日之至也, 大報天而主日也, 兆於南郊, 就陽位也.

25 『예기』「교특생(郊特牲)」: 萬物本乎天, 人本乎祖, 此所以配上帝也. 郊之祭也, 大報本反始也.

邢疏 『周禮』「大司樂」云: "凡樂, 圜鍾爲宮, 黃鍾爲角, 大蔟爲徵, 沽洗爲羽. 雷鼓雷鼗, 孤竹之管, 雲和之琴瑟, 雲門之舞. 冬日至, 於地上之圜丘奏之, 若樂六變, 則天神皆降, 可得而禮矣." 「郊特牲」曰: "郊之祭也, 迎長日之至也, 大報天而主日也. 兆於南郊, 就陽位也." 又曰: "郊之祭也, 大報本反始也." 言以冬至之後, 日漸長, 郊祭而迎之, 是建子之月則與經俱郊祀於天. 明圜丘南郊也.

형병 소 주에서 "주공이 성왕을 섭정하였기 때문에, 교에서 하늘에 대해 지내는 제사를 대신 시행하며, 시조를 높여서 하늘에 배향했던 것이다"고 한 말에 대해서, 『예기』의 「문왕세자(文王世子)」 편을 살펴보면, "공자가 말하길, '예전에 주공은 섭정을 하여, 천자의 자리를 대신하여 천하를 다스렸고, 자신의 아들 백금(伯禽)에게 세자를 교육시키는 법도를 적용하여 가르쳤는데, 이것은 성왕을 잘 보필하는 방법이었다.'"[26]고 칭송하고 있는데, 이 문장에서 말하는 교제사를 지냈던 시기는 바로 주공이 섭정할 당시를 뜻한다.

邢疏 云"周公攝政, 因行郊天之祭, 乃尊始祖以配之也"者, 按「文王世子」稱: "仲尼曰: '昔者周公攝政, 踐阼[27]而治, 抗世子法於伯禽, 所以善成王也.'"則郊祀是周公攝政之時也.

형병 소 『공양전(公羊傳)』에서 "교제사를 지내는데, 어찌하여

---

26 『예기』「문왕세자(文王世子)」: 仲尼曰, "昔者周公攝政, 踐阼而治, 抗世子法於伯禽, 所以善成王也."

27 '조(阼)'자에 대하여. '조(阼)'자는 본래 '조(祚)'자로 기록되어 있었는데, 완원(阮元)의 『교감기(校勘記)』에서는 "『감본(監本)』·『모본(毛本)』에는 '조(祚)'자가 '조(阼)'자로 기록되어 있는데, 이것이 옳다."라고 했다.

반드시 사직에게도 제사를 지내는 것인가? 천자가 된 자는 반드시 그의 시조를 하늘에 배향하기 때문이다. 천자가 된 자는 어찌하여 반드시 그의 시조를 하늘에 배향하는가? 안으로부터 밖으로 나올 때에는 주인이 없으면 갈 수가 없고, 밖으로부터 안으로 들어올 때에는 주인이 없으면 멈출 수가 없기 때문이다"[28]라고 했는데, 이 말은 하늘에 제사를 지내게 되면, 천신은 손님이 되는 것으로, 이 경우가 바로 밖으로부터 안으로 들어오는 때를 뜻한다. 모름지기 이 경우에는 사람이 주인이 되어야만, 천신이 이르게 된다. 그렇기 때문에 시조를 높여서 천신에게 배향하고, 앉기를 권유하여 흠향하도록 하는 것이다.

邢疏　『公羊傳』曰: "郊則曷爲必祭稷? 王者必以其祖配. 王者則曷爲必以其祖配? 自內出者, 無主[29]不行; 自外至者, 無主不止." 言祭天則天神爲客, 是外至也. 須人爲主, 天神乃至. 故尊始祖以配天神, 侑坐而食之.

형병 소　『춘추좌씨전』을 살펴보면, "무릇 제사에서는 경칩이 된 이후에 교제사를 지낸다"[30]라고 했고, 또 "후직에게 교제사를 지내는 것은 이것을 통하여 농사가 잘 되도록 기원하는 것이다"[31]라고

---

28 『춘추공양전』「선공(宣公) 3년」: 郊則曷爲必祭稷. 王者必以其祖配. 王者則曷爲必以其祖配. 自內出者, 無匹不行. 自外至者, 無主不止.

29 '주(主)'자에 대하여. 『십삼경주소』 북경대 출판본에서는 "『공양전』에서는 '필(匹)'자로 기록되어 있는데, 그 문장에 대한 주에서는 '합(合)자의 뜻이다.'라고 풀이했다."라고 했다.

30 『춘추좌씨전』「환공(桓公) 5년」: 凡祀, 啓蟄而郊, 龍見而雩, 始殺而嘗, 閉蟄而烝. 過則書.

31 『춘추좌씨전』「양공(襄公) 7년」: 夫郊祀后稷, 以祈農事也.

했고, 정현의 『예기』「교특생」편에 대한 주석에서는 『주역』을 인용하여, "하 · 은 · 주 삼대에서 지냈던 교제사에서는 한결같이 하나라 때의 정월인 북두칠성 자루가 인(寅) 방위에 걸리는 달을 정월로 삼았다"라고 했으니, 이 말은 해가 길어지는 때를 맞이한다는 것이 북두칠성의 자루가 묘(卯) 방위에 걸려서, 낮과 밤의 길이가 균등하게 되는데, 균등해진 이후에는 낮이 점차 길어지게 된다. 그러므로 춘분에는 낮과 밤의 길이가 균등해지는 것이다.

邢疏　　按『左氏傳』曰: "凡祀, 啓蟄而郊." 又云: "郊祭后稷, 以祈農事也." 而鄭注『禮』「郊特牲」乃引『易』說曰: "三王之郊, 一用夏正建寅之月也." 此言迎長日者. 建卯而晝夜分, 分而日長也. 然則春分而長短分矣.

형병 소　　이 문장에서 말하는 맞이하는 일은 아직 균등해지기 이전에 하는 것이고, '지(至)'라는 것은 춘분일을 뜻한다. 무릇 '지'라는 것은 길고 짧은 것이 지극해지는 때이다. '분(分)'이라고 분명하게 언급한 것은 낮과 밤의 길이가 균등해지기 때문이다. 춘분과 추분은 사계절 중에 포함되어 있고, 경칩은 북두칠성의 자루가 인(寅)자리를 가리키는 달에 놓이니, 동지를 지나 아직 춘분에 이르지 못했을 때이므로, 이 시기에는 반드시 밤이 짧아져서 낮이 길어지게 되니, 『춘추좌씨전』에서 경칩이라고 언급한 것은 일치하지 않는다.

邢疏　　此則迎在未分之前, 至謂春分之日也. 夫至者, 是長短之極也. 明分者, 晝夜均也. 分是四時之中, 啓蟄在建寅之月, 過至而未及分, 必於夜短, 方爲日長, 則『左氏傳』不應言啓蟄也.

형병 소　　만약 해가 길어지는 것은 점진적이기 때문에, 교제사를 지내 미리 영접한다면, 최초로 길어지는 시기는 마땅히 해가 가장 짧은 동지일에 놓이게 된다. 그렇기 때문에 『춘추좌씨전』에서 경칩에 지내는 교제사가 농사를 기원하는 제사임을 알 수 있는 것이다. 『주례』에서 말하는 동지일에 지내는 교제사는 해가 길어지게 됨을 영접하며, 조상의 은덕에 보답하는 제사이다.

邢疏　若以日長有漸，郊可預迎，則其初長宜在極短之日．故知「傳」啓蟄之郊，是祈農之祭也．『周禮』冬至之郊，是迎長日報本反始之祭也．

형병 소　정현은 『예기』「제법(祭法)」 편에 주나라 사람들은 제곡에게 체(禘)제사[32]를 지냈다고 했던 문장[33]이 있기 때문에, 마침내 교제사의 뜻을 바꿔서 태미오제(太微五帝)의 정기를 받아 제왕을 낳게 하는 감생제(感生帝)[34]에 대한 제사로 여겨, 동방을 맡는 청제(靑帝)[35]인 영위앙(靈威仰)[36]을 뜻한다고 하고, 주나라는 오행 중에서 목(木)

32　체제(禘祭)는 천신(天神) 및 조상신(祖上神)에게 지내는 큰 제사[大祭]를 뜻한다. 『이아(爾雅)』「석천(釋天)」에는 "禘, 大祭也."라는 기록이 있고, 이에 대한 곽박(郭璞)의 주에서는 "五年一大祭."라고 풀이하여, 대제(大祭)로써의 체제사는 5년마다 1번씩 지낸다고 설명한다. 그러나 『예기』「왕제(王制)」에 수록된 각종 제사들에 대한 기록을 살펴보면, 체제사는 큰 제사임에는 분명하나, 반드시 5년마다 1번씩 지내는 제사는 아니었다.

33　『예기』「제법(祭法)」: 周人禘嚳而郊稷, 祖文王而宗武王.

34　감생제(感生帝)는 감제(感帝)와 감생(感生)이라고도 부른다. 태미오제(太微五帝)의 정기를 받아서 태어난 인간세상의 제왕을 뜻한다. 고대에는 각 왕조의 선조들이 모두 상제(上帝)의 기운을 받아서 태어났다고 여겼기 때문에, '감생제'라는 명칭이 생기게 되었다.

35　청제(靑帝)는 창제(蒼帝) 또는 창제(倉帝)라고도 하며, 동방(東方)을 주관하는 오제(五帝) 중 하나이다. 영위앙(靈威仰)을 가리킨다. 동쪽은 오행(五行)으로 따지면, 목(木)에 해당하는데, 나무의 색깔은 청색에 해당하여 '창(蒼)'자를 붙여서 부르는 것이다. 『사기(史記)』「천관서(天官書)」 편에는 "蒼帝行德, 天門爲之開."라는 기록이 있고, 이에 대한 장수절(張守節)의 『정의(正義)』에서는 "蒼帝, 東方靈威仰之帝也."라고 풀이했다.

36　영위앙(靈威仰)은 참위설(讖緯說)을 주장했던 자들이 섬기던 오제(五帝) 중 하나이다.

의 덕에 해당하므로 목덕(木德)을 다스리는 상제를 떠받든다고 하고, 논정을 하며, "『이아(爾雅)』를 살펴보면, '하늘에 대한 제사를 번시(燔柴)라고 부르고, 땅에 대한 제사를 예매(瘞薶)라고 부른다.'라고 했고, 또 '체제사는 큰 제사이다.'라고 했으니, 5년마다 1번 지내는 큰 제사의 명칭이다. 그리고 또한 『예기』「제법」편에서 공덕을 세운 자는 조(祖)로 삼고, 덕을 갖춘 자는 종(宗)으로 삼는다고 하였으니, 조나 종 모두는 종묘에 모시는 것으로, 본래부터 교제사에서 하늘에 배향하는 것이 아니다."라고 했다.

邢疏　鄭玄以「祭法」有周人禘嚳之文, 遂變郊爲祀感生之帝, 謂東方靑帝靈威仰, 周爲木德. 威仰木帝, 以駮之曰: "按『爾雅』曰: '祭天曰燔柴, 祭地曰瘞薶.' 又曰: '禘, 大祭也.' 謂五年一大祭之名. 又「祭法」祖有功, 宗有德, 皆在宗廟, 本非郊配."

형병 소　만약 정현의 주장에 의거한다면, 제곡을 환구단에서 하늘에 배향하여 제사를 지내는 것으로, 그 이유는 하늘은 가장 존엄한 존재이기 때문이다. 주나라 때 제곡을 존엄하게 대했던 태도는 후직에 대한 경우와 같지 않다. 그리고 청제에게 배향한다고 하였으니, 가장 존엄하게 대한 것이 아니며, 실제적으로 부친을 존엄하게 대한다는 의미에도 어긋난다. 또한 여러 기록들을 두루 살펴보면, 제곡을 하늘에 배향하였다는 기록은 결코 나타나지 않는다.

邢疏　若依鄭說, 以帝嚳配祭圜丘, 是天之最尊也. 周之尊帝嚳,

동방(東方)의 신(神)이자 봄을 주관하는 신이다. 『예기』「대전(大傳)」편에는 "禮, 不王不禘, 王者禘其祖之所自出, 以其祖配之."라는 기록이 있는데, 이에 대한 정현의 주에서는 "王者之先祖皆感大微五帝之精以生. 蒼則靈威仰, 赤則赤熛怒, 黃則含樞紐, 白則白招拒, 黑則汁光紀."라고 풀이하였다.

不若后稷. 今配靑帝, 乃非最尊, 實乖嚴父之義也. 且徧窺經籍, 並無以帝嚳配天之文.

형병 소 만약 제곡을 하늘에 배향하였다면, 경문에서도 마땅히 환구단에서 제곡에게 체제사를 지내면서 하늘에 배향하였다고 해야 하지, 후직에게 교제사를 지냈다고 해서는 안 된다. 하늘은 하나일 뿐이다. 그렇기 때문에 그 제사를 지내는 장소는 교에 위치하므로, 환구를 만든다고 말한 것은 교에 제단을 쌓으며, 제단 모양을 둥근 하늘의 모양을 본떠서 만든다는 뜻이다. 그러므로 환구라고 말한 것은 곧 교를 가리키고, 교는 곧 환구를 뜻한다. 당시 중랑이었던 마소(馬昭)가 당시의 관행을 고집하는 것에 대해서 상소를 올리자, 박사였던 장융(張融)에게 칙서를 내려서 질정하게 하였다. 장융은 한나라 때 석학이었던 동중서(董仲舒)·유향(劉向)·마융(馬融)의 학설을 열거하며, 이들 모두가 주나라 때에는 교에서 호천(昊天)에게 제사를 지내며 후직을 배향했다고 주장하였고, 정현처럼 창제(蒼帝)를 배향했다는 학설은 없다고 하였다.

邢疏 若帝嚳配天, 則經應云禘嚳於圜丘以配天, 不應云郊祀后稷也. 天一而已, 故以所在祭在郊, 則謂爲圜丘, 言於郊爲壇, 以象圜天. 圜丘卽郊也, 郊卽圜丘也. 其時中郎馬昭抗章, 固執當時, 敕博士張融質之. 融稱漢世英儒自董仲舒·劉向·馬融之倫[37], 皆斥周人之祀昊天於郊, 以后稷配, 無如玄說配蒼帝也.

---

37 '륜(倫)'자에 대하여. 손이양(孫詒讓)의 『교기(校記)』에서는 "『예기』「제법」 편에 대한 『정의』에서는 이 문장을 인용하며, '륜'자를 '론(論)'자로 기록하였다."라고 했다.

형병 소 그러므로 『주례』에 기록된 환구는 곧 『효경』에 기록된 교를 뜻한다. 성인은 존비(尊卑)에 따라서 하늘을 섬기고, 땅을 섬겼으니, 어찌 환구에서 제곡에게 제사를 지내며, 창제에게 후직을 배향하는 의례를 시행할 수 있겠는가? 또 「주송(周頌)」 편에는 "문덕(文德)이신 후직이여, 저 하늘에 짝하시는구나."[38]라는 기록이 있고, 또 「호천유성명(昊天有成命)」 편에는 천지(天地)[39]에 교제사를 지냈으니,[40] 교제사는 창제에 대한 제사가 아니라는 것은 모든 유학자들이 똑같이 주장하는 것인데, 그 중에서도 왕숙(王肅)의 주장이 가장 뛰어나다.

邢疏 然則『周禮』圜丘, 則『孝經』之郊. 聖人因尊事天, 因卑事地, 安能復得祀帝嚳於圜丘, 配后稷於蒼帝之禮乎? 且在「周頌」"思文后稷, 克配彼天", 又「昊天有成命」郊祀天地也. 則郊非蒼帝, 通儒同辭, 肅說爲長.

형병 소 삼가 생각해보니, 효는 사람 행동의 근본이 되고, 제사는 국가의 중대사가 된다. 공자가 전해준 문장들은 진실로 억측들이 아니다. 선배 학자들은 그 말들을 분석하고 논증하여 각각 제 나름

---

38 『시경』「주송(周頌)·사문(思文)」: 思文后稷, 克配彼天. 立我烝民, 莫匪爾極.

39 천지(天地)는 천신(天神)과 지신(地神)을 뜻한다. 지신은 지기(地祇)라고 부르기도 한다. 천지에 대한 제사는 교(郊)에서 지냈기 때문에, 이 제사를 교제(郊祭) 또는 교사(郊祀)라고 부르기도 했다. 음양오행설(陰陽五行說)이 성행했던 시기에는 음양(陰陽)의 구분에 따라서 하늘에 대한 제사는 양(陽)에 해당하는 남쪽 교외에서 지냈고, 땅에 대한 제사는 음(陰)에 해당하는 북쪽 교외에서 지냈다. 『한서(漢書)』「교사지하(郊祀志下)」에는 "帝王之事莫大乎承天之序, 承天之序莫重於郊祀. …… 祭天於南郊, 就陽之義也. 地於北郊, 卽陰之象也."라는 기록이 있다.

40 『시경』「주송(周頌)·호천유성명(昊天有成命)」의 毛序 : 昊天有成命, 郊祀天地也.

대로의 주장을 가진 일가를 이루었다. 편찬 작업을 할 때부터 경전들을 대비하여 헤아려보니, 이치에 따른다면 왕숙의 주장에 따르는 것이 가장 좋고, 다수의 의견을 따른다면 정현의 주장이 이미 오래 전부터 내려왔기 때문에 좋다. 그런데 왕숙의 주장은 『성증(聖證)』의 논의보다 뛰어나고, 정현의 주장은 『삼례의종(三禮義宗)』보다 뛰어나다. 왕숙과 정현의 주장 중 잘잘못은 『예기』의 다양한 뜻과 서로 상반된 기록들 때문에, 끝내 자세히 따져보기 어렵게 되었다. 여기에서는 간략하게 그 요점들만 제시하고, 또한 이 두 학설을 제시한다.

邢疏　　伏以孝爲人行之本, 祀爲國事之大. 孔聖垂文, 固非臆說. 前儒詮證, 各擅一家. 自頃修撰, 備經斟覆, 究理則依王肅爲長, 從衆則鄭義已久. 王義長『聖證』之論, 鄭義長於『三禮義宗』.[41] 王·鄭是非, 於『禮記』其義文多, 卒難詳縷說. 此略據機要, 且擧二端焉.

형병 소　　▮ 어주 : "明堂"~"之也". ▸『정의(正義)』 : 주에서 "명당은 천자가 정사를 시행하던 궁이다."라고 말한 것에 대하여, 『예기』「명당위」편에서는 "옛날에 주공은 명당(明堂)이라는 곳에서 제후들과 조회를 가졌는데, 천자는 도끼모양이 새겨진 병풍을 등 뒤로 하고, 남쪽을 바라보며 위치한다."[42]라고 했다. '명당(明堂)'이라고 하는 것은 제후들의 존비(尊卑)에 따른 서열을 명백하게 한다는 뜻이다. 이곳에서 예법을 제정하고 음악을 만들며, 도량형을 반포하여,

41 "王義長聖證之論鄭義長於三禮義宗"이라는 문장은 본래 "王義其聖證之論鄭義其於三禮義宗"이라고 기록되어 있었는데, 완원(阮元)의 『교감기(校勘記)』에서는 "'기(其)'자는 모두 '장(長)'자의 오자이다."라고 했다.

42 『예기』「명당위(明堂位)」 : 昔者周公朝諸侯于明堂之位, 天子負斧依南鄕而立.

온 천하가 그에 따르게 되니, 명당이 정사를 시행하던 궁임을 알 수 있다.

邢疏　　▮注"明堂"至"之也". ▸正義曰 : 云"明堂, 天子布政之宮也"者, 按『禮記』「明堂位」, "昔者周公[43]朝諸侯于明堂之位, 天子負斧依南鄕而立". 明堂也者, 明諸侯之尊卑也. 制禮作樂, 頒度量而天下大服, 知明堂是布政之宮也.

형병 소　　주에서 "주공은 명당에서 동 · 서 · 남 · 북 · 중앙의 다섯 상제에게 제사를 지내면서 문왕을 높여서 상제에게 배향했던 것이다."라고 말한 것에 대해서, 다섯 방위의 상제는 곧 상제를 뜻한다. 그러므로 이 문장은 문왕을 다섯 방위의 상제라는 신에게 배향을 하여, 함께 모시고 흠향을 시킨다는 뜻이다.

邢疏　　云"周公因祀五方上帝於明堂, 乃尊文王以配之也"者, 五方上帝, 卽是上帝也. 謂以文王配五方上帝之神, 侑坐而食也.

형병 소　　정현의 『논어』에 대한 주를 살펴보면, "황황후제(皇皇后帝)를 태미오제(太微五帝)라고도 부른다. 천상에 있기 때문에 상제(上帝)가 되는 것이며, 다섯 방위를 분담하여 다스리기 때문에 오제(五帝)가 된다."라고 했다.

邢疏　　按鄭注『論語』云: "皇皇后帝, 幷謂太微五帝. 在天爲上帝, 分王五方爲五帝."

---

43 "堂位昔者周公"라는 문장은 본래 "其二端注明堂"이라고 기록되어 있었는데, 완원(阮元)의 『교감기(校勘記)』에서는 "『정오(正誤)』에서 '其二端注明堂'은 '堂位昔者周公'이라고 기록하였는데, 이것이 옳다."라고 했다.

형병 소 옛 학설에서는 명당이 국성(國城)의 남쪽에 위치하며, 국성과 7리(里) 떨어져 있어서, 거리가 가깝기 때문에 친근한 것이고, 남쪽 교외는 국성과 50리 떨어져 있어서, 멀기 때문에 어려운 것이다. 오제는 호천보다 낮으니, 교에서 호천에게 제사를 지내고, 명당에서 상제에게 제사를 지내는 것이다. 후직을 교에서 배향을 하고, 문왕을 명당에 배향을 하는 것에 대한 의미는 위에 나타난다.

邢疏 舊說明堂在國之南, 去王城七里, 以近爲媟; 南郊去王城五十里, 以遠爲嚴. 五帝卑於昊天, 所以於郊祀昊天, 於明堂祀上帝也. 其以后稷配郊, 以文王配明堂, 義見於上也.

형병 소 오제는 동방청제(東方靑帝)인 영위앙(靈威仰), 남방적제(南方赤帝)인 적표노(赤熛怒)[44], 서방백제(西方白帝)인 백초거(白招拒)[45], 북방흑제(北方黑帝)인 즙광기(汁光紀)[46], 중앙황제(中央黃帝)인

44 적표노(赤熛怒)는 참위설(讖緯說)을 주장했던 자들이 섬기던 오제(五帝) 중 하나이다. 남방(南方)의 신(神)이자 여름을 주관하는 신이다. 『예기』「대전(大傳)」편에는 "禮, 不王不禘, 王者禘其祖之所自出, 以其祖配之."라는 기록이 있는데, 이에 대한 정현의 주에서는 "王者之先祖皆感大微五帝之精以生. 蒼則靈威仰, 赤則赤熛怒, 黃則含樞紐, 白則白招拒, 黑則汁光紀."라고 풀이하였다. 『주례』「춘관(春官)·소종백(小宗伯)」편에는 "兆五帝於四郊."라는 기록이 있는데, 이에 대한 정현의 주에서는 "五帝 …… 赤曰赤熛怒, 炎帝食焉."이라고 풀이했고, 『주례』「춘관(春官)·대종백(大宗伯)」편의 "以禋祀祀昊天上帝."라는 기록에 대해, 가공언(賈公彥)의 소(疏)에서는 『춘추위문요구(春秋緯文耀鉤)』라는 위서(緯書)를 인용하여 "夏起赤受制, 其名赤熛怒."라고 풀이했다. 이렇듯 '적표노'는 적제(赤帝)를 뜻하는데, '적제'라는 것은 염제(炎帝)를 뜻하기도 한다.

45 백초거(白招拒)는 참위설(讖緯說)을 주장했던 자들이 섬기던 오제(五帝) 중 하나이다. 서방(西方)의 신(神)이자 가을을 주관하는 신이다. 『예기』「대전(大傳)」편에는 "禮, 不王不禘, 王者禘其祖之所自出, 以其祖配之."라는 기록이 있는데, 이에 대한 정현의 주에서는 "王者之先祖皆感大微五帝之精以生. 蒼則靈威仰, 赤則赤熛怒, 黃則含樞紐, 白則白招拒, 黑則汁光紀."라고 풀이하였다.

46 즙광기(汁光紀)는 협광기(叶光紀)라고도 부른다. 참위설(讖緯說)을 주장했던 자들이 섬기던 오제(五帝) 중 하나이다. 북방(北方)의 신(神)이자 겨울을 주관하는 신이다. 『예기』

함추뉴(含樞紐)[47]를 뜻한다. 정현은 "명당은 국성의 남쪽에 위치하고 있는데, 남쪽은 밝고 양기(陽氣)가 있는 장소이다. 그렇기 때문에 명당이라고 부르는 것이다."라고 했다.

邢疏 五帝謂東方青帝靈威仰, 南方赤帝赤熛怒, 西方白帝白招拒, 北方黑帝汁光紀, 中央黃帝含樞紐. 鄭玄[48]云: "明堂居國之南, 南是明陽之地, 故曰明堂."

형병 소 『사기』를 살펴보면, "황제(黃帝)가 모든 신령들을 명정(明庭)에서 대접하였다."[49]라고 하였으니, 이때의 명정은 곧 명당을 뜻한다. 그러므로 명당의 유래는 황제 때부터 시작된 것이다.

邢疏 按『史記』云: "黃帝接萬靈於明庭." 明庭卽明堂也. 明堂起於黃帝.

형병 소 『주례』「고공기」에서는 "하후씨 때에는 세실(世室)이었으며, 은나라 때에는 중옥(重屋)이었고, 주나라 때에는 명당(明堂)이었다."[50]라고 했고, 선대 학자들의 학설들은 그 제도에 대한 설명이

「대전(大傳)」편에는 "禮, 不王不禘, 王者禘其祖之所自出, 以其祖配之."라는 기록이 있는데, 이에 대한 정현의 주에서는 "王者之先祖皆感大微五帝之精以生. 蒼則靈威仰, 赤則赤熛怒, 黃則含樞紐, 白則白招拒, 黑則汁光紀."라고 풀이하였다.

47 함추뉴(含樞紐)는 참위설(讖緯說)을 주장했던 자들이 섬기던 오제(五帝) 중 하나이다. 중앙(中央)을 주관하는 신(神)이자 계절 중 중앙 계절을 주관하는 신이다. 『예기』「대전(大傳)」편에는 "禮, 不王不禘, 王者禘其祖之所自出, 以其祖配之."라는 기록이 있는데, 이에 대한 정현의 주에서는 "王者之先祖皆感大微五帝之精以生. 蒼則靈威仰, 赤則赤熛怒, 黃則含樞紐, 白則白招拒, 黑則汁光紀."라고 풀이하였다.

48 '현(玄)'자에 대하여. '현(玄)'자는 본래 '현(炫)'자로 기록되어 있었는데, 완원(阮元)의 『교감기(校勘記)』에서는 "'현(炫)'자는 마땅히 '현(玄)'자가 되어야 하며, 아래에서 이렇게 표기된 것 또한 모두 '현(玄)'자로 해야 한다."라고 했다.

49 『사기』「봉선서(封禪書)」: 其後黃帝接萬靈明庭.

서로 달랐다.

邢疏 『周禮』「考工記」曰: "夏后氏[51]世室, 殷人重屋, 周人明堂." 先儒舊說, 其制不同.

형병 소 『대대례기』를 살펴보면, "명당은 총 9개의 방으로 구성되어 있는데, 1개의 방에는 각각 4개의 외짝문과 8개의 들창이 있으니, 총 36개의 외짝문과 72개의 들창이 있는 것이며, 띠를 엮어서 지붕을 덮었고, 상단은 원형으로 하고 하단은 네모지게 만들었다."[52]라고 했다. 그리고 정현은 위서(緯書)인 『원신계(援神契)』에 근거하여, "명당은 상단부는 원형으로 되어 있고 하단부는 네모지게 되어 있는데, 8개의 들창과 4개의 문이 있다."고 했다. 「고공기」에서 "명당은 5개의 방으로 되어 있다."[53]라고 했다.

邢疏 按『大戴禮』云: "明堂凡九室, 一室而有四戶八牖, 三十六戶七十二牖, 以茅蓋屋, 上圓下方." 鄭玄據『援神契』云: "明堂上圜下方, 八牖四闥." 「考工記」曰: "明堂五室."

형병 소 이러한 설명 중에 9개의 방이라고 일컫는 이유에 대해

50 『주례』「동관고공기(冬官考工記) · 장인(匠人)」: 夏后氏世室, 堂脩二七廣四脩一, 五室二四步四三尺. 九階. 四旁兩夾窗. 白盛. 門堂三之二. 室三之一. 殷人重屋, 堂脩七尋堂崇三尺四阿重屋. 周人明堂, 度九尺之筵, 東西九筵, 南北七筵, 堂崇一筵, 五室, 凡室二筵.

51 '씨(氏)'자에 대하여. '씨'자는 본래 '왈(曰)'자로 기록되어 있었는데, 완원(阮元)의 『교감기(校勘記)』에서는 "'왈'자는 마땅히 '씨'자가 되어야 한다."라고 했다.

52 『대대례기』「명당(明堂)」: 明堂者, 古有之也. 凡九室: 一室而有四戶 · 八牖, 三十六戶 · 七十二牖. 以茅蓋屋, 上圓下方.

53 『주례』「동관고공기(冬官考工記) · 장인(匠人)」: 周人明堂, 度九尺之筵, 東西九筵, 南北七筵, 堂崇一筵, 五室, 凡室二筵.

서, 혹자는 양(陽)의 숫자인 9를 본떴기 때문이며, 8개의 들창은 음(陰)의 수를 뜻하며, 팔방(八方)에서 불어오는 바람[54]을 본뜬 것이다. 36개의 외짝문은 여섯 갑자의 효(爻)를 본뜬 것으로, 6 곱하기 6은 36이 된다. 상단부를 원형으로 한 것은 하늘의 모양을 본뜬 것이고, 하단부를 네모지게 만든 것은 땅의 모양을 본뜬 것이다. 8개의 들창은 곧 입춘부터 동지까지의 8개 절기를 뜻하며, 4개의 문은 동·서·남·북 사방(四方)을 본뜬 것이라고 한다. 5개의 방이라고 일컫는 것에 대해서는 오행(五行)을 본뜬 것인데, 이것과 관련해서는 구체적인 기록들이 없어서, 이러한 의미를 토대로 추론할 수밖에 없다.

邢疏 稱九室者, 或云: "取象陽數也; 八牖者, 陰數也, 取象八風

54 팔풍(八風)은 팔방(八方)에서 풀어오는 바람으로, 각 문헌에 따라서 명칭이 조금씩 다르다. 『여씨춘추(呂氏春秋)』에 따르면, 동북풍(東北風)은 염풍(炎風), 동풍(東風)은 도풍(滔風), 동남풍(東南風)은 훈풍(熏風), 남풍(南風)은 거풍(巨風), 서남풍(西南風)은 처풍(淒風), 서풍(西風)은 료풍(飂風), 서북풍(西北風)은 려풍(厲風), 북풍(北風)은 한풍(寒風)이다. 『회남자(淮南子)』에 따르면, 동북풍(東北風)은 염풍(炎風), 동풍(東風)은 조풍(條風), 동남풍(東南風)은 경풍(景風), 남풍(南風)은 거풍(巨風), 서남풍(西南風)은 량풍(涼風), 서풍(西風)은 료풍(飂風), 서북풍(西北風)은 려풍(麗風), 북풍(北風)은 한풍(寒風)이다. 『설문해자(說文解字)』에 따르면, 동풍(東風)은 명서풍(明庶風), 동남풍(東南風)은 청명풍(清明風), 남풍(南風)은 경풍(景風), 서남풍(西南風)은 량풍(涼風), 서풍(西風)은 창합풍(閶闔風), 서북풍(西北風)은 부주풍(不周風), 북풍(北風)은 광막풍(廣莫風), 동북풍(東北風)은 융풍(融風)이다. 『경전석문(經典釋文)』에 따르면, 동풍(東風)은 곡풍(谷風), 동남풍(東南風)은 청명풍(清明風), 남풍(南風)은 개풍(凱風), 서남풍(西南風)은 량풍(涼風), 서풍(西風)은 창합풍(閶闔風), 서북풍(西北風)은 부주풍(不周風), 북풍(北風)은 광막풍(廣莫風), 동북풍(東北風)은 융풍(融風)이다. 『여씨춘추(呂氏春秋)』「유시(有始)」편에서는 "何謂八風. 東北曰炎風, 東方曰滔風, 東南曰熏風, 南方曰巨風, 西南曰淒風, 西方曰飂風, 西北曰厲風, 北方曰寒風."이라고 하였고, 『회남자(淮南子)』「추형훈(墬形訓)」편에서는 "東北曰炎風, 東方曰條風, 東南曰景風, 南方曰巨風, 西南曰涼風, 西方曰飂風, 西北曰麗風, 北方曰寒風."이라고 하였으며, 『설문(說文)』「풍부(風部)」편에서는 "風, 八風也. 東方曰明庶風, 東南曰清明風, 南方曰景風, 西南曰涼風, 西方曰閶闔風, 西北曰不周風, 北方曰廣莫風, 東北曰融風."이라고 하였고, 『춘추좌씨전』「은공(隱公) 5년」에는 "夫舞所以節八音, 而行八風."이라는 기록이 있는데, 이에 대한 육덕명(陸德明)의 『경전석문(經典釋文)』에서는 "八方之風, 謂東方谷風, 東南清明風, 南方凱風, 西南涼風, 西方閶闔風, 西北不周風, 北方廣莫風, 東北方融風."이라고 풀이하였다.

也; 三十六戶, 取象六甲子之爻, 六六三十六也; 上圜象天, 下方法地; 八牖者卽八節也, 四闥者象四方也; 稱五室者, 取象五行: 皆無明文也, 以意釋之耳.

형병 소 여기에서 말하는 명당에서 조상에 대한 제사를 지낸다고 하는 것은 음력 9월에 령위앙 등의 오제에게 큰 제사를 지내면서, 문왕을 배향하는 것을 뜻하니, 이것은 곧 『예기』「월령」편에서 "계추(季秋)에 제(帝)에게 대향(大享)을 한다."[55]라는 것을 가리키며, 이 문장에 대한 정현의 주에서는 "오제에게 두루 제사를 지내는 것이니, 위에서 오곡에 대한 조세 수입을 합산하고, 황제의 경작지에서 수확된 농작물을 신창(神倉)[56]에 보관한다고 하였으니, 음력 9월에는 서쪽에서 모든 일이 완성되므로, 그 일이 다 끝나게 되면 신의 은혜에 보답을 하는 것이다."라고 했다.

邢疏 此言宗祀於明堂, 謂九月大享靈威仰等五帝, 以文王配之, 卽「月令」云: "季秋大享帝." 注云: "徧祭五帝, 以其上言擧五穀之要, 藏帝藉之收於神倉, 九[57]月西方成事, 終而報功也."

형병 소 ▮ 어주 : "君行"~"祭也". ▸『정의(正義)』 : 주에서 "군주가 부친을 존엄하게 대하며 하늘에 배향하는 예를 시행한다."라고 했는데, 이 말은 명당에서 문왕에게 조상에 대한 제사를 지내면서 하늘에 배향한다는 것을 가리킨다.

---

55 『예기』「월령(月令)」 : 是月也, 大饗帝, 嘗, 犧牲告備于天子.

56 신창(神倉)은 제사를 지낼 때 소용되는 것들을 보관하는 창고이다.

57 '구(九)'자에 대하여. '구'자는 본래 '육(六)'자로 기록되어 있었는데, 완원(阮元)의 『교감기(校勘記)』에서는 "'육'자는 마땅히 '구'자가 되어야 한다."라고 했다.

邢疏 ▮注"君行"至"祭也". ▸正義曰：云"君行嚴配之禮"者, 此謂宗祀文王於明堂以配天是也.

형병 소 주에서 "덕과 교화가 온 천하에 모범이 되었다. 그래서 천하에 있는 모든 제후들이 제각각 그들의 직무에 따라 천자에게 찾아와서 제사를 돕는 일을 성실하게 수행했다."라고 한 말은 사해(四海) 안에 있는 육복(六服)[58]의 제후들이 각자 그들의 직무를 수행하여, 자신의 나라에서 생산된 공물을 바치는 것을 뜻한다.

邢疏 云"則德敎刑於四海, 海內諸侯各脩其職, 來助祭也"者, 謂四海之內, 六服諸侯, 各脩其職, 貢方物也.

---

58 육복(六服)은 천자의 수도를 제외하고, 그 이외의 땅을 9개의 지역으로 구분한 구복(九服) 중에서 6개 지역을 뜻하는데, 천자의 수도로부터 6개 복(服)까지는 주로 중국의 제후들에게 분봉해주는 지역이었고, 나머지 3개의 지역은 주로 오랑캐들에게 분봉해주는 지역이었다. 따라서 중국(中國)이라는 개념을 거론할 때 주로 '육복'이라고 말한다. 천하의 정중앙에는 천자의 수도인 왕기(王畿)가 있고, 그 외에는 순차적으로 6개의 '복'이 있는데, 후복(侯服), 전복(甸服), 남복(男服), 채복(采服), 위복(衛服), 만복(蠻服)이 여기에 해당한다. '후복'은 천자의 수도 밖으로 사방 500리(里)의 크기이며, 이 지역에 속한 제후들은 1년에 1번 천자를 알현하며, 제사 때 사용하는 물건을 바친다. '전복'은 '후복' 밖으로 사방 500리의 크기이며, 이 지역에 속한 제후들은 2년에 1번 천자를 알현하고, 빈객(賓客)을 접대할 때 사용하는 물건을 바친다. '남복'은 '전복' 밖으로 사방 500리의 크기이며, 이 지역에 속한 제후들은 3년에 1번 천자를 알현하고, 각종 기물(器物)들을 바친다. '채복'은 '남복' 밖으로 사방 500리의 크기이며, 이 지역에 속한 제후들은 4년에 1번 천자를 알현하고, 의복류를 바친다. '위복'은 '채복' 밖으로 사방 500리의 크기이며, 이 지역에 속한 제후들은 5년에 1번 천자를 알현하고, 각종 재목들을 바친다. '만복'은 '요복(要服)'이라고도 부르는데, '만복'이라는 용어는 변경 지역의 오랑캐들과 접해 있으므로, 붙여진 용어이다. '만복'은 '위복' 밖으로 사방 500리의 크기이며, 이 지역에 속한 제후들은 6년에 1번 천자를 알현하고, 각종 재화들을 바친다. 『주례』「추관(秋官) · 대행인(大行人)」편에는 "邦畿方千里, 其外方五百里謂之侯服, 歲壹見, 其貢祀物, 又其外方五百里謂之甸服, 二歲壹見, 其貢嬪物, 又其外方五百里謂之男服, 三歲壹見, 其貢器物, 又其外方五百里謂之采服, 四歲壹見, 其貢服物, 又其外方五百里謂之衛服, 五歲壹見, 其貢材物, 又其外方五百里謂之要服, 六歲壹見, 其貢貨物."이라는 기록이 있다.

형병 소 『주례』의 「대행인(大行人)」 편을 살펴보면, "구의(九儀)[59]로써 제후들의 작위 등급을 변별하고, 종묘 안에서 폐백을 바치고 세 번 술을 따라서 바친다."[60]라는 기록이 있다. 또 "후복(侯服)[61]에 속한 제후들은 사물(祀物)을 바친다."[62]라고 하였는데, 정현은 그 사물에 대해서, "제사에 사용되는 희생물 등이다."라고 하였다. 그리고 "전복(甸服)[63]에 속한 제후들은 빈물(嬪物)을 바친다."[64]라고 하였는

---

59 구의(九儀)는 천자가 제후들이 조빙(朝聘)하러 찾아왔을 때 접대하는 아홉 가지 의례 절차를 뜻한다. 명(命)에는 공(公), 후(侯), 백(伯), 자(子), 남(男) 다섯 종류가 있고, 작(爵)에는 공(公), 경(卿), 대부(大夫), 사(士) 네 종류가 있다.

60 『주례』「추관(秋官)·대행인(大行人)」: 以九儀辨諸侯之命, 等諸臣之爵. …… 廟中將幣三享.

61 후복(侯服)은 천자의 수도와 붙어 있는 지역이다. '후복'의 '후(侯)'자는 '후(候)'자의 뜻으로, 천자를 위해 척후병의 임무를 수행한다는 의미이다. '복(服)'자는 천자를 위해 복종한다는 뜻이다. 하(夏)나라 때의 제도에서는 전복(甸服)과 위치가 바뀌어, 천자의 수도로부터 사방 500리(里) 떨어진 곳까지를 '전복'이라고 불렀고, 전복 밖의 사방 500리 떨어진 곳까지를 '후복'이라고 불렀다. 『서』「우서(虞書)·우공(禹貢)」 편에는 "五百里甸服 …… 五百里侯服."이라는 기록이 있고, 이에 대한 공안국(孔安國)의 전(傳)에서는 "甸服外之五百里. 侯, 候也, 斥候而服事."라고 풀이했다. 한편 주(酒)나라 때에는 천자의 수도 밖으로 사방 500리 떨어진 곳까지를 '후복'이라고 불렀고, '전복'은 '후복' 밖에 위치했다. 『주례』「하관(夏官)·직방씨(職方氏)」 편에는 "乃辨九服之邦國, 方千里曰王畿, 其外方五百里曰侯服, 又其外方五百里曰甸服."이라는 기록이 있다.

62 『주례』「추관(秋官)·대행인(大行人)」: 邦畿方千里, 其外方五百里謂之侯服, 歲壹見, 其貢祀物.

63 전복(甸服)은 천자의 수도 밖의 지역이다. '전복'의 '전(甸)'자는 '전(田)'자의 뜻으로, 천자가 정사를 펼치는데 필요한 조세를 거두던 지역이라는 뜻이다. '복(服)'자는 천자를 위해 복종한다는 뜻이다. 하(夏)나라 때의 제도에서는 천자의 수도와 연접한 지역이 '전복'이 되었는데, 천자의 수도로부터 사방 500리(里) 떨어진 곳까지를 '전복'이라고 불렀다. 『서』「우서(虞書)·우공(禹貢)」 편에는 "錫土姓, 祗台德先, 不距朕行, 五百里甸服."이라는 기록이 있고, 이에 대한 공안국(孔安國)의 전(傳)에서는 "規方千里之內謂之甸服, 爲天子服治田, 去王城面五百里."이라고 풀이했다. 한편 주(周)나라 때에는 '전복'의 자리에 대신 '후복(侯服)'이 위치하였으며, '전복'은 '후복' 밖의 사방 500리 떨어진 곳까지를 뜻하였다. 『주례』「하관(夏官)·직방씨(職方氏)」 편에는 "乃辨九服之邦國, 方千里曰王畿, 其外方五百里曰侯服, 又其外方五百里曰甸服."이라는 기록이 있다.

64 『주례』「추관(秋官)·대행인(大行人)」: 又其外方五百里謂之甸服, 二歲壹見, 其貢嬪物.

데, 정현의 주에서는 "비단 등을 뜻한다."라고 했다. 또 "남복(男服)[65]에 속한 제후들은 기물(器物)을 바친다."[66]라고 하였는데, 정현의 주에서는 "존(尊)이나 이(彝)와 같은 제기(祭器) 등이다."라고 했다. 그리고 "채복(采服)[67]에 속한 제후들은 복물(服物)을 바친다."[68]라고 하였는데, 정현의 주에서는 "검붉은 비단이나 갈포 또는 솜 등이다."라고 했다. 또 "위복(衛服)[69]에 속한 제후들은 재물(材物)을 바친다."[70]라고 하였는데, 정현의 주에서는 "팔재(八材)[71]이다."라고 했다. 그리고 "요복(要服)[72]에 속한 제후들은 화물(貨物)을 바친다."[73]라고 하였

---

65 남복(男服)은 전복(甸服)과 채복(采服) 사이에 있는 땅을 뜻한다. 천자의 수도 밖으로 사방 1000리(里)와 1500리(里) 사이에 있었던 땅을 가리킨다. '남복'의 '남(男)'자는 임무를 맡는다는 뜻으로, 천자를 위해 다스리는 임무를 담당한다는 뜻이다. '복(服)'자는 천자를 위해 복종한다는 뜻이다. 『주례』「하관(夏官) · 직방씨(職方氏)」편에는 "乃辨九服之邦國, 方千里曰王畿, 其外方五百里曰侯服, 又其外方五百里曰甸服, 又其外方五百里曰男服."이라는 기록이 있고, 이에 대한 가공언(賈公彦)의 소(疏)에서는 "言男者, 男之言任也, 爲王任其職理."라고 풀이했다.

66 『주례』「추관(秋官) · 대행인(大行人)」: 又其外方五百里謂之男服, 三歲壹見, 其貢器物.

67 채복(采服)은 남복(男服)과 위복(衛服) 사이에 있는 땅을 뜻한다. 천자의 수도 밖으로 사방 1500리(里)와 2000리 사이에 있었던 땅을 가리킨다. '채복'의 '채(采)'자는 돌본다는 뜻으로, 천자를 위해서, 백성들을 돌보며, 산출된 물건들을 천자에게 바친다는 뜻이다. '복(服)'자는 천자를 위해 복종한다는 뜻이다. 『주례』「하관(夏官) · 직방씨(職方氏)」편에는 "又其外方五百里曰男服, 又其外方五百里曰采服, 又其外方五百里曰衛服."이라는 기록이 있고, 이에 대한 가공언(賈公彦)의 소(疏)에서는 "采者, 事也, 爲王事民以供上."이라고 풀이했다.

68 『주례』「추관(秋官) · 대행인(大行人)」: 又其外方五百里謂之采服, 四歲壹見, 其貢服物.

69 위복(衛服)은 채복(采服)과 요복(要服:=蠻服) 사이에 있는 땅을 뜻한다. 천자의 수도 밖으로 사방 2000리(里)와 2500리 사이에 있었던 땅을 가리킨다. '위복'의 '위(衛)'자는 수호한다는 뜻으로, 천자를 위해서 외부의 침입을 막는다는 의미이다. '복(服)'자는 천자를 위해 복종한다는 뜻이다. 『주례』「하관(夏官) · 직방씨(職方氏)」편에는 "又其外方五百里曰采服, 又其外方五百里曰衛服, 又其外方五百里曰蠻服."이라는 기록이 있고, 이에 대한 가공언(賈公彦)의 소(疏)에서는 "言衛者, 爲王衛禦."라고 풀이했다.

70 『주례』「추관(秋官) · 대행인(大行人)」: 又其外方五百里謂之衛服, 五歲壹見, 其貢材物.

71 팔재(八材)는 기물을 만들 때 사용되는 여덟 가지 재료이다. 구슬, 옥, 돌, 나무, 금속, 상아, 가죽, 깃털 등이다.

는데, 정현의 주에서는 "거북껍질이나 조개껍질이다."라고 했다.

邢疏　　按『周禮』「大行人」, "以九儀辨諸侯之命, 廟中將幣三享". 又曰"侯服貢祀物", 鄭云: "犧牲之屬." "甸服貢嬪物", 注云: "絲枲[74]也." "男服貢器物", 注云: "尊彝之屬也." "采服貢服物", 注云: "玄纁絺纊也." "衛服貢材物", 注云: "八材也." "要服貢貨物", 注云: "龜貝也."

형병 소　　이것들이 바로 육복(六服)에 속한 제후들이 각자 그들의 직무에 따라서 찾아와 제사를 돕는 내용이다. 또한 『상서』「무성(武成)」편에서와 같이, "정미일에 주나라 종묘에서 제사를 지내는데, 방(邦)·전(甸)·후(侯)·위(衛)에 속한 제후들이 분주히 찾아와서 제기(祭器)인 두(豆)와 변(籩)을 잡았다."[75]라고 한 말들 또한 제사를 돕는다는 뜻이다.

邢疏　　此是六服諸侯各脩其職來助祭. 又若『尚書』「武成」篇云: "丁未, 祀於周廟, 邦甸侯衛駿奔走, 執豆籩." 亦是助祭之義也.

72　요복(要服)은 위복(衛服)과 이복(夷服) 사이에 있는 땅을 뜻한다. 천자의 수도 밖으로 사방 2500리(里)와 3000리 사이에 있었던 땅을 가리킨다. '요복'의 '요(要)'자는 결속시킨다는 뜻으로, 중원의 문화를 수호하며 지킨다는 의미이다. '복(服)'자는 천자를 위해 복종한다는 뜻이다. 한편 '요복'은 '만복(蠻服)'이라고도 부른다. '만복'의 '만(蠻)'자는 오랑캐들의 지역과 인접해 있기 때문에 붙여진 명칭으로, 교화를 베풀어 오랑캐들도 교화되도록 한다는 뜻이다. 『서』「우서(虞書)·우공(禹貢)」편에는 "五百里要服."이라는 기록이 있고, 이에 대한 공안국(孔安國)의 전(傳)에서는 "綏服外之五百里, 要束以文敎."라고 풀이했으며, 『주례』「하관(夏官)·직방씨(職方氏)」편에는 "又其外方五百里曰衛服, 又其外方五百里曰蠻服, 又其外方五百里曰夷服."이라는 기록이 있고, 이에 대한 가공언(賈公彦)의 소(疏)에서는 "言蠻者, 近夷狄, 蠻之言縻, 以政敎縻來之, 自北已下皆夷狄."이라고 풀이했다.

73　『주례』「추관(秋官)·대행인(大行人)」: 又其外方五百里謂之要服, 六歲壹見, 其貢貨物.

74　'시(枲)'자에 대하여. '시'자는 본래 '백(帛)'자로 기록되어 있는데, 완원(阮元)의 『교감기(校勘記)』에서는 "'백'자는 마땅히 '시'자가 되어야 한다."라고 했다.

75　『상서』「주서(周書)·무성(武成)」: 丁未祀于周廟, 邦甸侯衛, 駿奔走, 執豆籩. 越三日庚戌, 柴望, 大告武成.

❙ 경문 09-3

그러므로 부모를 사랑하는 마음은 부모의 슬하에서 자라날 때 생겨나게 되니, 이러한 마음으로써 부모를 봉양하며 날로 존엄하게 대하게 되는 것이다. 《 주: '친(親)'자는 사랑한다는 뜻이다. '슬하(膝下)'는 유년 시기를 뜻한다. 이 말은 친애하는 마음이 어렸을 때 생겨난다는 뜻이다. 성장했을 때에는 점차 행동규범과 도리들을 알아가게 되니, 날로 존엄하는 마음이 더해져서, 부모에게 공경하게 행동할 수 있게 되는 것이다. 》 **성인은 이러한 존엄하는 마음에 근거하여 공경이라는 덕목을 가르치고, 친애하는 마음에 근거하여 사랑하는 마음을 가르친다.** 《 주: 성인은 개개인이 가지고 있는 친애하고 존엄하는 마음에 근거하여, 사랑과 공경함에 대한 교화로써 돈독하게 한다. 그렇기 때문에 성장하여 집의 울타리를 벗어나게 될 때에는 스승을 찾아가게 하고,[76] 빠른 걸음으로 마당을 지나갈 때에도 공경함을 가르쳤던 것이다.[77] 그리고 문질러드리고 가려운 곳을 긁어드리며,[78] 잠옷은 정돈하여 걸고 베개는 상자에 넣는 것[79]으로써 사랑하는 마음을 가르쳤던 것이다. 》 **성인의 가르침은 엄숙하게 하지 않아도 이루어지고, 성인의 정치는 엄격하게 하지 않아도 다스려진다.** 《 주: 성인은 백성들의 마음에 따라서 사랑함과 공경함을 시행하여, 예제(禮制)를 만들었으니, 이로써 정치와 교화를 펼친다면 또한 엄숙하게 하지 않

76 『예기』「내칙(內則)」: 九年, 教之數日. 十年, 出就外傅, 居宿於外, 學書計.

77 『논어』「계씨(季氏)」: 陳亢問於伯魚曰, "子亦有異聞乎?" 對曰, "未也. 嘗獨立, 鯉趨而過庭. 曰, '學詩乎?' 對曰, '未也.' '不學詩, 無以言.' 鯉退而學詩. 他日, 又獨立, 鯉趨而過庭. 曰, '學禮乎?' 對曰, '未也.' '不學禮, 無以立.' 鯉退而學禮. 聞斯二者."

78 『예기』「내칙(內則)」: 問衣燠寒, 疾痛苛癢而敬抑搔之.

79 『예기』「내칙(內則)」: 縣衾, 篋枕, 斂簟而襡之.

아도 이루어지고 다스려지게 된다.》 **그렇게 되는 이유는 그들이 근거한 것이 바로 인륜의 근본이기 때문이다.**《 주: 근본은 효를 뜻한다.》

經文 09-3　**故親生之膝下, 以養父母日嚴.**《 注: 親, 猶愛也. 膝下, 謂孩幼之時也. 言親愛之心, 生於孩幼. 比及年長, 漸識義方, 則日加尊嚴, 能致敬於父母也.》 **聖人因嚴以教敬, 因親以教愛.**《 注: 聖人因其親嚴之心, 敦以愛敬之教. 故出以就傅, 趨而過庭, 以教敬也; 抑搔癢痛, 懸[80]衾篋枕, 以教愛也.》 **聖人之教不肅而成, 其政不嚴而治.**《 注: 聖人順群心以行愛敬, 制禮則以施政教, 亦不待嚴肅而成理也.》 **其所因者本也.**《 注: 本謂孝也.》

형병 소　▮경문 : "故親"~"本也". ▸『정의(正義)』: 이 문장에서는 다시금 부친을 존엄하게 대하는 행동의 유래에 대해서 폭넓게 진술하고 있다. 다시 말해 인륜과 바른 성품은 반드시 유년기에 형성되니, 아이들에게 그것들을 가르치면 깨닫게 되고, 가르치지 않는다면 우매해진다는 뜻이다. 그리고 친애하는 마음은 어렸을 적 부모의 슬하에서 자라날 때에 생겨나므로, 이러한 시기에 부모에 대해서 교화의 성과가 나타나게 되면, 성장하게 되어서는 점차 행동규범과 도리를 알게 되어, 날마다 존엄하는 마음이 더해질 것이니, 부모에 대해서 공경함을 다할 수 있다는 뜻이다. 그렇기 때문에 경문에서 "부모를 봉양하며 날로 존엄하게 대하게 된다."라고 말한 것이다.

80 '현(懸)'자에 대하여. 완원(阮元)의『교감기(校勘記)』에서는 "『석대본(石臺本)』에도 또한 '현'자로 기록되어 있는데, 고찰해보면 이 글자는 마땅히 '현(縣)'자가 되어야 한다."라고 했다.

邢疏 ▮"故親"至"本也". ▸正義曰：此更廣陳嚴父之由. 言人倫正性, 必在蒙幼之年; 敎之則明, 不敎則昧. 言親愛之心, 生在其孩幼膝下之時, 於是父母則敎示; 比及年長, 漸識義方, 則日加尊嚴, 能致敬於父母, 故云"以養父母日嚴"也.

형병 소 이러한 까닭으로 성인은 개개인들의 날로 존엄해하는 마음에 근거하여 그들에게 공경함을 가르치고, 그들이 친애함을 알아 가는데 근거하여 사랑하는 마음을 가르친다. 그렇기 때문에 성인은 이러한 마음에 근거하여 정치와 교화를 펼치게 되어, 엄숙하게 하지 않아도 자연히 교화가 이루어지고 정치가 다스려지게 되는 것이다. 그러므로 성인이 근거로 삼는 것은 효에 있는 것이다. 다시 말해 이 말은 근본은 모두 효도에서 비롯된다는 뜻이다.

邢疏 是以聖人因其日嚴而敎之以敬, 因其知親而敎之以愛, 故聖人因之以施政敎, 不待嚴肅自然成治也. 然其所因者在於孝也. 言本皆因於孝道也.

형병 소 ▮어주 : "親猶"~"母也". ▸『정의(正義)』: 주에서 "'친(親)'자는 사랑한다는 뜻이다."라는 말은 '친(親)'자를 부모로 풀이하기가 쉬우므로, '친'자는 '애(愛)'자의 뜻이라고 말한 것이다.

邢疏 ▮注"親猶"至"母也". ▸正義曰：云"親猶愛也"者, 嫌以親爲父母, 故云親猶愛也.

형병 소 주에서 "'슬하(膝下)'는 유년 시기를 뜻한다."라는 말에 대해서, 『예기』「내칙(內則)」편을 살펴보면, "아들은 태어난 지 3개월이 지나게 되면, 부인은 아들을 데려다가 아비에게 보이며, 아비는 아들의 오른쪽 손을 잡고서, 어린아이를 어루만져 웃게 만들며 아들의 이름을 지어준다."[81]라고 했다. 『설문해자』를 살펴보면, "'해(孩)'자는 어린 아이가 웃는다는 뜻이다."라고 했으니, 해자는 본래 턱 아래를 어루만져서 아이를 웃게 만드는 모양으로, 그것을 어린아이를 뜻하는 글자로 삼게 되었음을 뜻한다. 그러므로 '슬하'는 유년시기를 뜻한다.

邢疏　云"膝下謂孩幼之時也"者, 按「內則」云: "子生三月, 妻以子見於父, 父執子之右手, 孩而名之." 按『說文』云: "孩, 小兒笑也." 謂指其頤下, 令之笑而爲之名. 故知膝下謂孩幼之時也.

형병 소　주에서 "친애하는 마음이 어렸을 때 생겨난다는 뜻이다."라는 말은 유년시기에 이미 부모를 친애하는 마음이 생겨나 있음을 뜻한다.

邢疏　云"親愛之心生於孩幼之時也"者, 言孩幼之時, 已有親愛父母之心生也.

형병 소　주에서 "성장했을 때에는 점차 행동규범과 도리들을 알아가게 되니, 날로 존엄하는 마음이 더해져서, 부모에게 공경하게 행동할 수 있게 되는 것이다."라고 한 말에 대하여, 『춘추좌씨전』을 살펴보면, 석작(石碏)이 간언을 하며, "소신이 듣기에, 아들을 사랑

81 『예기』「내칙(內則)」: 三月之末, 擇日翦髮爲鬌, 男角, 女羈. 否則男左女右. 是日也, 妻以子見於父, 貴人則爲衣服, 由命士以下皆漱澣, 男女夙興, 沐浴, 衣服, 具視朔食. 夫入門, 升自阼階, 立于阼, 西鄉. 妻抱子出自房, 當楣立, 東面. 姆先相曰, "母某敢用時日祗見孺子." 夫對曰, "欽有帥." 父執子之右手, 咳而名之.

한다면 그에게 의방(義方)을 가르쳐야 합니다."[82]라고 했다. 이때의 '방(方)'자는 '도리'라는 뜻이니, 인의(仁義)나 합당한 도리를 가르쳐야 한다는 뜻이다.

邢疏 云"比及年長, 漸識義方, 則日加尊嚴, 能致敬於父母也"者, 『春秋左氏傳』石碏曰: "臣聞: 愛子, 敎之以義方." 方猶道也, 謂敎以仁義合宜之道也.

형병 소 그 교육 내용에 대해서, 『예기』「내칙」편을 살펴보면, "자식이 제 스스로 밥을 먹을 수 있게 되면, 오른 손을 사용하도록 가르치고, 말을 할 수 있게 되면, 대답할 때 아들은 '유(唯)'라고 하고, 딸은 '유(兪)'라고 하도록 한다. 그리고 남자아이에게는 가죽 주머니를 차게 하고, 여자아이에게는 비단주머니를 차게 한다. 6살이 되면, 그들에게 숫자 및 방위의 명칭을 가르친다. 7세가 되면 남자와 여자아이를 함께 앉히지 않고, 함께 식사를 하지 못하게 한다. 8세가 되면, 문을 출입하고, 자리에 앉아 음식을 먹을 때에는 반드시 연장자가 먼저 한 이후에 하도록 하여, 처음으로 겸양을 가르친다. 9세가 되면 삭일(朔日) 및 육십갑자(六十甲子) 등에 대해서 가르친다."[83]라고 했다.

邢疏 其敎之者, 按『禮記』「內則」: "子能食[84]食, 敎以右手; 能言,

---

82 『춘추좌씨전』「은공(隱公) 3년」: 石碏諫曰, "臣聞愛子, 敎之以義方, 弗納於邪.

83 『예기』「내칙(內則)」: 子能食食, 敎以右手. 能言, 男唯, 女兪. 男鞶革, 女鞶絲. 六年, 敎之數與方名. 七年, 男女不同席, 不共食. 八年, 出入門戶, 及卽席飮食, 必後長者, 始敎之讓. 九年, 敎之數日.

84 '식(食)'자에 대하여. '식'자는 본래 '음(飮)'자로 기록되어 있었는데, 완원(阮元)의 『교감기(校勘記)』에서는 "'음'자는 마땅히 '식'자가 되어야 한다. 아마도 아래에 있는 '식'자와 중첩이 되어 '음'자로 고쳐버리게 된 것 같다."라고 했다.

男'唯'女'兪'; 男鞶革, 女鞶絲. 六年, 敎之數與方名. 七年, 男女不同席, 不共食. 八年, 出入門戶, 及卽席飮食, 必後長者, 始敎之讓. 九年, 敎之數日[85]."

형병 소 또『예기』「곡례」편에서는 "어린 아이에게는 항상 속임이 없는 것을 보게 하고, 설 때에는 반드시 바른 방향으로 하도록 하며, 머리를 비스듬히 기울여서 듣게 해서는 안 된다. 그와 손을 잡을 때에는 두 손으로 연장자의 한쪽 손을 잡도록 하고, 연장자가 몸을 앞으로 굽혀서 입을 가까이 대어 이야기를 건네게 되면, 자신의 입을 가리고 대답하도록 한다."[86]라고 했다. 정현의 주에서는 이러한 문장들을 생략하고 있기 때문에 설명을 한 것이다. 그러므로 날마다 존엄함을 더한다고 한 것은 자식이 어렸을 때 이러한 것들을 가르치니, 장성하게 되면 그의 부모에게 공경함을 다할 수 있게 된다는 뜻이다.

邢疏 又「曲禮」云: "幼子常視無誑, 立必正方, 不傾聽; 與之提攜, 則兩手奉長者之手, 負劒辟咡詔之, 則掩口而對." 注約彼文爲說. 故曰日加尊嚴, 言子幼而誨, 及長則能致敬其親也.

형병 소 ▮어주 : "聖人"~"愛也". ▸『정의(正義)』 : 부자 사이에 지켜야 하는 도리에 대해서, 너무 간소하고 편하게만 한다면 자애로

---

85 '일(日)'자에 대하여. '일'자는 본래 '목(目)'자로 기록되어 있었는데, 완원(阮元)의『교감기(校勘記)』에서는 "『감본(監本)』·『모본(毛本)』에는 '목'자가 '일'자로 기록되어 있는데, 잘못된 기록이 아니다."라고 했다.

86 『예기』「곡례상(曲禮上)」: 幼子常視毋誑, 童子不衣裘裳. 立必正方. 不傾聽. 長者與之提攜, 則兩手奉長者之手, 負劒辟咡詔之, 則掩口而對.

움과 효도가 서로 접합되지 않고, 가벼이 여기게 되면 나태하고 태만한 마음이 생겨나게 된다. 그렇기 때문에 성인은 개개인의 친애하고 엄숙한 마음에 근거하고, 그것들을 돈독하게 하길, 사랑과 공경함에 대한 교화로써 했던 것이다.

邢疏 ▮注"聖人"至"愛也". ▸正義曰：父子之道, 簡易則慈孝不接, 狎則怠慢生焉. 故聖人因其親嚴之心, 敦以愛敬之教也.

형병 소 주에서 "집의 울타리를 벗어나게 될 때에는 스승을 찾아가게 한다."라는 말에 대해, 『예기』「내칙」편을 살펴보면, "10살이 되면 집을 벗어나 외부의 스승을 찾아가게 하고, 집밖에 머물며 거처하게 해서, 글과 셈하는 법을 배우도록 한다."[87]라고 했는데, 이 문장에 대한 정현의 주에서는 "외부(外傅)는 가르쳐주는 스승이다. 이 문장은 아이가 10살이 되면 집을 벗어나 스승을 찾아가게 하고, 그곳에 머물며 기숙하게 해서, 스승을 쫓아 수학하도록 한다는 뜻이다."라고 했다.

邢疏 云"出以就[88]傅"者, 按『禮記』「內則」云: "十年, 出就外傅, 居宿於外, 學書計." 鄭云: "外傅, 教學之師也. 謂年十歲出就外傅, 居宿於外, 就師而學也."

형병 소 10살 때 집을 벗어나 스승을 찾아가게 한다는 말에 대해 살펴보면, 이 말은 명사(命士)[89] 이상의 신분을 가진 자들을 가리

87 『예기』「내칙(內則)」: 十年, 出就外傅, 居宿於外, 學書計.

88 '취(就)'자에 대하여. '취'자는 본래 '외(外)'자로 기록되어 있었는데, 완원(阮元)의 『교감기(校勘記)』에서는 "『감본(監本)』·『모본(毛本)』에는 '외'자가 '취'자로 기록되어 있는데, 이 기록이 옳다."라고 했다.

킨다. 그런데 지금 이 문장에서 이 말을 인용하고 있으니, 신분의 존비(尊卑)에 따른 구분 없이 모두가 그렇게 했다는 것을 나타낸다.

邢疏　按十年出就外傅, 指命士已上. 今此引之, 則尊卑皆然也.

형병 소　주에서 "빠른 걸음으로 마당을 지나갈 때에도 공경함을 가르쳤던 것이다."라는 말은 부모가 자식에 대해서, 예법상 항상 함께 거처할 수 없다는 것을 나타낸다.

邢疏　云"趨而過庭, 以教敬也"者, 言父之與子, 於禮不得常同居處也.

형병 소　『논어』를 살펴보면, "진항(陳亢)이 백어(伯魚)에게 묻기를 '그대는 또한 공자에게서 제자들과 달리 다른 이야기를 들은 적이 있었는가?'라고 하자, 대답하길, '없습니다. 일찍이 부친께서 홀로 서 계셨었는데, 제가 그 앞을 빠른 걸음으로 걸어가며 마당을 지나가게 되었습니다. 그러자 부친께서 너는 시(詩)에 대해서 배웠느냐고 물어보셨습니다. 그래서 대답하길, 아직 배우지 못했다고 했습니다. 그러자 시를 배우지 않으면 말을 제대로 할 수 없다고 하셔서, 저는 물러나와 시를 배웠습니다. 다른 날에 또 부친께서 홀로 서 계셨었는데, 제가 그 앞을 빠른 걸음으로 걸어가며 마당을 지나가게 되었습니다. 그러자 저에게 너는 예(禮)를 배웠느냐고 물어보셨습니다. 그래서 대답하길, 아직 배우지 못했다고 했습니다. 그러자 예를 배우지 않으면 다른 사람들과 제대로 서 있을 수가 없다고 하셔

89 명사(命士)는 사(士) 중에서도 작명(爵命)을 받은 자를 뜻한다. 『예기』「내칙(內則)」편에는 "由命士以上, 父子皆異宮, 昧爽而朝, 慈以旨甘."이라는 용례가 나온다.

서, 저는 물러나와 예를 배웠습니다. 제가 들은 것은 이 두 가지입니다.'라고 했다. 그러자 진항은 물러나와 기뻐하며 말하길, '하나를 물어보았는데, 세 가지를 얻었구나. 시에 대해서 듣고, 예에 대해서 듣고, 군자는 그의 아들을 멀리 대한다는 사실에 대해서 들었다.'"라고 했다. 정현의 주에서는 이러한 문장들을 생략하였기 때문에 설명을 하는 것이다.

邢疏 按『論語』云: "陳亢問於伯魚曰: '子亦有異聞乎?' 對曰: '未也. 嘗獨立, 鯉趨而過庭. 曰: 學詩乎? 對曰: 未也. 不學詩, 無以言. 鯉退而學詩. 他日, 又獨立, 鯉趨而過庭[90], 曰: 學禮乎? 對曰: 未也. 不學禮, 無以立. 鯉退而學禮. 聞斯二者.' 陳亢退而喜曰: '問一得三: 聞詩, 聞禮, 又聞君子之遠其子也.'" 故注約彼文以爲說也.

형병 소 주에서 "문질러드리고 가려운 곳을 긁어드리며, 잠옷은 정돈하여 걸고 베개는 상자에 넣는 것으로써 사랑하는 마음을 가르쳤던 것이다."라는 말은 모두 『예기』「내칙」편에 있는 문장들을 간략하게 기록한 것이다. 그 문장들을 살펴보면, "부모 및 시부모가 계신 곳에 갈 경우에, 그 장소에 도착하게 되면, 기운을 차분히 하고 목소리를 낮추어 부드럽게 하고, 입고 계신 옷이 따뜻한지 아니면 추운지를 묻고, 아프거나 가려운 곳 등을 물어서, 공손하게 긁어드리거나 문질러드린다. 부모 및 시부모가 앉으시려고 하면, 방석을 들고서 어떤 쪽으로 앉으시겠느냐고 물어보며, 잠자리에 들려고 하

90 "曰學詩乎"~"過庭"까지의 29개의 글자는 본래 없던 기록인데, 원원의 『교감기(校勘記)』에서는 "『정오(正誤)』에서 '아래에 曰學詩乎對曰未也不學詩無以言鯉退而學詩他日又獨立鯉趨而過庭이라는 29개의 글자가 누락되었다.'"라고 했다.

실 때에는 아들이나 며느리 중 맏이는 이부자리를 들고서 어떤 쪽으로 누우시겠느냐고 묻는다. 아들이나 며느리 중 맏이가 아닌 자는 침상과 이부자리를 들고서 돕는다. 부모 및 시부모가 일어나시면, 시중을 드는 자는 안석을 들어서 바치고, 주무실 때 사용했던 깔개와 삿자리를 치우고, 입으셨던 잠옷을 내걸고, 베개를 상자에 넣으며, 주무실 때 사용했던 삿자리는 걷어서 싸매어둔다."[91]라고 했다.

邢疏　云"抑搔痒痛, 懸衾篋枕, 以敎愛也[92]"者, 此並約「內則」文. 按彼云: "以適父母·舅姑之所. 及所, 下氣怡聲, 問衣燠寒, 疾痛疴癢, 而敬抑搔之. 父母·舅姑將坐, 奉席請何鄕; 將衽, 長者奉席請何趾. 少者執牀與坐. 御者擧几, 斂席與簟, 懸衾, 篋枕, 斂簟而襡之."

형병 소　이 문장에 대한 정현의 주에서는 "누우시려고 하여 자리를 까는 것이다. '촉(襡)'자는 갈무리한다는 뜻이다."라고 했다. 부모가 아직 잠자리에 들지 않았으므로, 의복류는 걸어두고 배게는 상자에 넣어 두는 것이다. 즉 이 말은 자식에게는 부모를 가까이에서 섬기는 도리가 있으니, 이것으로써 그에게 사랑하는 마음을 가르친다는 뜻이다. 무릇 사랑함은 공경함이 생겨나야 하므로, 공경함이란 사랑보다 앞서는 것이니, 마땅히 별도의 가르침을 받을 필요가 없는 것으로, 이것이 바로 공경함을 통해서 사랑함을 가르친다는 뜻이다.

---

91 『예기』「내칙(內則)」: 以適父母舅姑之所, 及所, 不氣怡聲, 問衣燠寒, 疾痛苛癢而敬抑搔之. …… 父母舅姑將坐, 奉席請何鄕. 將衽, 長者奉席請何趾. 少者執牀與坐, 御者擧几, 斂席與簟, 縣衾, 篋枕, 斂簟而襡之.

92 '야(也)'자에 대하여. '야'자 위에는 본래 '자(者)'자가 기록되어 있었는데, 완원(阮元)의 『교감기(校勘記)』에서는 "정현의 주에는 '자'자가 없으니, 이 글자는 연문이다."라고 했다.

邢疏　　鄭注云: "須臥乃斂之也. 襡, 韜也." 是父母未寢, 故衾被則懸, 枕則置篋中. 言子有近父母之道, 所以教其愛也. 夫愛以敬生, 敬先於愛, 無宜[93]待教, 而此言教敬愛者.

형병 소　　『예기』「악기」편에서 "음악이라는 것은 동화됨을 이루고, 예라는 것은 분별을 이룬다. 동화가 되면 서로 친애하게 되고, 분별이 되면 서로 공경하게 된다. 음악이 너무 지나치면 서로 간에 문란해지고, 예가 너무 지나치게 되면 서로 간에 소원해진다."[94]라고 했다. 음악이 너무 지나쳐서 서로 간에 문란해진다고 한 말은 사랑함이 너무 지나치면 공경함이 옅어진다는 뜻이다. 예가 너무 지나쳐서 서로 간에 소원해진다는 말은 존엄하는 마음만 팽배하여 사랑함이 줄어든다는 말이다. 공경함을 가르치지 않으면 존엄하게 대하지 않게 되고, 화락하게 친애하지 않는다면 사랑하는 마음을 잊게 되니, 공경함이 우선이고 이후에 사랑하는 마음을 뒤에 두는 까닭이다. 옛 주석에서는 『효경』의 「사장(士章)」에 나타난 뜻을 가져다가, 부모를 사랑하고 공경한다는 것을 구분하여 별도의 것으로 나눴는데, 이것은 잘못된 주장이다.

邢疏　　『禮記』「樂記」曰: "樂者爲同, 禮者爲異. 同則相親, 異則相敬. 樂勝則流, 禮勝則離." 樂勝則流[95], 是愛深而敬薄也. 禮勝則離, 是嚴

93 '무의(無宜)'에 대하여. 포당(浦鏜)은 말하길, "'무의'는 아마도 순서가 앞뒤로 바뀐 것이거나, 그것이 아니면 '의(宜)'자가 '용(容)'자의 오자일 것이다."라고 했다.

94 『예기』「악기(樂記)」: 樂者爲同, 禮者爲異. 同則相親, 異則相敬. 樂勝則流, 禮勝則離.

95 "禮勝"~"則流"까지의 8개 글자에 대하여. 『십삼경주소』 북경대 출판본에서는 "이 글자들은 본래 누락되어 있었는데, 『예기』「악기(樂記)」편의 기록 및 이곳 문장의 문맥에 근거하여 보충해 넣었다."라고 했다.

多而愛殺也. 不敎敬則不嚴, 不和親則忘愛, 所以先敬而後愛也. 舊注取「士章」之義, 而分愛 · 敬父母之別, 此其失也.

형병 소 ▮어주 : "聖人"~"理也". ▸『정의(正義)』 : 주에서 "성인은 백성들의 마음에 따라서 사랑함과 공경함을 시행한다."라고 했는데, 성인은 현명한 군주를 뜻한다. 성(聖)이라는 것은 두루 통한다는 뜻이다. 명왕(明王)이라고 부른다면 제위에 있으면서 은덕을 베풀지 않음이 없다는 뜻이다. 성인(聖人)이라고 부른다면 마음 씀에 두루 통하지 않음이 없다는 뜻이다. 백성들의 마음에 따른다는 것은 첫 장(章)에서 "이로써 천하를 순종시킨다."[96]라고 한 말이 바로 이것을 가리킨다. 사랑함과 공경함을 시행한다는 것은 천자가 부모를 사랑하고 공경할 수 있다는 것을 가리킨다. 주에서 "예제(禮制)를 만들었으니, 이로써 정치와 교화를 펼친다."라는 말은 덕(德)으로 펼치는 교화가 백성들에게 베풀어진다는 것을 가리킨다. 주에서 "또한 엄숙하게 하지 않아도 이루어지고 다스려지게 된다."라는 말은 무릇 성왕(聖王)이 이러한 덕목을 잘 조화시키고 거기에 따라서 시행한다는 뜻이다. '역(亦)'이라고 말한 것은『효경』「삼재장(三才章)」에서 이미 이루어지고 다스려진다고 언급한 말[97]이 있기 때문에, "또한"이라고 말한 것이다.

邢疏 ▮注"聖人"至"理也". ▸正義曰 : 云"聖人順群心以行愛敬"者, 聖人謂明王也. 聖者通也. 稱明王者, 言在位無不照也. 稱聖人者, 言

---

96 『효경』「개종명의장(開宗明義章)」: 先王有至德要道以順天下.

97 『효경』「삼재장(三才章)」: 則天之明因地之利, 以順天下, 是以其敎不肅而成, 其政不嚴而治.

用心無不通也. 順群心者, 則首章"以順天下", 是也. 以行愛敬者, 則天子能愛親敬親者是也. 云"制禮則以施政教"者, 則德敎加於百姓是也. 云"亦不待嚴肅而成理也"者, 蓋言王化順此而行也. 言亦者, 「三才章」已有成理之言, 故云亦也.

형병 소 ▮어주 : "本謂孝也". ▸『정의(正義)』 : 이 문단의 해석은 정현의 주에 근거한 것이다. 첫 장(章)에서 "무릇 효는 덕의 근본이다."[98]라고 했고, 「제지(制旨)」에서는 "무릇 인륜과 바른 성품이 형성되는 것은 유년시기에 좌우된다. 어린아이들을 잘 인도하여 이러한 덕목을 깨닫게 하고, 그들을 잘 보호하여 폐단에 빠지게 해서는 안 된다. 그러므로 선왕들은 세자를 양육할 때에 신중했던 것이며, 여기에 대해서 태교가 생기고, 슬하에서 키울 때의 훈도가 생긴 것이다. 아이들에게 은혜와 화락함을 느끼게 한다면 날로 친애하게 대하게 되고, 그들에게 공손함과 순종함을 교육한다면 날로 존엄하게 대하게 되니, 무릇 친애함이라는 것은 바른 성품에 기인하여 인정에 두루 통하게 되는 것이다. 그렇기 때문에 그들의 친애하고 존엄해하는 마음에 근거하여, 사랑과 공경함의 법도를 가르친다면, 엄숙하게 하지 않아도 다스려지고, 이루어지게 되는 것이다."라고 했으니, 이 말은 이러한 가르침을 선조에게서 본받았다는 뜻이다.

邢疏 ▮注"本謂孝也". ▸正義曰 : 此依鄭注也. 首章云: "夫孝, 德之本也." 「制旨」曰: "夫人倫正性, 在蒙幼之中. 導之斯通, 壅之斯蔽. 故先王愼其所養, 於是乎有胎中之敎, 膝下之訓. 感之以惠和, 而日親焉; 期

98 『효경』「개종명의장(開宗明義章)」 : 子曰, 夫孝德之本也.

之以恭順, 而日嚴焉; 夫親也者, 緣乎正性而達人情者也. 故因其親嚴之心, 敎以愛敬之範, 則不嚴而治, 不肅而成." 謂其本於先祖也.

경문 09-4

부자 사이에서 지켜야 하는 도리는 천성적인 것이며, 이것은 바로 군신 사이에서 지켜야 하는 의리가 된다. 《주: 부자 사이에서 지켜야 하는 도리는 천성적인 상도(常道)이며, 거기에 존엄함을 더한다면, 여기에는 또한 군신 사이에서 지켜야 하는 의리와 비슷한 점이 생기게 된다.》 **부모는 자신을 낳아주었으니, 생명을 이어준 은혜는 그 무엇보다 크다.** 《주: 부모는 자식을 낳아서 개체를 이어주어 생명성을 전승해준다. 인륜의 도리는 이것보다 큰 것이 없다.》 **군주는 친히 나를 다스려주니, 후덕함이 그 무엇보다 크다.** 《주: 부친은 군주의 역할을 하며 자신을 다스려준다. 은혜의 후덕함이 이것보다 무거운 것이 없다.》

經文 09-4 **父子之道, 天性也, 君臣之義也.** 《注: 父子之道, 天性之常, 加以尊嚴, 又有君臣之義.》 **父母生之, 續莫大焉.** 《注: 父母生子, 傳體相續. 人倫之道, 莫大於斯.》 **君親臨之, 厚莫重焉.** 《注: 謂父爲君, 以臨於己. 恩義之厚, 莫重於斯.》

형병 소 ▮경문 : "父子"~"重焉". ▸『정의(正義)』: 이 문장은 부자관계에 나타나는 은혜와 친애하는 정감이 천성적이며 자연적인 도리임을 말하고 있다. 부친은 존엄함으로써 자식을 대하고, 자식은 친애함으로써 부모를 섬긴다. 존비(尊卑)의 서열이 이미 확정되었다면, 귀천(貴賤)의 차이도 여기에서 확립되니, 자식이 부친을 섬기는 것은 마치 신하가 군주를 섬기는 것과 같은 것이다. 『주역』에서 "건괘(乾卦)의 원대함은 만물을 힘입게 하여 시작되게 한다."[99]라고 했고, "곤괘(坤卦)의 원대함은 만물을 힘입게 하여 생겨나게 한다."[100]라고 했다. 또 『논어』에서도 "자식은 태어난 지 3년이 지난 연후에야 부모의 품을 벗어날 수 있다."[101]라고 하였다. 이 말들은 부모가 자신을 낳아주어, 개체를 이어주고 생명성을 전승해주니, 이것이 가장 위대하다는 뜻이다. 그리고 이 문장은 부친에 대한 존엄함에는 군주에 대한 공경함과 동일한 점이 있고, 은혜의 후덕함이 가장 중대하다는 뜻이다.

邢疏 ▮"父子"至"重焉". ▸正義曰 : 此言父子恩親之情, 是天生自然之道. 父以尊嚴臨子, 子以親愛事父. 尊卑旣陳, 貴賤斯位, 則子之事父, 如臣之事君. 『易』稱"乾元資始", "坤元資生". 又『論語』曰: "子生三年, 然後免於父母之懷." 是父母生己, 傳體相續, 此爲大焉. 言有父之尊同君之敬, 恩義之厚, 此最爲重也.

형병 소 ▮어주 : "父子"~"之義". ▸『정의(正義)』 : 주에서 "부자 사이에서 지켜야 하는 도리는 천성적인 상도(常道)이다."라는 말은 부자 사이에서 지켜야 하는 도리는 자연적인 자애로움과 효도로, 이것은 천성에 근본하고 있는 것이며, 여기에서 사랑하고 공경하는 마

99 『주역』「건괘(乾卦)·단전(彖傳)」: 彖曰, 大哉乾元! 萬物資始.
100 『주역』「곤괘(坤卦)·단전(彖傳)」: 彖曰, 至哉坤元, 萬物資生.
101 『논어』「양화(陽貨)」: 子生三年, 然後免於父母之懷.

음이 생겨나게 되니, 이것이 상도(常道)라는 뜻이다. 주에서 "거기에 존엄함을 더한다면, 여기에는 또한 군신 사이에서 지켜야 하는 의리와 비슷한 점이 생기게 된다."라고 한 말은 부자 관계에서는 서로 친애하게 되는데, 이것은 천성에 근본하고 있는 것이며, 자애로움과 효도는 자연적인 본성에서 생겨나게 되니, 부친에 대해서 존엄하게 대할 수 있다면, 또한 그 사이에는 군신 간에 지켜야 하는 도리가 있게 된다는 말이다. 그러므로 『주역』「가인괘(家人卦)」에서는 "가족 중에는 존엄한 군주가 있으니, 부모를 뜻함이다."[102]라고 했는데, 이 말은 부모가 곧 존엄한 군주가 된다는 뜻이다.

邢疏 ▮注"父子"至"之義". ▸正義曰 : 云"父子之道, 天性之常"者, 父子之道, 自然慈孝, 本乎天性, 則生愛敬之心, 是常道也. 云"加以尊嚴, 又有君臣之義"者, 言父子相親本於天性, 慈孝生於自然, 旣能尊嚴於親, 又有君臣之義. 故『易』「家人卦」曰: "家人有嚴君焉, 父母之謂也." 是謂父母爲嚴君也.

형병 소 ▮어주 : "父母"~"於斯". ▸『정의(正義)』: 『설문해자』를 살펴보면, "속(續)자는 잇는다는 뜻이다."라고 했으니, 자식은 부모를 이어서, 서로 연속하여 끊어지지 않는다는 뜻이다. 『주역』에서 "낳고 낳는 것을 역(易)이라고 부른다."[103]라고 했는데, 이 말은 뒤에 태어난 것들이 앞서 태어난 것의 다음 자리를 차지한다는 뜻이다. 그러므로 이 말 속에는 전승하여 계속된다는 뜻이 있는 것이다.

邢疏 ▮注"父母"至"於斯". ▸正義曰 : 按『說文』云: "續, 連也."

102 『주역』「가인괘(家人卦) · 단전(彖傳)」: 家人有嚴君焉, 父母之謂也.
103 『주역』「계사상(繫辭上)」: 生生之謂易, 成象之謂乾.

言子繼於父母, 相連不絶也. 『易』稱"生生之謂易", 言後生次於前也. 此則傳續之義也.

형병 소 ▮어주 : "謂父"~"於斯". ▸『정의(正義)』: 정현은 『주역』「가인괘」의 문장을 인용하여, 자식된 자의 도리는 부모에 대해서 군주를 존엄하게 대하는 도리와 유사한 점이 있음을 말하고 있다. 이 「성치장」에서는 앞서서 성인의 다스림에 대해서 기술하고 있으므로, 군주에 대한 이야기를 연속하여 언급하고 있는 것이다. 『예기』「문왕세자(文王世子)」편을 살펴보면, 옛날에 주공(周公)이 성왕(成王)을 섭정했던 일들을 칭송하며, "세자(世子)가 시행해야 하는 법도를 자신의 아들인 백금(伯禽)에게 적용하여 가르쳐서, 백금으로 하여금 성왕과 함께 기거하도록 해서, 성왕으로 하여금 부자 및 군신 사이에서 지켜야 하는 도리에 대해서 알게 하고자 하였다. 군주는 세자에 대해서, 친함으로 따진다면 부친이 되고, 존엄함으로 따진다면 군주가 된다. 부친으로써의 친애함과 군주로써의 존엄함을 갖춘 연후에야 천하를 두루 소유할 수 있는 것이다."[104]라고 말했는데, 이 말은 천성적인 은혜로움을 소유하고 또 군신 사이에서 지켜야 하는 도리가 있다면, 후덕하고 중대함이 이것보다 큰 것이 없다는 뜻이다.

邢疏 ▮注"謂父"至"於斯". ▸正義曰 : 上引「家人」之文, 言人子之道, 於父母有嚴君之義. 此章既陳聖治, 則事繫於人君也. 按『禮記』

104 『예기』「문왕세자(文王世子)」 : 是故抗世子法於伯禽, 使之與成王居, 欲令成王之知父子君臣長幼之義也. 君之於世子也, 親則父也, 尊則君也. 有父之親, 有君之尊, 然後兼天下而有之.

「文王世子」稱昔者周公攝政, "抗世子法於伯禽, 使之與成王居, 欲令成王之知父子 · 君臣之義. 君之於世[105]子也. 親則父也, 尊則君也. 有父之親, 有君之尊, 然後兼天下而有之[106]"者, 言旣有天性之恩, 又有君臣之義, 厚重莫過於此也.

경문 09-5

그렇기 때문에 자신의 부친을 친애하지 않으면서 남을 친애하는 것을 덕에 어긋난다고 부르고, 자신의 부친을 공경하지 않으면서 남을 공경하는 것을 예에 어긋난다고 부른다.《 주: 부모에 대해 사랑하고 공경하는 도리를 다한 연후에야 남에게 교화를 펼칠 수 있는 것이니, 이것을 어긴다면 덕과 예에 대해서 어긋나게 된다는 뜻이다.》 **이러한 도리로써 순종시켜야 하는데, 자신이 어기게 된다면, 백성들은 본받을 것이 없게 된다.**《 주: 교화를 시행하여 백성들의 마음을 순종시켜야 하는데, 지금 제 스스로 그것을 어기고 있으니, 아랫사람들이 본받을 것이 없게 되는 것이다.》 **그리고 제 자신이 선(善)에 뜻을 두지 않아서, 백성들은 모두 흉악한 악덕에 뜻을 두게 될 것이다.**《 주: 선(善)은 몸소 사랑과 공경을 실천하는 것을 뜻한다. 흉(凶)은 덕과 예를 어그러트리는 것을 뜻한다.》 **비록 그가 뜻을 얻었다**

105 '세(世)'자에 대하여. '세'자는 본래 '태(太)'자로 기록되어 있었는데, 완원(阮元)의 『교감기(校勘記)』에서는 "『예기』를 보면 '태'자는 '세'자로 기록되어 있다."라고 했다.
106 '지(之)'자에 대하여. '지'자 아래에는 본래 '자(者)'자가 기록되어 있었는데, 완원(阮元)의 『교감기(校勘記)』에서는 "『예기』에는 '자'자가 없으니, 이것은 잘못 기록된 것이다."라고 했다.

할지라도, 군자들은 그를 존귀하게 여기지 않을 것이다. 《 주: 덕과 예를 어그러트려서, 비록 군주가 되는 뜻을 이루게 되더라도, 군자들은 존귀하게 여기지 않게 된다는 뜻이다. 》

經文 09-5 **故不愛其親而愛他人者, 謂之悖德; 不敬其親而敬他人者, 謂之悖禮.** 《 注: 言盡愛敬之道, 然後施教於人, 違此則於德禮爲悖也. 》 **以順則逆, 民無則焉.** 《 注: 行教以順人心, 今自逆之, 則下無所法則也. 》 **不在於善, 而皆在於凶德.** 《 注: 善, 謂身行愛敬也. 凶, 謂悖其德禮也. 》 **雖得之, 君子不貴也.** 《 注: 言悖其德禮, 雖得志於人上, 君子之[107]不貴也. 》

형병 소 ▮경문 : "故不"~"貴也". ▸『정의(正義)』: 이 문장은 사랑과 공경함을 잃게 되면, 덕과 예를 어그러트리게 된다는 사안에 대해서 설명하고 있다. 이른바 자신의 부모를 사랑하고 공경하지 않는다는 것은 군주가 제 스스로 사랑과 공경함을 시행하지 못한다는 뜻이다. 그리고 남을 사랑하고 공경한다는 것은 천하의 모든 백성들에게 사랑과 공경함을 시행하도록 가르친다는 뜻이다. 군주 제 스스로가 사랑과 공경을 시행하지 못하면서 천하의 백성들로 하여금 시행하게 한다면 이것은 덕을 어그러트리고 예를 어그러트리는 것이다. 오직 군주만이 정치와 교화를 함께 시행하여, 천하 사람들의 마음을 순종시킬 수가 있다. 지금 제 스스로 이러한 도리에 거슬러서 시행하지 않으면서, 거꾸로 천하의 모든 사람들로 하여금 잘못된 도

107 '지(之)'자에 대하여. 완원(阮元)의 『교감기(校勘記)』에서는 "『악본(岳本)』에서는 '지'자 아래에 '소(所)'자를 더 기록하고 있지만, 『정의』에는 또한 '소'자가 없으며, 포당(浦鏜)이 '소(所)자가 누락된 것이다.'라고 하였는데, 잘못된 말이다."라고 했다.

리를 본받아 시행하게 하고 있는 것이다. 그렇기 때문에 사람들이 본받을 것이 없는 것이며, 이것은 곧 선(善)에 뜻을 두지 않아서, 모두들 흉악한 악덕에 뜻을 두게 된다는 뜻이다. 재(在)는 마음이 뜻을 두고 있는 곳을 뜻한다. 흉(凶)은 덕을 흉해한다는 뜻이다. 이처럼 행동하는 군주가 비록 제왕의 지위에 오르는 뜻을 이룬다고 하더라도, 그러한 것들은 선대 현명한 군주 및 성인, 군자가 존귀하게 여기지 않는 것이다.

邢疏　　▮"故不"至"貴也". ▸正義曰 : 此說愛敬之失, 悖於德禮之事也. 所謂不愛敬其親者, 是君上不能身行愛敬也. 而愛他人敬他人者, 是教天下行愛敬也. 君自不行愛敬, 而使天下人行, 是謂悖德悖禮也. 唯人君合行政教, 以順天下人心. 今則自逆不行, 翻使天下之人法行於逆道, 故人無所法則, 斯乃不在於善, 而皆在於凶德. 在, 謂心之所在也. 凶, 謂凶害於德也. 如此之君, 雖得志於人上, 則古先哲王聖人君子之所不貴也.

형병 소　　▮어주 : "言盡"~"悖也". ▸『정의(正義)』: 주에서 "부모에 대해 사랑하고 공경하는 도리를 다한 연후에야 남에게 교화를 펼칠 수 있는 것이다."라고 하였는데, 이 말은 공안국의 전(傳)에 나오는 기록이니, 『효경』「천자장(天子章)」에서 "부모를 섬기는데 사랑과 공경함을 다하고, 백성들에게 덕과 교화를 베푼다."[108]라고 한 말이 바로 이것을 가리킨다. 주에서 "이것을 어긴다면 덕과 예에 대해서 어긋나게 된다는 뜻이다."라고 하였는데, 『예기』「대학」편을 살펴보면, "요순은 인(仁)으로써 천하를 다스려서, 백성들이 따랐다. 걸주

108 『효경』「천자장(天子章)」: 愛敬盡於事親, 而德教加於百姓, 刑于四海.

는 흉폭함으로 천하를 다스려서 백성들이 따랐다. 명령을 내린 것이 자신이 좋아하는 것에 상반된다면 백성들이 따르지 않는다. 이러한 까닭으로 군자는 자신이 이러한 덕목을 갖춘 이후에 남에게도 갖추기를 구하는 것이며, 자신에게 흉악함이 없게 된 이후에 남을 비난할 수 있는 것이다. 제 자신에게 갖추어진 것을 헤아려보지도 못하고서 남을 깨우칠 수 있는 자는 없다."[109]라고 했으니, 이 말은 군주가 만약 이러한 도리를 어기고서, 사랑과 공경함의 도리를 다하지 못했는데도, 천하 사람들에게 사랑과 공경함을 시행하도록 가르친다면, 이것은 덕과 예를 어그러트리고 거슬리는 행위가 된다는 뜻이다.

邢疏 ▮注"言盡"至"悖也". ▸正義曰：云"言盡愛敬之道, 然後施教於人"者, 此孔傳也, 則「天子章」言"愛敬盡於事親, 而德教加於百姓", 是也. 云"違此則於德禮爲悖也"者, 按『禮記』「大學」云: "堯舜率天下以仁, 而民從之. 桀紂率天下以暴, 而民從之. 其所令反其所好, 而民不從. 是故君子有諸己而後求諸人, 無諸己而後非諸人. 所藏乎身不恕, 而能喻諸人者, 未之有也." 是知人君若違此不[110]盡愛敬之道, 而教天下人行愛敬, 是悖逆於德禮也.

형병 소 ▮어주 : "善謂"~"禮也". ▸『정의(正義)』: 주에서 "선(善)은 몸소 사랑과 공경을 실천하는 것을 뜻한다."라고 한 말은 제 자신

109 『대학』「전9장」: 堯舜帥天下以仁, 而民從之; 桀紂帥天下以暴, 而民從之; 其所令反其所好, 而民不從. 是故君子有諸己而后求諸人, 無諸己而后非諸人. 所藏乎身不恕, 而能喻諸人者, 未之有也.

110 '위차불(違此不)'에 대하여. 이 구문은 본래 '위차(違此)'라고만 기록되어 있었는데, 완원(阮元)의 『교감기(校勘記)』에서는 "『민본(閩本)』·『감본(監本)』·『모본(毛本)』에는 '달(達)'자가 '위(違)'자로 기록되어 있고, '차(此)'자 아래에 '불(不)'자가 기록되어 있는데, 이 기록이 옳다."라고 했다.

이 직접 사랑과 공경함을 시행해야만 곧 선(善)하게 된다는 뜻이다. 주에서 "흉(凶)은 덕과 예를 어그러트리는 것을 뜻한다."라고 한 말에서 패(悖)자는 거스른다는 뜻과 같으니, 덕과 예를 거스르게 된다면 흉악하게 된다는 뜻이다.

邢疏 ▮注"善謂"至"禮也". ▸正義曰 : 云"善謂身行愛敬也"者, 謂身行愛敬, 乃爲善也. 云"凶謂悖其德禮也"者, 悖猶逆也, 言逆其德禮則爲凶也.

형병 소 ▮어주 : "言悖"~"貴也". ▸『정의(正義)』 : 주에서 "덕과 예를 어그러트린다."라고 하였는데, 이 말을 위주(魏注)에 의거한 것이니, 군주가 그의 부친에게 사랑과 공경함을 시행하지 못한다는 뜻이다. 정현의 주에서 "거스른다는 것은 마치 걸주와 같이 한다는 뜻이다."라고 한 말이 바로 이것을 가리킨다. 주에서 "비록 군주가 되는 뜻을 이루게 되더라도, 군자들은 존귀하게 여기지 않게 된다는 뜻이다."라고 한 말은 군주가 이와 같이 한다면 비록 제왕의 자리에 오르는 뜻을 이루게 되어, 요행히 주살되거나 축출되는 화를 면한다고 해도, 또한 성인이나 군주들이 존귀하게 여기지 않는다는 뜻으로, 천박하게 여긴다는 뜻이다.

邢疏 ▮注"言悖"至"貴也". ▸正義曰 : 云"悖其德禮"者, 此依魏注也, 謂人君不行愛敬於其親. 鄭注云"悖若桀紂", 是也. 云"雖得志於人上者, 君子之不貴也"者, 言人君[111]如此, 是雖得志居臣人之上, 幸免簒逐之

111 '인군(人君)'에 대하여. '인군'은 본래 '군자(君子)'라고 기록되어 있었는데, 완원(阮元)의 『교감기(校勘記)』에서는 "포당(浦鏜)은 '군자'는 마땅히 '인군'이라는 글자의 오자라고 했는데, 이 기록이 옳다."라고 했다.

禍, 亦[112]聖人君子之所不貴, 言賤惡之也.

▎경문 09-6

군자는 그렇게 하지 않으니, 《 주: 덕과 예를 어그러트리지 않는다는 뜻이다. 》 **말을 할 때에는 먼저 자신이 말한 것이 말할 만한 것인지를 생각하고, 행동을 할 때에는 먼저 사람들을 즐겁게 할 수 있는지를 생각한다.** 《 주: 말할 만한 것인지를 생각한 이후에 말을 하면, 사람들이 반드시 그 말을 믿게 되며, 즐겁게 할 수 있는지를 생각한 이후에 행동을 하면 사람들이 반드시 기뻐하게 된다. 》 **본인의 덕과 의를 존숭할만하게 하고, 일을 시행할 때에는 본받을만하게 한다.** 《 주: 덕을 세우고 의를 시행하는 것이 도와 정의에 위배되지 않기 때문에 존숭할 수 있는 것이며, 사업을 시행하며, 행동하는 것이 사물의 도리에 합치하기 때문에 본받을 수 있는 것이다. 》 **용모와 행동거지는 귀감이 될 만하게 하고, 나아가고 물러섬이 법도가 될 만해야 한다.** 《 주: 용모와 행동거지는 위엄 있는 행동절차를 뜻하니, 반드시 규범과 도리에 합당해야만 귀감이 될 수 있고, 나아가고 물러섬은 자신의 행동을 뜻하니, 예법에서 벗어나지 않아야만 법도가 될 수 있는 것이다. 》 **이로써 백성을 대한다면, 백성들은 그를 외경하면서도 사랑하게 되며, 그를 법도로 삼으면서도 본받게 되는 것이다.** 《 주: 군주가

---

112 '역(亦)'자에 대하여. '역'자는 본래 '언(言)'자로 기록되어 있었는데, 완원(阮元)의 『교감기(校勘記)』에서는 "포당(浦鏜)은 '언'자는 마땅히 '역'자가 되어야 한다고 했는데, 옳은 말이다."라고 했다.

이 여섯 가지 일들을 시행하며, 그들의 백성들을 다스리고 구휼한다면, 백성들은 그의 위엄 있는 행동을 외경하면서도 그의 덕을 사랑하게 되니, 백성 모두가 군주를 본받게 되는 것이다.》 **그렇기 때문에 덕과 교화를 이룰 수 있고, 정치를 시행할 수 있는 것이다.**《 주: 위정자가 자기 자신을 바르게 해서 아랫사람들을 통솔하면, 아랫사람들은 위정자를 따르며 그를 본받게 되므로, 덕과 교화가 이루어지고 정치가 시행되는 것이다.》

經文 09-6 **君子則不然**,《 注: 不悖德禮也.》**言思可道, 行思可樂**.《 注: 思可道而後言, 人必信也; 思可樂而後行, 人必悅也.》**德義可尊, 作事可法**.《 注: 立德行義, 不違道正, 故可尊也; 制作事業, 動得物宜, 故可法也.》**容止可觀, 進退可度**.《 注: 容止, 威儀也, 必合規矩, 則可觀也; 進退, 動靜也, 不越禮法, 則可度也.》**以臨其民, 是以其民畏而愛之, 則而象之**.《 注: 君行六事, 臨撫其人, 則下畏其威, 愛其德, 皆放象於君也.》**故能成其德教, 而行其政令**.《 注: 上正身以率下, 下順上而法之, 則德教成, 政令行也.》

형병 소 ▮경문 : "君子"~"政令". ▸『정의(正義)』: 앞에서는 군주가 되어서 덕과 예를 거스르게 되는 일화를 설명하였는데, 이 문장에서는 성인과 군자는 그렇게 하지 않는다는 것을 언급하고 있다. 군자라는 사람은 모름지기 그의 언행 및 행동거지 및 행위들에 대해서 신중하다. 말한 만한 것인지를 생각한 이후에 말을 하고, 즐겁게 할 수 있는지를 생각한 이후에 행동을 한다. 그렇기 때문에 그의 덕과 의는 존숭될 수 있는 것이며, 사업을 시행한 것도 법도로 삼을 수가 있으며, 그의 위엄스러운 용모는 귀감이 될 수 있는 것이고, 나아가고 물러나는 것들이 모두 예법에 맞게 된다. 이러한 여섯 가지 일들을 시행하며 군주가 그의 백성들을 대한다면, 사람들은 그를 외경하면서도 친애하게 될 것이며, 법도로 삼으면서도 본받게 되는 것이다. 그렇기 때문에 덕과 교화는 이러한 것들로 이루어지고, 정치 또한 이러한 것들로 시행되는 것이다.

邢疏 ▮"君子"至"政令". ▸正義曰 : 前說爲君而爲悖德禮之事, 此言聖人君子則不然也. 君子者, 須愼其言行・動止・擧措. 思可道而後言, 思可樂而後行, 故德義可以尊崇, 作業可以爲法, 威容可以觀望, 進退皆脩禮法. 以此六事君臨其民, 則人畏威而親愛之, 法則而象效之. 故德敎以此而成, 政令以此而行也.

형병 소 ▮어주 : "不悖德禮也". ▸『정의(正義)』: 이 말은 위주(魏注)에 의거한 말이다. 즉 군자의 행동은 모두 덕과 예에 합치되므로, 어그러트리거나 거스름이 없다는 뜻이다.

邢疏 ▮注"不悖德禮也". ▸正義曰 : 此依魏注也. 言君子擧措皆合德禮, 無悖逆也.

형병 소 ▮어주 : "思可"~"悅也". ▸『정의(正義)』: 말이라는 것은 마음의 소리이고, 생각이라는 것은 마음이 고려하는 것이며, '가(可)'하다는 것은 사리에 합치된다는 뜻이고, '도(道)'는 말을 한다는 뜻이며, '행(行)'은 시행한다는 뜻이고, '낙(樂)'은 사람들을 기쁘게 한다는 뜻이다. 『예기』「중용」편에서는 천하의 지극한 성인에 대해서, "그가 말을 하면 백성들 중에 믿지 않는 자가 없고, 행동을 하면 백성들 중에 기뻐하지 않는 자가 없다."[113]라고 칭송을 하였다.

邢疏　▮注"思可"至"悅也". ▸正義曰：言者心之聲也, 思者心之慮也, 可者事之合也, 道謂[114]陳說也, 行謂施行也, 樂謂使人悅服也. 『禮記』「中庸」稱天下至聖"言而民莫不信, 行而民莫不說"也.

형병 소　▮어주："立德"~"可法也". ▸『정의(正義)』：주에서 "덕을 세우고 의를 시행하는 것이 도와 정의에 위배되지 않기 때문에 존숭할 수 있는 것이다."라고 말하였는데, 이 말은 공안국의 전(傳)에 나오는 기록에 의거한 말이다. 유현(劉炫)은 "덕이라는 것은 이치를 얻은 것이며, 의라는 것은 사리에 합당한 것이다. 이치를 얻는 것은 본인에게 달려 있고, 사리에 합당하게 하는 것은 외적인 요소에 달려 있다."라고 했으니, 이 말은 이치를 얻고 사리에 합당하며, 도리를 시행하고 올바름을 지키기 때문에 사람들에게 존숭을 받을 수 있다는 뜻이다.

邢疏　▮注"立德"至"可法也". ▸正義曰：云[115]"立德行義, 不違道正, 故可尊也"者, 此依孔傳也. 劉炫云: "德者得於理也, 義者宜於事也. 得理在於身, 宜事見於外." 謂理得事宜, 行道守正, 故能爲人所尊也.

형병 소　주에서 말하는 것처럼 "사업을 시행하며, 행동하는 것이 사물의 도리에 합당하기 때문에 본받을 수 있는 것이다."라는 사

113 『중용』「31장」：唯天下至聖, 爲能聰明睿知. …… 言而民莫不信, 行而民莫不說.

114 '위(謂)'자에 대하여. '위'자는 본래 '자(者)'자로 기록되어 있는데, 완원(阮元)의 『교감기(校勘記)』에서는 "『민본(閩本)』·『감본(監本)』·『모본(毛本)』에는 '자'자를 '위'자로 기록하고 있는데, 잘못된 말이 아니다."라고 했다.

115 '운(云)'자에 대하여. '운'자는 본래 '차(此)'자로 기록되어 있는데, 완원(阮元)의 『교감기(校勘記)』에서는 "『정오(正誤)』에는 '차'자가 '운'자로 기록되어 있는데, 이 기록이 옳다."라고 했다.

실을 알 수 있는 이유는 '작(作)'자는 어떤 것을 만들어 확립한다는 뜻이고, '사(事)'라는 것은 베풀며 행동한다는 뜻이다. 그러므로 『주역』에서 "들어서 천하의 백성들에게 시행하는 것을 사업(事業)이라고 부른다."[116]라고 했던 것이다. 즉 이 문장은 모든 사물들의 올바른 단서를 세워서 형틀의 법식으로 삼는다는 뜻이니, 자기 본인에게 세워서 확립해보고, 나 이외의 다른 것들에게 법식을 성립하면, 만물이 그 올바름을 얻게 되므로, 다른 사람들로 하여금 본받게 할 수 있다는 말이다.

邢疏 知"制作事業, 動得物宜, 故可法也"者, 作謂造立也, 事謂施爲也. 『易』曰: "擧而措之天下之民, 謂之事業." 言能作衆物之端, 爲器用之式, 造立於己, 成式於物, 物得其宜, 故能使人法象也.

형병 소 ▮어주 : "容止"~"度也". ▸『정의(正義)』 : 주에서 "용모와 행동거지는 위엄 있는 행동절차를 뜻하니, 반드시 규범과 도리에 합당해야만 귀감이 될 수 있다."라고 말한 것은 공안국의 전(傳)에 의거한 기록이다. 용지(容止)는 예법에 따른 용모와 행동거지를 뜻하니, 『한서』「유림전」에서 "노(魯)나라 서생(徐生)이라는 자는 용모를 잘 갖추었으니, 용모를 예법에 맞게 하였으므로, 관직은 대부(大夫)에 이르렀다."[117]라고 말한 것이 바로 이러한 뜻을 가리킨다.

邢疏 ▮注"容止"至"度也". ▸正義曰 : "容止, 威儀也, 必合規矩, 則可觀也"者, 此依孔傳也. 容止, 謂禮容所止也, 『漢書』「儒林傳」云"魯

116 『주역』「계사상(繫辭上)」 : 推而行之謂之通, 擧而錯之天下之民謂之事業.

117 『한서(漢書)』「유림전(儒林傳)」 : 漢興, 魯高堂生傳士禮十七篇, 而魯徐生善爲頌. 孝文時, 徐生以頌爲禮官大夫.

徐生善爲容[118], 以容爲禮, 官大夫", 是也.

형병 소 위의(威儀)라는 것은 곧 의례(儀禮)를 뜻하니, 「중용」편에서 "위의(威儀)는 삼천 가지이다."[119]라고 한 말이 바로 이것을 가리킨다. 『춘추좌씨전』에서는 "위엄을 갖추어서 경외할 만 한 것을 '위(威)'라고 부르며, 예의를 갖추어서 본받을 만한 것을 '의(儀)'라고 부릅니다."[120]라고 하였으니, 이 말은 군자가 이러한 용모 및 행동거지를 하고, 위엄스러운 예의법도를 갖추어야만, 규범과 도리에 합치될 수 있다는 말이다.

邢疏 威儀, 卽儀禮也, 「中庸」云"威儀三千", 是也. 『春秋左氏傳』曰: "有威而可畏謂之威, 有儀而可象謂之儀." 言君子有此容止威儀, 能合規矩.

형병 소 『예기』「옥조(玉藻)」편을 살펴보면, "몸을 돌릴 때에는 둥근 원을 그리는 듯 하고, 몸을 구부릴 때에는 직각이 되는 듯하다."[121]라고 하였는데, 이 문장에 대해서 정현은 "뒤돌며 움직일 때에는 원을 그리고, 굽히며 움직일 때에는 네모지게 행동한다."라고 하였으니, 즉 법도를 뜻하는 규구(規矩)에 합치되기 때문에, 귀감이 될 수 있다는 것이다.

---

118 『십삼경주소』 북경대 출판본에서는 "'용(容)'자를 『한서(漢書)』「유림전(儒林傳)」에서는 '송(頌)'자로 기록하고 있다."라고 했다.

119 『중용』「27장」: 優優大哉, 禮儀三百, 威儀三千.

120 『춘추좌씨전』「양공(襄公) 31년」: 對曰, 有威而可畏謂之威, 有儀而可象謂之儀.

121 『예기』「옥조(玉藻)」: 古之君子必佩玉, 右徵角, 左宮羽, 趨以采齊, 行以肆夏, 周還中規, 折還中矩, 進則揖之, 退則揚之, 然後玉鏘鳴也.

邢疏　按『禮記』「玉藻」云: "周還中規, 折還中矩." 鄭云: "反行也宜圜, 曲行也宜方."是合規矩, 故可觀.

형병 소　주에서 "진퇴(進退)는 동정(動靜)이다."라고 하였는데, 나아간다는 것은 움직이는 것을 뜻하고, 물러난다는 것은 정지함을 뜻한다. 『주역』「건괘 · 문언전」을 살펴보면, "나아가고 물러남에 항상됨이 없다는 것은 동류(同類)를 떠남이 아니다."[122]라고 하였고, 「간괘 · 단전」에서는 "시기가 그칠 때라면 그치고, 시기가 행동할 때라면 행동하여, 움직이고 멈추는 것이 그 시기를 잃지 않으니, 그 도리가 크게 밝아지게 된다."[123]라고 하였으니, 이것은 바로 진퇴(進退)가 곧 동정(動靜)이 된다는 뜻이다.

邢疏　云"進退動靜也"者, 進則動也, 退則靜也. 按『易』「乾 · 文言」曰: "進退無常, 非離群也." 又「艮卦 · 象」曰: "時止則止, 時行則行, 動靜不失其時, 其道光明." 是進退則動靜也.

형병 소　주에서 "예법에서 벗어나지 않아야만 법도가 될 수 있는 것이다."라고 하였는데, 움직이고 멈추는 모든 행동들이 예법에서 벗어나지 않기 때문에, 법도로 삼을 수 있다는 뜻이다.

邢疏　云"不越禮法, 則可度也"者, 動靜不乖越禮法, 故可度也.

형병 소　▮어주 : "君行"~"君也". ▸『정의(正義)』 : 주에서 "군주

---

122 『주역』「건괘(乾卦) · 문언전(文言傳)」 : 九四曰"或躍在淵, 无咎", 何謂也? 子曰, "上下无常, 非爲邪也, 進退无恒, 非離羣也. 君子進德修業, 欲及時也, 故'无咎'."

123 『주역』「간괘(艮卦) · 단전(彖傳)」 : 彖曰, 艮, 止也. 時止則止, 時行則行, 動靜不失其時, 其道光明.

가 이 여섯 가지 일들을 시행하며, 그들의 백성들을 다스리고 구휼한다."라고 한 말은 군주가 이 여섯 가지 일들을 시행하여, 백성들을 다스리고 구휼한다는 뜻이다. 여섯 가지 일이라는 것은 곧 경문에서 '가도(可度)'라는 말 위에 기록한 여섯 가지 일들이다.

邢疏　　▮注"君行"至"君也". ▸正義曰 : 云"君行六事, 臨撫其人"者, 言君施行六事, 以臨撫下人. 六事卽"可度"以上之事有六也.

형병 소　　주에서 "백성들은 그의 위엄 있는 행동을 외경하면서도 그의 덕을 사랑하게 되니, 백성 모두가 군주를 본받게 되는 것이다."라고 하였는데, 『춘추좌씨전』을 살펴보면 북궁문자(北宮文子)가 위후(衛侯)에게 위의(威儀)에 대한 일들을 설명하며, "위엄을 갖추어서 경외할 만 한 것을 '위(威)'라고 부르며, 예의를 갖추어서 본받을 만한 것을 '의(儀)'라고 부릅니다. 군주가 군주로써의 위의(威儀)를 갖추어야만, 그들의 신하들이 외경하면서도 사랑하고, 법도로 삼으면서도 본받는 것입니다."[124]라고 했다. 또 여기에 덧붙여서 "「주서(周書)」에서는 문왕(文王)의 덕을 칭송하며, '대국(大國)들은 문왕의 힘을 외경하고, 소국(小國)들은 문왕의 덕을 흠모하였다.'라고 하였으니, 이것이 바로 외경하면서도 사랑한다는 것을 뜻합니다.

邢疏　　云"則下畏其威, 愛其德, 皆放象於君也"者, 按『左傳』北宮文子對衛侯說威儀之事, 稱"有威而可畏謂之威, 有儀而可象謂之儀. 君有君之威儀, 其臣畏而愛之, 則而象之". 又因引"「周書」數文王之德曰: '大國畏其力, 小國懷其德.'言畏而愛之也.

---

124 『춘추좌씨전』「양공(襄公) 31년」: 對曰, "有威而可畏謂之威, 有儀而可象謂之儀. 君有君之威儀, 其臣畏而愛之, 則而象之, 故能有其國家, 令聞長世.

형병 소 『시』에서 '부지불식간에 제왕의 법도를 따른다.'라고 한 말은 법도로 삼으면서도 본받는 것을 뜻합니다."[125]라고 인용하며 말하였다. 또 "군자는 제위에 있으면 외경할 만 해야 하고, 베푸는 것들은 사랑을 받을 만 해야 하며, 나아가고 물러남은 법도로 삼을 만 해야 하고, 행동하는 의례절차들이 법도로 삼을 만 해야 하며, 용모와 행동거지가 귀감이 될 만 해야 하고, 덕과 행실이 본받을 만 해야 하며, 음성과 기운이 화락할 만 해야 하고, 동작들에 화려함이 있고, 말들에 법도가 있어야 하니, 이런 것들로 백성들을 대하는 것을 위의(威儀)를 갖추고 있다고 부릅니다."[126]라고 했다.

邢疏 『詩經』云: '不識不知, 順帝之則.'言則而象之也". 又云: "君子在位可畏, 施舍可愛, 進退可度, 周旋可則, 容止可觀, 作事可法, 德行可象, 聲氣可樂, 動作有文, 言語有章, 以臨其下, 謂之有威儀也."

형병 소 이 문장에 근거해보면, 이곳 경문과 비교했을 때 비록 조금의 차이는 있지만, 대체로 이 모든 내용이 군주가 갖춰야 하는 위의(威儀)에 대해서 서술하고 있는 것이다. 그러므로 경문에서 『시경』을 인용하여, "그의 위의(威儀)가 법도에서 어긋나지 않네."라고 한 것도 그 의미가 같은 것이다.

邢疏 據此, 與經雖稍殊別, 大抵皆敍君之威儀也. 故經引『詩經』云: "其儀不忒." 其義同也.

---

125 『춘추좌씨전』「양공(襄公) 31년」: 周書數文王之德, 曰'大國畏其力, 小國懷其德', 言畏而愛之也. 詩云'不識不知, 順帝之則', 言則而象之也.

126 『춘추좌씨전』「양공(襄公) 31년」: 故君子在位可畏, 施舍可愛, 進退可度, 周旋可則, 容止可觀, 作事可法, 德行可象, 聲氣可樂; 動作有文, 言語有章, 以臨其下, 謂之有威儀也.

형병 소 ▮어주 : "上正"~"行也". ▸『정의(正義)』 : 주에서 "위정자가 자기 자신을 바르게 해서 아랫사람들을 통솔한다."라고 한 말은 공안국의 전(傳)에 의거한 기록이다. 『논어』에서 "공자가 계강자에게 대답하길, '그대가 올바름으로 이끈다면 누가 감히 올바르지 않게 행동하겠는가?'"[127]라고 했고, 또 "본인이 올바르다면 시키지 않아도 행동한다."[128]라고 하였으니, 이 말은 자기 자신을 바르게 해야 한다는 뜻이다.

邢疏 ▮注"上正"至"行也". ▸正義曰 : 云"上正身以率下"者, 此依孔傳也. 『論語』: "孔子對季康子曰: '子率以正, 孰敢不正?'" 又曰: "其身正, 不令而行." 是正其身之義也.

형병 소 주에서 "아랫사람들은 위정자를 따르며 그를 본받게 된다."라고 한 말은 자기 자신을 바르게 해서 아랫사람들을 이끈다면, 아랫사람들 모두가 그를 따르게 되니, 본받지 않는 자가 없게 된다는 뜻이다. 주에서 "덕과 교화가 이루어지고 정치가 시행되는 것이다."라고 한 말은 풍속을 변화시킴이 마땅히 이와 같아야 한다는 뜻이다.

邢疏 云"下順上而法之"者, 言正其身以率下, 則下人皆從之, 無不法. "則德教成, 政令行也"者, 言風化當如此也.

---

127 『논어』「안연(顔淵)」 : 季康子問政於孔子. 孔子對曰, "政者, 正也. 子帥以正, 孰敢不正?"
128 『논어』「자로(子路)」 : 子曰, "其身正, 不令而行, 其身不正, 雖令不從."

▎경문 09-7

그래서 『시경』에서 말하길, "훌륭하신 저 군자여, 그의 위의(威儀)가 법도에서 어긋나지 않는구나."[129]라고 했다.《 주: 숙(淑)자는 선(善)하다는 뜻이다. 특(忒)자는 어긋난다는 뜻이다. 이 인용문은 『시경』에서 군자의 위의가 어긋나지 않아서 사람들이 법도로 삼는다고 한 뜻을 취한 것이다.》

經文 09-7 **『詩經』云: "淑人君子, 其儀不忒."**《 注: 淑, 善也. 忒, 差也. 義取君子威儀不差, 爲人法則.》

형병 소 ▮경문 : "詩云"~"不忒". ▸『정의(正義)』: 공자는 군자의 덕에 대한 진술을 끝내고서, 곧 『시경』「조풍 · 시구」편의 시를 인용하여 찬미한 것이니, 이 문장은 훌륭한 군자의 위의(威儀)는 어긋남이 없다는 뜻이다.

邢疏 ▮"詩云"至"不忒". ▸正義曰 : 夫子述君子之德旣畢, 乃引「曹風 · 鳲鳩」之詩以贊美之, 言善人君子威儀不差失也.

형병 소 ▮어주 : "淑善"~"法則". ▸『정의(正義)』: 주에서 "숙(淑)자는 선(善)하다는 뜻이다. 특(忒)자는 어긋난다는 뜻이다."라고 하였는데, 이 말은 정현의 주석에 근거한 말이다. "숙(淑)자는 선(善)하다는 뜻이다."라는 말은 『이아』「석고」편의 문장이다.[130] 그리고 『이아』「석언」편에서는 "상(爽)자는 차(差)자의 뜻이다. 상(爽)자는 특

---

129 『시경』「조풍(曹風) · 시구(鳲鳩)」: 鳲鳩在桑, 其子在棘. 淑人君子, 其儀不忒. 其儀不忒, 正是四國.

130 『이아』「석고(釋詁)」: 儀 · 若 · 祥 · 淑 · 鮮 · 省 · 臧 · 嘉 · 令 · 類 · 綝 · 彀 · 攻 · 穀 · 介 · 徽, 善也.

(忒)자의 뜻이다."[131]라고 하였으니, 차(差)자나 특(忒)자가 서로 전환되어 뜻이 통용된다. 그렇기 때문에 특(忒)자를 차(差)자로 풀이할 수 있는 것이다.

邢疏 ▮注"淑善"至"法則". ▸正義曰 : 云"淑, 善也. 忒, 差也", 此依鄭注也. "淑, 善", 「釋詁」文 「釋言」云: "爽, 差也. 爽, 忒也." 轉互相訓, 故忒得爲差也.

형병 소 주에서 "이 인용문은 『시경』에서 군자의 위의가 어긋나지 않아서 사람들이 법도로 삼는다고 한 뜻을 취한 것이다."라고 한 말은 또한 『시경』을 인용한 대의가 이와 같다는 뜻이다.

邢疏 云"義取君子威儀不差, 爲人法則"者, 亦言引『詩經』大意如此也.

131 『이아』「석언(釋言)」: 爽, 差也. 爽, 忒也.

제10장 기효행장紀孝行[132]章

효자가 부모를 섬기는 법도

형병 소 『정의(正義)』: 이번 「기효행장(紀孝行章)」에서는 효자가 부모를 섬기는 행실에 대해서 법도를 정하여 기록하고 있다. 앞의 「성치장」에서는 효로 천하를 다스리면, 시행된 정령(政令)이나 교화(敎化)가 엄숙하게 하지 않더라도 자연스럽게 이루어지고 다스려지게 된다고 했다. 그렇기 때문에서 군자들은 모두 부모를 섬기는 마음에 근거를 두었던 것이니, 효행에는 기강을 삼을 만한 점이 있게 된다. 그러므로 이러한 뜻으로 이번 장(章)의 명칭을 정하고서, 「성치장」 뒤에 편차를 정한 것이다. 어떤 자들은 '효행(孝行)'이라는 글자 아래에 "범법(犯法)"이라는 두 글자를 덧붙이지만, 여기에서는 그 의견을 채택하지 않았다.

邢疏 正義曰 : 此章紀錄孝子事親之行也. 前章孝治天下, 所施政敎, 不待嚴肅, 自然成理, 故君子皆由事親之心, 所以孝行有可紀也. 故以名章, 次「聖治[133]」之後. 或於"孝行"之下, 又加"犯法"兩字, 今不取也.

---

132 '효행(孝行)'에 대하여. 완원(阮元)의 『교감기(校勘記)』에서는 "『정의』에서는 '어떤 자들은 효행(孝行)이라는 글자 아래에 범법(犯法)이라는 두 글자를 덧붙이지만, 여기에서는 채택하지 않는다.'"라고 했다.

133 '치(治)'자에 대하여. '치'자는 본래 '인(人)'자로 기록되어 있었는데, 완원(阮元)의 『교감기(校勘記)』에서는 "'인'자는 마땅히 '치'자가 되어야 한다."라고 했다.

| 경문 10-1

공자가 말하길, "효자가 부모를 섬김에 있어서 평상시 거처할 때에는 공경하는 마음을 다하고,《 주: 평상시 거처할 때에는 반드시 공경하는 마음을 다해야 하는 것이다. 》**부모를 봉양할 때에는 진심에서 우러나오는 기쁜 마음을 다해야 하며,**《 주: 부모를 모시며 봉양할 때에는 자신의 기쁘고 즐거운 마음을 다해야 한다. 》**부모에게 병환이 있을 때에는 근심스러운 마음을 다해야 하고,**《 주: 안색에는 수심이 가득하여, 자신의 용모를 꾸미지 않게 되고,[134] 행동은 허둥대어 제대로 걷지 못하게 된다.[135] 》**부모의 상을 당하게 되면 슬퍼하는 마음을 다해야 하며,**《 주: 가슴을 치고 발을 구르며, 곡을 하고 눈물을 하는 것은 자신의 애통해하는 감정을 다하는 것이다. 》**부모에 대한 제사를 지낼 때에는 엄숙한 마음을 다해야 하니,**《 주: 목욕재계를 하고, 동이 트도록 잠을 이루지 못한다는 것이다. 》**이 다섯 가지가 갖추어진 연후에야 부모를 잘 섬길 수 있는 것이다.**《 주: 이 다섯 가지 중에서 하나라도 빠지게 된다면, 제대로 모실 수가 없는 것이다. 》

經文 10-1 **子曰: "孝子之事親也, 居則致其敬,**《 注: 平居必盡其敬. 》**養則致其樂,**《 注: 就養能致其懽. 》**病則致其憂,**《 注: 色不滿容, 行不正履. 》**喪則致其哀,**《 注: 擗踊哭泣, 盡其哀情. 》**祭則致其嚴.**《 注: 齊戒沐浴, 明發不寐. 》**五者備矣, 然後能事親.**《 注: 五者闕一, 則未爲能. 》

형병 소 ▮경문 : "子曰"~"事親". ▸『정의(正義)』: '치(致)'자는 다

134 『예기』「문왕세자(文王世子)」: 其有不安節, 則內豎以告世子, 世子色憂不滿容.

135 『예기』「문왕세자(文王世子)」: 其有不安節, 則內豎以告文王, 文王色憂, 行不能正履.

한다는 뜻이다. 이 문장은 사람의 자식된 자는 그의 부모를 섬기는 것을 잘해야만 효자라고 일컫어질 수 있음을 말하고 있으니, 평상시 집에 거처할 때에는 마땅히 공손하고 공경하는 마음을 다해야 하는 것을 뜻한다. 그리고 만약 음식을 부모에게 바칠 때에는 안색에 기쁘고 즐거워하는 표정을 나타내어, 부모가 기뻐하도록 만들어야 하며, 부모에게 병환이 생겼다면, 관을 써야 하는 자들은 경황이 없으므로 빗질을 하지 않고, 화가 나는 일이 있더라도 남을 욕하지 않으며, 본인에게 있는 부모에 대한 근심스러운 마음을 다해야 하며, 부모가 돌아가시게 된다면, 시신을 부여잡고 통곡을 하며, 애도함 때문에 몸이 초췌해지게 되니, 이것은 그의 애통해하는 감정을 다 드러내는 것이고, 만약 애통함을 끝낸 이후라면 마땅히 부모에 대한 연상(練祥)[136] 등의 제사에 정성을 다해야 하고, 봄 · 가을 등의 계절마다 지내는 제사에서도 또한 마땅히 부모에 대한 엄숙한 마음을 다해야 한다. 이 다섯 가지는 신분의 차이에 따른 제한이 없이 모두 시행해야 하는 것이니, 이것들을 다 갖출 수 있는 자만이, 부모를 잘 섬길 수 있는 것이다.

邢疏 ▮"子曰"至"事親". ▸正義曰 : 致猶盡也. 言爲人子能事其親而稱孝者, 謂平常居處家之時也, 當須盡於恭敬. 若進飮食之時, 怡顔悅色, 致親之懽[137]; 若親之有疾, 則冠者不櫛, 怒不至詈, 盡其憂謹之心,

136 연상(練祥)은 부모에 대한 제사 중 하나이다. 연(練)은 부모가 돌아가신 이후 11개월 뒤에 소복(素服)을 연복(練服)으로 갈아입고 지내는 제사를 뜻하며, 상(祥)은 부모가 돌아가신 이후 만 1년이 될 때 지내는 제사를 뜻한다.

137 '환(懽)'자에 대하여. '환'자는 본래 '효(孝)'자로 기록되어 있었는데, 완원(阮元)의 『교감기(校勘記)』에서는 "『정오(正誤)』에는 '효'자를 마땅히 '환'자로 해야 한다고 했는데, 옳은 말이다."라고 했다.

若親喪亡, 則攀號毁瘠, 終其哀情也; 若卒哀之後, 當盡其祥練; 及春秋祭祀, 又當盡其嚴肅. 此五者, 無限貴賤, 有盡能備者, 是其能事親.

형병 소 ▮ 어주 : "平居必盡其敬". ▸『정의(正義)』: 이 문장은 왕주(王注)에 근거한 말이다. 평거(平居)는 평상시 집에 있을 때를 뜻하니, 효자라면 모름지기 공손하고 공경하게 행동해야 하는 것이다. 『예기』「내칙」편을 살펴보면, "아들이 부모를 섬길 때에는 닭이 처음 울게 되면, 모두 세수와 양치질을 한다. 그리고 부모가 계신 곳에 갈 때에는 공경하는 마음으로 맛있는 음식을 바치고 그런 이후에 물러난다."[138]라고 했다. 그리고 『예기』「제의(祭義)」편에서는 "단지 봉양을 하는 일은 가능하지만, 공경하는 마음을 다하는 것은 어려운 일이다."라고 했으니, 이 문장들은 모두 공경하는 마음을 다해야 한다는 뜻이다.

邢疏 ▮ 注"平居必盡其敬". ▸正義曰 : 此依王注也. 平居, 謂平常在家, 孝子則須恭敬也. 按『禮記』「內則」云: "子事父母, 雞初鳴, 咸盥漱, 至於父母之所, 敬進甘脆而後退." 又「祭義」曰: "養可能也, 敬爲難." 皆是盡敬之義也.

형병 소 ▮ 어주 : "就養能致其懽". ▸『정의(正義)』: 이 문장은 위주(魏注)에 근거한 말이다. 『예기』「단궁」편을 살펴보면, "부모를 섬길 때에는 부모의 허물을 가리고, 무례를 범하며 간언하는 일이 없어야 하며, 부모와 가까운 곳에 다가가 봉양을 할 때에는 일정한

138 『예기』「내칙(內則)」: 子事父母, 雞初鳴, 咸盥. / 현행본 『예기』「내칙」편에는 "至於父母之所, 敬進甘脆而後退."라는 문장이 없다.

한도가 없다."[139]라고 하였으니, 이 말은 효자는 부모에 대해서 겨울에는 따뜻하게 해드리고 여름에는 시원하게 해드리며, 저녁 무렵에는 잠자리를 살피고, 새벽녘에 문안인사를 드려야 할 때와 음식을 가지고 가서 부모를 봉양할 때에는 모두 자신의 공경하는 마음과 부모의 안위를 살피는 마음을 다해야 한다는 뜻이다. 그렇게 하지 못한다면 부모가 기뻐하시도록 만들기는 어렵다.

邢疏 ▮注"就養能致其懽". ▸正義曰：此依魏注也. 按「檀弓」曰: "事親有隱而無犯, 左右就養無方", 言孝子冬溫夏凊[140], 昏定晨省, 及進飮食以養父母, 皆須盡其敬安之心. 不然, 則難以致親之懽.

형병 소 ▮어주："色不"~"正履". ▸『정의(正義)』：이 문장은 정현의 주에 의거한 말이다. 『예기』「문왕세자」편을 살펴보면, 문왕(文王)의 부친인 왕계(王季)의 건강에 "편안치 못한 점이 생기게 되면, 당직을 섰던 내관인 내수(內竪)가 이 사실을 문왕에게 아뢰어, 문왕은 얼굴빛에 수심이 가득하게 되고, 걸음이 허둥거리게 되어 제대로 걷지 못하였다."[141]라고 했다. 또 그 아래에는 옛날에 세자(世子)들도 아침저녁으로 내수에게 부친의 건강을 물었는데, 부친의 건강에 편안치 못한 점이 생기게 되면, "세자는 안색에 수심이 가득하여, 자신의 용모를 꾸미지 못하였다."[142]라고 하였다. 이곳 주석에서는

---

139 『예기』「단궁상(檀弓上)」：事親有隱而無犯, 左右就養無方, 服勤至死, 致喪三年.

140 '청(凊)'자에 대하여. '청(凊)'자는 본래 '청(淸)'자로 기록되어 있었는데, 완원(阮元)의 『교감기(校勘記)』에서는 "『민본(閩本)』·『모본(毛本)』에는 '청(淸)'자가 '청(凊)'자로 기록되어 있는데, 이 기록이 옳다."라고 했다.

141 『예기』「문왕세자(文王世子)」：其有不安節, 則內竪以告文王, 文王色憂, 行不能正履.

142 『예기』「문왕세자(文王世子)」：其有不安節, 則內竪以告世子, 世子色憂不滿容.

'우(憂)'자와 '능(能)'자가 생략되어 있는데, 이곳 「기효행장」에서 말하는 내용은 신분의 차별에 관계없이 모두 적용되는 것이기 때문이니, 비록 어리석은 자들이 여기에서 말하는 내용은 신분의 차등을 어기고 있다고 비난을 한다고 해도, 이 문장은 또한 보다 중요한 것을 제시하여, 그것보다 덜 중요한 것의 의미까지도 나타내고 있는 것이다.

邢疏 ▮注"色不"至"正履". ▸正義曰：此依鄭注也. 按『禮記』「文王世子」云: 王季"有不安節, 則內豎以告文王, 文王色憂, 行不能正履". 又下文此古之世子亦朝夕問於內豎, 其有不安節[143], "世子色憂不滿容". 此注減"憂""能"二字者, 以此章通於貴賤, 雖儗人非其倫, 亦擧重以明輕之義也.

형병 소 ▮어주 : "擗踊"~"哀情". ▸『정의(正義)』: 이 문장은 정현의 주석에 의거한 것으로, 모두 『효경』「상친장(喪親章)」의 문장을 요약한 것이다. 이것들의 의미는 「상친장」에서 풀이해 두었다.

邢疏 ▮注"擗踊"至"哀情". ▸正義曰 : 此依鄭注也, 並約「喪親章」文. 其義具[144]於彼.

형병 소 ▮어주 : "齋戒"~"不寐". ▸『정의(正義)』: 이 문장들은

143 '절(節)'자에 대하여. '절'자는 본래 '지(止)'자로 기록되어 있었는데, 완원(阮元)의 『교감기(校勘記)』에서는 "『민본(閩本)』·『감본(監本)』·『모본(毛本)』에서는 '지'자를 '절'자로 기록하고 있는데, 이 기록이 옳다."라고 했다.

144 '구(具)'자에 대하여. '구'자는 본래 '오(奧)'자로 기록되어 있었는데, 완원(阮元)의 『교감기(校勘記)』에서는 "『정오(正誤)』에서는 '오'자를 '구'자로 기록하고 있는데, 이 기록이 옳다."라고 했다.

모두 제사를 지낼 때에 엄숙하고 공경하는 마음을 다해야 한다는 일을 설명하고 있다. 『예기』「제의(祭義)」편을 살펴보면, "효자가 장차 제사를 지내고자 할 때에는 제주(祭主)와 주부(主婦)는 마음을 정갈하게 하고, 목욕재계를 하며, 의복을 갖춰 입고서, 희생물을 받들어 시동에게 바친다."[145]라고 했으니, 이 말은 장차 제사를 지내고자 할 때에는 반드시 앞서서 목욕재계를 한다는 뜻이다.

邢疏 ▮注"齋戒"至"不寐". ▸正義曰 : 此皆說祭祀嚴敬之事也. 按「祭義」曰: "孝子將祭, 夫婦齋戒, 沐浴盛服, 奉承而進之." 言將祭必先齊戒沐浴也.

형병 소 ▮어주 : 또 "문왕이 제사를 지낼 때에는 죽은 부모를 섬기는 것이 마치 생전에 섬기듯 하였다. 『시경』에서 '날이 새도록 잠을 이루지 못하고, 양친을 생각하는구나.'라고 하였는데, 이것은 문왕에 대한 시이다."[146]라고 했다. 이 문장에 대해 정현의 주에서는 "날이 새도록 잠을 이루지 못한다고 한 것은 밤부터 아침 무렵까지를 뜻한다. 두 사람은 부모를 뜻한다."라고 했다. 그러므로 이 말은 문왕이 엄숙하고 공경하는 마음으로 제사를 지냈던 것이 바로 이와 같았다는 뜻이다.

邢疏 又云: "文王之祭也, 事死如事生. 『詩經』云: '明發不寐, 有懷二人.' 文王之詩也." 鄭注云: "明發不寐, 謂夜而至旦也. 二人, 謂父母

---

145 『예기』「제의(祭義)」 : 孝子將祭, 慮事不可以不豫, 比時具物, 不可以不備, 虛中以治之. 宮室旣修, 牆屋旣設, 百物旣備, 夫婦齊戒沐浴, 盛服奉承而進之.

146 『예기』「제의(祭義)」 : 文王之祭也, 事死者如事生, 思死者如不欲生, 忌日必哀, 稱諱如見親, 祀之忠也. 如見親之所愛, 如欲色然, 其文王與. 詩云, "明發不寐, 有懷二人." 文王之詩也.

也." 言文王之嚴敬祭祀如此也.

형병 소 ▮어주 : "五者"~"爲能". ▸『정의(正義)』: 이 문장은 위주(魏注)에 의거한 말이다. 무릇 효자가 된 자들은 모름지기 이러한 다섯 가지 등의 일들을 잘 갖추었던 것이다. 이 다섯 가지 중에서 만약 한 가지라도 빠지게 된다면, 부모를 잘 섬길 수 없는 것이다.

邢疏 ▮注"五者"至"爲能". ▸正義曰 : 此依魏注也. 凡爲孝子者, 須備此五等事也. 五事若闕於一, 則未爲能事親也.

▍경문 10-2

부모를 잘 섬기는 자는 높은 지위에 있어도 교만하지 않고,《 주: 마땅히 장엄함고 공경함으로 아랫사람들을 대해야 하는 것이다.》**낮은 지위에 있어도 혼란을 일으키지 않으며,**《 주: 마땅히 공손함과 삼감으로 윗사람을 받들어야 하는 것이다.》**여러 사람들과 함께 있어도 다투지 않는다.**《 주: 추(醜)자는 여러 사람이라는 뜻이다. 쟁(爭)자는 다툰다는 뜻이다. 마땅히 화락함과 온순함으로 대중의 뜻에 따라야 하는 것이다.》**높은 지위에 있으면서 교만하게 되면 망하고, 낮은 지위에 있으면서 혼란을 일으키면 형벌을 받고, 여러 사람과 함께 있으면서 다투게 되면 서로 상해를 입게 된다.**《 주: 병(兵)이라는 것은 무기를 이용하여, 서로 상해를 입힌다는 뜻이다.》**이 세 가지 잘못된 행실에서 자신이 벗어나지 못한다면, 비록 날마다 소 · 양 · 돼지 등과 같은 귀한 고기들을 사용하여 봉양을 한다고 하더라도, 이것은 오히려 불효가 된다.**《 주: 세 가지 희생물을 사용하는 것은 태뢰

(太牢)에 해당한다. 효도에서는 자신의 몸을 훼손시키지 않는 것을 우선으로 꼽는다. 그러므로 이 문장은 위에서 말한 세 가지 잘못된 행실들은 자신을 망칠 수가 있으므로, 그 행실들을 제거하지 않는다면, 비록 날마다 태뢰 때나 사용되는 값진 희생물들을 사용하여 봉양을 하더라도, 진실로 효가 될 수 없다는 뜻이다.》

經文 10-2 **事親者居上不驕**,《注: 當莊敬以臨下也.》**爲下不亂**,《注: 當恭謹以奉上也.》**在醜不爭**.《注: 醜, 衆也. 爭, 競也. 當和順以從衆也.》**居上而驕則亡**, **爲下而亂則刑**, **在醜而爭則兵**.《注: 謂以兵刃相加.》**三者不除**, **雖日用三牲之養**, **猶爲不孝也**."《注: 三牲, 太牢也. 孝以不毁爲先. 言上三事皆可亡身, 而不除之, 雖日致太牢之養, 固非孝也.》

형병 소 ▮경문 : "事親"~"孝也". ▸『정의(正義)』: 이 문장은 높은 지위에 있는 자는 교만한 행동을 해서는 안 된다는 일과 신하의 입장에 있는 자는 나라를 혼란스럽게 만들어서는 안 된다는 일과 여러 무리에 섞여 있을 때에는 분쟁을 일으켜서는 안 된다는 일에 대해서 언급하고 있다. 이러한 까닭으로 높은 지위에 있는 자는 모름지기 거만함을 없애야 하는 것이니, 없애지 못한다면 위태롭거나 망치게 되며, 낮은 지위에 있는 자는 모름지기 혼란스러움을 없애야 하는 것이니, 없애지 못한다면 형벌을 받아 죽게 될 것이고, 여러 무리 속에 있을 때에는 모름지기 다툼을 없애야 하는 것이니, 없애지 못한다면 흉기로 혹여 자신을 손상시키게 될 것이다. 만약 이 세 가지 잘못된 행동들을 제거하지 못한다면, 비록 날마다 세 가지 희생물을 사용하여 풍부하게 봉양을 한다고 하더라도, 끝내 부모에게 근심을 안겨드리게 될 것이니, 오히려 불효를 하는 자식이 될 것이다.

邢疏 ▮"事親"至"孝也". ▸正義曰：此言居上位者不可爲驕溢之事, 爲臣下者不可爲撓亂之事, 在醜輩之中不可爲忿爭之事. 是以居上須去驕, 不去則危亡也; 爲下須去亂, 不去則致刑辟; 在醜輩須去爭, 不去則兵刃或加於身. 若三者不除, 雖復日日能用三牲之養, 終貽父母之憂, 猶爲不孝之子也.

형병 소 ▮어주："醜, 衆也. 爭, 競也". ▸『정의(正義)』：이 문장은 위주(魏注)의 의거한 말이다. "추(醜)자는 여러 사람이라는 뜻이다."라는 말은『이아』「석고」편의 문장이다.[147]『춘추좌씨전』에서는 "군대간의 다툼이 이미 심각해졌다."[148]라고 하였는데, 이 문장에 대한 두예(杜預)의 주에서는 "경(競)은 쟁(爭)자의 뜻과 같다."라고 했다. 그러므로 주에서 경(競)자의 뜻으로 쟁(爭)자를 풀이한 것이다.

邢疏 ▮注"醜, 衆也. 爭, 競也". ▸正義曰：此依魏注也. "醜, 衆",「釋詁」文.『左傳』曰: "師競已甚." 杜預云: "競猶爭也." 故注以競釋爭也.

형병 소 ▮어주："謂以兵刃相加". ▸『정의(正義)』：이 문장은 일상적인 의미에 근거한 말이다.『춘추좌씨전』을 살펴보면, "진(晉)나라 범앙(范鞅)이 칼을 치켜들고 병사를 이끌고 나아갔다."[149]라고 하였는데, 이 문장에 대한 두예의 주에서는 "짧은 병기를 사용하여 적을 대적한다."라고 하였다. 이 말은 곧 도검류 등속을 병(兵)이라

147 『이아』「석고(釋詁)」：黎·庶·烝·多·醜·師·旅, 衆也.

148 『춘추좌씨전』「양공(襄公) 10년」：鄭其有滅乎! 師競已甚. 周猶不堪競, 況鄭乎!有災, 其執政之三士乎!

149 『춘추좌씨전』「양공(襄公) 23년」：鞅用劍以帥卒, 欒氏退, 攝車從之.

고 일컫는다는 뜻이다. 반드시 칼이 있어야만 사람에게 심각한 상처를 입히게 되니, 『춘추좌씨전』에서 제(齊)나라 장공(莊公)이 종묘에서 자살하기를 청원한 것[150]도 바로 이러한 뜻이다. 그러므로 위의 경문은 여러 무리들과 함께 있을 때에, 매사에 간섭하며 다투기를 좋아하게 된다면, 아마도 칼 등을 사용하여 서로 상해를 입히게 되는 일이 발생한다는 뜻이다.

邢疏　　▮注"謂以兵刃相加". ▸正義曰 : 此依常義. 按『左傳』云: "晉范鞅用劒以帥卒." 杜預曰: "用短兵接敵." 此則刃劒之屬謂之兵也. 必有刃, 堪害於人, 則『左傳』齊莊公請自刃於廟是也. 言處儕衆之中而每事好爭競, 或有以刃相讎害也.

형병 소　　▮어주 : "三牲"~"非孝也". ▸『정의(正義)』 : 주에서 "세 가지 희생물을 사용하는 것은 태뢰(太牢)에 해당한다."라고 하였는데, 삼생(三牲)은 곧 소, 양, 돼지를 뜻한다. 『서경』「소고(召誥)」편을 살펴보면, "익일인 무오(戊午)일을 지나서, 곧 새로운 도읍지에서 토지신에게 제사를 지내며, 소 한 마리, 양 한 마리, 돼지 한 마리를 사용했다."[151]라고 했다. 이 문장에 대해서 공안국(孔安國)은 "태뢰를 사용한 것이다."라고 했으니, 이것이 바로 삼생이 태뢰가 된다는 뜻이다.

邢疏　　▮注"三牲"至"非孝也". ▸正義曰 : 云"三牲, 太牢也"者, 三牲, 牛 · 羊 · 豕也. 按『尚書』「召誥」稱"越翼日戊午, 乃社於新邑, 牛一 · 羊一 · 豕一". 孔云: "用太牢也." 是謂三牲爲太牢也.

150 『춘추좌씨전』「양공(襄公) 25년」 : 公登臺而請, 弗許; 請盟, 弗許; 請自刃於廟, 弗許.
151 『상서』「주서(周書) · 소고(召誥)」 : 越翼日戊午, 乃社于新邑, 牛一羊一豕一.

형병 소 주에서 "효도에서는 자신의 몸을 훼손시키지 않는 것을 우선으로 꼽는다."라고 한 말은 곧 첫 장(章)에서 "감히 몸을 훼손시키지 않는다."[152]라는 것을 가리킨다. 주에서 "세 가지 잘못된 행실들은 자신을 망칠 수가 있다."라고 한 말은 위에서 말한 높은 지위에 있으면서 교만하고, 낮은 지위에 있으면서 혼란을 일으키고, 여러 사람과 함께 있으면서 다툰다는 세 가지 일을 뜻하니, 이들 모두가 제 자신의 생명을 없앨 수가 있다는 말이다.

邢疏 云"孝以不毁爲先"者, 則首章"不敢毁傷"也. 云"言上三事皆可亡身"者, 謂上居上而驕, 爲下而亂, 在醜而爭之三事, 皆可喪亡其身命也.

형병 소 주에서 "그 행실들을 제거하지 않는다면, 비록 날마다 태뢰 때나 사용되는 값진 희생물들을 사용하여 봉양을 하더라도, 진실로 효가 될 수 없다는 뜻이다."라고 한 말은 봉양하는 것을 비록 넉넉하게 하더라도 자신의 교만함과 혼란 및 다툼 등의 일들을 제거하지 못한다면, 부모에게 항상 근심을 끼치게 되기 때문에 효도가 아니라는 뜻이다.

邢疏 云"而不除之, 雖日致太牢之養, 固非孝也"者, 言奉養雖優, 不除驕, 亂及爭競之事, 使親常憂, 故非孝也.

152 『효경』「개종명의장(開宗明義章)」: 身體髮膚, 受之父母, 不敢毁傷, 孝之始也.

제11장 오형장五刑章

불효에 대한 죄

형병 소 『정의(正義)』: 이번 「오형장(五刑章)」에서 말하는 다섯 가지 형벌에 속한 삼천여 가지의 범법 행위에 대해서, 순임금이 고요(皐陶)에게 명령했던 것을 살펴보면, "너를 사(士)로 임명하니, 다섯 가지 형벌에 대해서 공명정대하게 하여라."[1]라고 했다. 또 『예기』「복문(服問)」편에서는 "죄는 여러 종류가 있는데, 형벌에는 다섯 가지가 있고, 상(喪)의 경우는 여러 가지인데, 상복(喪服)은 다섯 가지이다."[2]라고 했는데, 상복에는 죽은 자와 친하거나 소원한 차이가 있고, 죄에는 가볍고 무거운 차이가 있기 때문에, 각각 「복문」이라고 편명을 짓고, 「오형」이라고 장(章)의 이름을 지은 것이다. 앞의 「기효행장」에서는 교만하거나 혼란을 일으키거나 분쟁을 일으키는 등의 일들에 대해서 언급을 하고 있는데, 이곳 「오형장」에서는 이러한 잘못된 행실로 빚어진 죄악이 반드시 형벌을 받는 지경에 까지 이르게 된다는 사실을 언급하고 있다. 그렇기 때문에 「기효행장」 뒤로 순서를 정한 것이다.

---

1 『상서』「우서(虞書) · 대우모(大禹謨)」: 帝曰, 皐陶, 惟玆臣庶, 罔或于予正, 汝作士, 明于五刑, 以弼五敎.

2 『예기』「복문(服問)」: 傳曰, "罪多而刑五, 喪多而服五. 上附下附, 列也."

邢疏　正義曰：此章五刑之屬三千，按舜命皐陶云: "汝作士，明于五刑." 又『禮記』「服問[3]」云: "罪多而刑五，喪多而服五[4]." 以其服有親疏，罪有輕重也，故以名章. 以前章有驕亂忿爭之事，言此罪惡必及刑辟，故此次之.

▎경문 11-1

공자가 말하길, "다섯 가지 형벌에 해당하는 구체적 범법 행위들은 삼천여 가지나 되지만, 이러한 죄들 중에서 불효보다 큰 것은 없다.《 주: 다섯 가지 형벌은 얼굴에 문신을 새기는 묵형(墨刑), 코를 베는 의형(劓刑), 발꿈치를 베는 비형(剕刑), 생식기를 베는 궁형(宮刑), 사형인 대벽(大辟)을 뜻한다. 각각의 형벌에 적용되는 세부 범법행위들의 수를 합치면 삼천여 가지가 되는데, 죄 중에서 가장 큰 것은 불효보다 큰 것이 없다. 》 **군주에게 강요를 하는 자는 자신보다 윗사람이 없다고 여기는 것이며,**《 주: 군주는 신하에게 명령을 내리는 자인데, 감히 군주에게 강요를 한다는 것은 자신보다 윗사람이 없다고 여기는 것이다. 》 **성인을 비난하는 자는 법도가 없다고 여기는 것이고,**《 주: 성인은 예악(禮樂)을 제정한 자인데, 감히 성인을 비난한다는 것은 법도가 없다고 여기는 것이다. 》 **효를 비난하는 자는**

3　'복문(服問)'에 대하여. '복문'은 본래 '문상(問喪)'으로 기록되어 있었는데, 완원(阮元)의 『교감기(校勘記)』에서는 "'문상'은 마땅히 '복문'으로 기록되어야 한다."라고 했다.

4　"罪多而刑五喪多而服五"라는 구문은 본래 "罪多而服五, 罪多而刑五"라고 기록되어 있었는데, 완원(阮元)의 『교감기(校勘記)』에서는 "이 두 구문은 서로 잘못 전도되어 있으니, 마땅히 각 단어들을 뒤바꾸어야 한다."라고 했다.

부모가 없다고 여기는 것이니,《 주: 부모를 잘 봉양하는 것을 효라고 하는데, 감히 효를 비난한다는 것은 부모가 없다고 여기는 것이다.》 **이것들은 큰 혼란이 일어나게 하는 방법이다.**"《 주: 사람에게 위에서 말한 세 가지 악덕이 있다면, 어찌 그러한 것을 불효라고만 하겠는가? 이것은 곧 큰 혼란이 일어나게 하는 방법인 것이다.》

經文 11-1 **子曰: "五刑之屬三千, 而罪莫大於不孝.**《 注: 五刑, 謂墨·劓·剕·宮·大辟也. 條有三千, 而罪之大者, 莫過不孝.》 **要君者無上,**《 注: 君者, 臣之稟命也, 而敢要之, 是無上也.》 **非聖人者無法,**《 注: 聖人制作禮樂, 而敢非之, 是無法也.》 **非孝者無親,**《 注: 善事父母爲孝, 而敢非之, 是無親也.》 **此大亂之道也.**"《 注: 言人有上三惡, 豈唯不孝, 乃是大亂之道.》

형병 소 ▮경문 : "子曰"~"道也". ▸『정의(正義)』: 오형(五刑)이라는 것은 형벌의 대항목에는 다섯 가지가 있다는 뜻이다. 삼천(三千)이라는 것은 형법을 범하는 죄의 세부 조목들에는 삼천여 가지가 있다는 뜻이다. 범법 행위들은 비록 천차만별이지만, 그들의 죄는 큰 관점에서는 비슷하기 때문에 "~의 하위 부류"라고 기록하여, 기타 나머지 것들에 대해서도 포괄하고 있는 것이다. 이러한 삼천여 가지의 조목들 중에서 불효라는 죄가 가장 크다. 그렇기 때문에 경문에서 "이러한 죄들 중에서 불효보다 큰 것은 없다."라고 말한 것이다.

邢疏 ▮"子曰"至"道也". ▸正義曰 : 五刑者, 言刑名有五也. 三千者, 言所犯刑條有三千也. 所犯雖異, 其罪乃同, 故言"之屬"以包之. 就此三千條中, 其不孝之罪尤大, 故云"而罪莫大於不孝"也.

형병 소 무릇 사람의 자식된 자는 마땅히 성인의 가르침을 받들어 준수해서, 효로 부모를 섬기고, 충으로 군주를 섬겨야 한다. 군주가 명령한 것들은 마땅히 받들어 시행해야 하는 것인데, 감히 군주에게 강요를 한다는 것은 마음속에 윗사람을 따라야 한다는 의식이 없는 것이다. 성인이 규범을 만들어주었으니, 이것들은 마땅히 법칙으로 삼아 본받아야 하는 것인데도, 성인을 비난한다면, 이것은 마음속에 성인을 본받고자 하는 의식이 없는 것이다.

邢疏 凡爲人子, 當須遵承聖敎, 以孝事親, 以忠事君. 君命宜奉而行之, 敢要之, 是無心遵於上也. 聖人垂範, 當須法則, 今乃非之, 是無心法於聖人也.

형병 소 효라는 것은 모든 행실의 근본이며, 그 중에서도 부모를 잘 섬기는 것이 첫 번째가 되는데, 그것을 부정한다면, 이것은 마음속에 자신의 부모를 사랑하는 마음이 없는 것이다. 초목처럼 의식이 없는 생물들도 오히려 군주의 정치에 감화되어 반응을 하고, 금수처럼 예가 없는 미개한 동물들도 오히려 자신들의 부모를 사모할 줄 안다. 하물며 사람처럼 영명한 존재에 있어서는 어떠하겠는가? 그런데도 감히 군주에게 강요를 하는 자는 불효를 하는 것이다. 반역과 혼란으로 가는 길은 불효가 가장 큰 것이 된다. 그렇기 때문에 경문에서 "이것들은 큰 혼란이 일어나게 하는 방법이다."라고 한 것이다.

邢疏 孝者百行之本, 事親爲先, 今乃非之, 是無心愛其親也. 卉木無識, 尙感君政; 禽獸無禮, 尙知戀親. 況在人靈? 而敢要君, 不孝也. 逆亂之道, 此爲大焉. 故曰: 此大亂之道也.

형병 소 ▮어주 : "五刑"~"不孝". ▸『정의(正義)』: 주에서 "오형(五刑)은 묵형(墨刑), 의형(劓刑), 비형(剕刑), 궁형(宮刑), 대벽(大辟)을 뜻한다."라고 말했는데, 이 말은 위주(魏注)에 의거한 문장이다. 여기에서 말하는 오형의 각 명칭들은 모두 『서경』「여형(呂刑)」 편에 나오는 문장이다.[5] 이 문장에 대해 공안국은 "그 사람의 상(顙)에 글자를 새기고서 검게 물들이는 것을 묵형이라고 한다."고 했다.

邢疏 ▮注"五刑"至"不孝". ▸正義曰 : 云: "五刑, 謂墨 · 劓 · 剕 · 宮 · 大辟也"者, 此依魏注也. 此五刑之名, 皆『尚書』「呂刑」文. 孔安國云: "刻[6]其顙而涅之曰墨刑."

형병 소 상(顙)이라는 것은 이마를 뜻한다. 그러므로 이마에 칼로 새겨서 상처를 내고, 검은색으로 상처가 난 자리를 채워서 색을 입히는 것을 뜻한다. 묵형을 경형(黥刑)이라고도 부른다. 또 공안국은 "코를 절단하는 것을 의형(劓刑)이라고 부르고, 발꿈치를 절단하는 것을 비형(剕刑)이라고 부른다."고 했다. 『이아』「석언」 편에서는 "비(剕)는 발꿈치이다."[7]라고 했는데, 이순(李巡)은 "발꿈치를 절단하는 것을 월(刖)이라고 부른다."고 한 말이 바로 이것을 가리킨다.

邢疏 顙, 額也. 謂刻額爲瘡, 以墨塞瘡孔, 令變色也. 墨一名黥. 又云: "截鼻曰劓, 刖足曰剕." 「釋言」云: "剕[8], 刖也." 李巡曰: "斷足曰刖", 是也.

---

5 『상서』「주서(周書) · 여형(呂刑)」: 墨辟疑赦, 其罰百鍰, 閱實其罪. 劓辟疑赦, 其罰惟倍, 閱實其罪. 剕辟疑赦, 其罰倍差, 閱實其罪. 宮辟疑赦, 其罰六百鍰, 閱實其罪. 大辟疑赦, 其罰千鍰, 閱實其罪. 墨罰之屬千, 劓罰之屬千, 剕罰之屬五百, 宮罰之屬三百, 大辟之罰, 其屬二百, 五刑之屬三千.

6 '각(刻)'자에 대하여. '각'자는 본래 '할(割)'자로 기록되어 있었는데, 완원(阮元)의 『교감기(校勘記)』에서는 "'할'자는 마땅히 '각'자가 되어야 한다."라고 했다.

7 『이아』「석언(釋言)」: 趾, 足也. 腓, 刖也.

형병 소 또 공안국은 "궁형(宮刑)은 음형(淫刑)이다. 남자는 거세를 하고, 여자들은 유폐시키니, 사형 다음으로 무거운 형벌이다." 라고 했다. 남자의 음부를 세(勢)라고 하는데, 그의 힘을 제거하는 것과 그의 음부를 제거하는 것은 그 사안이 동일한 것이다. 부인은 한 곳에 가두어서 밖으로 나가지 못하게 만드는 것이다. 또 공안국은 "대벽은 사형이다."라고 했다.

邢疏 又云: "宮, 淫刑也. 男子割勢, 婦人幽閉, 次死之刑." 以男子之陰名爲勢, 割去其勢與椓去其陰, 事亦同也. 婦人幽閉, 閉於宮, 使不得出也. 又云: "大辟, 死刑也."

형병 소 이 다섯 가지 형벌들의 명칭을 살펴봤을 때, 경전들에 두루 나타나고 있으니, 옛날 당우(唐虞)시대 때부터 이러한 형벌들이 모두 있어왔다. 그러나 상고시대 때 구체적으로 어느 시기부터 유래되었는지는 알 수 없다.

邢疏 按此五刑之名, 見於經傳. 唐虞以來, 皆有之矣. 未知上古起自何時.

형병 소 한나라 문제(文帝) 때에 처음으로 육체에 형벌을 가하는 육형(肉刑)이 없어졌는데, 묵형ㆍ의형ㆍ비형이 사라졌을 뿐, 궁형은 여전히 남아 있었다. 수나라 개황(開皇) 년간 초기에 비로소 남자에게 집행하는 궁형이 사라졌지만, 부인들에게는 여전히 궁 안에 유폐를 시켰다. 이것이 바로 다섯 가지 형벌들의 명칭에 대한 뜻이다.

---

8 '비(剕)'자에 대하여. 『십삼경주소』 북경대 출판본에서는 "『이아』ㆍ『설문』에서는 '비(跳)'자로 기록하고 있다."라고 했다.

邢疏　漢文帝始除肉刑，除墨·劓·剕耳，宮刑猶在．隋開皇之初，始除男子宮刑[9]，婦人猶閉於宮．此五刑之名義．

형병 소　정현은 『주례』「사형(司刑)」편에 대한 주석을 달면서, 『상서대전』을 인용하여, "관계수로와 교량을 끊어지게 하고, 성곽을 무너트리고, 도적질을 한 자에게는 빈형(臏刑=剕刑)을 내린다. 남자와 여자가 정식 부부가 아닌데도 교합을 하게 되면 궁형을 내린다. 군주의 명령을 욕되게 하거나 바꾼 자, 각종 관직 등급에 따른 수레 및 의복의 제도를 제멋대로 바꾼 자, 범법 행위를 하거나 절도를 하거나 상해를 입힌 자는 의형을 내린다. 잘못된 일임에도 그것을 일삼거나 출입할 때에 도의에 맞지 않고, 자세히 조사해보지 않은 말을 아뢴 자에게는 묵형을 내린다. 논 두둑을 무너트리거나 도적질을 한 자, 폭력을 휘둘러 남의 것을 빼앗거나, 강탈하고 권세에 의탁하여 노략질을 한 자는 사형을 내린다."라고 했다.

邢疏　鄭注『周禮』「司刑」引『書傳』曰："決關梁·踰城郭而略盜者，其刑臏．男女不以義交者，其刑宮．觸易君命·革輿服制度·姦軌盜攘傷人者，其刑劓．非事而事之·出入不以道義而誦不詳之辭者，其刑墨．降畔寇賊·劫略奪攘矯虔者，其刑死．"

형병 소　『설문해자』를 살펴보면, "빈(臏)은 슬골(膝骨)이다."라고 했으니, 월빈(刖)이라는 것은 곧 슬골을 절단한다는 뜻이다. 이곳

9　"隋開皇之初始除男子宮刑"에 대하여. 『십삼경주소』 북경대 출판본에서는 "송나라 때의 왕응린(王應麟)은 '『통감』을 살펴보면, 서위(西魏) 대통(大統) 13년 3월에 궁형을 없앴다고 하였으니, 수나라 때 없앴던 것이 아니다.'"라고 했다.

경문의 주에서 '빈'을 언급하지 않고, '비'라고만 말한 이유는 『서경』「여형」편의 문장을 근거로 삼고 있기 때문이다. 주에서 "각각의 형벌에 적용되는 세부 범법행위들의 수를 합치면 삼천여 가지가 되는데, 죄 중에서 가장 큰 것은 불효보다 큰 것이 없다."라고 했는데, 『주례』를 살펴보면, "사형(司刑)은 오형의 법령을 담당하며, 모든 백성들의 죄를 다스린다. 묵형에 해당하는 죄는 오백 가지이고, 의형에 해당하는 죄는 오백 가지이며, 궁형에 해당하는 죄는 오백 가지이고, 비형에 해당하는 죄는 오백 가지이며, 사형에 해당하는 죄는 오백 가지이다."[10]라고 했으니, 이것들을 합하면 이천오백 가지가 된다.

邢疏　按『說文』云: "臏, 膝骨也." 刖臏謂斷其膝骨. 此注不言"臏"而云"剕"者, 據「呂刑」之文也. 云"條有三千, 而罪之大者莫過不孝"者, 按『周禮』"司刑掌五刑之法, 以麗[11]萬民之罪. 墨罪五百, 劓罪五百, 宮罪五百, 剕罪五百, 殺罪五百", 合二千五百.

형병 소　주나라 목왕(穆王) 때에 이르면, 여후(呂侯)에게 명령을 하여 궁궐로 들어와서 사구(司寇)를 담당하게 하고, 그로 하여금 하나라 우임금 때 시행되었던 금전을 받고 죄를 면해주는 속형(贖刑)을 확대해서 시행하도록 하고, 너무 경미한 형벌은 증가시키고, 너무 심한 형벌을 삼가도록 하되, 하나라 때의 법령에 기준을 두게 해서, 조목이 삼천여 가지가 되었다. 그러므로 주나라 때 시행된 삼천

10 『주례』「추관(秋官)·사형(司刑)」: 司刑, 掌五刑之法, 以麗萬民之罪. 墨罪五百, 劓罪五百, 宮罪五百, 刖罪五百, 殺罪五百.

11 '려(麗)'자에 대하여. '려(麗)'자는 본래 '려(厲)'자로 기록되어 있었는데, 완원(阮元)의 『교감기(校勘記)』에서는 "'려(厲)'자는 마땅히 '려(麗)'자가 되어야 한다."라고 했다.

여 가지의 세부 조목들은 목왕 때부터 시작된 것이다.

邢疏 至周穆王, 乃命呂侯入爲司寇, 令其訓暢夏禹贖刑, 增輕削重, 依夏之法, 條有三千. 則周三千之條, 首自穆王始也.

형병 소 『서경』「여형」편에서 "묵형에 해당하는 죄는 천 가지이고, 의형에 해당하는 죄는 천 가지이며, 비형에 해당하는 죄는 오백 가지이고, 궁형에 해당하는 죄는 삼백 가지이며, 사형에 해당하는 죄는 이백 가지이다. 그러므로 오형에 해당하는 죄는 삼천 가지이다."[12]라고 했으니, 이러한 삼천여 가지의 세부 죄목들 중에서도 가장 큰 죄는 불효보다 큰 것이 없다는 뜻이다.

邢疏 「呂刑」云: "墨罰之屬千, 劓罰之屬千, 剕罰之屬五百, 宮罰之屬三百, 大辟之罰其屬二百: 五刑之屬三千." 言此三千條中, 罪之大者, 莫有過於不孝也.

형병 소 옛 주석들 및 사안(謝安), 원굉(袁宏), 왕헌지(王獻之), 은중문(殷仲文) 등의 글을 살펴보면, 모두들 불효라는 죄를 성인은 매우 싫어하였으므로, 삼천여 가지의 세부 죄목 외에 별도로 지정하였다고 하였다. 그러나 이 말들은 경문의 뜻을 놓친 것이다.

邢疏 按舊注說及謝安·袁宏·王獻之·殷仲文等, 皆以不孝之罪, 聖人惡之, 云在三千條外. 此失經之意也.

형병 소 위의 「기효행장」의 문장을 살펴보면, "이 세 가지 잘못

---

12 『상서』「주서(周書)·여형(呂刑)」: 墨罰之屬千, 劓罰之屬千, 剕罰之屬五百, 宮罰之屬三百, 大辟之罰, 其屬二百, 五刑之屬三千.

된 행실을 고치지 못하면, 비록 날마다 세 가지 희생물을 사용하는 풍요로운 음식들로 봉양을 하더라도 오히려 불효가 된다."라고 했으니, 이곳 문장들은 위에서 말한 불효에 대한 내용을 이어 받아서, 삼천여 가지의 죄목들 중에서 불효보다 큰 것이 없다고 말한 것이다. 즉 이 말은 위에서 말한 사안에 연유하여 다시금 언급을 한 것으로, 본래부터 삼천여 가지의 죄목에서 벗어나서 불효라는 것이 별도의 죄목으로 있다는 뜻은 없는 것이다.

邢疏　按上章云: "三者不除, 雖日用三牲之養, 猶爲不孝." 此承上不孝之後, 而云三千之罪莫大於不孝, 是因其事而便言之, 本無在外之意.

형병 소　『예기』「단궁」편을 살펴보면, "자식이 부모를 죽인 경우, 그의 집안에 있는 자라면 누구라도 그를 죽이니, 그를 사면해주는 일은 없다. 사람을 죽인 자는 그의 집을 허물고, 그의 집터를 웅덩이로 만들어서 물이 고이게 한다."[13]라고 했다. 그리고 이에 앞서 "이러한 죄목들에 대해서는 단죄를 한다고 배웠다."[14]라고 했으니, 죄목에 해당하는 것에는 단죄를 할 수 있음을 뜻한다. 그런데 어째서 그러한가?

邢疏　按「檀弓」云: "子弑父, 凡在宮[15]者, 殺無赦. 殺其人, 壞其室, 洿其宮而豬焉." 旣云"學斷斯獄", 則明有條可斷也. 何者?

13 『예기』「단궁하(檀弓下)」: 子弑父, 凡在宮者, 殺無赦. 殺其人, 壞其室, 洿其宮而豬焉.

14 『예기』「단궁하(檀弓下)」: 寡人嘗學斷斯獄矣.

15 '궁(宮)'자에 대하여. '궁'자는 본래 '관(官)'자로 기록되어 있었는데, 완원(阮元)의 『교감기(校勘記)』에서는 "『감본(監本)』에는 '관'자를 '궁'자로 기록하고 있는데, 이 기록이 옳다."라고 했다.

형병 소 『주역』「서괘전(序卦傳)」에서는 천지가 생긴 이후에 만물이 생겨난다고 하였다. 그러므로 둔괘(屯卦) 및 몽괘(蒙卦)에서 시작하여 수괘(需卦) 및 송괘(訟卦)에 도달하게 되면, 곧 송사가 시작된다.[16] 그렇기 때문에 성인은 천둥과 번개를 본떠서 위엄 있는 형벌을 펼쳤던 것이니, 형벌이 생겨난 것은 그 유래가 오래된 것이다. 당우(唐虞)시대 이전에 대해서는 『상서대전』의 기록이 상세하지 못한데, 순임금이 고요에게 명령한 말에 오형(五刑)에 대한 것이 들어 있으므로, 오형은 여기에서 처음 나타나게 된다.

邢疏 『易』「序卦」稱有天地然後萬物生焉. 自屯·蒙至需·訟, 卽爭訟之始也. 故聖人法雷電以申威刑, 所興其來遠矣. 唐虞以上,『書傳』靡詳, 舜命皐陶有五刑, 五刑斯著.

형병 소 『풍속통(風俗通)』을 살펴보면, "『서경』의 「고요모(皐陶謨)」 편은 우(虞)시대 때 기술된 것이다. 주나라 목왕 때에 이르러 하나라의 법령을 본받아 시행했으며, 이리(李悝)가 위나라의 법사가 되어, 『법경(法經)』 6편을 저술하여, 도적질에 대한 항목을 가장 앞에 두었으며, 도적질에 해당하는 가장 큰 죄에는 악한 것을 따르고 반역을 일으키는 죄목이 있었고, 죄를 판결함에는 범죄가 발생한 계절을 넘기지 않고 신속히 처리했으며, 사면해주는 일이 없었다. 그리고 또한 불효에 해당하는 죄목들은 열 종류의 악질 범죄 조목에 두루 열거 되어 있었다. 이러한 편제는 앞 시대의 제도를 잊지 않고

16 『주역』「서괘전(序卦傳)」: 有天地然後萬物生焉. 盈天地之間者唯萬物, 故受之以屯, 屯者盈也, 屯者物之始生也. 物生必蒙, 故受之以蒙, 蒙者蒙也, 物之穉也. 物穉不可不養也, 故受之以需, 需者飮食之道也. 飮食必有訟, 故受之以訟. 訟必有衆起, 故受之以師, 師者衆也.

계승한 것이며, 후세에 규격화된 법령을 남긴 것이다."라고 했다. 그러므로 사안(謝安), 원굉(袁宏)처럼 불효라는 죄목을 삼천여 가지 죄목 속에 열거하지 않는 학설을 여기에서는 채택하지 않았다.

邢疏　　按「風俗通」曰: "「皇陶謨」, 是虞時造也. 及周穆王訓夏, 里悝師魏, 乃著「法經」六篇, 而以盜賊爲首. 賊之大者, 有惡逆焉, 決斷不違時, 凡赦不免; 又有不孝之罪, 並編十惡之條. 前世不忘, 後世爲式." 而安·宏不孝之罪, 不列三千之條中, 今不取也.

형병 소　　▮어주 : "君者"~"無上也". ▸『정의(正義)』 : 이 문장은 공안국의 전(傳)에 근거한 말이다. 『국어』「진어」편을 살펴보면, "여러 대부(大夫)들이 도공(悼公)을 새로운 군주로 옹립하기 위해 영접하였는데, 도공이 말하길, '나는 처음에 이곳에 오고 싶지 않았다. 내가 여기에 도착한 것은 하늘의 뜻이다. 사람들에게 뛰어난 군주가 있다면 장차 명령을 받아 따를 것이다.'"[17]라고 했다. 그러므로 무릇 신하가 된 자들은 모두 군주의 교화와 명령을 받아야 하는 것이지, 감히 자신의 뜻대로 강요를 한다는 것은 자신의 마음속에 군주를 생각하는 마음이 없는 것이다. 그렇기 때문에 이러한 행동은 효자의 행동이 아닌 것이다. 마치 장무중(臧武仲)이 방읍(防邑)으로 노나라의 후계자가 되기를 구하고,[18] 진나라 문공의 외숙 구범(舅犯)이 황하에 도달하여, 보배인 둥근 옥을 주며 망명하길 청원했던 일들과 같은 것들이 바로 이러한 경우를 뜻한다.

---

17 『국어』「진어칠(晉語七)」 : 旣弑厲公, 欒武子使智武子·彘恭子如周迎悼公. 庚午, 大夫逆于淸原. 公言於諸大夫曰, "孤始願不及此, 孤之及此, 天也. 抑人之有元君, 將稟命焉."

18 『논어』「헌문(憲問)」 : 子曰, 臧武仲以防求爲後於魯, 雖曰不要君, 吾不信也.

邢疏　　　▮注“君者”至“無上也”. ▸正義曰 : 此依孔傳也. 按「晉語」云: “諸大夫迎悼公, 公曰: ‘孤始願不及此. 孤之及此, 天也. 抑人之有元君, 將稟命焉.’” 明凡爲臣下者, 皆稟君敎命, 而敢要以從己, 是有無上之心, 故非孝子之行也. 若臧武仲以防求爲後於魯 · 晉舅犯及河授璧請亡之類是也.

형병 소　　　▮어주 : “聖人”~“法也”. ▸『정의(正義)』: 이 문장은 공안국의 전(傳)에 근거한 말이다. 성인은 천하에 규범과 법도를 정해주었고, 모든 백성들을 법도에 맞게끔 만들었으니, 감히 그를 비난하거나 헐뜯는 자가 있다면, 이것은 성인이 만든 법도에 대해 준수하고자 하는 마음이 없는 것이다.

邢疏　　　▮注“聖人”至“法也”. ▸正義曰 : 此依孔傳也. 聖人規模天下, 法則兆民, 敢有非毁之者, 是無聖人之法也.

형병 소　　　▮어주 : “善事”~“親也”. ▸『정의(正義)』: 효는 모든 행실의 근본이니, 감히 그것을 비난하거나 헐뜯는 자가 있다면, 이것은 부모를 친애하는 마음이 없는 것이다.

邢疏　　　▮注“善事”至“親也”. ▸正義曰 : 孝爲百行之本, 敢有非毁之者, 是無親愛之心也.

형병 소　　　▮어주 : “言人”~“之道”. ▸『정의(正義)』: 사람이 군주에 대해 충성을 하지 않고, 성인을 본받지 않으며, 부모를 사랑하지 않는다면, 이러한 것들은 모두 불효에 해당하니, 곧 그 죄악이 극심한 것이다. 그렇기 때문에 경문에서 큰 혼란이라는 말로 이러한 일들에 대해서 종지부를 맺은 것이다.

邢疏 ▮注"言人"至"之道". ▶正義曰 : 言人不忠於君, 不法於聖, 不愛於親: 此皆爲不孝, 乃是罪惡之極, 故經以大亂結之也.

제12장 광요도장廣要道章

효의 중요성

형병 소 『정의(正義)』: 앞의 「오형장」에서 불효의 나쁜 점과 그 죄의 중대함에 대해서 언급하고 있는데, 군주에 대해 강요를 하거나 성인을 비난하는 자들에게는 예법 및 교화가 받아들여지지 않는다. 그러므로 중요한 도리를 널리 알려서 교화를 해야만, 변화를 시켜서 착하게 만들 수 있는 것이다. 첫 장에서 지덕(至德)과 요도(要道)에 대한 일을 간략하고 언급만 하고, 자세히 설명하지 않아서,[1] 이곳 「광요도장」 및 다음 장인 「광지덕장」에서 그것을 자세히 설명하고 있으므로, 이 두 장의 이름 앞에 '광(廣)'자를 붙인 것이다. 그러므로 이러한 뜻에서 「광요도장」이라고 이름을 붙이고, 「오형장」 뒤에 둔 것이다. 요도에 대한 장(章)을 지덕에 대한 장보다 앞에 둔 이유는 요도로 교화를 펼치게 되니, 교화가 시행된 이후에야 덕이 영향력을 끼치게 된다. 그렇게 되면 또한 도(道)와 덕(德)이 서로를 완성시켜 주니, 이 둘 사이에 상호간의 순서가 생기게 된 것이다.

邢疏 正義曰：前章明不孝之惡, 罪之大者, 及要君・非聖人, 此乃禮敎不容. 廣宣要道以敎化之, 則能變而爲善也. 首章略云至德・要道

1 『효경』「개종명의장(開宗明義章)」: 子曰, 先王有至德要道, 以順天下, 民用和睦, 上下無怨.

之事, 而未詳悉, 所以於此申而演之, 皆云廣也. 故以名[2]章, 次「五刑」之後. "要道"先於"至德"者, 謂以要道施化, 化行而後德[3]彰; 亦明道德相成, 所以互爲先後也.

경문 12-1

공자가 말하길, "백성들에게 친애함을 가르칠 때에는 효보다 좋은 것이 없다. 백성들에게 예와 온순함을 가르칠 때에는 우애보다 좋은 것이 없다. 《 주: 사람들에게 친애함과 예 및 온순함을 가르칠 때에는 효와 우애에 더 보탤 것이 없다는 뜻이다. 》 **풍속을 좋은 쪽으로 바꾸고 변화시킬 때에는 음악보다 좋은 것이 없다.** 《 주: 풍속을 좋은 쪽으로 바꾸고 변화시킬 때에는 우선적으로 좋은 음악들을 들려주어야 한다. 풍속의 변화는 인심을 쫓게 마련이고, 바르게 하는 것은 군주의 덕에서 비롯된다. 바르게 하는 것과 변화시키는 것은 음악에서부터 영향력이 파급된다. 그렇기 때문에 음악보다 좋은 것이 없다고 말한 것이다. 》 **군주를 편안하게 하고 백성들을 잘 다스리는 데에는 예보다 좋은 것이 없다.** 《 주: 예는 군신 및 부자 관계에서의 분별을 바르게 하는 것이고, 남녀 및 장유 관계에서의 질서를 바르게 하

2 '명(名)'자에 대하여. '명'자는 본래 '우(右)'자로 기록되어 있었는데, 완원(阮元)의 『교감기(校勘記)』에서는 "『민본(閩本)』·『감본(監本)』·『모본(毛本)』에는 '우'자를 '명'자로 기록하고 있는데, 이 기록이 옳다."라고 했다.

3 '덕(德)'자에 대하여. '덕'자는 본래 '편(徧)'자로 기록되어 있었는데, 완원(阮元)의 『교감기(校勘記)』에서는 "『정오(正誤)』에는 '편'자를 '덕'자로 기록하고 있는데, 이 기록이 옳다."라고 했다.

는 것이기 때문에, 군주를 편안하게 하고 백성들을 교화시킬 수가 있는 것이다.》

經文 12-1 **子曰: "敎民親愛, 莫善於孝. 敎民禮順, 莫善於悌.**《注: 言敎人親愛禮順, 無加於孝悌也.》**移風易俗, 莫善於樂.**《注: 風俗移易, 先入樂聲. 變隨人心, 正由君德. 正之與變, 因樂而彰, 故曰莫善於樂.》**安上治民, 莫善於禮.**《注: 禮所以正君臣·父子之別, 明男女·長幼之序, 故可以安上化下也.》

형병 소 ▮경문 : "子曰"~"於禮". ▸『정의(正義)』: 이 장에서는 공자가 요도(要道)의 뜻을 자세히 서술하고 있다. 즉 군주가 백성들에게 교육을 시켜서, 그들의 군주에게 친애하도록 하는 방법에는 군주 스스로가 직접 효를 시행하는 것보다 좋은 것이 없다는 뜻이다. 군주가 효를 잘 시행한다면 백성들이 그것을 본받게 되어, 모두가 그들의 군주를 친애하게 될 것이다. 그리고 백성들에게 교육을 시켜서 연장자에게 예의를 지키며 온순하게 대하도록 하는 방법에는 군주 스스로가 직접 우애를 시행하는 것보다 좋은 것이 없다. 군주가 우애를 시행한다면 사람들이 그것을 본받게 되어, 모두가 예의에 따라 연장자에게 온순하게 대하며 따르게 될 것이다. 또 풍속의 폐단을 바꾸고 변화시키고자 한다면, 음악을 들려주어서 심성을 바르게 만드는 것보다 좋은 것이 없으며, 군주 본인이 제위에서 편안하고자 하고, 백성들이 자신의 본분을 지키며 다스려지게 하고자 한다면, 예를 시행하며 모범을 보여서, 그들을 인솔하는 것보다 좋은 것이 없다.

邢疏 ▮"子曰"至"於禮". ▸正義曰 : 此夫子述廣要道[4]之義. 言君

欲敎民親於君而愛之者, 莫善於身自行孝也. 君能行孝, 則民效之, 皆親愛其君. 欲敎民禮於長而順之者, 莫善於身自行悌也. 人君行悌, 則人效之, 皆以禮順從其長也. 欲移易風俗之弊敗者, 莫善於聽樂而正之; 欲身安於上, 民治於下者, 莫善於行禮以帥之.

형병 소 ▮ 어주 : "言敎"~"悌也". ▸『정의(正義)』: 이 문장은 백성들로 하여금 그들의 군주를 친애하게 만들고, 연장자에게 예의를 지키며 온순하게 대하게 만들고자 한다면, 군주 본인이 직접 효와 우애라는 좋은 도리를 시행하는 것보다 좋은 것이 없다는 뜻이다.

邢疏 ▮ 注"言敎"至"悌也". ▸正義曰 : 言欲民親愛於君, 禮順於長者, 莫善於身自行孝悌之善也.

형병 소 ▮ 어주 : "風俗"~"於樂". ▸『정의(正義)』: 주에서 "풍속을 좋은 쪽으로 바꾸고 변화시킬 때에는 우선적으로 좋은 음악들을 들려주어야 한다."라고 하였는데, 자하(子夏)는 『모시(毛詩)』의 「대서(大序)」에서, "풍(風)은 바람이고, 교화이다. 바람이 불어서 사물을 움직이고, 교화를 시켜서 변화시키는 것이다."라고 했고, 위소(韋昭)는 "사람의 성품이 바르게 되는 것은 대인(大人)에게 달려 있으니, 대인의 말은 바람소리처럼 쾌적하기 때문에 교화를 풍(風)이라고 부르는 것이다. 집단의 성향이라는 것은 한 개인의 정욕을 벗어난 것이기 때문에 그것을 속(俗)이라고 부르는 것이다."라고 했다.

---

4 '도(道)'자에 대하여. '도'자는 본래 없던 글자인데, 완원(阮元)의 『교감기(校勘記)』에서는 "『정오(正誤)』에는 '요(要)'자 아래에 '노'자가 보충되어 있는데, 이 기록이 옳다."라고 했다.

邢疏 ▮注"風俗"至"於樂". ▸正義曰 : 云"風俗移易, 先入樂聲"者, 子夏「詩序」云: "風, 風也, 敎也. 風以動之, 敎以化之." 韋昭曰: "人之性繫於大人, 大人風聲, 故謂之風. 隨其趨[5]舍之情欲, 故謂之俗."

형병 소 자하의 「대서」에서는 또한 "선왕의 도리가 쇠락해지게 되자, 예의가 없어졌고, 정치와 교화가 없어져서, 나라에는 정치가 문란해지고, 가정에서는 풍속이 변질되었으니, 『시』의 「변풍(變風)」과 「변아(變雅)」들이 만들어지게 되었다."라고 했으니, 이것이 바로 "좋은 음악들을 들려주어야 한다."라는 뜻이다.

邢疏 「詩序」又曰: "至于王道衰, 禮義廢, 政敎失, 國異政, 家殊俗, 而「變風」·「變雅」作矣." 是"入樂聲"之義也.

형병 소 주에서 "풍속의 변화는 인심을 좇게 마련이고, 바르게 하는 것은 군주의 덕에서 비롯된다."라고 하였는데, 자하의 「대서」에서는 또한 "역사라는 것은 옳고 그름의 자취를 밝혀주고, 인륜의 폐단에 대해서 나무라고, 형벌과 정치의 가혹함에 대해서 애통해하니, 이처럼 사람들의 성정을 노래하여 위정자들에게까지 변화를 준다. 그러므로 「변풍」은 사람들의 성정에서 발단이 되었지만, 예의에까지 영향을 미치는 것이다. 성정에서 발단이 된 것은 백성들의 성품을 뜻한다. 예의에까지 영향을 미치는 것은 선왕의 은택을 뜻한다."라고 하였으니, 이러한 뜻으로 말해본다면, 음악이라는 것은 사

5 '추(趨)'자에 대하여. '추'자는 본래 '월(越)'자로 기록되어 있었는데, 완원(阮元)의 『교감기(校勘記)』에서는 "『감본(監本)』·『모본(毛本)』에는 '월'자가 '추'자로 기록되어 있는데, 이 기록이 옳다."라고 했다.

람의 성정에 근본을 두고 있고, 노래라는 것은 정치와 교화에 기인한다는 것을 알 수 있으니, 정치와 교화가 잘못되면 사람의 성정이 무너지고, 사람의 성정이 무너지면 음악과 노래가 변질된다. 그러므로 이것이 바로 변화가 인심을 쫓게 된다는 뜻이다.

邢疏　云“變隨人心, 正由君德”者, 「詩序」又曰: “國史明乎得失之迹, 傷人倫之廢, 哀刑政之苛, 吟詠情性, 以風其上. 故「變風」發乎情, 止乎禮義. 發乎情, 民之性也. 止乎禮義, 先王之澤也.” 以斯言之, 則知樂者本於情性, 聲者因乎政敎, 政敎失則人情壞, 人情壞則樂聲移, 是變隨人心也.

형병 소　역사에서 그러한 것들을 말해주고 있으니, 마침내 그 폐단을 노래로 불러서 위정자들을 변화시키는 것이다. 위정자들의 변화에 힘입어서 바른 정치가 시행되니, 잘못된 것들에 대해서는 곧 예의를 시행하여 바로잡고, 교화를 시행하여 더욱 풍성하게 만드는 것이다. 위정자들의 정치가 조화롭게 되었으므로, 백성들의 성정이 자연히 다스려지게 되니, 이것이 바로 군주의 덕에서 비롯된다는 뜻이다.

邢疏　國史明之, 遂吟以風上也. 受其風上而行, 其失乃行禮義以正之, 敎化以美之. 上政旣和, 人情自治, 是正由君德也.

형병 소　주에서 “바르게 하는 것과 변화시키는 것은 음악에서부터 영향력이 파급된다. 그렇기 때문에 음악보다 좋은 것이 없다고 말한 것이다.”라고 하였는데, 자하의 「대서」에서는 또한 “세상이 잘 다스려졌을 때의 음악은 편안한 소리여서, 백성들을 즐겁게 만드는 것이니, 이것은 정치가 조화롭다는 뜻이다. 어지러운 세상의 음악은 원망으로 가득차서, 백성들을 성내게 만드니, 이것은 정치가 문란하다는 뜻이다. 망국(亡國)의 음악은 애통하여, 그리워하게 만드니, 이것은 백성들이 고통을 받고 있다는 뜻이다."라고 했다.

邢疏 云"正之與變, 因樂而彰, 故曰莫善於樂"者, 「詩序」又曰: "治世之音安以樂, 其政和. 亂世之音怨以怒, 其政乖. 亡國之音哀以思, 其民困."

형병 소 또 『서경』「익직(益稷)」편에서는 순임금이 "내가 육률(六律), 오성(五聲), 팔음(八音)을 듣고서 정치가 잘 시행됨과 소홀해짐을 살피고자 한다."[6]라고 하였다. 이 문장에 대해서 공안국은 "재(在)자는 살핀다는 뜻이다. 천하가 잘 다스려짐과 정치가 소홀하고 나태해짐이라는 것은 모두 음악을 통해서 나타나게 된다."라고 했다. 또 『예기』를 살펴보면, "위대한 음악은 천지와 더불어 함께 조화를 이룬다."[7]라고 하였으니, 사람이 생겨난 이래로, 모든 시대에는 이처럼 사람들의 성정을 표현하는 음악이 있어왔던 것이다.

邢疏 又『尚書』「益稷」篇舜曰"予欲聞六律·五聲·八音, 在治忽." 孔安國云: "在, 察. 天下理治及忽怠者, 皆是因樂而彰也." 按『禮記』云: "大樂與天地同和." 則自生人以來, 皆有樂性也.

형병 소 『세본(世本)』에서는 "복희(伏羲)가 금슬(琴瑟)을 만들었

6 『상서』「우서(虞書)·익직(益稷)」: 予欲聞六律, 五聲, 八音, 在治忽, 以出納五言, 汝聽. 予違汝弼, 汝無面從, 退有後言, 欽四鄰.

7 『예기』「악기(樂記)」: 大樂與天地同和, 大禮與天地同節.

다.”라고 하였으니, 악기의 연원은 복희까지 거슬러 올라간다. 그리고 역사서에서도 모두 황제의 악무(樂舞)를 운문(雲門)이라고 부르고, 전욱(顓頊)의 악무를 육영(六英)이라고 부르며, 제곡(帝嚳)의 악무를 오경(五莖)이라고 부르고, 요임금의 악무를 함지(咸池)라고 부르며, 순임금의 악무를 대소(大韶)라고 부르고, 우임금의 악무를 대하(大夏)라고 부르며, 탕임금의 악무를 대호(大濩)라고 부르고, 무왕의 악무를 대무(大武)라고 부른다고 언급하고 있으니, 음악의 노래가락은 그 기원이 황제 때부터 시작된 것이다.

邢疏　『世本』曰: “伏羲造琴瑟.”則其樂器漸於伏羲也. 史籍皆言黃帝樂曰雲門 · 顓頊曰六英 · 帝嚳曰五莖 · 堯曰咸池 · 舜曰大韶 · 禹曰大夏 · 湯曰大濩 · 武曰大武, 於樂之聲節, 起自黃帝也.

형병 소　▮ 어주 : “禮所”~“下也”. ▸『정의(正義)』: 주에서 “예는 군신 및 부자 관계에서의 분별을 바르게 하는 것이고, 남녀 및 장유 관계에서의 질서를 바르게 하는 것이다.”라고 하였는데, 이 말은 위주(魏注)에 근거한 문장이다. 『예기』에서는 “예가 아니면 군신 · 상하, 장유의 질서를 변별할 수 없고, 예가 아니면 남녀 · 부자 · 형제의 친소(親疎) 관계를 변별할 수 없다.”[8]라고 한 말이 바로 이것을 가리킨다.

邢疏　▮ 注“禮所”至“下也”. ▸正義曰 : 云“禮所以正君臣 · 父子之別, 明男女 · 長幼之序”者, 此依魏注也. 『禮』云: “非禮無以辨君臣 · 上下 · 長幼之位, 非禮無以辨男女 · 父子 · 兄弟之親”, 是也.

8　『예기』「애공문(哀公問)」: 非禮無以辨君臣上下長幼之位也, 非禮無以別男女父子兄弟之親昏姻疏數之交也.

형병 소 주에서 "그렇기 때문에 군주를 편안하게 하고 백성들을 교화시킬 수가 있는 것이다."라고 하였는데, 이 말은 경문에서 말한 "군주를 편안히 하고 백성들을 잘 다스린다."라는 말을 풀이한 것이다. 여러 사람들은 입을 모아, "예는 서로 다른 일들을 공경이라는 덕목으로 합치시키고, 음악은 서로 다른 문화들을 사랑이라는 덕목으로 동화시킨다. 공경과 사랑이 지극한 것을 바로 요도(要道)라고 부른다. 신묘하여 현명한 것을 지덕(至德)이라고 부른다. 그렇기 때문에 반드시 이러한 덕목을 갖춘 인물에 근본을 두어서 이러한 덕목들을 확장시켜야 하는 것이며, 교화를 시행한 이후에야 예악(禮樂)이 흥성하게 되는 것이고, 정치와 법령이 시행되는 것이다. 성덕(盛德)의 가르침이 노래 가락으로 전승되면, 사람을 감동시키는 것이 깊어지고 풍속이 좋은 쪽으로 변화될 것이며, 성덕의 교화가 예의범절에 영향을 미치게 되면, 기뻐하는 자가 많아지고, 명성과 교화가 더욱 밝아질 것이다. 이러한 덕목들은 음악에 온축되고, 예의로 나타나기 때문에, 예악은 서로 보완하며 완성되는 것이다. 그런데 순임금의 소(韶)라는 음악이 제나라에 보존되어 있었음에도, 백성들이 그것에 힘입어 변화되지 못하였고, 『주례』가 노나라에 보존되어 있었음에도, 군주가 그것을 통한 안위를 얻지 못하였으니, 이것은 또한 이들 나라들의 정치가 예악의 지극한 경지를 놓쳤기 때문일 따름이니, 어찌 예악 자체에 허물 때문이겠는가?"라고 했다.

邢疏 云"故可以安上化下也"者, 釋"安上治民"也. 制百口[9]: "禮殊

9 '제백구(制百口)'에 대하여. 『십삼경주소』 북경대 출판본에서는 "완원(阮元)의 『교감기(校勘記)』에서는 '『민본(閩本)』·『감본(監本)』·『모본(毛本)』에서는 악기운(樂記云)이라고 기록하고 있다.'라고 했다. 그런데 『예기』「악기」편을 살펴보면 아래에 인용된 문장들이 없다. 이 문장의 위아래 문맥을 살펴보면, 이 말은 아마도 '제지왈(制旨曰)'이라는 뜻이

事而合敬, 樂異文而同愛[10]. 敬愛之極, 是謂要道. 神而明之, 是謂至德. 故必由斯人以弘斯, 教而後禮樂興焉, 政令行焉. 以盛德之訓傳於樂聲, 則感人深而風俗移易; 以盛德之化措諸禮容, 則悅者衆而名教著明. 蘊乎其樂, 章乎其禮, 故相待而成矣. 然則「韶」樂存於齊, 而民不爲之易; 『周禮』備於魯, 而君不獲其安, 亦政教失其極耳, 夫豈禮樂之咎乎?"

경문 12-2

예라는 것은 공경일 따름이다.《 주: 공경이라는 것은 예의 근본이다.》 **그렇기 때문에 부친을 공경하면, 아들이 기뻐하게 되고, 형을 공경하면 동생이 기뻐하게 되며, 군주를 공경하면, 신하가 기뻐하게 되는 것이니, 한 사람을 공경하여서 모든 사람들이 기뻐하게 되는 것이며,**《 주: 군주의 자리에 있으면서 아랫사람들을 공경하면, 사람들의 기뻐하는 마음을 모두 얻을 수 있다. 그렇기 때문에 기뻐하게 된다고 말한 것이다.》 **공경을 받는 자는 적은데, 기뻐하는 사람은 많은 것이다. 이러한 것들을 바로 요도(要道)라고 부른다.**

經文 12-2 **禮者, 敬而已矣.**《 注: 敬者, 禮之本也.》 **故敬其父則子悅, 敬其兄則弟悅, 敬其君則臣悅, 敬一人而千萬人悅,**《 注: 居上敬下, 盡得懽心, 故曰悅也.》 **所敬者寡而悅者衆. 此之謂要道也."**

될 것이다."라고 했다.

10 "樂異文而同愛"라는 문장에서 '문(文)'자는 본래 '인(人)'자로 기록되어 있었는데, 완원(阮元)의 『교감기(校勘記)』에서는 "'인'자는 마땅히 '문'자가 되어야 한다."라고 했다.

형병 소 ▮경문 : "禮者"~"道也". ▸『정의(正義)』: 이 문장은 위에서 말한 "예보다 좋은 것이 없다."라는 문장에 연이어 말한 것이다. 즉 "예라는 것은 공경일 따름이다."라고 말한 것은 예는 공경을 위주로 한다는 뜻이다. 그리고 또한 공경을 실천하는 노력을 지극히 넓게 한다면 이것이 바로 요도(要道)가 됨을 밝히고 있다. 그러므로 이 문장의 요점은 바로 天子가 남의 부친을 공경하게 되면, 그 사람의 자식들이 모두 기뻐하게 되고, 남의 형을 공경하게 되면, 그 사람의 동생들이 모두 기뻐하게 되며, 남의 군주를 공경하게 되면, 그 사람의 신하들이 모두 기뻐하게 된다는 뜻이다. 이것은 바로 부친, 형 및 군주라는 한 사람을 공경한다면, 그의 자식, 동생, 신하라는 모든 사람들이 기뻐하게 된다는 것이다. 그렇기 때문에 공경을 받는 자는 적은데, 기뻐하는 자는 많게 되는 것이다. 이 말은 다시 말해 「개종명의장」에서 말한 "선왕이 지덕(至德)과 요도(要道)를 갖춘다."[11]라는 것에 해당하니, 위에서 말한 내용들은 모두 이러한 의미에서 언급한 것이다.

邢疏 ▮"禮者"至"道也". ▸正義曰 : 此承上"莫善於禮"也. 言"禮者敬而已矣", 謂禮主於敬也. 又[12]明敬功至廣, 是要道也. 其要正以謂天子敬人之父, 則其子皆悅; 敬人之兄, 則其弟皆悅; 敬人之君, 則其臣皆悅. 此皆敬父兄及君一人, 則其子弟及臣千萬人皆悅, 故其所敬者寡而悅者衆. 卽前章所言"先王有至德要道"者, 皆此義之謂也.

---

11 『효경』「개종명의장(開宗明義章)」 子曰, 先王有至德要道, 以順天下, 民用和睦, 上下無怨.

12 '우(又)'자에 대하여. '우'자는 본래 '입(入)'자로 기록되어 있었는데, 완원(阮元)의 『교감기(校勘記)』에서는 "『민본(閩本)』·『감본(監本)』·『모본(毛本)』에는 '입'자를 '우'자로 기록하고 있는데, 이 기록이 옳다."라고 했다.

형병 소 ▮ 어주 : "敬者, 禮之本也". ▸『정의(正義)』: 이 문장은 정주(鄭注)에 의거한 말이다. 『예기』를 살펴보면, "곡례(曲禮)를 한 마디로 말한다면, 공경하지 않음이 없다는 뜻이다."[13]라고 말한 것이 바로 여기에 해당한다.

邢疏 ▮ 注"敬者, 禮之本也". ▸ 正義曰 : 此依鄭注也. 按"曲禮曰毋不敬", 是也.

형병 소 ▮ 어주 : "居上"~"悅也". ▸『정의(正義)』: 주에서 "군주의 자리에 있으면서 아랫사람들을 공경한다."라고 하였는데, 『서경』「오자지가(五子之歌)」편을 살펴보면, "군주인 사람이 어찌하여 공경하지 않겠는가?"[14]라고 하였으니, 이 말은 군주의 위치에 오른 자는 모름지기 아랫사람들을 공경해야 한다는 뜻이다.

邢疏 ▮ 注"居上"至"悅也". ▸ 正義曰 : 云"居上敬下"者, 按『尚書』「五子之歌」云"爲人上者, 奈何不敬?" 謂居上位, 須敬其下.

형병 소 주에서 "사람들의 기뻐하는 마음을 모두 얻을 수 있다. 그렇기 때문에 기뻐하게 된다고 말한 것이다."라고 한 말은 사람들의 기뻐하는 마음을 얻게 된다면, 기뻐하지 않는 자가 없게 된다는 뜻이다. 『효경』「효치장」을 살펴보면, "그러므로 모든 나라, 모든 백성들 및 사람들의 기뻐하는 마음을 얻는다."[15]라고 말한 것이 바로

---

13 『예기』「곡례상(曲禮上)」: 曲禮曰, 毋不敬, 儼若思, 安定辭. 安民哉!

14 『상서』「하서(夏書) · 오자지가(五子之歌)」: 爲人上者, 奈何不敬.

15 『효경』「효치장(孝治章)」: 故得萬國之懽心以事其先王. 治國者不敢侮於鰥寡而況於士民乎. 故得百姓之懽心以事其先君. 治家者不敢失於臣妾而況於妻子乎. 故得人之懽心以事其親.

이것을 가리킨다. 옛 주석에서는 "한 사람은 부친, 형, 군주를 뜻하고, 모든 사람들은 자식, 동생, 신하를 뜻한다."라고 하였는데, 이 말은 공안국의 전(傳)에 의거한 말이니, 한 사람이라는 말은 공경을 받는 사람을 뜻하므로, 부친, 형, 군주를 뜻한다는 사실을 알 수 있다. 그리고 모든 사람이라는 말은 기뻐하는 자들을 뜻하므로, 자식, 동생, 신하를 뜻한다는 사실을 알 수 있다. 그런데 자식, 동생, 신하라고 불리우는 사람들이 어찌 천만(千萬)에 그치겠는가? 천만인(千萬人)이라고 말한 것은 단지 대략의 수치를 언급한 것일 뿐이다.

邢疏 云"盡得懽心, 故曰悅也"者, 言得懽心, 則無所不悅也. 按「孝治章」云: "故得萬國百姓及人之懽心", 是也. 舊注云"一人, 謂父·兄·君. 千萬人, 謂子·弟·臣也"者, 此依孔傳也, 一人指受敬之人, 則知謂父·兄·君也. 千萬人指其喜悅者, 則知謂子·弟·臣也. 夫子·弟及臣名, 何啻千萬? 言千萬人者, 擧其大數也.

제13장 광지덕장廣至德章

덕의 중요성

형병 소 『정의(正義)』: 앞의 「광요도장」에서 지덕(至德)의 조목들을 나타냈으므로, 이번 「광지덕장」에서는 지덕의 뜻에 대해서 자세히 밝히고 있다. 그렇기 때문에 이러한 뜻에서 장(章)의 명칭을 정하고, 「광요도장」 뒤에 둔 것이다.

邢疏 正義曰 : 首章標至德之目, 此章明廣至德之義. 故以名章, 次「廣要道」之後.

❙ 경문 13-1

공자가 말하길, "군자가 효를 교화시킨다는 것은 집집마다 가서 날마다 찾아가 만나본다는 뜻이 아니다. 《 주: 교화를 시킬 때에는 반드시 집집마다 직접 가서 날마다 만나보고 말을 해주는 것이 아니다. 단지 내적으로 효를 시행한다면, 그 감화력에 의한 변화가 자연히 외부로 흘러나오게 된다는 뜻이다. 》 **효를 교화시키는 것은 천하의 모든 아비된 자들을 공경하는 것이다. 우애를 교화시키는 것은 천하의 모든 형된 자들을 공경하는 것이다.** 《 주: 효와 우애라는 덕목을 가지고 교화를 시킨다면, 천하의 모든 자식이나 동생의 입장에 있는 자들이 그의 부친과 형에게 공경하지 않는 경우가 없게 된다.》 **신하된 도리를 교육시키는 것은 천하의 모든 군주된 자들을 공경하는 것이다.** 《 주: 신하의 도리를 가지고 교화를 시킨다면, 천하의 모든 신하된 자들이 그들의 군주를 공경하지 않는 경우가 없게 된다.》

經文 13-1 **子曰: "君子之敎以孝也, 非家至而日見之也.** 《 注: 言敎不必家到戶至, 日見而語之. 但行孝於內, 其化自流於外.》 **敎以孝, 所以敬天下之爲人父者也. 敎以悌, 所以敬天下之爲人兄者也.** 《 注: 擧孝悌以爲敎, 則天下之爲人子弟者, 無不敬其父兄也.》 **敎以臣, 所以敬天下之爲人君者也.** 《 注: 擧臣道以爲敎, 則天下之爲人臣者, 無不敬其君也.》

형병 소 ▮경문 : "子曰"~"君者也". ▸『정의(正義)』: 이 문장에서 공자는 지덕(至德)의 뜻에 대해서 자세히 언급하고 있다. 즉 성인군자가 사람들을 교화시켜 효를 시행하도록 해서, 그들의 부모를 잘 섬기게 하는 것은 집집마다 다 찾아가서 날마다 만나보아서 그렇게 되는 것이 아니다. 단지 그들에게 효를 가르치게 되면, 천하의 모든 아비된 자들이 모두들 그들의 자식들에게 공경을 받게 되며, 그들에게 우애를 가르치게 되면, 천하의 모든 형의 입장에 있는 자들이 모두들 그들의 동생들에게 공경을 받게 되고, 그들에게 신하된 도리를 가르치게 되면, 천하의 모든 군주가 된 자들이 그들의 신하들에게 공경을 받게 되는 것이다.

邢疏 ▮"子曰"至"君者也". ▸正義曰 : 此夫子述廣至德之義. 言聖人君子, 敎人行孝事其親者, 非家家悉至而日見之. 但敎之以孝, 則天下之爲人父者, 皆得其子之敬也; 敎之以悌, 則天下之爲人兄者, 皆得其弟之敬也; 敎之以臣, 則天下之爲人[1]君者, 皆得其臣之敬.

형병 소 ▮어주 : "言敎"~"於外". ▸『정의(正義)』: 이 문장은 정주(鄭注)의 의거한 말이다. 『예기』「제의」편에서 말한 효와 우애가 조정에서 발단하여, 도로로 퍼져나가서, 민가에까지 이른다고 한 것[2]이 바로 경문에서 말하는 외부로 흘러나온다는 뜻이다.

邢疏 ▮注"言敎"至"於外". ▸正義曰 : 此依鄭注也. 「祭義」所謂孝悌發諸朝廷, 行乎道路, 至乎閭巷, 是流於外.

형병 소 ▮어주 : "擧孝"~"父兄也". ▸『정의(正義)』: 주에서 "효와 우애라는 덕목을 가지고 교화를 시킨다."라고 말한 것은 왕주(王注)에 의거한 것이다. 『예기』「제의」편을 살펴보면, "명당에 제사를 지내는 것은 제후들에게 효를 가르치는 방법이다. 삼로(三老) 및 오경(五更)에게 태학에서 식사를 대접하는 것은 제후들에게 우애를 가르치는 방법이다."[3]라고 하였는데, 이 말은 곧 조정에서 발단하여 향리에까지 도달하게 된다는 것을 가리킨다.

邢疏 ▮注"擧孝"至"父兄也". ▸正義曰 : 云"擧孝悌以爲敎"者, 此依王注也. 按『禮記』「祭義」曰: "祀乎明堂, 所以敎諸侯之孝也. 食三老五

---

1 '인(人)'자에 대하여. '인'자는 본래 없던 글자인데, 완원(阮元)의 『교감기(校勘記)』에서는 "『정오(正誤)』에는 '위(爲)'자 아래에 '인'자를 보충해 넣었는데, 이 기록이 옳다."라고 했다.

2 『예기』「제의(祭義)」: 孝弟發諸朝廷, 行乎道路, 至乎州巷, 放乎獀狩, 修乎軍旅, 衆以義死之, 而弗敢犯也.

3 『예기』「제의(祭義)」: 祀乎明堂, 所以敎諸侯之孝也. 食三老五更於大學, 所以敎諸侯之弟也, 祀先賢於西學, 所以敎諸侯之德也. 耕藉, 所以敎諸侯之養也.

更於太學, 所以教諸侯之弟也." 此卽謂發諸朝廷, 至乎州里是也.

형병 소 주에서 "천하의 모든 자식이나 동생의 입장에 있는 자들이 그의 부친과 형에게 공경하지 않는 경우가 없게 된다."라고 한 말은 모두 공경하게 된다는 뜻이다. 옛 주석들을 살펴보면, 응소(應劭)의 『한관의(漢官儀)』를 인용하여, "천자에게는 부친이 없으니, 삼로를 부친으로 섬기고, 오경을 형으로 섬기는 것이다."라고 했다. 이것이 곧 부친을 섬기고 형을 섬기는 도리로써 효와 우애를 가르치는 예법으로 삼았다는 뜻이다. 예법에 대해 살펴봤을 때, 공경을 가르친다는 항목에 대해서는 예전부터 전해졌던 기록들이 있다. 가령 천자가 삼노를 섬기는 것과 같은 것들이 그것에 해당하지만, 서인이 연령이 많다고 해서 연장자로 대우하는 공경은 본래 효자에 대한 덕목을 가르치는 것이 아니므로, 여기에서는 그 설명을 채택하지 않은 것이다.

邢疏 云"則天下之爲人子弟者, 無不敬其父兄也"者, 言皆敬也. 按舊注用應劭『漢官儀』云"天子無父, 父事三老, 兄事五更", 乃以事父事兄爲教孝悌之禮. 按禮, 教敬自有明文. 假令天子事三老蓋同, 庶人倍年以長之敬本非教孝子之事, 今所不取也.

형병 소 ▮어주 : "擧臣"~"君也". ▸『정의(正義)』: 이 문장은 왕주(王注)의 의거한 말이다. 『예기』「제의」편을 살펴보면, "조근(朝覲)의 예법을 시행하는 것은 제후들에게 신하의 도리를 교육하는 방법이다."[4]라고 하였는데, 여기에서 말하는 제후들이란 여러 약소국들의 군주를 뜻한다. 만약 그들이 천자에게 조근의 예법을 시행하게 된다면 몸소 신하의 예를 시행하는 것이다. 이 말은 곧 성인이 이러한 조근의 예법을 제정한 것은 본래 제후들에게 신하된 도리를 가르치기 위한 것이다. 그러므로 제후들에게 속한 경대부(卿大夫)들은 또한 각각 그들의 군주를 본받아서, 제후가 천자를 섬기는 것처럼 자신들의 군주를 섬기는 예법을 시행하는 것이다. 유현(劉炫)은 이 문장은 장차 신하로써 행해야 하는 도리를 가르치는 것이라고 여기고, 천자 본인이 시행하는 것이라고 생각하였는데, 『예기』「예운」편을 살펴보면, "그러므로 선왕은 예가 아랫사람들에게 도달하지 못할까를 걱정하였고, 그래서 교에서 상제에게 제사를 지낸 것이다."[5]라고 하였으니, 이 말은 교제(郊祭)를 지내는 제례(祭禮)에서는 축문에 천자 본인을 신하라고 일컫게 된다는 것을 암시하므로, 이 말 또한 천자 본인이 직접 아랫사람들이 본받도록 솔선수범한다는 뜻을 나타낸다.

邢疏　▒注"擧臣"至"君也". ▸正義曰 : 此依王注也. 按「祭義」云"朝覲所以敎諸侯之臣也"者, 諸侯, 列國之君也. 君[6]朝覲於王, 則身行臣禮. 言聖人制此朝覲之法, 本以敎諸侯之爲臣也. 則諸侯之卿大夫, 亦各放象其君, 而行事君之禮也. 劉炫以爲將敎爲臣之道, 固須天子身行者, 按「禮運」曰: "故先王患禮之不達於下也, 故祭帝於郊." 謂郊祭之禮, 冊祝稱臣, 是亦以見天子以身率下之義也.

4　『예기』「제의(祭義)」: 朝覲, 所以敎諸侯之臣也.

5　『예기』「예운(禮運)」: 故先王患禮之不達於下也. 故祭帝於郊, 所以定天位也.

6　'군(君)'자에 대하여. '군'자는 본래 '약(若)'자로 기록되어 있었는데, 완원(阮元)의 『교감기(校勘記)』에서는 "『민본(閩本)』·『감본(監本)』·『모본(毛本)』에는 '약'자를 '군'자로 기록하고 있는데, 이 기록이 옳다."라고 했다.

▎경문 13-2

『시경』에서 말하길, "화락하고 너그러운 군자여, 백성의 부모이구나."[7]라고 하였다. 《 주: 개(愷)자는 화락하다는 뜻이다. 제(悌)자는 너그럽다는 뜻이다. 『시경』을 인용한 뜻은 군주가 화락하고 너그러운 태도로 사람들을 감화시킨다면, 천하의 모든 백성들에게 부모 노릇을 할 수 있다는 의미를 채택한 것이다.》 **지덕(至德)이 아니라면, 그 누가 백성들을 따르게 함이 이처럼 위대할 수 있겠는가?**

經文 13-2 **『詩經』云: '愷悌君子, 民之父母.'** 《 注: 愷, 樂也. 悌, 易也. 義取君以樂易之道化人, 則爲天下蒼生之父母也.》 **非至德, 其孰能順民如此其大者乎!**"

형병 소 ▮경문 : "詩云"~"者乎". ▸『정의(正義)』: 공자는 이미 앞에서 지덕(至德)에 대한 교화에 대해서 기술을 끝마쳤으므로, 곧 『시경』「대아(大雅) · 형작(泂酌)」편의 시를 인용하여 그 일들을 찬미한 것이다. 개(愷)자는 화락하다는 뜻이다. 제(悌)자는 너그럽다는 뜻이다. 그러므로 이 시는 화락하고 너그러운 군자만이 백성들의 마음을 잘 따르게 해서 교화를 시행할 수 있으므로, 이런 사람은 곧 백성의 부모가 된다는 뜻이다. 만약 지덕을 갖춘 군자가 아니라면, 그 누가 백성들의 마음을 따르게 해서 이처럼 위대하게 할 수 있겠는가? 숙(孰)자는 누구라는 뜻이다.

邢疏 ▮"詩云"至"者乎". ▸正義曰 : 夫子旣述至德之敎已畢, 乃引「大雅 · 泂酌」之詩以贊美之. 愷, 樂也. 悌, 易也. 言樂易之君子, 能順

7 『시경』「대아(大雅) · 형작(泂酌)」: 泂酌彼行潦, 挹彼注玆, 可以饙饎. 豈弟君子, 民之父母.

民心而行敎化, 乃爲民之父母. 若非至德之君, 其誰能順民心如此其廣大者乎? 孰, 誰也.

형병 소 『예기』「표기(表記)」편을 살펴보면, "공자가 말하길, '군자가 말하는 인(仁)이라는 것이 그렇게 어려운 것인가? 『시경』에서도 화락하고 너그러운 군자여, 백성의 부모이구나라고 했다. 화락함이라는 말은 굳건하게 교화를 시행하는 것이며, 너그럽다는 것은 잘 타일러서 안심시키는 것이다. 백성들로 하여금 부친에 대한 존엄해하는 마음을 갖게 하고, 모친에 대한 친애하는 마음을 갖게 한다는 뜻이다. 이처럼 한 이후에야 백성들의 부모가 될 수 있는 것이니, 지덕이 아니라면 그 누가 이처럼 할 수 있겠는가?'"[8]라고 했다.

邢疏 按『禮記』「表記」稱: "子言之: '君子所謂仁者, 其難乎? 『詩經』云: 凱弟君子, 民之父母. 凱以强敎之, 弟以說安之. 使民有父之尊, 有母之親. 如此而後可以爲民父母矣, 非至德其孰能如此乎?'"

형병 소 이곳 「광지덕장」에서는 '숙능(孰能)'이라는 글자 아래에 '순민(順民)'이라는 글자를 덧붙였고, '여차(如此)'라는 글자 아래에 '기대(其大)'라는 문장을 덧붙이고 있어서, 『예기』「표기」편의 문장과는 조금 차이가 나지만, 전반적인 의미는 다르지 않다. 그리고 황간(皇侃)은 이 문장을 요도(要道)와 지덕(至德)에 대한 「광요도장」 및 「광지덕장」이라는 두 장을 결론 맺은 것이라고 여겼는데, 이것

---

8 『예기』「표기(表記)」: 子言之, "君子之所謂仁者, 其難乎. 詩云, "凱弟君子, 民之父母." 凱以强敎之, 弟以說安之. 樂而毋荒, 有禮而親, 威莊而安, 孝慈而敬, 使民有父之尊, 有母之親. 如此而后可以爲民父母矣, 非至德, 其孰能如此乎?

은 아마도 경문의 본지를 놓친 것이다. 유현(劉炫)은 『시경』에서 백성의 부모가 됨을 찬미한 것은 군주가 교화를 시행한 것에 대한 증거를 든 것이지, 지덕의 위대함에 대해서 증거를 댄 것이 아니라고 여겼다. 그렇기 때문에 『시경』의 문장 아래에 별도로 찬탄하는 말을 덧붙여서, 『효경』의 다른 장(章)들과 차이를 두었다고 하였는데, 아마도 이 주장이 가장 정답에 가까울 것이다.

邢疏 此章於"孰能"下加"順民", "如此"下加"其大"者, 與「表記」爲異, 其大意不殊. 而皇侃以爲幷結要道 · 至德兩章, 或失經旨也. 劉炫以爲『詩經』美民之父母, 證君之行敎, 未證至德之大, 故於『詩經』下別起歎辭, 所以異於餘章, 頗近之矣.

형병 소 ▮ 어주 : "愷樂"~"母也". ▸『정의(正義)』 : 주에서 "개(愷)자는 화락하다는 뜻이다", "제(悌)자는 너그럽다는 뜻이다."라고 한 말은 『이아』「석고」 편의 문장이다.[9] 주에서 "『시경』을 인용한 뜻은 군주가 화락하고 너그러운 태도로 사람들을 감화시킨다면, 천하의 모든 백성들에게 부모 노릇을 할 수 있다는 의미를 채택한 것이다."라고 한 말은 또한 『시경』을 인용한 취지가 이와 같다는 뜻이다. 창생(蒼生)이라는 말은 『서경』에 나오는 단어로,[10] 천하의 백성들이 수풀이 울창하듯 모여 있다는 뜻이며, 많이 모여 있는 모양을 뜻한다. 공안국은 이 말을 빽빽하게 초목이 생장하는 곳이라고 풀이하였지만, 이 문장에서는 그 의견을 채택하지 않았다.

---

9 『이아』「석고(釋詁)」 : 怡 · 懌 · 悅 · 欣 · 衎 · 喜 · 愉 · 豫 · 愷 · 康 · 妣 · 般, 樂也. / 『이아』「석고(釋詁)」 : 平 · 均 · 夷 · 弟, 易也.

10 『상서』「우서(虞書) · 익직(益稷)」 : 禹曰, 兪哉, 帝光天之下, 至于海隅蒼生.

邢疏 ▮注"愷樂"至"母也". ▸正義曰："愷·樂"·"悌·易",「釋詁」文. 云"義取君以樂易之道化人, 則爲天下蒼生之父母也"者, 亦言引『詩經』大意如此. 蒼生,『尙書』文, 謂天下黔首蒼蒼然, 衆多之貌也. 孔安國以爲蒼蒼然生草木之處, 今不取也.

제14장 광양명장廣揚名章

효와 입신양명

형병 소 『정의(正義)』: 첫 장(章)에서 입신양명(立身揚名)에 대한 뜻을 간략하게 언급만 하고, 자세히 설명하지 않았으므로,[1] 이번 「광양명장」에서 그것에 대해 자세히 서술하고 있는 것이다. 그러므로 이러한 뜻에서 장의 이름을 짓고, 「광지덕장」 뒤에 둔 것이다.

邢疏 正義曰 : 首章略言揚名之義而未審, 而於此廣之. 故以名章, 次「廣至德[2]」之後.

경문 14-1

공자가 말하길, "군자는 부모를 효로 섬긴다. 그렇기 때문에 그 연장선에서 충을 군주에게도 시행할 수 있는 것이며,《 주: 효로 군주를 섬기는 것이 바로 충이다.》 **형을 우애로 섬기기 때문에, 그 연장선에서 공손함을 연장자에게도 시행할 수 있는 것이고,**《 주: 공경으로 연

1 『효경』「개종명의장(開宗明義章)」: 立身行道, 揚名於後世, 以顯父母, 孝之終也.

2 '광지덕(廣至德)'에 대하여. 이 구문에서 '광(廣)'자는 본래 누락되어 있었는데, 완원(阮元)의 『교감기(校勘記)』에서는 "'차(次)'자 아래에 '광지(廣至)'라는 두 글자가 누락되어 있다."라고 했다.

장자를 섬기는 것이 공손함이다.》 **자신의 집에 거처하면서 가정을 잘 다스리기 때문에, 그 연장선에서 잘 다스리는 일을 관직에 나아가서도 시행할 수 있는 것이다.**《 주: 군자가 거처하는 곳이 조화롭게 되기 때문에, 관직에 나아가서도 적용할 수 있는 것이다.》 **이러한 까닭으로 내적으로 행실을 이루게 되면, 후세에 이름을 떨치게 되는 것이다.**"《 주: 위에서 말한 세 가지 덕목을 자기 내부에서 수양하여 이루게 된다면, 그 명성이 저절로 후세로 전해질 것이다.》

經文 14-1 **子曰: "君子之事親孝, 故忠可移於君;**《 注: 以孝事君則忠》 **事兄悌, 故順可移於長;**《 注: 以敬事長則順.》 **居家理, 故治可移於官.**《 注: 君子所居則化, 故可移於官也.》 **是以行成於內, 而名立於後世矣.**"《 注: 脩上三德於內, 名自傳於後代.》

형병 소 ▮경문 : "子曰"~"世矣". ▸『정의(正義)』 : 여기에서는 공자가 「광양명장」의 뜻에 대해서 기술하고 있다. 즉 군자가 부모를 섬길 때에 효를 제대로 시행하기 때문에, 효에 힘입어서 충을 하게 되는 것이니, 효를 연장하여 군주를 섬길 수 있는 것이다. 그리고 형을 섬길 때에 우애를 제대로 시행하기 때문에, 우애에 힘입어서 공손하게 할 수 있는 것이니, 우애를 연장하여 연장자를 잘 섬길 수 있는 것이다. 집안에 머물 때에 집안을 잘 다스리기 때문에, 다스림에 힘입어서 정치를 할 수 있는 것이니, 치적(治積)을 연장하여 관직에 머물면서도 정치를 잘 펼칠 수 있는 것이다. 이러한 까닭으로 만약 군자가 평상시에 이러한 선행들을 잘하여, 자신의 내면을 완성한다면, 자신의 명성을 자신이 죽은 이후까지도 남길 수 있는 것이다. 선배 유학자들은 "거가리(居家理)"라는 문장 아래에 '고(故)'라는 한 글자가 빠져 있다고 여겼다. 그러므로 어주(御注)에서는 이 글자를 덧붙여서 해석한 것이다.

邢疏　■"子曰"至"世矣". ▸正義曰：此夫子述「廣揚名[3]」之義. 言君子之事親能孝者, 故資孝爲忠, 可移孝行以事君也. 事兄能悌者, 故資悌爲順, 可移悌行以事長也. 居家能理者, 故資治爲政, 可移治[4]績以施於官也. 是以君子若[5]能以此善行成之於內, 則令名立於身沒之後也. 先儒以爲"居家理"下闕一"故"字, 御注加之.

형병 소　■어주："以孝事君則忠". ▸『정의(正義)』：이 문장은 『효경』「사장」에 나오는 문장으로,[6] 그 의미에 대해서는 이미 앞에서 설명하였다.

邢疏　■注"以孝事君則忠". ▸正義曰：此「士章[7]」之文, 義已見於上.

형병 소　■어주："以敬事長則順". ▸『정의(正義)』：이 문장은 정주(鄭注)의 의거한 말이며, 또한 『효경』「사장」에 나타난 효와 순

3　'술광양명(述廣揚名)'에 대하여. 이 구문은 본래 '광술양명(廣述揚名)'이라고 기록되어 있었는데, 완원(阮元)의 『교감기(校勘記)』에서는 "마땅히 '술광(述廣)'으로 기록해야 한다."라고 했다.

4　'치(治)'자에 대하여. '치'자는 본래 '어(於)'자로 기록되어 있었는데, 완원(阮元)의 『교감기(校勘記)』에서는 "『정오(正誤)』에서는 '어'자를 '치'자로 기록하고 있는데, 이 기록이 옳다."라고 했다.

5　'약(若)'자에 대하여. '약'자는 본래 '거(居)'자로 기록되어 있었는데, 완원(阮元)의 『교감기(校勘記)』에서는 "『정오(正誤)』에서는 '거'자를 '약'자로 기록하고 있는데, 이 기록이 옳다."라고 했다.

6　『효경』「사장(士章)」：故母取其愛而君取其敬兼之者父也. 故以孝事君則忠.

7　'사장(士章)'에 대하여. '사장'은 본래 '일장(一章)'이라고 기록되어 있었는데, 완원(阮元)의 『교감기(校勘記)』에서는 "『정오(正誤)』에는 '일(一)'자가 '사(士)'자로 기록되어 있는데, 이 기록이 옳다."라고 했다.

(順)의 의미와 동일하다.[8] 이것들에 대한 해석은 이미 앞에서 하였다. 그러나 사람이 공경함을 시행할 때에는 경중(輕重)의 차이가 있으니, 부친을 공경하고 군주를 공경하는 일은 중대한 것이며, 형을 공경하고 연장자를 공경하는 것은 상대적으로 덜 중대한 것이다.

邢疏 ▮注"以敬事長則順". ▸正義曰：此依鄭注也, 亦「士章」之孝順[9]義同, 已具上釋. 然人之行敬, 則有輕有重, 敬父敬君, 則重也; 敬兄敬長, 則輕也.

형병 소 ▮어주："君子"~"官也". ▸『정의(正義)』：이 문장은 정주(鄭注)의 의거한 말이다. 『논어』에도 "군자는 어느 한 곳에 갇히지 않는다."[10]라고 하였으니, 이 말은 베풀어지지 않는 곳이 없다는 뜻이다.

邢疏 ▮注"君子"至"官也". ▸正義曰 ： 此依鄭注也. 『論語』云: "君子不器." 言無所不施.

형병 소 ▮어주："修上"~"後代". ▸『정의(正義)』：이 문장은 정주(鄭注)에 의거한 말이다. 삼덕(三德)이라는 것은 위에서 말한 효를 연장하여 군주를 섬기고, 우애를 연장하여 연장자를 섬기고, 집안 다스리는 것을 연장하여 관직에서도 정사를 잘 펼치는 것을 뜻한다. 즉 이 문장은 이러한 세 가지 덕목을 잃지 않으면, 자신의 명성을 저절로 후세에까지 영원토록 남길 수 있다는 뜻이다. 경문에서는 '입

---

8 『효경』「사장(士章)」：故以孝事君則忠. 以敬事長則順.

9 '효순(孝順)'에 대하여. '효순'은 본래 '경제(敬悌)'라고 기록되어 있었는데, 완원(阮元)의 『교감기(校勘記)』에서는 "'경제'는 마땅히 '효순'으로 기록해야 한다."라고 했다.

10 『논어』「위정(爲政)」：子曰, "君子不器."

(立)'이라고 기록하였는데, 주에서 '전(傳)이라고 풀이한 이유는 입(立)이라는 말은 항상 존재한다는 명칭을 뜻하고, 전(傳)이라는 것은 끊어지지 않고 계속된다는 명칭을 뜻한다. 다만 끊어지지 않고 계속 지속되게 할 수 있다면, 이것이 바로 항상 보존되어 시행된다는 뜻이 된다. 그렇기 때문에 전(傳)자의 의미로 입(立)자를 풀이한 것이다.

邢疏 ▮注"修上"至"後代". ▸正義曰：此依鄭注也. 三德, 則上章云移孝以事於君, 移悌以事於長, 移理以施於官也. 言此三德不失, 則其令名常自傳於後世. 經云"立"而注爲"傳"者, 立謂常有之名, 傳謂不絶之稱. 但能不絶, 卽是常有之行, 故以傳釋立也.

제15장 간쟁장諫爭[1]章

효에 따른 간언

형병 소 『정의(正義)』 : 이번 「간쟁장」에서는 신하 및 자식된 자의 도리를 실천하면서, 만약 군주 및 부친에게 과실이 있을 때에는 모두 간쟁을 해야 한다는 것을 언급하고 있다. 증자는 입신양명해야 한다는 것까지의 의미에 대해서 듣고서 질문을 한 것으로, 자식은 부친의 명령을 무조건적으로 따라야 하는지를 물어본 것이다. 공자는 그 명령에는 좋은 것과 나쁜 것이 있으므로, 무조건 따를 수만은 없다고 여겨서, 간쟁에 대한 일들을 서술하게 된 것이다. 그러므로 이러한 뜻에서 장(章)의 이름을 정하고서, 「양명장」 뒤에 두게 되었다.

邢疏 正義曰 : 此章言爲臣子之道, 若遇君父有失, 皆諫爭也. 曾子問聞揚名已上之義, 而問子從父之令. 夫子以令有善惡, 不可盡從, 乃爲述諫爭之事, 故以名章, 次「揚名」之後.

1 '쟁(爭)'자에 대하여. '쟁(爭)'자는 본래 '쟁(諍)'자로 기록되어 있었는데, 완원(阮元)의 『교감기(校勘記)』에서는 "『석대본(石臺本)』·『당석경(唐石經)』·『악본(岳本)』에는 '쟁(爭)'자로 기록하고 있는데, 『정의』가 나온 전후로 해서, '간쟁(諫爭)'이라고 기록하였으며, 경문에도 '쟁신(爭臣)', '쟁우(爭友)', '쟁자(爭子)'라는 기록이 나타나고 있다. 금문본 및 『백호통(白虎通)』의 인용문에서는 모두 '쟁(諍)'자로 기록하고 있는데, 이것은 잘못된 것이다."라고 했다.

❙ 경문 15-1

증자가 묻기를, "무릇 자애 및 공경에 대한 내용과 부친을 편안히 모시며 입신양명하는 것들에 대해서는 그 가르침을 받았습니다. 그런데 감히 질문을 올립니다. 자식은 부친의 명령을 무조건적으로 따라야만, 그것을 효라고 할 수 있는 것입니까?" 《 주: 부친을 섬길 때에는 부친의 실수를 덮어두고, 무례를 범해서는 안 된다는 말이 있고,[2] 더욱 공경하며 어기지 않는다는 말이 있기 때문에,[3] 의문이 들어서 질문을 한 것이다. 》

經文 15-1 **曾子曰:"若夫慈愛恭敬, 安親揚名, 則聞命矣. 敢問子從父之令, 可謂孝乎?"** 《 注: 事父有隱無犯, 又敬不違, 故疑而問之. 》

형병 소 ❚ 경문 : "曾子"~"孝乎". ▸『정의(正義)』: 앞의 「광양명장」 이전의 문장들에서는 오직 친애하고 공경하며, 부친을 편안히 모시는 등의 일에 대해서만 언급을 하였고, 바른 말로 간언하는 도리에 대해서는 언급하지 않았다. 그렇기 때문에 증자가 질문을 던지며, "무릇 자애 및 공경에 대한 내용과 부친을 편안히 모시며 입신양명하는 것들에 대해서는 그 가르침을 받았습니다. 그런데 감히 질문을 올립니다. 자식은 부친의 명령을 무조건적으로 따라야만, 그것을 효라고 할 수 있는 것입니까?"라고 말한 것이다. 의문이 들어서 질문을 한 것이기 때문에, '호(乎)'자를 붙인 것이다.

邢疏 ❚ "曾子"至"孝乎". ▸ 正義曰 : 前章以來, 唯論愛敬及安親之事, 未說規諫之道. 故又假曾子之問曰: 若夫慈愛恭敬, 安親揚名, 則已

---

2 『예기』「단궁상(檀弓上)」: 事親有隱而無犯, 左右就養無方, 服勤至死, 致喪三年.

3 『논어』「이인(里仁)」: 子曰, "事父母幾諫, 見志不從, 又敬不違, 勞而不怨."

聞命矣. 敢問子從父之敎令, 亦可謂之孝乎? 疑而問之, 故稱"乎"也.

형병 소 앞의 문장들에서 진술한 내용들을 살펴보면, 다만 공경 및 친애에 대해서만 언급을 하였고, 자애와 공손함에 대해서는 언급하지 않았다. 그런데 증자가 자애 및 공손함에 대해서도 이미 가르침을 받았다고 언급을 한 이유에 대해서, 황간(皇侃)은 "위에서 친애와 공경에 대해서 진술하였으니, 그 속에는 자애와 공손함까지도 포함되어 있는 것이다. 자애라는 것은 행동으로 더욱 열심히 하는 것이며, 친애라는 것은 마음으로 그리워하며 아끼는 것이고, 공손함이라는 것은 행동으로 나타나는 것은 많지만, 마음은 보다 적은 것이고, 공경함이라는 것은 마음은 많이 쓰지만, 행동으로 나타나는 것은 보다 적은 것이다."라고 여겼다.

邢疏 尋上所陳, 唯言敬愛, 未及慈恭. 而曾子幷言慈恭已聞命矣者, 皇侃以爲"上陳愛敬, 則包於慈恭矣. 慈者孜孜, 愛者念惜, 恭者貌多心少, 敬者心多貌少".

형병 소 만약 황간의 주장이 사실이라면, 자애, 공손, 친애, 공경은 구별이 되는데, 어떠한 근거로 자애와 공손함을 포괄한다고 말하는가? 또 어떤 사람들은 자애라는 것은 아랫사람을 대할 때 사용하는 별도의 명칭이며, 친애라는 것은 윗사람을 섬기는 것까지도 포괄하는 명칭이라고 한다.

邢疏 如侃之說, 則慈·恭·愛·敬之別, 何故云包慈恭也? 或曰: 慈者接下之別名, 愛者奉上之通稱.

형병 소 유현(劉炫)은 『예기』「내칙」편을 인용하며, 자식이 부모를 섬길 때에 "사랑하는 마음으로 기름지고 맛좋은 음식을 바친다."[4]라고 설명한다. 그리고 『예기』「상복사제」편에서는 "은나라 때의 현명한 군주 무정(武丁)은 상에 대해서 자애롭고 선량한 태도로 대하였다."[5]라고 했으며, 『장자』에서는 "부모를 섬김에는 효성스러웠고 자애로웠다."[6]라고 했다. 이러한 문장들에서는 모두 자(慈)자를 윗사람을 섬길 때에 사용하고 있다. 무릇 사랑이라는 것은 자신의 내면에서 나타나는 것인데, 자(慈)라는 것은 사랑이 몸에 체득된 것이며, 공경이라는 것은 마음에서 생겨나는 것인데, 공손함이라는 것은 공경스러운 태도를 뜻한다.

邢疏 劉炫引『禮記』「內則」, 說子事父母, "慈以旨甘". 「喪服四制」云: "高宗慈良於喪." 『莊子』曰: "事親則孝慈." 此並施於事上. 夫愛出於內, 慈爲愛體; 敬生於心, 恭爲敬貌.

형병 소 『효경』의 경문들은 모두 부모를 섬기는 일들에 대해서 진술하고 있는데, 어찌 아랫사람들을 대하는 내용이 있을 수 있겠는가? 공자는 마음에 기준을 두고 언급을 하였으므로, 단지 애(愛)와 경(敬)이라고만 언급한 것이며, 증자는 체득하고 행동으로 나타내는 것까지도 함께 고려하여, 자(慈)와 공(恭)을 함께 열거한 것이다. 만약 유현이 주장한대로 따른다면, 자(慈)라는 것은 부모를 사랑하는

4 『예기』「내칙(內則)」: 由命士以上, 父子皆異官, 昧爽而朝, 慈以旨甘. 日出而退, 各從其事. 日入而夕, 慈以旨甘.

5 『예기』「상복사제(喪服四制)」: 高宗者武丁, 武丁者, 殷之賢王也, 繼世卽位而, 慈良於喪. 當此之時, 殷衰而復興, 禮廢而復起, 故善之善之, 故載之書中.

6 『장자』「어부(漁父)」: 其用於人理也, 事親則慈孝, 事君則忠貞, 飮酒則歡樂, 處喪則悲哀.

것이며, 공(恭)이라는 것은 부모를 공경하는 것이 된다.

邢疏　　此經悉陳事親之跡, 寧有接下之文? 夫子據心而爲言, 所以唯稱愛敬; 曾參體貌而兼取, 所以幷擧慈恭. 如劉炫此言, 則知慈是愛親也, 恭是敬親也.

형병 소　　부모를 편안하게 대하는 것에 대해서는 앞의 「효치장」에서 "그러므로 부모가 생전에는 편안하게 여기게 된다."[7]라고 말한 것이 여기에 해당한다. 입신양명하는 것은 앞의 「개종명의장」에서 "후세에 명성을 떨친다."[8]라고 말한 것이 여기에 해당한다. 『효경』의 경문 중에서 '부(夫)'자로 시작되는 문장은 여섯 군데가 있는데, 모두 말을 시작할 때 쓰는 발어사이다. 그 중 첫 번째 경우는 "무릇 효는 부모를 섬기는 데에서 시작한다."[9]라는 것이고, 두 번째 경우는 "무릇 효는 덕의 근본이다."[10]라는 것이며, 세 번째 경우는 "무릇 효는 하늘의 도리이다."[11]라는 것이고, 네 번째 경우는 "그렇기 때문에 생전에는 부모가 편안하게 여기게 된다."[12]라는 것이며, 다섯 번째 경우는 "무릇 성인의 덕이란"[13]이라는 것이다. 그리고 마지막은 이곳 「간쟁장」에서 말한 "무릇 자(慈)와 (愛) 같은 것"이라고 말한 경우인데, 이들 모두는 앞에서 말한 문장들을 명확하게 해주면서도, '부(夫)'자 다음에는 핵심적인 내용들이 담겨 있다. 그렇기 때문

7　『효경』「효치장(孝治章)」: 夫然, 故生則親安之.
8　『효경』「개종명의장(開宗明義章)」: 立身行道, 揚名於後世, 以顯父母, 孝之終也.
9　『효경』「개종명의장(開宗明義章)」: 夫孝, 始於事親.
10　『효경』「개종명의장(開宗明義章)」: 子曰, 夫孝, 德之本也.
11　『효경』「삼재장(三才章)」: 夫孝, 天之經也.
12　『효경』「효치장(孝治章)」: 夫然, 故生則親安之.
13　『효경』「성치장(聖治章)」: 夫聖人之德, 又何以加於孝乎?

에 '부(夫)'자를 붙여서 언급을 한 것이다. 한편 유환(劉瓛)은 "'부(夫)'자는 '범(凡)'자의 뜻이다."라고 말했다.

邢疏 安親, 則上章云"故生則親安之", 揚名, 卽上章云"揚名於後世"矣. 經稱"夫"有六焉, 蓋發言之端也. 一曰"夫孝, 始於事親"; 二曰"夫孝, 德之本"; 三曰"夫孝, 天[14]之經"; 四曰"夫然, 故生則親安之"; 五曰"夫聖人之德". 此章云"若夫慈愛", 並卻明前理, 而下有其趣, 故言"夫"以起之. 劉瓛[15]曰: "夫猶凡也."

형병 소 ▮ 어주 : "事父"~"問之". ▸『정의(正義)』: 『예기』「단궁」편에서는 "부모를 섬길 때에는 부모의 잘못을 감추고 무례를 범해서는 안 된다."[16]라고 했는데, 경문에서 "부친의 명령을 따른다."라는 언급을 했기 때문에 주에서는 '친(親)'자를 '부(父)'자로 바꾼 것이다. 『논어』를 살펴보면, "부모를 섬길 때에는 조심스럽게 간언을 해야 하니, 부모의 뜻이 자신의 뜻대로 따르지 않는다는 것을 보고도, 더욱 공경스럽게 대하며 어기지 않아야 한다."[17]라고 했다. 『예기』와 『논어』의 두 문장을 인용하여, 증자의 질문거리가 무엇인지를 설명하고, 증자가 의문을 가지게 된 단서에 대해서 소상히 증거를 댄 것이다.

邢疏 ▮ 注"事父"至"問之". ▸ 正義曰 : 『禮記』「檀弓」云"事親有

---

14 '천(天)'자에 대하여. '천'자는 본래 '인(人)'자로 기록되어 있었는데, 완원(阮元)의 『교감기(校勘記)』에서는 "'인'자는 마땅히 '천'자가 되어야 한다."라고 했다.

15 '환(瓛)'자에 대하여. '환'자는 본래 '헌(獻)'자로 기록되어 있었는데, 완원(阮元)의 『교감기(校勘記)』에서는 "『민본(閩本)』·『감본(監本)』·『모본(毛本)』에는 '헌'자가 '환'자로 기록되어 있다. 살펴보니, '헌'자로 기록된 것은 피휘(避諱)를 했었기 때문이다."라고 했다.

16 『예기』「단궁상(檀弓上)」: 事親有隱而無犯, 左右就養無方, 服勤至死, 致喪三年.

17 『논어』「이인(里仁)」: 子曰, "事父母幾諫, 見志不從, 又敬不違, 勞而不怨."

隱而無犯", 以經云"從父之令", 故注變親爲父. 按『論語』云: "事父母幾諫, 見志不從, 又敬不違." 引此二文以成疑, 疏證曾子有可問之端也.

▎경문 15-2

공자가 말하길, "그것이 무슨 말이냐? 그것이 무슨 말이냐?《 주: 잘못된 것이 있는데도, 그대로 따른다는 것은 부친을 의롭지 못하게 만드는 것이니, 이치상 가당치 못한 것이다. 그렇기 때문에 거듭 말을 한 것이다.》 **옛날에 천자에게 간언을 하는 신하가 일곱 명만 있다면, 비록 천자에게 도(道)가 없다고 하더라도 천하를 잃지 않는다고 했다. 제후에게 간언을 하는 신하가 다섯 명만 있다면 비록 제후에게 도가 없다고 하더라도 그 나라를 잃지 않는다고 했다. 그리고 대부에게 간언을 하는 신하가 세 명만 있다면, 비록 대부에게 도가 없다고 하더라도 그 집안을 잃지 않는다고 했다.**《 주: 천자로부터 제후, 대부에 이르기까지 두 명씩 줄어드는 것은 존비(尊卑)에 따른 차등이다. 쟁(爭)은 간언한다는 뜻이다. 그러므로 이 문장은 비록 도가 없다고 하더라도 간언을 올리는 신하가 있다고 한다면, 끝내 천하, 집안 및 국가를 잃게 되는 지경까지는 도달하지 않는다는 뜻이다.》 **사(士)에게 간언을 해주는 친구가 있다면, 그 자신에게서 아름다운 명성이 떠나지 않게 될 것이다.**《 주: 영(令)은 아름답다는 뜻이다. 서로 보탬이 되는 친구에는 세 종류가 있다고 했다.[18] 그러므로 이 문장은 충고

18 『논어』「계씨(季氏)」: 孔子曰, "益者三友, 損者三友. 友直, 友諒, 友多聞, 益矣. 友便辟, 友善柔, 友便佞, 損矣."

를 받아들이기 때문에 그의 아름다운 명성을 잃지 않게 된다는 뜻이다.》 **부친에게 진심어린 간언을 해주는 아들이 있다면, 부친 본인은 불의에 빠지지 않게 될 것이다.**《 주: 부친이 잘못을 하면 간언을 해주기 때문에 불의에 빠지는 화를 면하는 것이다.》 **그러므로 불의에 해당한다면 자식은 부친에게 간언을 하지 않을 수가 없고, 신하는 군주에게 간언을 하지 않을 수가 없는 것이다.**《 주: 간언을 하지 않는 것은 충도 아니고 효도 아니다.》 **그러므로 불의에 해당한다면, 간언을 해야 하는 것이니, 부친의 명령을 그대로만 따르는 것이 또한 어찌 효라고 할 수 있겠는가?"**

經文 15-2　**子曰: "是何言與? 是何言與?**《注: 有非而從, 成父不義, 理所不可, 故再言之.》 **昔者, 天子有爭臣七人, 雖無道, 不失其天下. 諸侯有爭臣五人, 雖無道, 不失其國. 大夫有爭臣三人, 雖無道, 不失其家.**《注: 降殺以兩, 尊卑之差. 爭謂諫也. 言雖無道, 爲有爭臣, 則終不至失天下 · 亡家國也.》 **士有爭友, 則身不離於令名.**《注: 令, 善也. 益者三友. 言受忠告, 故不失其善名.》 **父有爭子, 則身不陷於不義,**《注: 父失則諫, 故免陷於不義.》 **故當不義, 則子不可以不爭於父, 臣不可以不爭於君.**《注: 不爭則非忠孝.》 **故當不義則爭之, 從父之令, 又焉得爲孝乎?"**

형병 소　▮경문 : "子曰"~"孝乎". ▸『정의(正義)』: 공자는 증자가 질문을 한 내용이 사리에 맞지 않는데도, 간언을 하지 않아야 한다는 뜻으로 생각하여, 곧 책망을 하고서 대답을 하며, "네가 이처럼 물어본 것은 무슨 뜻의 말이냐?"라고 한 것이다. 재차 물어본 것은 그 말이 매우 타당하지 않음을 밝힌 것이다. 책망한 이후에, 곧 증자를 위해서 반드시 간언을 해야만 한다는 사안에 대해서 설명을 해준 것이니, 신하가 군주에게 간언을 하고, 자식이 부친에게 간언을 했던 것은 옛날부터 그래왔다는 것임을 뜻한다. 그러므로 옛날부터 천자가 천하를 다스릴 때에 간언을 하는 신하 일곱 명만 있다면, 비록 세상이 다시 무도(無道)해지고, 정치와 교화가 미혹된다고 하더라도 천하를 잃는 지경까지는 도달하지 않는다고 말한 것이다.

邢疏 ▮"子曰"至"孝乎". ▸正義曰：夫子以曾參所問, 於理乖僻, 非[19]諫爭之義, 因乃誚而答之, 曰: 汝之此問, 是何言與? 再言之者, 明其深不可也. 旣誚之後, 乃爲曾子說必須諫爭之事, 言臣之諫君, 子之諫父, 自古攸然. 故言昔者天子治天下, 有諫爭之臣七人, 雖復無道, 昧於政敎, 不至失於天下.

형병 소 무도(無道)라고 말한 것은 도와 덕이 없다는 뜻이다. 그리고 제후에게 간언을 하는 신하 다섯 명만 있다면, 비록 그가 무도하더라도 또한 그의 나라를 잃지는 않게 된다. 또 대부에게 간언을 하는 신하 세 명만 있다면, 비록 그가 무도하더라도 또한 그의 집안을 잃지는 않게 된다. 사도 간언을 해주는 친구가 있다면, 그 자신이 아름다운 명성에서 멀어지지 않게 된다. 뿐만 아니라 부친에게 간언을 올리는 자식이 있다면, 부친 본인은 불의에 빠지지 않게 된다. 그러므로 근주와 부친에게 의롭지 못한 일이 있다면, 무릇 신하나 자식들은 간언을 하지 않을 수가 없는 것이다. 이러한 이유 때문에, 불

19 '비(非)'자에 대하여. '비'자는 본래 '진(陳)'자로 기록되어 있었는데, 완원(阮元)의 『교감기(校勘記)』에서는 "『정오(正誤)』에는 '진'자가 '비'자로 기록되어 있는데, 이 기록이 옳다."라고 했다.

의에 해당한다면 모름지기 간언을 해야 하는 것이다.

邢疏　言無道者, 謂無道德. 諸侯有諫爭之臣五人, 雖無道, 亦不失其國也. 大夫有諫爭之臣三人, 雖無道, 亦不失於其家. 士有諫爭之友, 則其身不離遠於善名也. 父有諫爭之子, 則身不陷於不義. 故君父有不義之事, 凡爲臣子者, 不可以不諫爭. 以比之故, 當不義則須諫之.

형병 소　또한 공자는 이러한 대답을 결론지으면서 증자에게 말해주기를 "지금 만약 매사에 무조건적으로 부친의 명령에 따르기만 한다면, 그것을 어찌 효라고 할 수 있겠는가?"라고 했는데, 이 말은 효가 될 수 없다는 뜻이다. 위의 내용을 살펴보면, 증자는 단지 부친의 명령에만 따라야 하는가를 물어보았지, 당시의 세태를 지적하며 말한 것은 아니다. 그런데 공자가 대답을 하며 "옛날"이라고 한 것에 대해, 황간(皇侃)은 "공자가 『효경』을 저술할 시기에는 주나라의 법도가 문란해지고 쇠퇴하던 시기에 해당하여, 이처럼 올바르게 간언을 해주는 신하가 없었다. 그렇기 때문에 옛날이라고 언급한 것이다."라고 했다. 그리고 공자가 '선왕'이라고 언급하지 않고, '천자'라고 언급한 이유는 선왕이라고 칭호를 받는 자들은 모두 성인의 덕성을 갖춘 주군들을 가리킨다. 이 문장 속에서는 '무도'라는 말이 있으므로, 선왕이라고 기록하지 않은 것이다.

邢疏　又結此以答曾子曰: 今若每事從父之令, 又焉得爲孝乎? 言不得也. 按曾子唯問從父之令, 不指當時而言. "昔者", 皇侃云: "夫子述『孝經』之時, 當周亂衰之代, 無此諫爭之臣, 故言昔者也." 不言"先王"而言"天子"者, 諸稱先王, 皆指聖德之主. 此言"無道", 所以不稱先王也.

형병 소 ▮어주 : "有非"~"不義". ▸『정의(正義)』 : 이 문장은 부친에게 잘못이 있는데, 자식이 그대로 좇아서 시행만 하고, 간언을 하지 않는다면, 이것은 부친을 의롭지 못하게 만드는 것임을 뜻한다. 주에서 "이치상 가당치 못한 것이다. 그렇기 때문에 거듭 말을 한 것이다."라는 말에 대해서는 그 이유를 바로 위에서 설명하였다.

邢疏 ▮注"有非"至"不義". ▸正義曰 : 言父有非, 子從而行, 不諫, 是成父之不義. 云"理所不可, 故再言之"者, 義見於上.

형병 소 ▮어주 : "降殺"~"國也". ▸『정의(正義)』 : 『춘추좌씨전』에서는 "높은 자로부터 아래로 내려갈수록 두 단계씩 낮추는 것이 예법이다."[20]라고 했으니, 이 말은 천자는 가장 존귀한 자이기 때문에, 일곱 명을 두는 것이며, 제후는 천자보다 낮기 때문에 두 단계를 낮춘다. 그렇기 때문에 다섯 명을 두는 것이고, 대부는 제후보다 낮기 때문에 두 단계를 낮춘다. 그렇기 때문에 세 명을 두는 것이다.

邢疏 ▮注"降殺"至"國也". ▸正義曰 : 『左傳』云: "自上以下, 降殺以兩, 禮也." 謂天子尊, 故七人; 諸侯卑於天子, 降兩, 故有五人; 大夫卑於諸侯, 降兩, 故有三人.

형병 소 『논어』에서는 "진심을 갖춘 이후에 간언을 한다."[21]라고 했고, 『춘추좌씨전』에서는 "죽음을 감수하고 간언을 한다."[22]라고 하였으니, 이 문장들은 아마도 극간하는 것을 쟁(爭)이라고 풀이

---

20 『춘추좌씨전』「양공(襄公) 26년」 : 自上以下, 降殺以兩, 禮也.

21 『논어』「자장(子張)」 : 子夏曰, "君子信而後勞其民, 未信, 則以爲厲己也. 信而後諫, 未信, 則以爲謗己也."

22 『춘추좌씨전』「성공(成公) 2년」 : 臣, 治煩去惑者也, 是以伏死而爭.

한 것이다. 만약 무도함을 그대로 따른다고 하더라도, 사람들에게는 각각 올바른 마음이 간직되어 있고, 신들의 축복이 있으며, 계량(季梁)과도 같은 충신들이 아직 남아 있었으므로, 초나라가 감히 정벌을 하지 않았던 것이니, 이것이 바로 간언을 하는 신하가 있으면,[23] 그 나라를 잃지 않는다는 뜻이다.

邢疏　『論語』云: "信而後諫." 『左傳』云: "伏死而爭." 此蓋謂極諫爲爭也. 若隨無道, 人各有心, 鬼神之主, 季梁猶在, 楚不敢伐, 是有爭臣不亡其國.

형병 소　위의 설명은 천자, 제후, 대부 중에서 중간에 해당하는 제후의 경우를 들어서 설명한 것으로, 대부 및 천자에 대해서도 이것을 통해서 알 수 있는 것이다. 국가(國家)라고 언급하지 않은 것은 마치 하나의 나라만을 가리키는 것처럼 여기는 것을 꺼려해서이다. 국(國)이라는 것은 제후를 지칭하고, 가(家)라는 것은 대부를 지칭한다. 주에서는 가장 존귀한 천자에 대해서 언급을 생략한 것이다. 그렇기 때문에 가(家)와 국(國)이라고만 말한 것이다.

邢疏　擧中而率, 則大夫·天子從可知也. 不言國家, 嫌如獨指一國也. 國則諸侯也, 家則大夫也. 注貴省文, 故曰家·國也.

형병 소　공안국 및 정현의 두 주석과 선배 유학자들이 남긴 문헌들을 살펴보면, 모두들 『예기』「문왕세자」편을 인용하여, 칠인(七人)에 대한 뜻을 풀이하고 있다. 『예기』「문왕세자」편을 살펴보면,

---

23 이것과 관련된 고사는 『춘추좌씨전』「환공(桓公) 6년」의 기사에 나온다.

"옛 기록에서 말하길, '우와 하나라, 상나라, 주나라 때에는 세자의 교육을 돕는 사(師), 보(保), 의(疑), 승(丞)이 있었으니, 이러한 네 명의 보필하는 자들과 태사(太師), 태부(太傅), 태보(太保)라는 삼공(三公)의 자리를 마련하되, 반드시 그 자리를 채웠던 것은 아니며, 오직 그 자리에 걸맞은 인물들이 있었을 때에만 자리에 앉힌다.'"[24]라고 했고, 『상서대전』에서도 "고대에 천자에게는 반드시 사린(四鄰)이 있었으니, 앞에 있던 자를 의라고 부르고, 뒤에 있던 자를 승이라고 부르며, 좌측에 있던 자를 보라고 부르고, 우측에 있던 자를 필(弼)이라고 부른다. 천자에게 질문이 던져졌는데, 대답을 할 수 없으면, 그 책임을 의에게 물었고, 뜻으로 삼을 만한 것인데, 뜻으로 삼지 못하면, 그 책임을 승에게 물었으며, 바르게 할 수 있는데, 바르지 못하면, 그 책임을 보에게 물었고, 선양할 수 있는데, 선양하지 못하면, 그 책임을 필에게 물었다. 이들의 작위는 경에 비견되고, 이들의 녹봉은 차국[25]의 제후에 비견되었다."라고 했다.

邢疏 按孔·鄭二注及先儒所傳, 並引『禮記』「文王世子」以解七人之義. 按「文王世子」記曰: "虞·夏·商·周, 有師保, 有疑丞. 設四輔及三公, 不必備, 惟其人." 又『尙書大傳』曰: "古者天子必有四鄰, 前曰疑·後曰丞·左曰輔·右曰弼, 天子有問無對, 責之疑; 可志而不志, 責之丞; 可正而不正, 責之輔; 可揚而不揚, 責之弼. 其爵視卿, 其祿視次國之君."

---

24 『예기』「문왕세자(文王世子)」: 記曰, "虞夏商周, 有師·保, 有疑·丞, 設四輔及三公, 不必備, 唯其人", 語使能也.

25 차국(次國)은 제후국의 등급 중 하나이다. 제후국을 등급에 따라 구분하면, 대국(大國), 차국(次國), 소국(小國)으로 구분된다.

형병 소 『상서대전』에서는 사린(四鄰)이라고 하여, 네 명의 보좌관들이 나타나는데, 여기에 삼공(三公)을 더하면, 칠인(七人)이라는 숫자를 채우게 된다. 제후에게는 다섯 명의 간언하는 신하가 있었다고 하였는데, 공안국의 전문에서는 천자에게 명령을 받아 파견된 고(孤)와 제후의 직속 신하인 세 명의 경(卿)과 상대부(上大夫) 한 명을 가리킨다고 하였다. 왕숙(王肅)은 삼경(三卿) 및 내사(內事)와 외사(外事)를 더하면 다섯 명이라는 숫자가 채워진다고 하였다.

邢疏 『大傳』四鄰則見之四輔, 兼三公, 以充七人之數. 諸侯五者, 孔傳指天子所命之孤, 及三卿與上大夫. 王肅指三卿·內史·外史以充五人之數.

형병 소 대부에게 세 명의 간언하는 신하가 있었다고 하였는데, 공안국의 전문에서는 가상(家相), 실로(室老), 측실(側室)이 세 명이라는 숫자를 채운다고 하였다. 왕숙의 주장에는 측실에 대한 언급은 없고, 대신 읍재(邑宰)를 지목하였다. 그러나 이러한 주장들은 모두 자신의 뜻대로 해설을 한 것으로, 아마도 경문의 본의는 아닐 것이다.

邢疏 大夫三者, 孔傳指家相·室老·側室以充三人之數. 王肅無側室, 而謂邑宰. 斯並以意解說, 恐非經義.

형병 소 유현(劉炫)은 "아래 문장에서 '자식은 부친에게 간언을 하지 않을 수가 없고, 신하는 군주에게 간언을 하지 않을 수가 없다.' 라고 하였으니, 자식이 된 자나 신하의 신분인 자들은 모두 마땅히 간언을 해야 하는 것인데, 어찌 유독 대신(大臣)들만 간언을 하고, 소신(小臣)들은 간언을 하지 않겠는가? 그리고 어찌 유독 장자만이 그의 부친에 대해서 간언을 하고, 나머지 아들들은 간언을 하지 않겠는가? 만약 부친에게 열 명의 아들이 있다면, 열 명의 아들 모두가 간언을 할 수 있는 것이다. 천자에게는 백여 명에 달하는 제후들이 있는데, 오직 일곱 명에게만 간언을 허락한다면, 천자의 측근에 있는 사람들은 일반 사람들이 가지고 있는 간언해주는 벗보다도 그 수가 적게 된다.

邢疏 劉炫云: "按下文云'子不可以不爭於父, 臣不可以不爭於君', 則爲子爲臣, 皆當諫爭, 豈獨大臣當爭, 小臣不爭乎? 豈獨長子當爭其父, 衆子不爭者乎? 若父有十子, 皆得諫爭. 王之百辟, 惟許七人, 是天子之佐乃少於匹夫也.

형병 소 또한『서경』「낙고」편을 살펴보면 성왕(成王)이 주공(周公)에게, '문왕(文王)과 무왕(武王)께서 하늘로부터 받은 백성들을 잘 보호하고, 혼란을 다스려 사보(四輔)가 될지어다.'[26]라고 했고,『서경』「경명」편에서는 목왕(木王)이 백경(伯冏)에게 명령을 내리면서, '오직 나 한 사람이 어질지 못하여, 실로 좌우전후에서 지위를 가지고 있는 선비들이 내가 하지 못하는 것을 보필하는구나.'[27]"라고 했다.

邢疏 又按「洛誥」云成王謂周公曰: '誕保文武受民, 亂爲四輔.'「冏命」穆王命伯冏: '惟予一人無良, 實賴左右前後有位之士匡其不及.'"

형병 소 이 말에 근거해서 말해보자면, 좌우전후라는 것은 사보

---

26 『상서』「주서(周書)·낙고(洛誥)」: 王曰, 公. 予小子其退卽辟于周, 命公後. 四方迪亂, 未定于宗禮, 亦未克敉公功. 迪將其後, 監我士師工, 誕保文武受民, 亂爲四輔.

27 『상서』「주서(周書)·경명(冏命)」: 惟予一人無良, 實賴左右前後有位之士, 匡其不及.

(四輔)를 뜻한다. 의, 승, 보, 필이라는 것은 마땅히 여러 신하들을 두루 지칭하는 것이지, 특정 관직에 있는 자만을 가리키는 것이 아니다. 내가 조심스럽게 생각해보건대, 『주례』에는 의나 승에 대한 기록이 없고, 『서경』「주관」편에서는 여러 사(司)들에 대해서 차례대로 열거하고 있으며, 『서경』「고명」편에서는 경사(卿士)들의 명칭들을 총괄적으로 언급하고 있고,[28] 『춘추좌씨전』에서도 용사(龍師)와 조기(鳥紀)라는 관직이 나오고,[29] 『예기』「곡례」편에서도 오관(五官)이나 육대(六大)를 언급하였지만,[30] 이들 문헌들에 의, 승, 보, 필이 간언하는 일을 전담했다는 언급은 없다.

邢疏 據此而言, 則左右前後四輔之謂也. 疑·丞·輔·弼, 當指於諸臣, 非是別立官也. 謹按: 『周禮』不列疑·丞, 「周官」歷敍群司, 「顧命」總名卿士[31], 『左傳』云"龍師"·"鳥紀", 「曲禮」云"五官"·"六大", 無言疑·丞·輔·弼專掌諫爭者.

형병 소 만약 의, 승, 보, 필에게 작위를 경에 비견되게 내려주고, 녹봉을 차국(次國)의 제후에 비견되게 주었다면, 『주례』에는 어찌하여 이처럼 중요한 관직에 대해서 기록하지 않았으며, 경전과 각

28 『상서』「주서(周書)·고명(顧命)」: 王麻冕黼裳, 由賓階隮. 卿士邦君, 麻冕蟻裳入卽位. 太保太史太宗皆麻冕彤裳. 太保承介圭, 上宗奉同瑁, 由阼階隮. 太史秉書, 由賓階隮, 御王冊命.

29 『춘추좌씨전』「소공(昭公) 17년」: 大皞氏以龍紀, 故爲龍師而龍名. 我高祖少皞摯之立也, 鳳鳥適至, 故紀於鳥, 爲鳥師而鳥名, 鳳鳥氏, 曆正也

30 『예기』「곡례하(曲禮下)」: 天子建天官, 先六大, 曰大宰, 大宗, 大史, 大祝, 大士, 大卜, 典司六典. 天子之五官, 曰司徒, 司馬, 司空, 司士, 司寇, 典司五衆.

31 '사(士)'자에 대하여. '사'자는 본래 '칠(七)'자로 기록되어 있었는데, 완원(阮元)의 『교감기(校勘記)』에서는 "『감본(監本)』·『모본(毛本)』에는 '칠'자를 '사'자로 기록하고 있는데, 살펴보니, '사'자로 기록하는 것이 옳다."라고 했다.

종 문헌들에는 이들에 대한 기록이 없는가? 또한 복생(伏生)은 『서경』에 나온 사보(四輔)를 사린(四隣)으로 풀이하였고, 공안국은 『상서대전』에 주석을 달면서, 사린(四隣)을 전후좌우에서 보필하는 신하로 여겼지, 의, 승, 보, 필이라고 하지는 않았으니, 어찌하여 또한 그 주장을 채택할 수 있겠는가?

邢疏 若使爵視於卿 · 祿比次國, 『周禮』何以不載? 經傳何以無文? 且伏生『大傳』以四輔解爲四鄰, 孔注『尙書』以四鄰爲前後左右之臣, 而不爲疑 · 丞 · 輔 · 弼, 安得又采其說也?

형병 소 『춘추좌씨전』에서는 옛날에 주나라에서는 신갑(辛甲)이 태사(太師)가 되어서, 모든 관리들에게 명령을 내려서, 천자가 잘못한 점을 간언하게 했다고 기록하고 있다.[32] 그리고 사광(師曠)이 직간했던 일화를 설명하며, "태사는 역사를 기록하고, 장님인 악사는 시를 읊으며, 악공은 잠언을 노래하여 간언을 하고, 대부들은 잘못을 간언하여 깨우쳐주며, 사(士)는 좋은 말들을 전해줍니다. 『서경』에서는 '관리들의 수장은 서로 간언을 하도록 돕고, 공인들은 자신들의 기예로써 간언을 한다.'"[33]라고 했다.

邢疏 『左傳』稱昔周辛甲[34]之爲太史也, 命百官官箴王闕; 師曠說匡諫之事, "史爲書, 瞽爲詩, 工誦箴諫, 大夫規誨, 士傳言. '官師相規, 工

---

32 『춘추좌씨전』「양공(襄公) 4년」: 昔周辛甲之爲大史也, 命百官, 官箴王闕.

33 『춘추좌씨전』「양공(襄公) 14년」: 史爲書, 瞽爲詩, 工誦箴諫, 大夫規誨, 士傳言, 庶人謗, 商旅于市, 百工獻藝. 故夏書曰, '遒人以木鐸徇於路, 官師相規, 工執藝事以諫.'

34 '주신갑(周辛甲)'에서 '신갑(辛甲)'은 본래 '주신보(主申父)'로 기록되어 있었는데, 완원(阮元)의 『교감기(校勘記)』에서는 "『모본』에는 '보(父)'자를 '보(甫)'자로 기록하고 있는데, 살펴보니 '주신부'라는 기록은 마땅히 '신갑(辛甲)'으로 기록해야 한다."라고 했다.

執藝事以諫'".

형병 소 이 말은 곧 모든 관직에 있는 자들이 모두 간언을 할 수 있다는 뜻이다. 공자는 천자가 천하라는 광대한 땅을 소유한다고 하였다. 칠인(七人)이라는 적은 숫자를 언급하여, 간언의 효과가 얼마나 위대한가를 나타낸 것이다. 그렇기 때문에 적은 숫자만을 제시해서 나타낸 것이다. 그러나 부친에게 간언하는 아들이 있고, 사(士)에게 간언하는 친구가 있다고 했을 때, 비록 아들이나 친구에 고정된 숫자가 있는 것은 아니지만, 한 명이라고 요약하여 비율을 맞춘 것이다.

邢疏 此則凡在人臣. 皆合諫也. 夫子言天子有天下之廣. 七人則足以見諫爭功之大, 故擧少以言之也. 然父有爭子, 士有爭友, 雖無定數, 要一人爲率.

형병 소 지위가 낮은 자로부터 위로 높아질수록 두 명씩 증가가 되면, 천자까지 일곱 명이 딱 들어맞게 되니, 위로부터 아래로 두 명씩 적어지는 것이 예법에서 낮추는 비율과 같게 된다. 그렇기 때문에 일곱 명, 다섯 명, 세 명이라고 언급한 것이다. 유협이 바른 간언들이 다양한 통도를 통해 도달한다고 말한 것은 어떤 이유에서인가? 『춘추좌씨전』에서는 충(忠)은 왕실을 받치는 디딤돌에 비견된다고 말하였으니,[35] 간언이라는 것은 군주의 귀에 거슬리고 입으로 삼키기에는 쓴 것이며, 필요에 따라서 시행되는 것이다. 만약 칠인

35 『춘추좌씨전』「양공(襄公) 23년」: 孟孫之惡我, 藥石也. 美疢不如惡石. 夫石猶生我, 疢之美, 其毒滋多.

(七人)이라는 것을 단지 일곱 명이라는 데 한정시켜서, 온전히 갖추어지지도 않은 관리들이 무도한 군주를 간언하는 것이라고 해석한다면, 아무리 간언을 한다고 하더라도 천하를 잃지 않고자 한들 가능하겠는가? 그러므로 선배 유학자들이 논의한 주장들은 여기에서는 채택하지 않았다.

邢疏 自下而上, 稍增二人, 則從上而下, 當如禮之降殺, 故擧七·五·三人也. 劉炫之讜義雜合通途, 何者? 傳載: 忠言比於藥石, 逆耳苦口, 隨要而施. 若指不備之員以匡無道之主, 欲求不失, 其可得乎? 先儒所論, 今不取也.

형병 소 ▮어주 : "令善"~"善名". ▸『정의(正義)』: 주에서 "영(令)은 아름답다는 뜻이다."라고 한 말은 『이아』「석고」의 문장이다.[36] 주에서 "서로 보탬이 되는 친구에는 세 종류가 있다고 했다."라고 한 말은 『논어』의 문장이니,[37] 세 종류의 친구는 곧 "강직한 친구, 성실한 친구, 견문이 넓은 친구가 유익하다."라는 말이 바로 이것을 가리킨다.

邢疏 ▮注"令善"至"善名". ▸正義曰 : "令, 善也", 「釋詁」文. 云"益者三友", 『論語』文, 卽"友直·友諒·友多聞, 益矣", 是也.

형병 소 주에서 "그러므로 이 문장은 충고를 받아들이기 때문에 그의 아름다운 명성을 잃지 않게 된다는 뜻이다."라고 하였는데,

---

36 『이아』「석고(釋詁)」 : 儀·若·祥·淑·鮮·省·臧·嘉·令·類·綝·彀·攻·穀·介·徽, 善也.

37 『논어』「계씨(季氏)」 : 孔子曰, "益者三友, 損者三友. 友直, 友諒, 友多聞, 益矣. 友便辟, 友善柔, 友便佞, 損矣."

『논어』에서 "자공이 친구에 대해서 묻자, 공자가 '충심으로 알려주고, 좋게 인도해 주는 자이다.'"[38]라고 했으니, 아름다운 명성이라는 것은 벗의 충심어린 충고를 받아들인 이후에야 성립된다는 뜻이다. 경문에서 대부이상에 대해서는 모두 "잃지 않는다."라고 하였는데, 사(士)에 대해서만 유독 "멀어지지 않는다."라고 하였지만, "멀어지지 않는다."라는 말도 곧 "잃지 않는다."라는 뜻이다.

邢疏　云"言受忠告, 故不失其善名"者, 『論語』云: "子貢問友, 子曰: '忠告而善道之.'" 言善名爲受忠告而後成也. 大夫以上皆云"不失", 士獨云"不離", 不離, 卽不失也.

형병 소　▮어주 : "父失"~"不義". ▸『정의(正義)』 : 이 말은 정주(鄭注)에 의거한 문장이다. 『예기』「내칙」편을 살펴보면, "부모에게 과실이 있으면, 기분을 차분히 하고, 얼굴빛은 화락하게 하며, 부드러운 음성으로 조용히 간언을 한다. 간언이 만약 받아들여지지 않는다면, 공경과 효도를 더하여 모시고, 부모의 기분이 좋아지면, 다시 간언을 한다."[39]라고 하였고, 『예기』「곡례」편에서는 "자식이 부모를 섬길 때, 세 번 간언을 하였는데도 받아들여지지 않는다면, 울부짖으며, 그대로 따른다."[40]라고 하였으니, 이 말은 부친에게 잘못된 점이 있으면, 모름지기 바른 도리로써 간언을 해야만, 부친을 의롭지 못한 곳에 빠트리는 화는 면하게 될 것이라는 뜻이다.

邢疏　▮注"父失"至"不義". ▸正義曰 : 此依鄭注也. 按「內則」云:

38 『논어』「안연(顔淵)」 : 子貢問友. 子曰, "忠告而善道之, 不可則止, 毋自辱焉."

39 『예기』「내칙(內則)」 : 父母有過, 下氣怡色, 柔聲以諫. 諫若不入, 起敬起孝, 說則復諫.

40 『예기』「곡례하(曲禮下)」 : 子之事親也, 三諫而不聽, 則號泣而隨之.

"父母有過, 下氣怡色, 柔聲以諫. 諫若不入, 起敬起孝, 說則復諫."「曲禮」曰: "子之事親也, 三諫而不聽, 則號泣而隨之." 言父有非, 故須諫之以正道, 庶免陷於不義也.

제16장 감응장感應章

효와 신명(神明)의 감응

형병 소 『정의(正義)』: 이번 「감응장」에서는 하늘과 땅을 잘 밝혀서, 신명(神明)이 잘 드러나게 하는 것에 대해 언급하고 있다. 또한 효와 우애의 지극함은 신명에게도 통하니, 이들 모두가 신과 감응하는 일이 됨을 말하고 있다. 앞의 「간쟁장」에서는 부모에게 진심어린 간언을 올리는 일에 대해서 논의하였는데, 이 말은 즉 군주가 만약 간쟁의 좋은 도리를 따르고자 한다면, 반드시 제 스스로 수신을 하고, 조심스럽게 행동할 수 있어야만, 신명에 감응하여 복을 받을 수 있다는 뜻이다. 그렇기 때문에 이러한 뜻에서 이번 장의 명칭을 정하고, 「간쟁장」 뒤에 두게 되었다.

邢疏 正義曰：此章言天地明察, 神明彰矣. 又云: 孝悌之至[1], 通於神明, 皆是應感之事也. 前章論諫諍之事, 言人主若從諫爭之善, 必能脩身愼行, 致應感之福. 故以名章, 次於「諫爭」之後.

---

1 '지(至)'자에 대하여. '지'자는 본래 '사(事)'자로 기록되어 있었는데, 완원(阮元)의 『교감기(校勘記)』를 살펴보면 "'사'자는 마땅히 '지'자로 기록해야 한다."라고 했다.

▎경문 16-1

공자가 말하길, "옛날에 현명한 군주들은 부친을 효로 섬겼기 때문에, 하늘을 섬기는 일에도 명철하였고, 모친을 효로 섬겼기 때문에, 땅을 섬기는 일에도 명철하였다. 《 주: 군주가 부친을 섬기듯 하늘을 섬기고, 모친을 섬기듯 땅을 섬긴다는 말은 종묘에 대한 일에 공경함을 다하여 섬긴다면, 천지를 섬기는 일에도 명철할 수 있다는 뜻이다. 》 **장유의 관계에 대해서도 잘 따랐기 때문에 상하(上下)가 모두 다스려졌다.** 《 주: 군주가 부친의 입장에 있는 자들을 존엄하게 대하고, 형의 입장에 있는 자들을 높일 수 있다면, 장유(長幼) 사이에서 지켜야 하는 도리가 순조롭게 시행되고, 군주와 백성들이 조화를 이루게 될 것이다. 》 **천지(天地)를 명철하게 섬기어, 신명(神明)이 드러나게 되었다.** 《 주: 천지를 섬기는 일에 명철하게 된다면, 신들이 그의 지극한 정성에 감응하여, 복을 내려주게 된다. 그렇기 때문에 드러나게 된다고 말한 것이다. 》

經文 16-1 **子曰: "昔者, 明王事父孝, 故事天明; 事母孝, 故事地察.** 《 注: 王者父事天, 母事地, 言能敬[2]事宗廟, 則事天地能明察也. 》 **長幼順, 故上下治.** 《 注: 君能尊諸父, 先諸兄, 則長幼之道順, 君人之化理. 》 **天地明察, 神明彰矣.** 《 注: 事天地能明察, 則神感至誠而降福佑, 故曰彰也. 》

형병 소 ▮경문 : "子曰昔者明王"~"神明彰矣". ▸『정의(正義)』:

---

2 '경(敬)'자에 대하여. '경'자는 본래 '치(致)'자로 기록되어 있었는데, 완원(阮元)의 『교감기(校勘記)』에서는 "『석대본(石臺本)』·『악본(岳本)』·『민본(閩本)』·『감본(監本)』·『모본(毛本)』에서는 '치'자를 '경'자로 기록하고 있는데, 틀린 말이 아니다."라고 했다.

이번 「감응장」에서는 공자가 현명한 군자가 부모를 효로 잘 섬기면, 신명(神明)에 감응할 수 있다는 일들에 대해서 기술하고 있다. 이 말은 즉 옛날에 현명하고 성인(聖人)다운 군주들은 부친을 섬길 때 효를 다하였기 때문에, 하늘을 섬기는 데에도 명철하였다는 뜻이고, 하늘의 도리를 명철하게 깨우칠 수 있었다는 뜻이다. 그러므로 『주역』「설괘전」에서 "건(乾)은 하늘이 되고, 부친이 된다."[3]라고 말한 것이니, 이 말은 부친을 효로 섬기기 때문에 하늘의 밝은 도리도 잘 섬길 수 있으니, 부친을 효로 섬기는 것은 하늘의 이치에 닿아있다는 뜻이다.

邢疏 ▮"子曰昔者明王"至"神明彰矣". ▸正義曰：此章夫子述明王以孝事父母, 能致感應之事. 言昔者明聖之王, 事父能孝, 故事天能明, 言能明天之道, 故『易』「說卦」云: "乾爲天爲父." 此言事父孝, 故能事天明, 是事父之孝通天也.

형병 소 그리고 모친을 섬길 때 효를 다하였기 때문에, 땅의 섬기는 데에도 명철할 수 있으니, 이 말은 땅의 도리를 명철하게 깨우칠 수 있다는 뜻이다. 그러므로 『주역』「설괘전」에서 "곤(坤)은 땅이 되고 모친이 된다."[4]라고 말한 것이니, 이 말은 모친을 효로 섬기기 때문에 땅의 이치도 잘 깨우칠 수 있게 되므로, 모친을 섬기는 도리가 땅의 도리와 통해있다는 뜻이다. 그리고 현명한 군주가 종족의 장유(長幼) 관계에 대해서, 모두 예법에 따라 순종을 하게 되면, 상하

3 『주역』「설괘전(說卦傳)」：乾爲天, 爲圜, 爲君, 爲父, 爲玉, 爲金, 爲寒, 爲冰, 爲大赤, 爲良馬, 爲老馬, 爲瘠馬, 爲駁馬, 爲木果.

4 『주역』「설괘전(說卦傳)」：坤爲地, 爲母, 爲布, 爲釜, 爲吝嗇, 爲均, 爲子母牛, 爲大輿, 爲文, 爲衆, 爲柄, 其於地也爲黑.

(上下)의 질서 속에 포함된 모든 사람들이 제 스스로 동화가 되어 교화가 된다. 또 현명한 군주가 천지를 섬기는 일에 대해서 명철하게 된다면, 반드시 신이 복을 내려줌으로써 그에게 응답을 해줄 것이니, 이것이 바로 신명(神明)의 공덕(功德)이 밝게 드러난다는 뜻이다. 이 말은 다시 말해, 음기와 양기가 조화를 이루고, 바람과 비가 시기에 맞게 적절하게 불어오게 되어, 사람들에게 질병이 없어지고, 천하가 편안하게 된다는 뜻이다.

邢疏　　事母能孝, 故事地能察, 言能察地之理, 故「說卦」云: "坤爲地爲母." 此言事母孝, 故事地察, 則是事母之道通於地也. 明王又於宗族長幼之中, 皆順於禮, 則凡在上下之人, 皆自化也. 又明王之事天地旣能明察, 必致福應, 則神明之功彰見. 謂陰陽和, 風雨時, 人無疾厲, 天下安寧也.

형병 소　　『효경』 경문에서 '명왕(明王)'이라고 언급한 곳은 두 곳이니, 첫 번째 경우는 "옛날에 명왕(明王)은 효로 천하를 다스렸다."[5]라는 문장이고, 두 번째 경우는 바로 이곳 「감응장」에서 말하고 있는 "옛날에 명왕(明王)은 부친을 효로 잘 섬겼다."라는 문장이니, 이 두 문장 속에 나타난 명왕(明王)이라는 말에는 성인(聖人)과 같은 현명함을 갖추고 있다는 뜻으로, 선왕(先王)이라는 말과 같은 뜻이 된다. 무릇 선왕이라고 말하는 것은 시기적으로 먼 시기에 있었던 인물임을 나타내는 것이고, 명왕이라고 말하는 것은 그의 총명함을 드러내는 것이다.

5 『효경』「효치장(孝治章)」: 子曰, 昔者, 明王之以孝治天下也.

邢疏　　經稱"明王"者二焉: 一曰"昔者明王之以孝治天下也", 二卽此章言"昔者明王事父孝", 俱是聖明之義, 與先王爲一也. 言先王, 示及遠也; 言明王, 示聰明也.

형병 소　　▮ 어주 : "王者"~"察也". ▸『정의(正義)』: 주에서 "군주가 부친을 섬기듯 하늘을 섬기고, 모친을 섬기듯 땅을 섬긴다."라고 한 말은 왕주(王注)의 의거한 문장이다.『백호통(白虎通)』을 살펴보면, "군주는 부친을 섬기듯 하늘을 섬기고, 모친을 섬기듯 땅을 섬긴다."라고 하였는데, 이 문장에서 말하는 '사(事)'라는 것은 부모를 섬길 때의 효를 연장하여 천지를 섬긴다는 뜻이다.

邢疏　　▮ 注"王者"至"察也". ▸ 正義曰 : 云"王者父事天, 母事地"者, 此依王注義也. 按『白虎通』云: "王者父天母地." 此言事者, 謂移事父母之孝以事天地也.

형병 소　　주에서 "종묘에 대한 일에 공경함을 다하여 섬긴다면, 천지를 섬기는 일에도 명철할 수 있다는 뜻이다."라고 한 말은 증(蒸)이나 상(嘗)과 같은 제사를 지낼 때에, 세세한 절차까지도 예법에 맞게 하니, 이것이 바로 종묘의 일에 공경함을 다한다는 뜻이다. 종묘의 일에 공경함을 다하였다면, 천지자연의 운행을 위반하지 않게 된다.

邢疏　　云"言能敬事宗廟, 則事天地能明察也"者, 謂蒸嘗以時, 疏數合禮, 是敬事宗廟也. 旣能敬宗廟, 則不違犯天地之時.

형병 소　　이 말은 다시 말해, 마치『예기』「제의」편에서 '증자가

"수목들을 시기에 맞게 벌목하고, 금수들을 시기에 맞게 사냥하는 것입니다.'라고 하니 공자께서 말씀해주시길, '한 그루의 수목을 베고, 한 마리의 짐승을 죽이는 것도 시기에 맞게 하지 않는다면, 그것은 효가 아니다.'"라고 말한 것[6]과 같고, 또 『예기』「왕제」편에서 "수달이 물고기를 제사지낸 연후에야, 우인(虞人)이 못에 들어가 물고기를 잡는다. 승냥이가 고기를 제사지낸 연후에야 사냥을 한다. 비둘기가 변화해서 매가 된 연후에야 새 잡는 그물을 설치한다. 초목의 낙엽이 떨어진 연후에야 산림에 벌목하러 들어간다. 곤충이 아직 칩거하지 않았으면 화전(火田)[7]을 하지 않는다."[8]라고 하였는데, 이 말들은 모두 큰 것이나 작은 것이나 할 것 없이, 모두 천지의 운행원리에 따른다는 것으로, 이것이 바로 천지를 섬기는 일에 명철하다는 뜻이다.

邢疏 若「祭義」"曾子曰: 樹木以時伐焉, 禽獸以時殺焉. 夫子曰: 斷一樹, 殺一獸, 不以其時, 非孝也." 又「王制」曰: "獺祭魚, 然後虞人入澤梁; 豺祭獸, 然後田獵; 鳩化爲鷹, 然後設罻羅; 草木零落, 然後入山林; 昆蟲未蟄, 不以火田."此則令無大小, 皆順天地, 是事天地能明察也.

형병 소 ▮어주 : "君能"~"化理". ▸『정의(正義)』: 이 문장은 현명한 군주는 장유의 도리에 잘 따를 수 있어서, 신하들이 그것을 본받아 교화되어, 저절로 다스려진다는 뜻이니, 군주를 본받게 됨을

---

6 『예기』「제의(祭義)」: 曾子曰, 樹木以時伐焉, 禽獸以時殺焉. 夫子曰, "斷一樹, 殺一獸, 不以其時, 非孝也."

7 화전(火田)은 초목을 불태우고 나서 사냥하는 것을 말한다.

8 『예기』「왕제(王制)」: 獺祭魚然後, 虞人入澤梁. 豺祭獸然後, 田獵. 鳩化爲鷹然後, 設罻羅. 草木零落然後, 入山林. 昆蟲未蟄, 不以火田. 不麛, 不卵, 不殺胎, 不殀夭, 不覆巢.

말하고 있다. 『서경』에서는 "신하들은 윗사람이 명령하는 것을 어기고, 윗사람이 좋아하는 것에 따른다."[9]라고 하였으니, 이것이 바로 본받게 된다는 뜻을 가리키는 말이다.

邢疏 ▮注"君能"至"化理". ▸正義曰 : 此言明王能順長幼之道, 則臣下化之而自理也, 謂放效於君. 『書』曰: "違上所命, 從厥攸好." 是效之也.

형병 소 ▮어주 : "事天"~"彰也". ▸『정의(正義)』 : '성(誠)'자는 조화를 이룬다는 뜻이다. 그러므로 이 문장은 천지를 섬기는 일에 명철할 수 있다면, 신령들이 그의 지극한 조화로움에 감응하여, 복을 내려줌으로써 그를 도와준다는 뜻이다. 이것이 바로 신명(神明)의 공덕(功德)이 밝게 드러난다는 말이다. 『서경』에서 "지성(至誠)으로 신에 감응한다."라고 하였고, 또 『서응도(瑞應圖)』에서도 "성인은 천지의 자연운행에 잘 따를 수 있어서, 하늘이 만물에게 이롭고 은혜로운 이슬을 내려주고, 땅은 감미로운 샘물이 솟아나오게 한다."라고 하였으며, 『시경』에서는 "복 내려줌이 많고도 많도다."[10]라고 하였고, 『주역』에서는 "하늘로부터 돕는지라, 길하고, 이롭지 않음이 없다."[11]라고 하였으니, 주는 이러한 여러 문장들을 집약하여 풀이를 하고 있는 것이다. 이 문장들을 살펴보면, '신감지성(神感至誠)'이라는 말에서 '지성(至誠)'은 마땅히 '지함(至諴)'으로 고쳐야 하는데, 지금 『정본』에서 '지성(至誠)'으로 기록하고 있는 것은 글자가 비슷

9 『상서』「주서(周書)·군진(君陳)」 : 惟民生厚, 因物有遷, 違上所命, 從厥攸好. 爾克敬典在德, 時乃罔不變, 允升于大猷.

10 『시경』「주송(周頌)·집경(執競)」 : 鐘鼓喤喤, 磬筦將將, 降福穰穰.

11 『주역』「대유괘(大有卦)」 : 上九, 自天祐之, 吉无不利.

한 데에서 기인한 오자이다.

邢疏 ▮注"事天"至"彰也". ▸正義曰：誠, 和也. 言事天地若能明察, 則神祇感其至和, 而[12]降福應以祐助之. 是神明之功彰見也. 『書』云: "至誠感神." 又『瑞應圖』曰: "聖人能順天地, 則天降膏露, 地出醴泉." 『詩經』云: "降福穰穰." 『易』曰: "自天祐之, 吉無不利." 注約諸文以釋之也. 按此則"神感至誠", 當爲"至誠", 今定本作"至誠", 字之誤也.

▍경문 16-2

그러므로 비록 천자가 존귀하다고 하더라도, 반드시 더 존귀한 자가 있으니, 부친과 숙부 등이 있음을 뜻하는 것이며, 반드시 더 연배가 높은 자가 있으니, 형들이 있음을 뜻한다. 《 주: 부(父)자는 제부(諸父)들을 뜻하고, 형(兄)자는 제형(諸兄)들을 뜻하니, 이들 모두는 조부나 부친의 자손들이다. 예법에 따르면, 군주가 종족들에게 연회를 베풀 때에는 군주 본인도 제부들 및 제형들과 연배에 따른 서열로 한다고 했다. 》 **종묘의 일에서 공경을 다하는 것은 부모의 은덕을 잊지 않기 때문이다.** 《 주: 종묘의 일에 대해서 공경을 다하여 시행할 수 있다는 것은 감히 그의 부모를 잊지 못하기 때문이라는 뜻이다. 》 **수신을 하고 신중하게 행동하는 것은 자신의 행동이 조상을 욕보이게 될까 걱정하기 때문이다.** 《 주: 천자가 비록 천하에서 가장

12 '이(而)'자에 대하여. '이'자는 본래 '불(不)'자로 기록되어 있었는데, 완원(阮元)의 『교감기(校勘記)』에서는 "『민본(閩本)』·『감본(監本)』·『모본(毛本)』에는 '불'자를 '이'자로 기록하고 있는데, 이 기록이 옳다."라고 했다.

높은 자라고 하더라도, 오히려 제 자신을 단속하는 일에 매진하고, 자신의 행동을 신중하게 하는데, 그 이유는 자신의 잘못된 행동과 몸가짐이 선조를 욕보여서 그들의 성대한 업적을 훼손시키게 될까 걱정하기 때문이다.》 **종묘의 일들에 공경을 다하게 되면, 선조들의 신령들이 나타나게 된다.**《 주: 종묘을 일을 시행할 때에 공경을 다하게 된다면, 조상들이 찾아와서, 그의 지극한 정성을 흠향하게 된다. 그렇기 때문에 나타난다고 말한 것이다.》 **효와 우애의 지극함은 신명(神明)에게도 통하고, 온 천하에 밝게 드러나게 되니, 통용되지 않는 곳이 없는 것이다.**《 주: 종묘의 일에 대해서 공경을 다하고, 장유의 관계에서 예법에 순종하며, 효와 우애의 심성을 지극하게 한다면, 그의 지극한 심성이 신명(神明)에 통하게 되고, 온 천하에 밝게 드러나게 된다. 그렇기 때문에 통용되지 않는 곳이 없다고 말한 것이다.》

經文 16-2　**故雖天子，必有尊也，言有父也；必有先也，言有兄也.**《注：父謂諸父，兄謂諸兄，皆祖考之胤也. 禮：君宴族人，與父兄齒也.》 **宗廟致敬，不忘親也.**《注：言能敬事宗廟，則不敢忘其親也.》 **脩身愼行，恐辱先也.**《注：天子雖無上於天下，猶脩持其身，謹愼其行，恐辱先祖而毁盛業也.》 **宗廟致敬，鬼神著矣.**《注：事宗廟能盡敬，則祖考來格，享於克誠，故曰著也.》 **孝悌之至，通於神明，光于四海，無所不通.**《注：能敬宗廟，順長幼，以極孝悌之心，則至性通於神明，光于四海，故曰無所不通.》

형병 소　▮경문 : "故雖"~"不通". ▸『정의(正義)』: '고(故)'자는 윗문장과 아랫문장을 이어주는 말이다. 윗문장에서 부친을 효로 섬긴다고 언급하고, 또 모친을 효로 섬긴다고 언급하였으며, 또 장유의 도리에 순종한다고 하였으니, 이곳 문장에서 제부(諸父)를 존엄하게 대하고, 제형(諸兄)들을 연장자로 대접한다는 뜻과 공경을 다하는 일 및 수신하는 도리에 대해서 언급하며, 아울러서 귀신이 나타나게 된다고 하였으니, 효와 우애의 지극함은 통용되지 않는 곳이 없다고 기술하고 있는 것이다.

邢疏　　■"故雖"至"不通". ▸正義曰：故者, 連上起下之辭. 以上文云事父孝, 又云事母孝, 又云長幼順, 所以於此述尊父先兄之義, 以及致敬與脩身之道, 兼言鬼神之著, 孝悌之至, 無所不通也.

형병 소　　즉 이 문장은 군주가 비록 존귀함으로 따져서 천자라는 가장 높은 자가 되지만, 종족들 속에서는 반드시 존귀하게 모셔야 하는 자들이 있다는 뜻으로, 천자에게 제부(諸父)들이 있음을 뜻하는 것이며, 반드시 천자가 연장자로 대접해야 하는 자들이 있으니, 천자에게 제형(諸兄)들이 있다는 뜻이다. 종묘에서 공경을 다하는 것은 천자가 그의 부모를 잊지 못하기 때문이며, 수신하고 행동을 신중하게 하는 것은 조상을 욕되이 하지 않고자 해서이다. 그러므로 종묘의 일들에 대해서 공경을 다하여 시행할 수 있다면, 조상의 신령들이 나타나서, 그의 정성을 흠향하게 된다. 이 말은 곧 현명한 군주는 효와 우애에 대한 지극한 성정을 가지고 있으므로, 이것이 신명(神明)에게 감응되니, 온 천하에 밝게 드러나서, 통용되지 않는 곳에 없게 된다는 뜻이다.

邢疏　　言王者雖貴爲天子, 於天下宗族之中, 必有所尊之者, 謂天子有諸父也; 必有所先之者, 謂天子有諸兄也. 宗廟致敬, 是不忘其親; 脩身愼行, 是不辱其祖考. 故能致敬於宗廟, 則鬼神明著而歆享之. 是明王有孝悌之至性, 感通神明, 則能光于四海, 無所不通.

형병 소 그런데 「간쟁장」의 내용들은 천자뿐만 아니라, 제후 및 대부들까지도 포함시켜 언급하고 있는데, 이번 「감응장」에서는 유독 천자라고만 일컫는 이유는 천자가 천지에 감응할 수 있다면, 제후 및 그 이하의 사람들 또한 마땅히 제 스스로 천자를 본받기 위해 더욱 노력하게 될 것임을 뜻한다.

邢疏 然諫爭兼有諸侯大夫, 此章唯稱王者, 言王能致應感, 則諸侯已下, 亦當自勉勗也.

형병 소 ▮어주 : "父謂"~"齒也". ▸『정의(正義)』: 주에서 "부(父)자는 제부(諸父)들을 뜻하고, 형(兄)자는 제형(諸兄)들을 뜻한다."라고 하였는데, 부친의 곤제(昆弟)를 백부(伯父) 또는 숙부(叔父)라고 부르고, 자신의 곤제를 형(兄)이라고 부르는데, 그 속에 포함된 사람들은 한 가지 경우가 아니기 때문에 '제(諸)'자를 붙인 것이다. 『시경』에서 "제부(諸父)들을 불렀다."[13]라고 하였고, 또 "내 제형(諸兄)들에게 돌아가리라."[14]라고 말한 것이 바로 이들을 가리킨다.

邢疏 ▮注"父謂"至"齒也". ▸正義曰 : 云"父謂諸父, 兄謂諸兄"者, 父之昆弟曰伯父·叔父, 己之昆曰兄, 其屬非一, 故言諸也. 『詩經』曰"以速諸父", 又曰"復我諸兄", 是也.

---

13 『시경』「소아(小雅)·벌목(伐木)」: 伐木許許, 釃酒有藇. 旣有肥羜, 以速諸父.

14 『시경』「소아(小雅)·황조(黃鳥)」: 此邦之人, 不可與明. 言旋言歸, 復我諸兄.

형병 소 주에서 "이들 모두는 조부나 부친의 자손들이다."라고 하였는데, 『예기』「곡례」편을 살펴보면, "부친이 돌아가시면, 부친을 고(考)라고 부른다."[15]라고 하였으니, 부친 이상의 조상들을 통칭하여 조고(祖考)라고 부른다는 뜻이다. 그리고 윤(胤)은 후계자라는 뜻이다. 조상의 묘(廟) 중에서 아직 대수(代數)가 끝나지 않아서, 훼철되지 않았다면, 그 조상의 자손들은 모두 천자의 친족이 된다는 뜻이다.

邢疏 云"皆祖考之胤也"者, 按「曲禮」曰: "父死曰考." 言父以上, 通謂之祖考. 胤, 嗣也. 謂其廟未毁, 其胤皆是王者之族親也.

형병 소 주에서 "예법에 따르면, 군주가 종족들에게 연회를 베풀 때에는 군주 본인도 제부들 및 제형들과 연배에 따른 서열로 한다고 했다."라고 했는데, 이 말은 공안국의 전(傳)에 의거한 문장이다. 「시서(詩序)」에서, 『시경』의 「각궁」편에 대한 기록을 살펴보면, "부형(父兄)들이 유왕(幽王)을 풍자한 것이다."라고 하였는데, 무릇 이때의 부형(父兄)도 군주의 제부(諸父)와 제형(諸兄)들을 뜻하는 것이다. 고대에는 천자가 제사를 끝내고 나면, 동성(同姓)의 사람들은 그대로 머물게 되니, 이것을 족인들과 연회를 펼친다고 한 것이다.

邢疏 云"禮: 君宴族人, 與父兄齒也"者, 此依孔傳也. 按「詩序·角弓」: "父兄刺幽王", 蓋謂君之諸父諸兄也. 古者天子祭畢, 同姓則留之, 謂與族人讌.

15 『예기』「곡례하(曲禮下)」: 生曰父, 曰母, 曰妻. 死曰考, 曰妣, 曰嬪. 壽考曰卒, 短折曰不祿.

형병 소 그러므로『시경』「초자」라는 시에서 "제부(諸父) 및 형제들과 모두 모여 연회를 펼친다."[16]라고 하였는데, 이 문장에 대한 정현의 전문(箋文)에서는 "제사가 다 끝나게 되면, 빈객들에게 제사 때 올렸던 고기들을 나눠주어 돌려보내고, 동성인 사람들은 그대로 머물러 군주와 함께 연회를 펼친다."라고 하였으니, 이것이 바로 천자가 족인들에게 연회를 베푼다는 것을 가리킨다. 또『예기』「문왕세자」편에서는 "만약 군주가 족인들과 연회를 펼치게 되면, 이성(異姓)인 사람들은 빈객이 되고, 선재(膳宰)를 맡은 자가 주인이 된다. 군주는 제부(諸父) 및 형제들과 나이 서열에 따른다."[17]라고 하였으니, 족인들과 연회를 할 때에는 또한 군주는 신분의 존비(尊卑)에 따라서 서열을 정하기도 하지만, 나이에 따라 제부(諸父) 및 제형(諸兄)들의 아래에 위치하게 될 수도 있다는 뜻이다.

邢疏 故「楚茨[18]」詩曰: "諸父兄弟, 備言燕私." 鄭箋云: "祭畢, 歸賓客之俎, 同姓則留與之燕." 是天子宴族人也. 又『禮記』「文王世子」云: "若公與族燕, 則異姓爲賓, 膳宰爲主人. 公與父兄齒."則知燕族人亦以尊卑爲列, 齒於父兄之下也.

형병 소 ▮어주 : "言能"~"親也". ▸『정의(正義)』:『예기』「문왕세자」편을 살펴보면, "오대조(五代祖)까지의 자손에 속한 사람들에

---

16 『시경』「소아(小雅)·초자(楚茨)」: 諸宰君婦, 廢徹不遲. 諸父兄弟, 備言燕私.

17 『예기』「문왕세자(文王世子)」: 其公大事, 則以其喪服之精麤爲序, 雖於公族之喪亦如之, 以次主人 若公與族燕, 則異姓爲賓, 膳宰爲主人, 公與父兄齒, 族食世降一等.

18 '초자(楚茨)'에 대하여. '초자'는 본래 '기(其)'자로 기록되어 있었는데, 완원(阮元)의『교감기(校勘記)』에서는 "포당(浦鏜)은 '기'자는 마땅히 '초자'라고 기록해야 한다."라고 했다.

대해서, 그들의 조고(祖考)에 대한 묘(廟)가 대수(代數)가 끝나지 않아서, 종묘(宗廟)에서 훼철되지 않았다면, 비록 그 사람의 신분이 서인(庶人)이라고 하더라도, 그들이 관례(冠禮)를 치르거나 혼례(婚禮)를 치를 때에, 반드시 군주에게 알려야 하고, 그들이 죽게 되면, 반드시 부고를 해야 한다."[19]라고 하였으니, 이것은 부모를 잊지 못하기 때문이다.

邢疏　　▮注"言能"至"親也". ▸正義曰 : 按『禮記』「文王世子」稱"五廟之孫, 祖廟未毁, 雖爲庶人, 冠·取妻必告, 死必赴", 是不忘親也.

형병 소　　『예기』「대전」편에서는 "그 중에 바꿀 수 없는 것들이 있으니, 부모를 친애하는 것과 존엄한 자를 존엄하게 대하는 것과 연장자를 연장자로 대우하는 것이다."[20]라고 했다. 부모를 친애하기 때문에, 조상을 존엄하게 모시는 것이며, 조상을 존엄하게 모시기 때문에 종묘에서 공경을 다하는 것이며, 종묘에서 공경을 다하기 때문에 족인들을 포용하는 것이며, 족인들을 포용하기 때문에 종묘의 일들이 존엄하게 되는 것이니, 이 말은 군주가 종묘에서 공경을 다하는 것은 그의 부모를 감히 잊을 수가 없기 때문이라는 뜻이다.

邢疏　　『禮記』「大傳」稱"其不可得變革者則有矣: 親親也, 尊尊也, 長長也". 親親故尊祖, 尊祖故敬宗, 敬宗故收族, 收族故宗廟嚴, 言君致敬宗廟, 則不敢忘其親也.

19　『예기』「문왕세자(文王世子)」: 五廟之孫, 祖廟未毁, 雖爲庶人, 冠取妻必告, 死必赴, 練祥則告.

20　『예기』「대전(大傳)」: 其不可得變革者則有矣. 親親也, 尊尊也, 長長也.

형병 소 ▮어주 : "天子"~"業也". ▸『정의(正義)』 : 주에서 "천자가 비록 천하에서 가장 높은 자라고 하더라도"라고 한 말은 왕주(王注)에 의거한 문장이다. 『예기』「방기」에서는 "하늘에는 두 개의 태양이 있을 수 없고, 땅에는 두 명의 제왕이 있을 수 없으며, 집안에는 두 명의 주인이 있을 수 없고, 존엄한 자는 두 명이 될 수 없다."[21] 라고 했는데, 이 말은 하늘 아래에 천자가 가장 존엄한 자가 된다는 뜻이다.

邢疏 ▮注"天子"至"業也". ▸正義曰 : 云"天子雖無上於天下"者, 此依王[22]注也. 『禮』「坊記」云: "天無二日, 土無二王, 家無二主, 尊無二上", 謂普天之下, 天子至尊也.

형병 소 주에서 "오히려 제 자신을 단속하는 일에 매진하고, 자신의 행동을 신중하게 하는데, 그 이유는 자신의 잘못된 행동과 몸가짐이 선조를 욕보여서 그들의 성대한 업적을 훼손시키게 될까 걱정하기 때문이다."라고 하였는데, 『예기』「제의」편을 살펴보면, 부모가 이미 돌아가셨다고 하더라도, 행동을 조심스럽게 하는 일에 매진하여, 선조를 욕되게 해서는 안 된다고 하였다.[23] 성업(盛業)이라는 말은 선조가 공적을 쌓아서 세상에 업적을 세운 것을 뜻한다. 위에서 "반드시 더 연배가 높은 자가 있다."라고 하였는데, 이때의 선

21 『예기』「방기(坊記)」 : 子云, "天無二日, 土無二王, 家無二主, 尊無二上, 示民有君臣之別也. 春秋不稱楚越之王喪, 禮君不稱天, 大夫不稱君, 恐民之惑也. 詩云, '相彼盍旦, 尙猶患之.'"

22 '왕(王)'자에 대하여. '왕'자는 본래 '정(正)'자로 기록되어 있었는데, 완원(阮元)의 『교감기(校勘記)』에서는 "『민본(閩本)』·『감본(監本)』·『모본(毛本)』에는 '정'자를 '왕'자로 기록하고 있는데, 이 기록이 옳다."라고 했다.

23 『예기』「제의(祭義)」 : 父母既沒, 愼行其身, 不遺父母惡名.

(先)자는 바로 형(兄)을 뜻한다. 이 문장에서 "선(先)을 욕되게 함을 두려워한다."라고 하였는데, 여기에서의 선(先)자는 선조를 뜻한다.

邢疏　云"猶脩持其身, 謹愼其行, 恐辱先祖而毁盛業也"者, 按『禮記』「祭義」云: 父母旣沒, 沒愼行不辱先也. 盛業, 謂先祖積德累功, 而有天下之業. 上言"必有先也", 先, 兄也. 此言"恐辱先"也, 是先祖也.

형병 소　▮어주 : "事宗"~"著也". ▸『정의(正義)』: 주에서 "조상들이 찾아온다."라고 말한 것은 『서경』「익직」편의 문장이다.[24] 격(格)자는 도달한다는 뜻이다. 그러므로 이 문장은 종묘에서 공경을 다한다면, 조상의 신령들이 찾아온다는 뜻이다. 『시경』에서 "신명(神明)이 강림하시어, 복을 내려 보답해주신다."[25]라고 하였는데, 이것 또한 신령이 찾아온다는 뜻이다.

邢疏　▮注"事宗"至"著也". ▸正義曰 : 云"祖考來格"者, 『尙書』「益稷」文. 格, 至也. 言事宗廟能恭敬, 則祖考之神來格. 『詩經』曰: "神保是格, 報以景福." 亦是言神之至.

형병 소　주에서 "그의 지극한 정성을 흠향하게 된다. 그렇기 때문에 나타난다고 말한 것이다."라고 하였는데, "지극한 정성을 흠향한다."라는 말은 『서경』「태갑」편의 문장이다.[26] 이 문장에 대한 공안국의 전문(傳文)에서는 "귀신은 한 사람만 수호해주는 것이 아니

24 『상서』「우서(虞書)·익직(益稷)」: 夔曰, 戛擊鳴球, 搏拊琴瑟以詠, 祖考來格, 虞賓在位, 羣后德讓, 下管鼗鼓, 合止柷敔, 笙鏞以間, 鳥獸蹌蹌, 簫韶九成, 鳳皇來儀.

25 『시경』「소아(小雅)·초자(楚茨)」: 神保是格. 報以介福, 萬壽攸酢.

26 『상서』「상서(商書)·태갑하(太甲下)」: 民罔常懷, 懷于有仁, 鬼神無常享, 享于克誠, 天位艱哉.

며, 정성을 다하는 자에 대해서는 그가 올리는 제사를 흠향한다는 뜻이다."라고 하였으니, "조상들이 찾아온다."라고 하고, "지극한 정성을 흠향한다."라는 말은 모두 신령이 밝게 나타난다는 뜻이다.

邢疏 云"享於克誠, 故曰著也"者, "享於克誠", 『尙書』「太甲」篇文. 孔傳云: "言鬼神不保一人, 能誠信者, 則享其祀." 則"祖考來格"·"享於克誠", 皆昭著之義.

형병 소 위에서 종묘에서 공경을 다한다는 것은 천자가 제부(諸父)들을 존엄하게 대하고, 제형(諸兄)들을 연장자로 대접하는 것을 뜻하며, 조상들에게 공경을 다하는 것은 그의 부모를 감히 잊을 수가 없기 때문이라고 했다. 이 문장에서 종묘에서 공경을 다한다는 것은 천자가 종묘에서 공경을 다하게 되면, 귀신들과 감응할 수 있다는 것을 기술하고 있는 것이다. 비록 이 두 문장에서 공경을 다한다고 말하고 있지만, 각각 차이점이 있는 것이다. 옛 주석에서는 살아계신 분들을 섬기는 일은 쉽지만, 죽은 자를 섬기는 일은 어렵기 때문에, 성인(聖人)이 그 일을 신중하게 여겨서, 거듭 기록해둔 것이라고 하였다. 그러나 이 주장은 사리에 맞지 않으므로 채택하지 않았다.

邢疏 上言宗廟致敬, 謂天子尊諸父, 先諸兄, 致敬祖考, 不敢忘其親也. 此言宗廟致敬, 述天子致敬宗廟能感鬼神. 雖同稱致敬, 而各有所屬也. 舊注以爲事生者易, 事死者難, 聖人愼之, 故重其文. 今不取也.

형병 소 위에서 신명(神明)이라고 말한 것은 천지의 신들을 뜻하고, 여기에서 귀신(鬼神)이라고 말한 것은 조상의 신령들을 뜻한다.

『주역』에서 "음양(陰陽)으로 헤아릴 수 없는 것을 신(神)이라고 부른다."[27]라고 했고, 선배 유학자들은 이 말을 풀이하면서 "만약 삼재(三才)를 비교해본다면, 천신을 신(神)이라고 부르고, 지신을 기(祇)라고 부르며, 인신을 귀(鬼)라고 부른다."라고 했으니, 이 말은 하늘의 도는 현묘하고 요원하여 헤아리기 어렵기 때문에 신(神)이라고 부른다는 뜻이다. 그리고 기(祇)자는 알 수 있다는 뜻으로, 땅은 하늘에 비해 사람과 가까운 대상이므로, 땅이 배양해주는 작용을 알 수 있다. 그렇기 때문에 기(祇)라고 부르는 것이다.

邢疏　　上言神明謂天地之神也, 此言鬼神謂祖考之神. 『易』曰: "陰陽不測之謂神." 先儒釋云: "若就三才相對, 則天曰神, 地曰祇, 人曰鬼." 言天道玄遠難可測, 故曰神也. 祇者知也, 言地去人近, 長育可知, 故曰祇也.

형병 소　　귀(鬼)자는 되돌아간다는 뜻으로, 사람은 무(無)에서 생겨나서, 다시 무로 되돌아간다. 그렇기 때문에 귀(鬼)라고 부르는 것이다. 그런데 귀(鬼)를 또한 신(神)으로도 부른다. 『대대례기』「오제덕」편을 살펴보면, "황제(黃帝)가 죽자, 백성들은 그 신(神)을 외경함이 백년이었다."[28]라고 말한 것이 바로 이러한 용례에 해당한다. 위에서 신명(神明)을 언급한 것은 천지를 존엄하게 대한다는 뜻이고, 여기에서 귀신(鬼神)을 언급한 것은 조상신들을 존엄하게 대한다는 뜻이다.

27　『주역』「계사상(繫辭上)」: 通變之謂事, 陰陽不測之謂神.

28　『대대례기』「오제덕(五帝德)」: 生而民得其利百年, 死而民畏其神百年, 亡而民用其教百年, 故曰三百年.

邢疏　鬼者歸也, 言人生於無, 還歸於無, 故曰鬼也. 亦謂之神. 按「五帝德」云"黃帝死, 而民畏其神百年" 是也. 上言神明, 尊天地也. 此言鬼神, 尊祖考也.

형병 소　▮어주 : "能敬"~"不通". ▸『정의(正義)』: 주에서 "종묘의 일에 대해서 공경을 다하고, 장유의 관계에서 예법에 순종하며, 효와 우애의 심성을 지극하게 한다."라고 하였는데, 종묘의 일에 대해서 공경을 다하는 것은 효가 되고, 장유의 관계에서 예법에 순종하는 것은 우애가 된다. 그러므로 이 두 가지 행동이 효와 우애의 심성을 지극하게 하는 것이 된다.

邢疏　▮注"能敬"至"不通". ▸正義曰 : "能敬宗廟, 順長幼, 以極孝悌之心"者, 敬宗廟爲孝, 順長幼爲悌. 此極孝悌之心也.

형병 소　주에서 "그의 지극한 심성이 신명(神明)에 통하게 되고, 온 천하에 밝게 드러나게 된다."라고 한 말은 지극한 심성이 이와 같다면, 신명(神明)에 통하게 되고, 온 천하에 밝게 드러나게 된다는 뜻이다.

邢疏　云"則至性通於神明, 光於四海"者, 言[29]至性如此, 則通於神明, 光於四海.

29 '자언(者言)'에 대하여. '자언'은 본래 '고왈(故曰)'로 기록되어 있었는데, 완원(阮元)의 『교감기(校勘記)』에서는 "포당(浦鏜)은 '고왈'이라는 글자는 마땅히 '자언'이라는 두 글자의 오자가 된다."라고 했다.

▎경문 16-3

『시경』에서 말하길, "서쪽에서부터 동쪽에 이르기까지, 남쪽에서 북쪽에 이르기까지, 복종하지 않으려고 마음먹은 자가 없다."[30]라고 했다.《 주: 이 시를 인용한 것은 덕과 교화가 온 천하에 두루 시행되어, 그 뜻에 따라 교화되지 않는 자가 없다는 의미를 채택한 것이다.》

經文 16-3 **『詩經』云: '自西自東, 自南自北, 無思不服.'"**《 注: 義取德教流行, 莫不服義從化也.》

형병 소 ▮경문 : "詩云"~"不服". ▸『정의(正義)』: 공자는 효 및 우애에 대한 일과 신명(神明)에 감응하였을 때 나타나는 축복에 대해서 기술을 마치고, 곧『시경』「대아 · 문왕유성」편의 시를 인용하여, 이 일들에 대해서 찬미를 한 것이다. 자(自)자는 "~부터"라는 뜻이다. 즉 가까운 곳에서부터 먼 곳에 이르기까지, 사방에 모두 미쳐서, 모든 사람들이 그 성덕(聖德)에 감복하여 교화가 되니, 복종하지 않으려고 마음먹은 자가 없다는 뜻으로, 이것을 통하여 위에서 말한 "통용되지 않는 곳이 없다."라고 한 말에 대해서 다시 설명하고 있는 것이다.『시경』 본문에는 "호경(鎬京)의 벽옹(辟雍)에서 서쪽에서부터, 동쪽에서부터, 남쪽에서부터, 북쪽에서부터, 복종하지 않음을 품는 이가 없다."라고 기록되어 있는데, 이 문장에서 옹(雍) · 동(東)자와 북(北) · 복(服)자는 서로 대구가 되는 운자(韻字)이다. 황간(皇侃)은 이 문장에 대해서, "먼저 서쪽을 언급한 이유는 이 시가 주(周)

30 『시경』「대아(大雅) · 문왕유성(文王有聲)」: 鎬京辟廱, 自西自東. 自南自北, 無思不服. 皇王烝哉.

나라의 시이기 때문이니, 교화가 서쪽에서부터 기원하여, 문왕이 서백(西伯)이 된 것이며, 또 서린(西鄰)이 되어, 서쪽에서부터 동쪽으로 정벌해서 주왕(紂王)을 멸망시킨 것을 뜻한다."라고 하였는데, 아마도 이 말은 시의 본의를 놓치고 있는 것 같다.

邢疏 ▮"詩云"至"不服". ▸正義曰：夫子述孝悌之事 · 應感之美旣畢, 乃引「大雅 · 文王有聲」之詩以贊美之. 自, 從也. 言從近及遠, 至於四方, 皆感德化, 無有思而不服之者, 以明"無所不通". 『詩[31]』云: "鎬京辟雍, 自西自東, 自南自北, 無思不服." 此則"雍""東" · "北""服"對句爲韻. 而皇侃云: "先言西者, 此是周詩, 謂化從西起, 所以文王爲西伯, 又爲西鄰, 自西而東滅紂." 恐非其義也.

형병 소 ▮어주 : "義取"~"化也". ▸『정의(正義)』: 이 말은 정주(鄭注)에 의거한 문장이다. 덕과 교화가 두루 시행되면, 통용되지 않는 곳이 없게 된다. 그 뜻에 감복하고 교화에 따른다는 것은 곧 "복종하지 않으려고 마음먹은 자가 없다."라는 뜻이니, 현명한 군주의 뜻에 감복하고, 현명한 군주의 교화에 따른다는 말이다.

邢疏 ▮注"義取"至"化也". ▸正義曰：此依鄭注也. 德化流行, 則無不通. 服義從化, 卽"無思不服", 言服明王之義, 從明王之化也.

---

31 '시(詩)'자에 대하여. '시'자 아래에는 본래 '본문(本文)'이라는 두 글자가 있었는데, 완원(阮元)의 『교감기(校勘記)』에서는 "포당(浦鏜)은 '본문(本文)이라는 두 글자는 연문이다.'"라고 했다.

제17장 사군장事君章

효와 군주를 섬기는 방법

형병 소 『정의(正義)』: 이번 「사군장」의 첫 부분에서는 군자가 군주를 섬기는 것에 대해서 언급하고, 또 군주 앞에 나아가서 충을 다할 것을 생각하고, 물러나서는 군주의 과실을 보필할 것을 생각한다는 것들 모두는 군주를 섬기는 도리임을 말하고 있다. 공자는 "천하에 도가 있다면, 세상에 나타나고, 도가 없다면, 은둔한다."[1]라고 했다. 앞의 「감응장」에서는 현명한 군주의 덕과 신명(神明)에 감응했을 때의 미덕에 대해서 언급하며, 천하 사람들이 모두 그를 쫓아 교화가 되어, 복종하지 않으려고 마음먹는 사람들이 없게 된다고 하였다. 이번 「사군장」에서 말하는 내용은 효자가 조정에 나아가 군주를 섬길 때에 해당하는 것이다. 그렇기 때문에 이러한 뜻에서 장(章)의 이름을 짓고서, 「감응장」 뒤에 둔 것이다.

邢疏 正義曰 : 此章首言君子之事上, 又言進思盡忠, 退思補過, 皆是事君之道. 孔子曰: "天下有道則見, 無道則隱." 前章言明王之德·應感之美, 天下從化, 無思不服. 此孝子升朝事君之時也, 故以名章, 次「應感」之後.

---

1 『논어』「태백(泰伯)」: 子曰, "篤信好學, 守死善道. 危邦不入, 亂邦不居. 天下有道則見, 無道則隱. 邦有道, 貧且賤焉, 恥也, 邦無道, 富且貴焉, 恥也."

경문 17-1

공자가 말하길, "군자가 군주를 섬길 때에는《 주: 상(上)자는 군주를 뜻한다. 》 **군주 앞에 나아가서는 충을 다할 것을 생각하고,**《 주: 군주 앞에 나아가 알현을 할 때에는 충성과 절개를 다할 것을 생각한다. 》 **물러나서는 군주의 잘못을 보필할 것을 생각하고,**《 주: 군주에게 과실이 있다면, 보필하여 도움이 될 것을 생각한다. 》 **군주의 아름다운 미덕은 순종하여 따르고,**《 주: 장(將)자는 시행한다는 뜻이다. 군주에게 아름답고 좋은 점이 있다면, 순종하여 따르는 것이다. 》 **군주의 나쁜 점은 바로잡고 그만두게 한다.**《 주: 광(匡)자는 바로잡는다는 뜻이고, 구(救)자는 그치게 한다는 뜻이다. 군주에게 잘못되고 나쁜 점이 있다면, 바로잡아서 그만두게 하는 것이다. 》 **그렇기 때문에 윗사람이나 아랫사람이나 모두 서로 친애할 수 있게 되는 것이다.**《 주: 아랫사람이 충성으로 군주를 섬기고, 군주가 도리로써 아랫사람들을 대한다. 그렇게 되면 군주와 신하가 좋은 미덕을 함께 하기 때문에 서로 친애할 수 있는 것이다. 》

經文 17-1　**子曰: "君子之事上也,**《 注: 上, 謂君也. 》 **進思盡忠,**《 注: 進見於君, 則思盡忠節. 》 **退思補過,**《 注: 君有過失, 則思補益. 》 **將順其美,**《 注: 將, 行也. 君有美善, 則順而行之. 》 **匡救其惡,**《 注: 匡, 正也. 救, 止也. 君有過惡, 則正而止之. 》 **故上下能相親也.**《 注: 下以忠事上, 上以義接下. 君臣同德, 故能相親. 》

형병 소　▮경문 : "子曰"~"親也". ▸『정의(正義)』: 이번 「사군장」에서는 현자 및 군자가 군주를 섬기는 것에 대해서 언급하고 있다. 즉 조정에 나아가서 군주를 찾아뵙고, 군주와 함께 국사(國事)에 대해서 도모할 경우에는 충성과 절개를 다할 것을 생각한다는 뜻이다. 또한 만약 조정에서 물러나 집으로 돌아온 때라면, 자신의 소임을 항상 생각하여, 군주의 과실을 보필할 것을 생각해야 한다는 말이다. 그리고 정치와 교화에 대해서, 군주의 아름다운 도리에 대해서는 마땅히 순종하여 따라야 하는 것이고, 군주의 잘못된 점에 대해서는 바로잡아서 그만두게 해야 하는 것이다. 이와 같이 한다면, 군주와 신하 모두가 정감과 뜻을 합칠 수 있어서, 서로 친애할 수 있게 되는 것이다. 『효경』 경문에서 '군자(君子)'라고 일컫는 곳은 일곱 군데가 된다. 첫 번째 경우는 "군자들은 그를 존귀하게 여기지 않을 것이다."[2]라는 것이고, 두 번째 경우는 "군자들은 그렇게 하지 않는다."[3]라는 것이며, 세 번째 경우는 "훌륭하신 저 군자여."[4]라는 것이고, 네 번째 경우는 "군자는 효로 교화를 시킨다."[5]라는 것이며, 다섯 번째 경우는 "화락하고 너그러운 군자여."[6]라는 것인데, 여기에서 말하는 것들은 모두 하나의 장단(章段)을 가져다가 성인군자를 가리키고 있는 것으로, 군주의 지위에 올라서 백성들을 자식처럼 대하는 자를 뜻한다. 여섯 번째 경우에서 "군자는 부모를 효로 섬긴다."[7]라고 한 말과 이번 「사군장」에서 "군자가 군주를 섬긴다."라고 한 말 모두는 현명한 군자를 가리킨다.

邢疏 ▮"子曰"至"親也". ▸正義曰：此明賢人君子之事君也. 言

---

2 『효경』「성치장(聖治章)」: 雖得之, 君子不貴也.

3 『효경』「성치장(聖治章)」: 君子則不然.

4 『효경』「성치장(聖治章)」: 詩云, "淑人君子, 其儀不忒."

5 『효경』「광지덕장(廣至德章)」: 子曰, 君子之敎以孝也, 非家至而日見之也.

6 『효경』「광지덕장(廣至德章)」: 詩云, "愷悌君子, 民之父母."

7 『효경』「광양명장(廣揚名章)」: 子曰, 君子之事親孝, 故忠可移於君.

入朝進見, 與謀慮國事, 則思盡其忠節. 若退朝而歸, 常念己之職事, 則思補君之過失. 其於政化, 則當順行君之美道, 止正君之過惡. 如此則能君臣上下情志通協, 能相親也. 經稱"君子"有七焉: 一曰"君子不貴", 二曰"君子則不然", 三曰"淑人君子", 四曰"君子之敎以孝", 五曰"愷悌君子". 已上皆斷章指於聖人君子, 謂居君位而子下人也. 六曰"君子之事親孝", 故此章"君子之事上", 則皆指於賢人君子也.

형병 소 ▮어주 : "上, 謂君也". ▸『정의(正義)』: 이 문장은 『논어』에서 "효와 우애가 있는 자들 중에 윗사람을 욕보이길 좋아하는 자는 드물다."[8]라고 한 말과 대비가 되는데, 『논어』에서 말하는 상(上)은 자기보다 위에 있는 모든 자들을 가리키고, 이곳에서 말하는 상(上)은 군주를 가리킨다. 그렇기 때문에 주에서 "상(上)자는 군주를 뜻한다."라고 말한 것이다.

邢疏 ▮注"上, 謂君也". ▸正義曰 : 此對『論語』云: "孝悌而好犯上者鮮矣." 彼"上"謂凡在己上者, 此"上"惟指君, 故云"上, 謂君也".

형병 소 ▮어주 : "進見"~"忠節". ▸『정의(正義)』: 이 문장은 위주(韋注)에 근거한 말이다. 『설문해자』에는 "충(忠)은 공경한다는 뜻이다."라고 했다. 자신의 진심을 다하는 것을 충(忠)이라고 부른다. 그러므로 『자고(字詁)』에서 "충(忠)은 강직하다는 뜻이다."라고 한 것이며, 『논어』에서 "신하는 군자를 충(忠)으로 섬긴다."[9]라고 말하

8 『논어』「학이(學而)」: 有子曰, "其爲人也孝弟, 而好犯上者, 鮮矣, 不好犯上, 而好作亂者, 未之有也. 君子務本, 本立而道生. 孝弟也者, 其爲仁之本與!"

9 『논어』「팔일(八佾)」: 定公問, "君使臣, 臣事君, 如之何?" 孔子對曰, "君使臣以禮, 臣事君以忠."

였으니, 충(忠)이라는 것은 군주를 잘 섬긴다는 명칭이다. 절(節)은 지조를 뜻한다. 군주를 섬기는 사람은 자신이 맡은 직무를 공경하는 마음으로 수행하고, 지조 있는 행동을 강직하게 지키며, 충성을 다한다는 뜻이다. 그러므로 이 문장은 신하들은 항상 자신의 지조와 절개를 다할 것을 생각하며, 군주로부터 받은 명령을 온 몸을 다 바쳐서 수행해야 한다는 뜻이다.

邢疏　　▮注"進見"至"忠節". ▸正義曰 : 此依韋注也. 『說文』云: "忠, 敬也." 盡心曰忠. 『字詁』曰: "忠, 直也." 『論語』曰: "臣事君以忠." 則忠者善事君之名也. 節, 操也. 言事君者敬其職事, 直其操行, 盡其忠誠也. 言臣常思盡其節操, 能致身授命也.

형병 소　　▮어주 : "君有"~"補益". ▸『정의(正義)』 : 옛 주석을 살펴보면, 위소(韋昭)는 "조정에서 물러나 자신의 집으로 되돌아오면, 자신의 과실에 대해 보완할 것을 생각한다."라고 하였고, 『예기』「소의」편에서 "물러나오는 경우를 조정에 대해서는 퇴(退)라고 부르고, 연회 등에 대해서는 귀(歸)라고 부른다."[10]라고 했고, 『춘추좌씨전』에서는 『시경』[11]을 인용하여, "주군이 계신 곳에서 물러나와 식사를 하러 간다."[12]라고 하였는데, 이 문장에 대해서, 두예(杜預)의 주에서는 "신하가 군주의 조정에서부터 물러나와 자신의 집으로 들어갈 때에도, 예법에 따르지 않는 것이 없다."라고 하였으니, 실(室)은 곧 가(家)자와 같은 뜻이다. 그러므로 이 문장은 조정에서 공무

---

10 『예기』「소의(少儀)」: 請見不請退. 朝廷, 曰退, 燕遊, 曰歸, 師役, 曰罷.

11 『시경』「소남(召南) · 고양(羔羊)」: 羔羊之皮, 素絲五紽. 退食自公, 委蛇委蛇.

12 『춘추좌씨전』「양공(襄公) 7년」: 穆叔曰, "孫子必亡. 爲臣而君, 過而不悛, 亡之本也. 詩曰, '退食自公, 委蛇委蛇', 謂從者也. 衡而委蛇, 必折."

처리하는 일을 다 끝내고서 물러나와, 자신의 집으로 되돌아갔을 때에는 자신의 과실에 대해서 보완해야 할 것을 생각해야 한다는 뜻이다. 그러므로 『국어』에서 "사(士)는 조정에 들어가서는 임무를 받고, 낮에는 학문과 업무를 익히며, 밤에는 자신의 잘못에 대해서 따져보니, 후회가 없고 난 이후에야 안심을 한다."[13]라고 한 것이니, 이 말은 곧 후회를 느끼게 된다면 안심을 할 수 없다는 것으로, 제 스스로 보완해야 할 것들을 생각한다는 뜻이다.

邢疏 ▮注"君有"至"補益". ▸正義曰 : 按舊注韋昭云"退歸私室, 則思補其身過", 以『禮記』「少儀」曰: "朝廷曰退, 燕遊曰歸." 『左傳』引『詩經』曰: "退食自公." 杜預注: "臣自公門而退入私門, 無不順禮." 室猶家也. 謂退朝理公事畢, 而還家之時, 則當思慮以補身之過. 故『國語』曰: "士朝而受業, 晝而講貫, 夕而習復, 夜而計過, 無憾而後卽安." 言若有憾則不能安, 是思自補也.

형병 소 『춘추좌씨전』을 살펴보면, "진나라 순림보(荀林父)는 초나라 군대에게 패배를 당하였는데, 수도로 되돌아와서, 진나라 후작에게 자결하겠다고 청원을 하였다. 진나라 후작이 그것을 허락하자, 사악탁(士渥濁)이 간언을 하며, '순림보가 군주를 섬길 때에는 조정에 나와서는 충성을 다할 것을 생각하고, 물러나서는 자신의 과실에 대해서 보완할 것을 생각하는 사람입니다.'라고 하자, 진나라 후작이 그의 죄를 용서해주고, 그의 지위를 복권시켜주었다."[14]고 하였으니, 이것이 바로 위에서 말하는 뜻을 가리킨다. 『춘추좌씨전』의

13 『국어』「노어하(魯語下)」: 士朝受業, 晝而講貫, 夕而習復, 夜而計過無憾, 而後卽安.
14 이 사건은 『춘추좌씨전』「선공(宣公) 12년」 기사에 나온다.

문맥이 바로 여기의 문장과 동일하므로, 이러한 뜻에 따른다면, 주는 바로 『춘추좌씨전』의 뜻에 의거해서 해석을 해야 한다.

邢疏 按『左傳』: "晉荀林父爲楚所敗, 歸, 請死於晉侯. 晉侯許之, 士渥濁諫曰: '林父之事君也, 進思盡忠, 退思補過.'晉侯赦之, 使復其位." 是其義也. 文意正與此同, 故注依此傳文而釋之.

형병 소 그런데 이 문장을 군주에게 과실이 있으면, 보필할 것을 생각한다고 풀이하는 것은 「제지(制旨)」에서 도출된 해석으로, 이러한 뜻은 『시경』「대아(大雅) · 증민」편에서 "군주의 직무에 과실이 발생하면, 오직 중산보(仲山甫)만이 그것을 도울 수 있도다."[15]라고 한 문장에서 가져온 것으로, 이 문장에 대한 모씨(毛氏)의 전문(傳文)에서는 "곤룡포와 면류관을 쓴다는 것은 군주의 예복(禮服) 중에서도 가장 상등의 복장이다. 중산보가 그를 보필하여, 선(善)함으로 그의 과실을 보완해주었다."라고 하였고, 정현의 전문(箋文)에서는 "곤직(袞職)이라고 할 때 곤(袞)이라고 말한 것은 감히 왕(王)이라고 직접적으로 가리킬 수 없기 때문이다. 천자의 직무 수행 중 과실이 발생하면, 그때마다 그것을 보완해줄 수 있는 자는 중산보라는 뜻이다."라고 하였다. 이 문장들에 나타난 문맥의 뜻이 옛 주석들보다 더 낫기 때문에, 옛 주석의 해석들을 고쳐서 자신의 과실이 아닌 군주의 과실로 해석한 것이다.

邢疏 今云君有過則思補益, 出「制旨」也, 義取『詩經』「大雅 · 烝民」云: "袞職有闕, 惟仲山甫補之." 毛傳云: "有袞冕者, 君之上服也. 仲

15 『시경』「대아(大雅) · 증민(烝民)」: 人亦有言, 德輶如毛, 民鮮克擧之. 我儀圖之. 維仲山甫擧之, 愛莫助之. 袞職有闕, 維仲山甫補之.

山甫補之, 善補過也." 鄭箋云: "袞職者, 不敢斥王言也. 王之職有闕[16], 輒能補之者, 仲山甫也." 此理爲勝, 故易舊也.

형병 소 ▮ 어주 : "將行"~"行之". ▸『정의(正義)』: 이 문장은 왕주(王注)에 의거한 말이다. 공안국(孔安國)은 『상서』「태서」 편의 "조심스럽게 하늘의 위엄을 받들어 행한다."[17]라는 말에 주석을 달면서, 천벌을 조심스럽게 시행하는 것이라고 하였는데, 이것은 장(將)자를 시행한다는 뜻으로 풀이한 용례가 된다. 그러므로 이 문장은 군주가 정치와 교화를 펼칠 때에 아름다운 점이 있다면, 마땅히 순종해서 따라야 한다는 뜻이다.

邢疏 ▮ 注"將行"至"行之". ▸ 正義曰 : 此依王注也. 按孔注『尙書』「太誓」云: "肅將天威", 爲敬行天罰." 是"將"訓爲"行"也. 言君施政敎有美, 則當順而行之.

형병 소 ▮ 어주 : "匡, 正也. 救, 止也". ▸『정의(正義)』: 이 문장은 왕주(王注)에 의거한 말이다. 주에서 "광(匡)자는 바로잡는다는 뜻이다."라고 한 말은 『이아』「석언」 편의 문장이다.[18] 마융은 『논어』에 대한 주를 달면서 "구(救)자는 지(止)와 같은 뜻이다."라고 하였다. 주에서 "군주에게 잘못되고 나쁜 점이 있다면, 바로잡아서 그만두게 하는 것이다."라고 하였는데, 『서경』에서 "내가 잘못을 범하

---

16 '궐(闕)'자에 대하여. '궐'자는 본래 '결(缺)'자로 기록되어 있었는데, 완원(阮元)의 『교감기(校勘記)』에서는 "『감본(監本)』·『모본(毛本)』에는 '결'자를 '궐'자로 기록하고 있는데, 이 기록이 옳다."라고 했다.

17 『상서』「주서(周書)·태서상(泰誓上)」: 命我文考, 肅將天威, 大勳未集.

18 『이아』「석언(釋言)」: 尹, 正也. 皇·匡, 正也.

면 너희들이 나를 돕거라. 너희들은 내 앞에서 따르는 척만 해서는 안 된다."[19]라고 한 말이 바로 이것을 가리킨다.

邢疏　　▮注"匡, 正也. 救, 止也". ▸正義曰 : 此依王注也. "匡, 正", 「釋言[20]」文也. 馬融注『論語』云: "救猶止也." 云"君有過惡, 則正而止之"者, 『尙書』云"予違汝弼, 汝無面從", 是也.

형병 소　　▮어주 : "下以"~"相親". ▸『정의(正義)』 : 이 말은 위주(魏注)에 근거한 문장이다. 『서경』에서 "윗자리에 있으면 명철해야 하고, 아랫자리에 있으면 충성을 다해야 한다."[21]라고 말한 것이 바로 이러한 뜻을 가리킨다. 또한 『춘추좌씨전』에서는 "군주는 의로워야 하며, 신하는 군주의 명령을 시행해야 한다."[22]라고 하였으니, 이와 같이 한다면, 서로 친애할 수 있는 것이다.

邢疏　　▮注"下以"至"相親". ▸正義曰 : 此依魏注也. 『書』曰: "居上克明, 爲下克忠." 是其義也. 『左傳』曰: "君義臣行", 如此則能相親也.

▍경문 17-2

『시경』에서 말하길, "마음으로 친애를 하니, 멀리 떨어져 있어도 멀어졌다고 하지 않는다. 항상 마음속에 품고 있으니, 어찌 하루라도 잊을

19　『상서』「우서(虞書) · 익직(益稷)」 : 汝聽. 予違汝弼, 汝無面從, 退有後言, 欽四鄰.

20　'언(言)'자에 대하여. '언'자는 본래 '고(詁)'자로 기록되어 있었는데, 완원(阮元)의 『교감기(校勘記)』에서는 "'고'자는 마땅히 '언'자로 기록해야 한다."라고 했다.

21　『상서』「상서(商書) · 이훈(伊訓)」 : 居上克明, 爲下克忠, 與人不求備, 檢身若不及.

22　『춘추좌씨전』「은공(隱公) 3년」 : 君義, 臣行, 父慈, 子孝, 兄愛, 弟敬, 所謂六順也.

수가 있겠는가?"[23]라고 하였다. 《 주: 하(遐)자는 멀다는 뜻이다. 『시경』을 인용한 뜻은 신하가 마음으로 군주를 사랑하면, 비록 군주의 측근에서 떨어져 있더라도, 멀어지게 되었다고 할 수 없는 것이다. 군주를 사랑하는 의지가 항상 마음속에 보관되어 있으므로, 잠시도 잊는 경우가 없다는 것을 차용한 것이다. 》

經文 17-2 **『詩經』云:"心乎愛矣, 遐不謂矣. 中心藏之, 何日忘之?"** 《 注: 遐, 遠也. 義取臣心愛君, 雖離左右, 不謂爲遠. 愛君之志, 恒藏心中, 無日蹔忘也. 》

형병 소 ▮경문 : "詩云"~"忘之". ▸『정의(正義)』: 공자는 군주를 섬기는 도리에 대한 기술을 끝내고서, 곧 『시경』「소아(小雅) · 습상」편의 시를 인용하여, 위의 문장을 결론 맺은 것이다. 즉 충신이 군주를 섬길 때에는 비록 간혹 멀리 떨어져 있게 되어, 군주의 측근에서 있지 않지만, 그의 마음속에는 군주를 사랑하는 마음이 있으므로, 멀어졌다고 할 수 없고, 마음속에 항상 군주를 섬기는 도리를 품고 있으므로, 어찌 잠시라도 잊을 수가 있겠느냐는 뜻이다.

邢疏 ▮"詩云"至"忘之". ▸正義曰 : 夫子述事君之道既已, 乃引「小雅 · 隰桑」之詩以結之. 言忠臣事君, 雖復有時離遠, 不在君之左右, 然其心之愛君, 不謂爲遠; 中心常藏事君之道, 何日暫忘之?

형병 소 ▮어주 : "遐遠"~"忘也". ▸『정의(正義)』: 주에서 "하(遐)자는 멀다는 뜻이다. 『시경』을 인용한 뜻은 신하가 마음으로 군주

23 『시경』「소아(小雅) · 습상(隰桑)」: 心乎愛矣, 遐不謂矣. 中心藏之, 何日忘之.

를 사랑하면, 비록 군주의 측근에서 떨어져 있더라도, 멀어지게 되었다고 할 수 없는 것이다."라고 하였는데, "하(遐)자는 멀다는 뜻이다."라고 한 말은 『이아』「석고」편의 문장이다.[24]

邢疏　　■注"遐遠"至"忘也". ▸正義曰：云"遐, 遠也. 義取臣心愛君, 雖離左右, 不謂爲遠"者, "遐, 遠也",「釋詁」文, 此釋"心乎愛矣, 遐不謂矣".

형병 소　　주에서 "군주를 사랑하는 의지가 항상 마음속에 보관되어 있으므로, 잠시도 잊는 경우가 없다."라고 한 말은 경문의 "항상 마음속에 품고 있으니, 어찌 하루라도 잊을 수가 있겠는가?"라는 문장을 해석한 것이다. 『예기』「단궁」편을 살펴보면, 군주를 섬기는 예법에 대해 설명하면서 "좌우 측근에서 군주를 보필할 때에는 일정한 방도가 있다."[25]라고 하였는데, 이 말에는 곧 신하가 군주를 섬길 때에는 항상 좌우 측근에 머문다는 뜻이 있는 것이다. 마치 주공(周公)이 출정(出征)을 하게 되어, 관숙(管叔), 채숙(蔡叔), 소공(召公)이 감당나무 아래에서 송사를 판결하였던 일화가 바로 군주의 측근에서 떨어져 있던 것을 가리킨다.

邢疏　　云"愛君之志, 恒藏心中, 無日暫忘也"者, 釋"中心藏之, 何日忘之". 按「檀弓」說事君之禮云: "左右就養有方." 此則臣之事君, 有常在左右之義也. 若周公出征, 管叔·蔡叔·召公聽訟於甘棠, 是離左右也.

---

24 『이아』「석고(釋詁)」: 永·悠·迥·違·遐·逷·闊, 遠也.

25 『예기』「단궁상(檀弓上)」: 事君有犯而無隱, 左右就養有方, 服勤至死, 方喪三年. 事師無犯無隱, 左右就養無方, 服勤至死, 心喪三年.

제18장 상친장喪親章

효와 부모에 대한 상喪

형병 소　『정의(正義)』: 이번 「상친장」의 첫 머리에서 "효자가 부모의 상을 당했을 때에는"이라고 언급하고 있다. 그렇기 때문에 본문의 내용들이 모두 부모의 상을 치르는 일들에 대해서 논의를 하고 있는 것이다. 상(喪)은 죽는다, 또는 잃다는 뜻이다. 부모가 돌아가신 것을 상친(喪親)이라고 부른다. 즉 이 장(章)에서는 효자가 자신의 부모를 여의었을 때에 대해서 언급하고 있기 때문에, 이러한 뜻에서 장의 제목을 정하고, 『효경』의 가장 끝부분에 둔 것이다.

邢疏　正義曰 : 此章首云"孝子之喪親也", 故章中皆論喪親之事. 喪, 亡也, 失也. 父母之亡沒, 謂之喪親. 言孝子亡失其親也, 故以名章, 結之於末矣.

경문 18-1

공자가 말하길, "효자가 부모의 상을 당했을 때에는《 주: 부모가 생존해 계실 때 섬기는 것에 대한 언급을 이미 다 기술하였지만, 돌아가셨을 때 섬기는 일에 대해서는 언급을 하지 않았다. 그러므로 이

번「상친장」을 기술하게 된 것이다.》 **곡을 하되, 더 이상 울 기력도 없는 듯이 하며,**《 주: 기력이 다하여 울음소리도 그치게 되니, 그 소리를 끊어지지 않게 계속 낼 수 없다는 뜻이다.》 **예법에 따라 복장 등을 착용하되, 용모를 꾸미지 않고,**《 주: 이마가 닿도록 몸을 굽혀 땅에 엎드리고, 용모를 꾸밈이 없다는 뜻이다.》 **말은 하되, 화려한 수식을 꾸며서 하지 않으며,**《 주: 화려한 수식어로 말을 꾸미지 않는다는 뜻이다.》 **화려한 의복을 착용해도 편안하지 못하고,**《 주: 아름답게 치장하는 것을 편안하게 여기지 않기 때문에, 거친 최마(縗麻)복을 입는 것이다.》 **음악소리를 들어도 즐겁지 못하며,**《 주: 비통하고 애달픈 마음이 남아 있기 때문에, 즐겁지 못한 것이다.》 **맛있는 음식을 먹어도 맛을 느끼지 못하니,**《 주: 지(旨)자는 맛있다는 뜻이다. 음식의 맛을 느끼지 못하기 때문에, 거친 밥과 물로만 끼니를 때우는 것이다.》 **이렇게 되는 이유는 바로 슬프고 비통한 감정 때문이다.**《 주: 위에 있는 여섯 가지 내용들을 가리킨다.》 **돌아가신지 3일이 지나서야 비로소 음식을 입에 대는 것은 백성들에게 돌아가신 부모님 때문에 살아 있는 자식들마저도 상하게 해서는 안되며, 몸이 수척하더라도 생명까지 잃게 해서는 안 된다는 사실을 가르치기 위함이니, 이것이 바로 성인이 시행하는 정치인 것이다.**《 주: 3일이 지나서도 음식을 먹지 않으면, 애통함과 수척함이 정도를 지나치게 되어, 생명을 손상시켜 죽게 만든다. 이처럼 지나친 것들은 모두 효의 도리에 어긋난다. 그렇기 때문에 성인은 예제(禮制)를 만들어 교화를 실시해서, 백성들로 하여금 생명을 잃게 되는 지경까지 이르지 못하도록 한 것이다.》 **부모의 상을 치르는 일도 3년을 넘지 못하게 한 것은 백성들에게 모든 일에는 끝이 있음을 보여주기 위함이다.**

《 주: 부모에 대한 삼년상은 천하의 모든 사람들에게 적용되는 예법으로, 불초한 자들로 하여금 더욱 힘쓰게 만드는 것이며, 현명한 자들에게는 부모에 대한 지나친 효성을 접고, 예법을 따르게 만들기 위함이다. 무릇 효자에게는 부모의 죽음에 대해 평생토록 애달프게 생각하는 마음이 있지만, 성인이 3년이라는 기간으로 제도를 만든 것은 사람들로 하여금 끝맺음을 맺어야하는 시한이 있다는 것을 알게끔 하고자 해서이다.》

經文 18-1　**子曰:"孝子之喪親也**,《注: 生事已畢, 死事未見, 故發此章[1].》**哭不偯**,《注: 氣竭而息, 聲不委曲.》**禮無容**,《注: 觸地無容.》**言不文**,《注: 不爲文飾.》**服美不安**,《注: 不安美飾, 故服縗麻.》**聞樂不樂**,《注: 悲哀在心, 故不樂也.》**食旨不甘**,《注: 旨, 美也. 不甘美味, 故蔬食水飲.》**此哀戚之情也**.《注: 謂上六句.》**三日而食, 教民無以死傷生, 毁不滅性, 此聖人之政也**.《注: 不食三日, 哀毁過情, 滅性而死, 皆虧孝道, 故聖人制禮施教, 不令至於殞滅.》**喪不過三年, 示民有終也**.《注: 三年之喪, 天下達禮, 使不肖企及, 賢者俯從. 夫孝子有終身之憂, 聖人以三年爲制者, 使人知有終竟之限也.》

형병 소　▮경문 : "子曰"~"終也". ▸『정의(正義)』: 이번 「상친장」에서는 공자가 부모상에 대한 의미를 기술하고 있으니, 즉 효자가 부모의 상을 당했을 때에는 곡을 하여 기력이 소진되어 울음소리가 그치게 되므로, 울음소리를 낼 여력도 없게 되며, 행동거지 및 나

1　'장(章)'자에 대하여. '장'자는 본래 '사(事)'자로 기록되어 있었는데, 완원(阮元)의 『교감기(校勘記)』에서는 "『석대본(石臺本)』·『악본(岳本)』에는 '사'자를 '장'자로 기록하고 있으니, 이곳 판본에서 '사'자로 기록한 것은 잘못된 것이다."라고 했다.

아가고 물러나는 등의 예법에는 일반적인 예법처럼 빠른 걸음으로 걸으며 날개짓을 하는 듯한 우아한 꾸밈이 없게 되고, 어떠한 일에 대해서 응답할 일이 생기면, 말은 하되 말에 수식어를 꾸미지 않으며, 아름다운 의복을 입게 되어도 편안하게 여기지 못하게 되고, 음악소리를 들어도 즐겁게 여기지 못하게 되며, 음식을 먹는다고 하더라도 맛을 느끼지 못하게 되니, 이러한 여섯 가지 일들은 모두 애통하고 슬퍼하는 감정 때문이다. 경문에서 "돌아가신지 3일이 지나서야 비로소 음식을 입에 댄다."라고 말한 것은 성인이 교화를 베풀며, 부모의 죽음 때문에 여러 날 동안 음식을 먹지 못해, 살아있는 자식들까지도 몸을 상하게 함이 없으니, 비록 초췌하고 수척해진다고 하더라도, 생명을 잃는 지경까지는 이르지 못하도록 하는 것이다. 이것이 바로 성인이 상례(喪禮)를 제정하여 시행한 정치이다. 또 상복 기간을 3년이 넘지 못하도록 한 것은 백성들에게 끝맺음을 맺어야 할 시한이 있음을 보여주기 위함이다.

邢疏 ▮"子曰"至"終也". ▸正義曰 : 此夫子述喪親之義, 言孝子之喪親, 哭以氣竭而止, 不有餘偯之聲; 擧措進退之禮, 無趨翔之容; 有事應言, 則言不爲文飾; 服美不以爲安; 聞樂不以爲樂; 假食美味不以爲甘, 此上六事, 皆哀慼之情也. "三日而食"者, 聖人設敎, 無以親死多日不食傷及生人; 雖卽毁瘠, 不令至於殞滅性命: 此聖人所制喪禮之政也. 又服喪不過三年, 示民有終畢之限[2]也.

2 '한(限)'자에 대하여. '한'자는 본래 '종(終)'자로 기록되어 있었는데, 완원(阮元)의 『교감기(校勘記)』에서는 "『민본(閩本)』·『감본(監本)』·『모본(毛本)』에는 '종'자가 '한'자로 기록되어 있는데, 틀린 말이 아니다."라고 했다.

형병 소 ▮어주 : "生事"~"此章". ▸『정의(正義)』: 이 말은 정주(鄭注)에 의거한 문장이다. 부모가 살아계실 때 섬기는 것에 대해서는 위의 17개의 장(章)들에서 설명하는 내용들을 뜻한다. 살아계실 때 섬기는 예법에 대해서 이미 설명이 끝났는데, 돌아가셨을 때 섬기는 일에 대해서는『효경』경문에서 아직 언급하지 않았기 때문에, 공자가 이번 장을 별도로 마련하여 언급을 한 것이다.

邢疏 ▮注"生事"至"此章". ▸正義曰 : 此依鄭注也. 生事謂上十七章說. 生事之禮已畢, 其死事經則未見, 故又發此章以言也.

형병 소 ▮어주 : "氣竭"~"委曲". ▸『정의(正義)』: 이 말은 정주(鄭注)에 의거한 문장이다.『예기』「간전」편에서는 "참최(斬衰)복을 입고 하는 곡에서는 마치 기절하였다가 다시 깨어나지 못할 듯이 한다. 자최(齊衰)복을 입고 하는 곡에서는 마치 기절했다가 다시 깨어날 듯이 한다."[3]라고 했는데, 이곳 경문에 대한 주석은 바로「간전」편에서 말하고 있는 참최복에 기준을 두고 말을 한 것이니, 기력이 소진된 이후에 더 이상 힘이 없어 멈추게 된다는 뜻이다. 또「간전」편에서는 "대공(大功)복을 입고 하는 곡에서는 세 번 몸을 꺾고서 여운이 남는 듯 운다."라고 하였는데, 이 문장에 대한 정현의 주에서는 "삼곡(三曲)은 한 번 곡소리를 낼 때마다 세 번 몸을 꺾는 것이다. 의(偯)는 울음소리에 여운이 남아있는 모습이다."라고 하였으니, 이곳「상친장」에서 말하는 의(偯)는 소리에 여운이 남아 끊어지지 않고 이어진다는 뜻이 된다. 참최복을 입고 곡을 할 때에는 의

3 『예기』「간전(間傳)」: 斬衰之哭若往而不反, 齊衰之哭若往而反.

(偯)를 하지 않으므로, 주에서 "울음소리를 끊어지지 않게 계속 내지 않는다."라고 말한 것이다.

邢疏 ▮注"氣竭"至"委曲". ▸正義曰 : 此依鄭注也. 『禮記』「間傳」曰: "斬衰之哭, 若往而不反. 齊衰之哭, 若往而反." 此注據斬衰而言之, 是氣竭而後止息. 又曰: "大功之哭, 三曲而偯." 鄭注云: "三曲, 一擧聲而三折也. 偯, 聲餘從容也." 是偯爲聲餘委曲也. 斬衰則不偯, 故云"聲不委曲也".

형병 소 ▮어주 : "觸地無容". ▸『정의(正義)』 : 이 말은 『예기』「문상」 편에 나오는 문장이다. 비통하고 애통해하는 마음이 남아있기 때문에 외형적으로도 모습이 변화되어 나타나니, 이마가 닿도록 몸을 굽혀서 땅에 엎드리고, 용모의 꾸밈이 없는 것은 애통함이 지극하기 때문이다.[4]

邢疏 ▮注"觸地無容". ▸正義曰 : 此『禮記』「問喪」之文也. 以其悲哀在心, 故形變於外, 所以稽顙觸地無容, 哀之至也.

형병 소 ▮어주 : "不爲文飾". ▸『정의(正義)』 : 『예기』「상복사제」 편을 살펴보면, "삼년상을 치를 때에 군주는 말을 하지 않는다."[5]라고 하였고, 또 "말을 하지 않고도 신하들의 도움으로 일을 시행하는 자들은 부축을 받아서 일어나고, 말을 한 이후에야 일을 시행하는 자들은 지팡이를 잡고서 일어난다."[6]라고 하였는데, 이 문장

---

4 『예기』「문상(問喪)」 : 女子哭泣悲哀, 擊胸傷心, 男子哭泣悲哀, 稽, 顙觸地, 無容, 哀之至也.

5 『예기』「상복사제(喪服四制)」 : 三年之喪, 君不言.

6 『예기』「상복사제(喪服四制)」 : 百官備, 百物具, 不言而事行者, 扶而起. 言而后事行者,

에 대해서 정현은 "부축을 받아서 일어나는 자들은 천자나 제후들을 뜻한다. 지팡이를 잡고서 일어나는 자들은 대부나 사(士)들을 뜻한다."라고 하였다. 그러므로 『효경』 경문에서 "말을 하되 문식을 꾸미지 않는다."라고 말한 것은 바로 군주가 아닌 신하들의 경우를 가리키는 것이다. 그러나 비록 그가 말을 한다고 하더라도 그의 마음은 애통하고 슬픈 곳에 있게 되므로, 화려한 수식어를 꾸미지 않는 것이다.

邢疏 ▮注"不爲文飾". ▸正義曰 : 按「喪服四制」云: "三年之喪, 君不言." 又云: "不言而事行者, 扶而起; 言而後事行者, 杖而起." 鄭玄云: "扶而起, 謂天子諸侯也. 杖而起, 謂大夫士也." 今此經云"言不文", 則是謂臣下也. 雖則有言, 志在哀慼, 不爲文飾也.

형병 소 ▮어주 : "不安"~"縗麻". ▸『정의(正義)』 : 『논어』를 살펴보면, 공자가 재아(宰我)를 책망하며, "쌀밥을 먹고 비단옷을 입고도 너는 편안하게 여기느냐?"[7]라고 하였으니, 이곳 문장에서 말하는 미식(美飾)은 비단으로 된 의복류 등을 뜻한다. 그러므로 『예기』「문상」편에서 "몸은 안락하거나 화려한 것들을 취하지 않는다."[8]라고 한 말도 바로 이러한 뜻이다. 효자는 부모를 잃으면, 마음이 마치 찢어진 듯하여, 화려한 치장들을 편안하게 여기지 못하게 된다. 그렇기 때문에 성인이 예제(禮制)를 만들어서, 그들로 하여금 최마(縗麻)복을 입게 한 것이다. 최(縗)는 의복을 매우 거친 포로 만들되, 길이

杖而起.

7 『논어』「양화(陽貨)」 : 子曰, "食夫稻, 衣夫錦, 於女安乎?"

8 『예기』「문상(問喪)」 : 夫悲哀在中, 故形變於外也. 痛疾在心, 故口不甘味, 身不安美也.

는 6촌이며, 너비는 4촌으로 한다. 마(麻)는 상복에 차는 요질과 머리에 쓰는 수질을 모두 마로 만든다는 뜻이다. 최(縗)라는 말은 슬픔으로 몸을 가누지 못하고 꺾인다는 뜻이고, 질(絰)이라는 말은 자식의 마음이 슬픔으로 가득 찬다는 뜻이다.[9] 그러므로 효자가 그 복장을 입는 것은 그의 마음속에 끊어질 듯한 아픔이 가득함을 나타내는 것이다. 위소는 『서경』을 인용하여, "성왕(成王)이 붕어하게 되자, 강왕(康王)은 면복(冕服)을 입고서 제왕의 지위에 올랐다. 즉위식이 다 끝나게 되자, 다시금 상복(喪服)으로 갈아입었다."라고 하였는데, 이 말에 근거하게 되면, 위의 문장들은 천자나 제후에게만 해당하며, 그들이 다만 제위를 확정짓게 되는 초상(初喪) 때, 모두들 즉위식을 치르는 화려한 복장을 착용하게 되므로, 마땅히 편안한 마음이 들지 않는다는 뜻이 된다.

邢疏 ▮注"不安"至"縗麻". ▸正義曰 : 按『論語』孔子責宰我, 云: "食夫稻, 衣夫錦, 於汝安乎?" 美飾謂錦繡之類也. 故『禮記』「問喪」云"身不安美" 是也. 孝子喪親, 心如斬截, 爲其不安美飾, 故聖人制禮, 令服縗麻. 縗當以[10]麤布長六寸, 廣四寸. 麻謂[11]腰絰首絰俱以麻爲之. 縗之言摧也, 絰之言實也. 孝子服之, 明其心實摧痛也. 韋昭引『書』云: "成王旣崩, 康王冕服卽位. 旣事畢, 反喪服."據此則天子諸侯, 但定位[12]初喪, 是

9 『예기』「단궁상(檀弓上)」: 絰也者, 實也.

10 '최당이(縗當以)'에 대하여. 이 구문은 본래 '당심(當心)'으로 기록되어 있었는데, 완원(阮元)의 『교감기(校勘記)』에서는 "『감본(監本)』·『모본(毛本)』에는 '심(心)'자를 '이(以)'자로 기록하고 있는데, 이 말이 옳다. 그리고 『정의』에는 '당(當)'자 위에 '최(縗)'자를 보충해 넣었는데, 이 기록이 옳다."라고 했다.

11 '위(謂)'자에 대하여. '위(謂)'자는 본래 '위(爲)'자로 기록되어 있었는데, 완원(阮元)의 『교감기(校勘記)』에서는 "『정오(正誤)』에는 '위(爲)'자는 마땅히 '위(謂)'자의 오자가 된다고 하였는데, 이 기록이 옳다."라고 했다.

皆服美, 故宜不安也.

형병 소 ▮어주 : "悲哀"~"樂也". ▸『정의(正義)』: 이 말은 정주(鄭注)에 의거한 문장이다. 즉 지극한 아픔이 나타나고, 비통하고 애통한 마음이 남아 있어서, 비록 노래 소리를 듣게 되더라도 즐겁지 못하다는 뜻이다.

邢疏 ▮注"悲哀"至"樂也". ▸正義曰 : 此依鄭注也. 言至痛中發, 悲哀在心, 雖聞樂聲, 不爲樂也.

형병 소 ▮어주 : "旨美"~"水飮". ▸『정의(正義)』: 주에서 "지(旨)자는 맛있다는 뜻이다."라고 한 말은 경전들에 일반적으로 나타나는 풀이이다. 엄식지(嚴植之)가 말하길, "맛있는 음식은 누구나 맛있게 여기는 것들이다. 그런데 효자는 그것이 맛있다고 느끼지 못한다. 그러므로 『예기』「문상」편에서 '입으로는 달거나 맛있다고 느끼지 못한다.'[13]라고 말한 것이니, 이것은 음식의 맛을 느끼지 못한다는 뜻이다. 그리고 『예기』「간전」편에서 '부모에 대한 상을 치르면서, 빈소를 다 차리고 나면, 죽을 먹는다. 우제(虞祭)[14]와 졸곡제(卒哭祭)[15]를 끝나고 나면, 거친 밥을 먹고 물을 마시되, 채소와 과일 등은

---

12 '정위(定位)'에 대하여. '정위'는 본래 '위정(位定)'으로 기록되어 있었는데, 완원(阮元)의 『교감기(校勘記)』에서는 "『민본(閩本)』·『감본(監本)』·『모본(毛本)』에는 '정위'로 기록되어 있는데, 이 기록이 옳다."라고 했다.

13 『예기』「문상(問喪)」: 痛疾在心, 故口不甘味, 身不安美也.

14 우제(虞祭)는 장례(葬禮)를 치르고 난 뒤에 지내는 제사를 뜻한다.

15 졸곡(卒哭)은 우제(虞祭)를 지낸 뒤에 지내는 제사이다. 이 제사를 지내게 되면, 수시로 곡(哭)하던 것을 멈추고, 아침과 저녁때에만 한 번씩 곡을 하게 된다. 그렇기 때문에 '졸곡'이라고 부르게 된 것이다.

먹지 않는다.'[16]라고 하였으니, 이것이 바로 거친 밥을 먹고 물을 마신다는 뜻이다. 그런데 위소(韋昭)는 『예기』「곡례」편을 인용하면서, '병이 생겼다면, 상을 치르는 중에도 술을 마시고 고기를 먹어도 된다고 하였으니,[17] 이것이 바로 맛있는 음식을 먹는 경우가 된다.' 고 했다. 그러므로 마땅히 이러한 상황에서 맛있는 음식을 먹더라도 맛있다고 느끼지 못하게 되는 것이다."라고 했다.

邢疏　■注"旨美"至"水飮". ▸正義曰 : "旨, 美", 經傳常訓也. 嚴植之曰: "美食, 人之所甘. 孝子不以爲甘, 故「問喪」云: '口不甘味', 是不甘美味也. 「間傳」曰: '父母之喪旣殯, 食粥. 旣虞 · 卒哭, 疏食水飮, 不食菜果', 是疏食水飮也. 韋昭引「曲禮」云: '有疾則飮酒食肉, 是爲食旨.' 故宜不甘也."

형병 소　■어주 : "不食"~"殞滅". ▸『정의(正義)』 : 경문에서 "돌아가신지 3일이 지나서야 비로소 음식을 입에 대는 것은 몸이 수척하더라도 생명까지 잃게 해서는 안 되기 때문이다."라고 하였으니, 주에서 '불식삼일(不食三日)'이라고 말한 것은 곧 3일이 지나도 음식을 먹지 않는다는 뜻이다.

邢疏　■注"不食"至"殞滅". ▸正義曰 : 經云"三日而食, 毁不滅性", 注言不食三日, 卽三日不食也.

형병 소　주에서 "애통함과 수척함이 정도를 지나치게 된다."라

16 『예기』「간전(間傳)」 : 士與斂焉則壹不食. 故父母之喪旣殯食粥, 朝一溢米, 莫一溢米. 齊衰之喪疏食水飮, 不食菜果.

17 『예기』「곡례상(曲禮上)」 : 居喪之禮, 頭有創則沐, 身有瘍則浴, 有疾則飮酒食肉, 疾止復初. 不勝喪, 乃比於不慈不孝.

고 말한 것은 수척해짐이 정도를 지나치다는 뜻이다. 3일이 지나도 음식을 먹지 않고, 수척해짐이 정도를 지나치게 된다면, 이 두 가지 요인으로 인하여 목숨을 잃는 지경에까지 도달할 수가 있으니, 이 둘 모두 효행의 도리를 훼손시키는 지나친 행동이다.

邢疏　　云"哀毁過情"者, 是毁瘠過度也. 言三日不食, 及毁瘠過度, 因此二者有致危亡, 皆虧孝行之道.

형병 소　　『예기』「문상」편에서는 "부모가 처음 돌아가셨을 때, 슬퍼하는 감정이 신장을 상하게 하고, 간장을 상하게 하며, 폐장을 상하게 하니, 물조차 입에 대지 못하는 것이 3일이다."[18]라고 하였고, 또 「간전」편에서는 "참최(斬衰)복을 입고 치르는 상(喪)에서는 3일 동안 식사를 하지 않는다."[19]라고 하였는데, 이곳 경문에서 '삼일이식(三日而食)'이라고 말한 것은 어째서인가?[20] 유현(劉炫)은 이 문장은 3일이 지난 이후에야 곧 식사를 한다는 뜻이라고 풀이하였으므로, 이러한 모든 문장들은 곧 3일을 다 채운 이후에야 식사를 한다는 뜻이다.

邢疏　　『禮記』「問喪」云: "親始死, 傷腎乾肝焦肺, 水漿不入口三日." 又「間傳」稱: "斬衰三日不食." 此云三日而食者何? 劉炫言三日之後乃食, 皆謂滿三日則食也.

---

18 『예기』「문상(問喪)」: 親始死, 雞斯, 徒跣, 扱上衽, 交手哭. 惻怛之心, 痛疾之意, 傷腎, 乾肝, 焦肺, 水漿不入口, 三日不擧火, 故鄰里爲之糜粥以飮食之. / 본래 『예기』「문상」 편에서의 3일은 뒤의 문구와 이어져서, 3일 동안 밥을 먹지 못한다는 뜻이다.

19 『예기』「간전(間傳)」: 斬衰三日不食, 齊衰二日不食, 大功三不食, 小功緦麻再不食, 士與斂焉則壹不食.

20 '삼일이식(三日而食)'이라는 말은 3일 째에 식사를 한다는 말처럼 해석될 수도 있으므로, 자문자답 형식을 통해 오해의 여지를 해소시키는 문장이다.

형병 소 주에서 "그렇기 때문에 성인은 예제(禮制)를 만들어 교화를 실시해서, 백성들로 하여금 생명을 잃게 되는 지경까지 이르지 못하도록 한 것이다."라고 말하였는데, 『예기』「곡례」편에서 "상(喪)을 치르는 예법은 몸이 수척해지되 뼈가 다 드러날 지경까지 되어서는 안 된다."[21]라고 하고, 또 "몸이 지나치게 병약해져서, 상(喪)을 제대로 치르지 못하는 것은 곧 자손들에게 자애롭지 못하고, 부모에게 효도를 하지 못한 행동에 비견된다."[22]라고 말한 것이 바로 이것을 가리킨다.

邢疏 云"故聖人制禮施敎, 不令至於殞滅"者, 「曲禮」云: "居喪之禮, 毁瘠不形." 又曰: "不勝喪, 乃比於不慈不孝", 是也.

형병 소 ▮어주 : "三年"~"限也". ▸『정의(正義)』: 주에서 "부모에 대한 삼년상은 천하의 모든 사람들에게 적용되는 예법이다."라고 한 말은 정주(鄭注)에 의거한 문장이다. 『예기』「삼년문」편에서 "무릇 삼년상을 치르는 제례(祭禮)는 천하의 모든 사람들에게 적용되는 상례(喪禮)이다."[23]라고 하였는데, 이 문장에 대해서 정현은 "달(達)은 천자로부터 서인에 이르기까지 두루 통용된다는 뜻이다."라고 풀이하였으니, 이곳 『효경』의 주석과 『예기』의 문장이 일치하며, 단지 상(喪)자를 예(禮)자로 고친 것일 뿐이다.

邢疏 ▮注"三年"至"限也". ▸正義曰 : 云"三年之喪天下達禮"者, 此依鄭注也. 『禮記』「三年問」云: "夫三年之喪, 天下之達喪也." 鄭玄云:

---

21 『예기』「곡례상(曲禮上)」: 居喪之禮, 毁瘠不形, 視聽不衰, 升降不由阼階, 出入不當門隧.

22 『예기』「곡례상(曲禮上)」: 不勝喪, 乃比於不慈不孝.

23 『예기』「삼년문(三年問)」: 孔子曰, "子生三年, 然後免於父母之懷. 夫三年之喪, 天下之達喪也."

"達謂自天子至於庶人." 注與彼同, 唯改喪爲禮耳.

형병 소 주에서 "불초한 자들로 하여금 더욱 힘쓰게 만드는 것이며, 현명한 자들에게는 부모에 대한 지나친 효성을 접고, 예법에 따르게 만들기 위함이다."라고 하였는데, 『예기』「상복사제」편을 살펴보면, "이것이 바로 상(喪)을 치르는 기간을 3년으로 정한 까닭으로, 현명한 자들도 그 기간보다 더 길게 하지 못하였고, 불초한 자들도 그 기간보다 짧게 하지 못하였다."[24]라고 하였고, 「단궁」편에서도 "선왕이 예제(禮制)를 제정하여, 지나친 자들은 뜻을 굽혀서 예제에 맞추게 하였고, 미치지 못하는 자들은 열심히 쫓아서 예제를 따르게 하였다."[25]라고 하였다. 주에서는 이 두 문장을 인용하여서, 중용의 도리에 따라서 절제를 하게끔 하고자 한 것이다. 뒤꿈치를 들고 있는 모습을 기(企)라고 부르고, 머리를 숙이고 있는 모습을 부(俯)라고 부른다.

邢疏 云"使不肖企及, 賢者俯從"者, 按「喪服四制」曰: "此喪之所以三年, 賢者不得過, 不肖者不得不及." 「檀弓」曰: "先王制禮也, 過之者, 俯而就之; 不至焉者, 跂而及之"也. 注引彼二文, 欲擧中爲節也. 起踵曰企, 俛首曰俯.

형병 소 주에서 "무릇 효자에게는 부모의 죽음에 대해 평생토록 애달프게 생각하는 마음이 있지만, 성인은 3년이라는 기간으로

24 『예기』「상복사제(喪服四制)」: 聖人因殺以制節, 此喪之所以三年, 賢者不得過, 不肖者不得不及.

25 『예기』「단궁상(檀弓上)」: 子思曰, "先王之制禮也, 過之者俯而就之, 不至焉者跂而及之. 故君子之執親之喪也, 水漿不入於口者三日, 杖而后能起"

제도를 정하였다."라고 하였는데, 성인이 비록 3년이라는 단어로 문장을 기록하였지만, 실제로는 만 25개월이 되면 상(喪)이 끝난다. 그렇기 때문에 『예기』「삼년문」 편에서 "장차 저 화려함으로 치장한 군자처럼 되려고 하는가? 삼년상은 25개월이 지나면 끝나니, 이 기간은 마치 문밖에 있는 네 마리의 말이 끄는 수레가 문틈으로 빠르게 지나치는 것만큼 짧은 기간이다. 그러므로 효자들이 하고자 하는 바람대로 상을 치르게 하면, 상을 치르는 기간이 무한정 길어져서 끝이 없게 된다. 그렇기 때문에, 선왕이 이러한 이유 때문에 중도를 세워 법도를 제정하고, 한결같이 모든 사람들로 하여금 그 법도를 따르게 해서, 예제(禮制)의 이치를 이루고서 제상(除喪)을 하게 했던 것이다."[26]라고 하여 있는데, 이것이 바로 위의 뜻을 가리킨다.

邢疏 云"夫孝子有終身之憂, 聖人以三年爲制"者, 聖人雖以三年爲文, 其實二十五月而畢. 故「三年問」云: "將由夫[27]脩飾之君子與? 則三年之喪, 二十五月而畢, 若駟之過隙, 然而遂之, 則是無窮也. 故先王焉爲之立中制節, 壹使足以成文理則釋之矣" 是也.

형병 소 『예기』「상복사제」 편에서 "부모가 처음 돌아가셨을 때에는 3일 동안 애절함과 슬퍼함이 약해지지 않고, 3개월 동안 부모를 생각하며 슬퍼하는 마음이 느슨해지지 않으며, 1년이 지나서도 비통해하고 애달파하고, 3년이 지나서도 항상 걱정하게 되는데, 이

---

26 『예기』「삼년문(三年問)」: 將由夫修飾之君子與? 則三年之喪, 二十五月而畢, 若駟之過隙, 然而遂之, 則是無窮也. 故先王焉爲之立中制節, 壹使足以成文理, 則釋之矣.

27 '유부(由夫)'에 대하여. '유부'는 본래 '신천(申天)'으로 기록되어 있었는데, 완원(阮元)의 『교감기(校勘記)』에서는 "『민본(閩本)』·『감본(監本)』·『모본(毛本)』에는 '신천'을 '유부'로 기록하고 있는데, 이 기록이 옳다."라고 했다.

것이 바로 부모의 은혜를 생각하는 마음이 차츰 옅어져가는 과정이다."[28]라고 하였다. 그렇기 때문에 공자가 "자식은 태어나서 3년이 지나서야 부모의 품을 벗어날 수 있다. 그러므로 삼년상을 치르는 제례(祭禮)는 천하의 모든 사람들에게 적용되는 상례(喪禮)이다."[29] 라고 말한 것이니, 이것이 바로 상(喪)을 치르는 기간을 기연코 3년으로 제정하게 된 이유이다.

邢疏　「喪服四制」曰: "始死, 三日不怠, 三月不解, 期悲哀, 三年憂, 恩之殺也." 故孔子云: "子生三年, 然後免於父母之懷. 夫三年之喪, 天下之達喪也." 所以喪必三年爲制也.

▎경문 18-2

내관(內棺) 및 외관(外棺)과 의복 및 이불 등을 만들어서 시신을 감싸서 관에 안치하고, 《 주: 시신을 안치하는 내관을 관(棺)이라고 하고, 내관을 감싸는 외관을 곽(槨)이라고 한다. 의(衣)는 시신을 감싸는 수의(壽衣)를 뜻한다. 금(衾)은 시신을 감싸는 이불이다. 거(擧)는 시신을 들어서 관에 안치한다는 뜻이다. 》 **제기(祭器)인 보(簠)와 궤(簋) 등을 진열하고서 돌아가신 부모를 애도하며,** 《 주: 보(簠)와 궤(簋)는 제기이다. 옻칠만 하고 장식이 없는 소기(素器)들을 진설하고, 부모를 더 이상 볼 수 없기 때문에, 애도하는 것이다. 》 **가슴을 손으로 치**

---

28 『예기』「상복사제(喪服四制)」: 始死, 三日不怠, 三月不解, 期悲哀, 三年, 憂, 恩之殺也.

29 『예기』「삼년문(三年問)」: 孔子曰, "子生三年, 然後免於父母之懷. 夫三年之喪, 天下之達喪也."

고, 발을 구르고, 곡을 하고 눈물을 흘리면서, 애도를 하며 부모의 시신을 전송한다.《 주: 남자는 발을 구르고 여자는 가슴을 치며, 조(祖)제사를 지내고 영구를 수레에 싣고서 전송한다.》 **무덤과 묘역으로 쓸 좋은 땅을 점쳐서 정하고, 부모의 시신을 안장한다.**《 주: 택(宅)은 무덤이다. 조(兆)는 묘역이다. 장례(葬禮)는 중대한 일이기 때문에, 그곳에 쓰일 땅에 대해서는 점을 쳐서 정하는 것이다.》 **부모의 위패를 안치하는 종묘를 만들어서, 귀신으로써 받들어 모시며 흠향을 시켜드리니,**《 주: 부모의 위패를 안치하는 묘(廟)를 세우고, 조상에게 부모의 위패를 안치하게 되었음을 아뢰는 부(祔)제사를 지낸 이후에는 귀신에 대한 예법에 따라서 흠향을 시켜드린다.》 **봄과 가을마다 제사를 지내어, 때마다 부모를 생각한다.**《 주: 봄과 가을은 추위와 더위의 변화가 더욱 급작스럽게 되므로, 이러한 계절에 제사를 지내서, 돌아가신 부모에 대한 효심을 나타낸다.》

經文 18-2　**爲之棺槨衣衾而擧之,**《 注: 周尸爲棺, 周棺爲槨. 衣, 謂斂衣. 衾, 被也. 擧, 謂擧尸內於棺也.》 **陳其簠簋而哀**慼**之,**《 注: 簠簋, 祭器也. 陳奠素器而不見親, 故哀慼也.》 **擗踊哭泣, 哀以送之.**《 注: 男踊女擗, 祖載送之.》 **卜其宅兆, 而安措之.**《 注: 宅, 墓穴也. 兆, 塋域也. 葬事大, 故卜之.》 **爲之宗廟, 以鬼享之,**《 注: 立廟祔祖之後, 則以鬼禮享之.》 **春秋祭祀, 以時思之.**《 注: 寒暑變移, 益用增感, 以時祭祀, 展其孝思也.》

형병 소　▮경문 : "爲之"~"思之". ▸『정의(正義)』: 이 문장은 부모의 시신을 안장하기 위해 전송하는 예법과 삼년상을 끝낸 이후에 종묘에서 제사를 지내는 사안에 대해서 언급하고 있다. 즉 효자가 부모의 시신을 전송할 때에는 모름지기 부모의 시신을 감쌀 내관(內棺) 및 외관(外棺)과 의복 및 이불 등을 마련한다. 대렴(大斂)을 할 때에는 이불로 감싸서 시신을 들어서 내관 안에 안치를 한다. 보(簠)와 궤(簋) 등의 제기(祭器)들을 진열하고서, 애도를 표한다. 장례(葬禮)를 치르게 되면, 남자는 발을 구르고 여자는 가슴을 치면서, 곡을 하며 눈물을 흘리고, 슬프게 울부짖으며 영구를 전송한다. 부친의 시신은 오래도록 묘소에 있게 되므로, 점을 쳐서 묘와 묘역으로 정할 땅을 선택하여 시신을 안장한다. 장례를 치른 이후에는 종묘를 세워서, 귀신에 대한 예법에 따라서 흠향을 시켜드린다. 삼년상을 끝낸 이후에는 부모에 대해 그리워하는 생각이 들게 되므로, 봄과 가을마다 제사를 지내서, 때마다 부모를 그리워한다.

邢疏 ▮"爲之"至"思之". ▸正義曰 : 此言送終之禮, 及三年之後宗廟祭祀之事也. 言孝子送終, 須爲棺槨衣衾也. 大斂之時, 則用衾而擧尸內於棺中也. 陳設簠簋之奠, 而加哀慼. 葬則男踊女擗, 哭泣哀號以送之. 親旣長依丘壟, 故卜選宅兆之地而安置之. 旣葬之後, 則爲宗廟, 以鬼神之禮享之. 三年之後, 感念於親, 春秋祭祀, 以時思之也.

형병 소 ▮어주 : "周尸"~"棺也". ▸『정의(正義)』: 주에서 "시신을 안치하는 내관을 관(棺)이라고 하고, 내관을 감싸는 외관을 곽(槨)이라고 한다."라고 한 말은 정주(鄭注)에 의거한 문장이다. 『예기』「단궁」편에서 "장례(葬禮)를 치른다는 것은 감춘다는 의미를 가진다. 감춘다는 것은 남들이 볼 수 없게끔 하는 것이다. 이러한 까닭으로 의복 등으로 시신을 충분히 감싸고, 내관으로 의복으로 감싼 시신을 덮으며, 외관으로 내관을 덮고, 흙으로 외관을 덮는 것이다."[30]

라고 하였는데, 주는 바로 이 문장을 요약한 것이다. 그렇기 때문에 시신을 안치하는 내관이 관(棺)이 되고, 관을 감싸는 외관을 곽(槨)이라고 한 것이다.

邢疏 ▮注"周尸"至"棺也". ▸正義曰 : 云"周尸爲棺, 周棺爲槨"者, 此依鄭注也. 「檀弓」稱: "葬也者, 藏也. 藏也者, 欲人之弗得見也. 是故衣足以飾身, 棺周於衣, 槨周於棺, 土周於槨." 注約彼文, 故言周尸爲棺, 周棺爲槨也.

형병 소 『백호통』에는 "관(棺)이라는 말은 완전하다는 뜻으로, 완전히 밀봉해야 하는 것이다. 곽(槨)이라는 말은 두른다는 뜻으로, 넓게 둘러서 흙이 내관으로 침투되지 못하도록 하는 것이다."라고 했다. 그리고 『주역』「계사전」에서는 "옛날에 장례를 치를 때에는 섶을 두껍게 입혀서, 들판에서 장례를 치렀는데, 봉분도 만들지 않았고 나무도 심지 않았으며, 상(喪)을 치르는 기간에도 일정한 수치가 없었다. 후세에 성인이 섶을 내관과 외관으로 바꾸었다."[31]라고 했다. 『예기』를 살펴보면, "유우씨(有虞氏) 때에는 옹이로 된 관을 사용하였다. 하후씨(夏后氏) 때에는 흙벽돌로 만든 관을 사용하였다. 은(殷)나라 때에는 내관과 외관을 사용하였다. 주(周)나라 때에는 관곽(棺槨)의 둘레에 유의(柳衣)를 두르고, 삽(翣) 등으로 장식을 했다."[32]라고 하였으니, 유우씨와 하후씨 때 사용한 관들은 관곽의

---

30 『예기』「단궁상(檀弓上)」 : 國子高曰, "葬也者, 藏也. 藏也者, 欲人之弗得見也, 是故衣足以飾身, 棺周於衣, 槨周於棺, 土周於槨, 反壤樹之哉."

31 『주역』「계사하(繫辭下)」 : 古之葬者, 厚衣之以薪, 葬之中野, 不封不樹, 喪期无數, 後世聖人易之以棺槨, 蓋取諸大過.

32 『예기』「단궁상(檀弓上)」 : 有虞氏瓦棺, 夏后氏堲周, 殷人棺槨, 周人牆置翣. 周人以殷

초기 형태이다.

邢疏 『白虎通』云: “棺之言完, 宜完密也. 槨之言廓, 謂開廓不使土侵棺也.” 『易』「繫辭」曰: “古之葬者, 厚衣之以薪, 葬之中野, 不封不樹, 喪期無數. 後世聖人易之以棺槨.” 按『禮記』云: “有虞氏瓦棺. 夏后氏堲周. 殷人棺槨. 周人牆置翣.” 則虞夏之時, 棺槨之初也.

형병 소 주에서 “의(衣)는 시신을 감싸는 수의(壽衣)를 뜻한다. 금(衾)은 시신을 감싸는 이불이다. 거(擧)는 시신을 들어서 관에 안치한다는 뜻이다.”라고 한 말은 공안국의 전(傳)에 의거한 문장이다. 의(衣)는 습(襲)과 대렴(大斂) 및 소렴(小斂) 때 사용하는 의복을 뜻한다. 금(衾)은 홑이불로 시신을 덮는 것으로, 시신 밑에 깔아서 들어 올릴 때 사용된다. 처음 돌아가셨을 때부터 대렴을 할 때까지, 총 3차례 시신에 옷을 입히게 된다. 첫 번째 경우는 습을 할 때이니, 시신을 목욕시키고 나서, 옷을 입히는 것을 뜻하며, 신분이 천자인 자는 12칭(稱)으로 하고, 삼공(三公)은 9칭으로 하며, 제후는 7칭으로 하고, 대부는 5칭으로 하며, 사(士)는 3칭으로 하는데, 습을 할 때에는 모두 속옷을 입히게 되므로, 속옷 위에 또한 옷을 입게 되는 것을 하나로 간주하며, 조(朝)제사를 지낼 때의 의복을 1칭으로 부른다. 두 번째 경우는 소렴을 할 때 입히는 옷으로, 천자로부터 사(士)에 이르기까지 모두가 19칭을 쓰되, 속옷은 사용하지 않고, 이 때 사용되는 옷들에는 모두 안감이 있게 된다. 세 번째 경우는 대렴을 할 때로, 천자의 경우는 뜰에 늘어놓는 옷이 120칭이고, 삼공은 90칭이며,

---

人之棺槨葬長殤, 以夏后氏之堲周葬中殤下殤, 以有虞氏之瓦棺葬無服之殤.

제후는 70칭이고, 대부는 50칭이며, 사는 30칭으로, 이 때 사용되는 옷들은 모두 겹옷으로 되어 있다.

邢疏 云"衣, 謂斂衣. 衾, 被也. 擧, 謂擧尸內於棺也"者, 此依孔傳也. 衣謂襲與大小斂之衣也. 衾謂單被覆尸, 薦尸所用. 從初死至大斂, 凡三度加衣也. 一是襲也, 謂沐尸竟, 著衣也, 天子十二稱, 公九稱, 諸侯七稱, 大夫五稱, 士三稱, 襲皆有袍, 袍之上又有衣一通, 朝祭之服, 謂之一稱. 二是小斂之衣也, 天子至士, 皆十九稱, 不復用袍, 衣皆有絮也. 三是大斂也, 天子百二十稱, 公九十稱, 諸侯七十稱, 大夫五十稱, 士三十稱, 衣皆襌袷也.

형병 소 『예기』「상대기」편에서 "베로 된 홑이불과 이불 두 개가 있는데, 이것은 군주, 대부, 사(士)가 모두 동일하다."[33]라고 하였고, 이 문장에 대해서 정현은 "이불 두 개라는 것은 하나는 시신을 덮고, 다른 하나는 시신 밑에 까는 것으로, 시신을 들어 올릴 때 사용된다."라고 하였다. 관곽(棺槨)의 수치는 신분의 귀천에 따라 다르다. 황간(皇侃)은 『예기』「단궁」편의 기록에 근거해서, 천자에게 사용되는 관(棺)은 사중(四重)으로 되어 있는데, 물소 가죽으로 된 관과 외뿔소 가죽으로 된 관, 이관(杝棺)이 한 겹, 재관(梓棺)이 두 겹이다. 가장 안쪽에 있는 것은 물소 가죽으로 된 것이며, 그 겉에는 외뿔소 가죽으로 된 것을 두르는데, 각각의 두께는 3촌이며, 이 둘이 일중(一重)이 되고, 두께의 합은 6촌이 된다. 또 그 위에는 이관이 있는데, 두께는 4촌이며, 이것을 비관(椑棺)이라고도 부르니, 옻칠에

33 『예기』「상대기(喪大記)」: 大斂, 布絞, 縮者三, 橫者五, 布紟, 二衾, 君大夫士一也.

사용되는 비나무로 만들었다는 뜻이다. 지금까지 말한 3가지 물건들이 이중(二重)이 되며, 두께의 합은 1척이 된다. 그 위에는 또한 재관이 있는데, 두께는 6촌이며, 이것을 속관(屬棺)이라고도 부르니, 내관과 외관을 이어준다는 뜻이다. 지금까지 말한 4가지 물건들이 삼중(三重)이 되며, 두께의 합은 1척 6촌이 된다. 그 위에는 또 재관이 있게 되는데, 두께는 8촌이며, 이것을 대관(大棺)이라고도 부르니, 관 중에서 가장 크다는 뜻으로, 여러 관들 중에서도 가장 겉에 있게 된다.

邢疏 「喪大記」云: "布紟二衾, 君大夫士一也." 鄭玄云: "二衾者, 或覆之, 或薦之, 是擧尸所用也." 棺槨之數, 貴賤不同. 皇侃據「檀弓」以天子之棺四重, 謂水 · 兕革棺 · 杝棺一, 梓棺二. 最在內者水牛皮, 次外兕牛皮, 各厚三寸爲一重, 合厚六寸. 又有杝棺, 厚四寸, 謂之椑棺, 言漆之椑椑然. 前三物爲二重, 合一尺. 外又有梓棺, 厚六寸, 謂之屬棺, 言連屬內外. 就前四物爲三重, 合厚一尺六寸. 外又有梓棺, 厚八寸, 謂之大棺, 言其最大, 在衆棺之外.

형병 소 지금까지 말한 5가지 물건들이 사중(四重)이 되며, 두께의 합은 2척 4촌이 된다. 상공(上公)의 경우는 물소 가죽으로 된 것이 없게 되므로, 삼중(三重)이 되고, 두께의 합은 2척 1촌이 된다. 후작, 백작, 자작, 남작의 경우는 상공에 비해 외뿔소 가죽으로 된 것이 없게 되므로, 이중(二重)이 되고, 두께의 합은 1척 8촌이 된다. 상대부(上大夫)의 경우는 거기에서 다시 비관이 없으므로, 일중(一重)이 되고, 두께의 합은 1척 4촌이 된다. 하대부(下大夫) 또한 일중인데, 다만 속관이 4촌이 되며, 대관이 6촌이 되어, 두께의 합은 1척이 된다. 사(士)의 경우는 중(重)이라고 하는 것이 없으니, 속관이 없고, 오직 대관만 쓰는데, 그것의 두께는 6촌이 된다. 서인(庶人)의 시신은 곧바로 관에 안치하는데, 그것의 두께는 4촌이 된다. 「단궁」편의 기록을 살펴보면, "백나무로 된 곽(槨)은 백나무의 밑둥으로 만드는데, 그 길이는 6척이다."[34]라고 했고, 또 「상대기」에서는 "군주의 경우는 소나무로 된 곽을 쓰고, 대부는 백나무로 된 곽을 쓰며, 사는 잡목으로 된 곽을 쓴다."[35]라고 하였는데, 이 문장들이 바로 위에서 말한 내용들을 가리킨다.

邢疏　就前五物爲四重, 合厚二尺四寸也. 上公去水牛皮, 則三重, 合厚二尺一寸也. 侯·伯·子·男又去兕牛皮, 則二重, 合厚一尺八寸. 上大夫又去椑棺, 一重, 合厚一尺四寸. 下大夫亦一重, 但屬四寸, 大棺六寸, 合厚一尺. 士不重, 無屬, 唯大棺六寸. 庶人卽棺四寸. 按「檀弓」云: "柏槨以端, 長六尺."又「喪大記」曰: "君松槨, 大夫柏槨, 士雜木槨", 是也.

형병 소　▮어주 : "簠簋"~"慼也". ▸『정의(正義)』: 주에서 "보(簠)와 궤(簋)는 제기이다."라고 하였는데, 『주례』「사인」의 직무에서 "모든 제사 때 보와 궤를 공급하니, 그 안에 내용물을 채우고, 그것들을 진열한다."[36]라고 말하였는데, 이것이 바로 보와 궤가 제기가 된다는 뜻을 나타낸다. 그러므로 정현은 이 문장에 대해서 "사각형으로 된 것을 보라고 부르고, 원형으로 된 것을 궤라고 부르는데, 기장, 쌀, 조 등을 담는 그릇이다."라고 한 것이다.

---

34 『예기』「단궁상(檀弓上)」: 天子之棺四重, 水兕革棺被之, 其厚三寸, 杝棺一梓棺二, 四者皆周. 棺束縮二衡三, 衽每束一, 柏槨以端, 長六尺.

35 『예기』「상대기(喪大記)」: 君松槨, 大夫相槨, 士雜木槨.

36 『주례』「지관(地官)·사인(舍人)」: 凡祭祀共簠簋, 實之陳之.

邢疏 ▮注“簠簋”至“慼也”. ▸正義曰 : “簠簋, 祭器也”者, 『周禮』「舍人」職云: “凡祭祀供簠簋, 實之陳之.” 是簠簋爲祭[37]器也. 故鄭玄云: “方曰簠, 圓曰簋, 盛黍稷稻粱[38]器.”

형병 소 주에서 “옻칠만 하고 장식이 없는 소기(素器)들을 진설하였고, 부모를 더 이상 볼 수 없기 때문에, 애도하는 것이다.”라고 하였는데, 「단궁」편을 살펴보면, “소기(素器)들을 진설하는 이유는 자식들에게 진솔하게 애도하는 마음이 있기 때문이다.”[39]라고 하였다. 또한 위의 내용을 살펴보면, 제기(祭器)들을 진설하는 일이 시신을 의복과 이불 등으로 감싸는 일 뒤에 놓이며, 제기 등을 진설한다는 기록이, 애도를 표하며 영구를 전송한다는 기록 앞에 놓여 있다. 그래서 옛 주석들에서는 제기를 진설한다는 기록을 대렴 때 지내는 제사라고 여겼고, 이때에는 부모의 시신을 마주할 수 없게 되므로 슬퍼하게 된다고 여겼다.

邢疏 云“陳奠素器而不見親, 故哀慼也”者, 下「檀弓」云: “奠以素器, 以生者有哀素之心也.” 又按陳簠簋在衣衾之下, 哀以送之上, 舊說以爲大斂祭是不見親, 故哀慼也.

37 ‘제(祭)’자에 대하여. ‘제’자는 본래 없던 글자인데, 완원(阮元)의 『교감기(校勘記)』에서는 “『정오(正誤)』에는 ‘위(爲)’자 아래에 ‘제’자를 보충해서 넣고 있다.”라고 했다.

38 ‘량(粱)’자에 대하여. ‘량(粱)’자는 본래 ‘량(梁)’자로 기록되어 있었는데, 완원(阮元)의 『교감기(校勘記)』에서는 “『감본(監本)』·『모본(毛本)』에는 ‘량(梁)’자를 ‘량(粱)’자로 기록하고 있는데, 이 기록이 옳다.”라고 했다.

39 『예기』「단궁하(檀弓下)」: 奠以素器, 以生者有哀素之心也.

형병 소 ▮어주 : "男踊"~"送之". ▸『정의(正義)』 : 『예기』「문상」 편을 살펴보면, "시신이 침상 위에 있으면 시(尸)라고 부르며, 관에 안치되면, 구(柩)라고 부른다. 주검을 옮기고, 영구를 들어 올릴 때에는 곡을 하고 발을 구르는데, 정해진 수치가 없다. 측은하고 슬픈 마음과 비통한 생각이 들어서, 비통하고 애통한 마음이 충만하게 된다. 그렇기 때문에 남자는 웃옷의 한쪽을 벗고서 발을 구르게 된다. 그러나 부인들은 웃옷을 벗을 수 없기 때문에, 흉금을 풀고 가슴을 치며, 참새처럼 발을 땅에 붙이고서, 근심이 가득한 모양으로 가슴을 치니, 마치 담장이 무너진 것처럼 비통한 것이다."[40]라고 하였으니, 이 문장은 여자는 본래부터 발 구르기를 하지 않는다는 것을 나타낸다. 그렇기 때문에 경문에서 '벽(擗)'자를 쓴 것이다. 그런데 『예기』 문장을 살펴보면 여자들은 남자처럼 발 구르기는 하지 않지만, 참새처럼 발을 땅에 붙이는 작용(爵踊)을 한다고 하였으므로, 남자 또한 가슴을 치는 일이 있는 것이다. 그러므로 여자와 남자가 가슴을 치고 발 구르기를 한다는 말은 상호간에 적용되는 것이다.

邢疏 ▮注"男踊"至"送之". ▸正義曰 : 按「問喪」云: "在牀曰尸, 在棺曰柩. 動尸擧柩, 哭踊無數. 惻怛之心, 痛疾之意, 悲哀志懣氣盛, 故袒[41]而踊之. 婦人不宜袒, 故發胸·擊心·爵踊·殷殷田田, 如壞牆然." 則是女質不宜極踊, 故以擗言之. 據此女旣有踊, 則男亦有擗, 是互文也.

---

40 『예기』「문상(問喪)」 : 三日而斂, 在牀曰尸, 在棺曰柩. 動尸擧柩, 哭踊無數. 惻怛之心, 痛疾之意, 悲哀志懣氣盛, 故袒而踊之, 所以動體安心下氣也. 婦人不宜袒, 故發胸擊心爵踊, 殷殷田田, 如壞牆然, 悲哀痛疾之至也.

41 '단(袒)'자에 대하여. '단'자는 본래 '조(祖)'자로 기록되어 있었는데, 완원(阮元)의 『교감기(校勘記)』를 살펴보면 "『민본(閩本)』·『감본(監本)』·『모본(毛本)』에는 '조'자를 '단'자로 기록하고 있는데, 이 기록이 옳다."라고 했다.

형병 소 주에서 "조(祖)제사를 지내고 영구를 수레에 싣고서 전송한다."라고 하였는데, 『의례』「기석례」 편을 살펴보면, 영구를 싣고 있는 수레를 조묘(祖廟)로 옮기고서, 새벽녘에 영구를 옮길 때 시행하는 조전(祖奠)을 지내며, 해가 기울면 당상(堂上)에 올려두었던 영구를 치우며, '내재(乃載)'라고 하였는데,[42] 이 문장에 대해서 정현은 "곧 영구를 들고서 물러나와 수레에 싣는다."라고 주를 달았다. 또 은(殷)나라 때의 상례(喪禮)를 익힌 축관이 공포(功布) 등을 들고 영구에 매달게 되고, 제기 진설하는 일들이 다 끝나고서, '내조(乃祖)'라고 하였는데,[43] 이 문장에 대해서 정현은 "영구의 방향을 바깥쪽으로 틀고서, 조전(祖奠)을 지내는데 그것은 행차가 시작되기 때문이다."라고 하였다. 그리고 『예기』「단궁」 편에서는 "증자가 위(衛)나라의 부하(負夏)라는 곳에 조문을 갔었는데, 상주(喪主)가 이미 조전을 지내고 있었다."[44]라는 기록이 있고, 정현은 이 문장에 대해서, "조(祖)는 운반하는 수레를 영구를 싣는 곳으로 옮기며 지내는 제사를 뜻하니, 행차가 시작되기 때문이다."라고 하였다. 그러므로 조(祖)자는 시작된다는 뜻을 포함하게 된다. 이러한 까닭으로 사람들이 장차 어떤 일을 시행할 때 술을 마시게 되는 데, 그것을 조(祖)라고 부르는 것이며, 그러므로 수레를 영구를 싣는 곳으로 옮기고 나서 전(奠)제사를 지내는 것을 조전(祖奠)이라고 하는 것이다. 이것이 바로 "조(祖)제사를 지내고 영구를 싣고서 전송한다."라는 말의 뜻이다.

邢疏 云"祖載送之"者, 按「既夕禮」: 柩車遷祖, 質明設遷祖奠,

42 『의례』「기석례(既夕禮)」: 有司請祖期. 曰, "日側." 主人入, 袒. 乃載.

43 『의례』「기석례(既夕禮)」: 商祝御柩, 乃祖.

44 『예기』「단궁상(檀弓上)」: 曾子弔於負夏, 主人既祖, 填池, 推柩而反之, 降婦人而后行禮.

日側徹之, "乃載", 鄭注云: "乃擧柩郤下而載之." 又云: 商祝飾柩, 及陳器訖, "乃祖", 注云: "還柩鄉外, 爲行始." 又「檀弓」云: "曾子弔於負夏, 主人旣祖." 鄭云: "祖謂移柩車去載處, 爲行始." 然則祖, 始也. 以生人將行而飮酒曰祖, 故柩車旣載而設奠謂之祖奠. 是"祖載送之"之義也.

형병 소 ▮어주 : "宅墓"~"卜之". ▸『정의(正義)』: 주에서 "택(宅)은 무덤이다. 조(兆)는 묘역이다."라고 한 말은 공안국의 전(傳)에 의거한 말이다. 『의례』「사상례」편을 살펴보면, "묘지로 쓸 장소를 점친다."[45]라는 기록이 있는데, 이 문장에 대해서 정현은 "택(宅)은 장례를 치르는 장소이다."라고 했다. 『시경』에는 "그 무덤 속에 들어가실 때에는 덜덜 떨리셨겠구나."[46]라는 기록이 있는데, 이 문장에 대해 정현은 "혈(穴)은 무덤 속을 뜻한다."라고 했다. 그러므로 주에서 "택(宅)은 무덤이다."라고 말한 것이다. 『주례』「총인」편을 살펴보면, "왕실에서 사용되는 묘지터를 담당하여, 묘역으로 적당한 장소를 변별한다."[47]라고 하였으니, 조(兆)는 바로 묘역을 뜻한다. 주에서 "장례(葬禮)는 중대한 일이기 때문에, 그곳에 쓰일 땅에 대해서는 점을 쳐서 정하는 것이다."라고 한 말은 정주(鄭注)에 의거한 문장이다. 공안국이 "그 아래에 커다란 돌이 박혀있고, 샘물이 솟아 나와서, 그 땅이 다시금 시장터처럼 혼잡해지는 지역이 될 것을 걱정하기 때문에, 점을 쳐서 정하는 것이다."라고 한 말이 바로 이것을 가리킨다.

---

45 『의례』「사상례(士喪禮)」: 筮宅. 冢人營之, 掘四隅, 外其壤.
46 『시경』「진풍(秦風) · 황조(黃鳥)」: 臨其穴, 惴惴其慄.
47 『주례』「춘관(春官) · 몽인(冢人)」: 冢人, 掌公墓之地, 辨其兆域

邢疏　▮注"宅墓"至"卜之". ▸正義曰：云"宅, 墓穴也. 兆, 塋域也"者, 此依孔傳也. 按「士喪禮」"筮宅", 鄭云: "宅, 葬居也." 『詩經』云: "臨其穴, 惴惴其慄." 鄭云: "穴謂塚壙中也." 故云"宅, 墓穴也". 按『周禮』「冢人」: "掌公墓之地, 辨其兆域." 則兆是塋域也. 云"葬事大, 故卜之"者, 此依鄭注也. 孔安國云: "恐其下有伏石, 涌水泉, 復爲市朝之地, 故卜之." 是也.

형병 소　▮어주 : "立廟"~"享之". ▸『정의(正義)』: 묘(廟)를 세운다는 것은 곧 『예기』「제법」편에서 천자로부터 사(士)에 이르기까지 모두 종묘를 세우게 된다고 하며, "천자는 7개의 묘를 세우니, 고묘(考廟), 왕고묘(王考廟), 황고묘(皇考廟), 현고묘(顯考廟), 조고묘(祖考廟) 등 5개의 묘에 대해서는 매월 제사를 지낸다. 5대조 이상의 선조를 모시는 원묘(遠廟)를 조(祧)라고 하는데, 2개의 조가 있으며, 이 두 묘에 대해서는 계절마다 제사를 지내는데 그친다. 제후는 5개의 묘를 세우니, 고묘, 왕고묘, 황고묘 등 3개의 묘에 대해서는 매월 제사를 지낸다. 현고묘와 조고묘에 대해서는 계절마다 제사를 지내는데 그친다. 대부는 3개의 묘를 세우니, 고묘, 왕고묘, 황고묘 등으로, 매월마다 제사는 지내지 않고, 계절마다 제사를 지내는데 그친다. 적사(適士)는 2개의 묘를 세우니, 고묘, 왕고묘 등으로, 매월마다 제사는 지내지 않고, 계절마다 제사를 지내는데 그친다. 관사(官師)는 1개의 묘를 세우니, 고묘가 그것이다. 서인(庶人)은 묘를 세우지 않는다."[48]라고 했다.

---

48 『예기』「제법(祭法)」: 王立七廟, 一壇, 一墠, 曰考廟, 曰王考廟, 曰皇考廟, 曰顯考廟, 曰祖考廟, 皆月祭之, 遠廟爲祧, 有二祧, 享嘗乃止. 去祧爲壇, 去壇爲墠. 壇墠有禱焉祭之,

邢疏　▮注"立廟"至"享之". ▸正義曰 : 立廟者, 卽『禮記』「祭法」天子至士皆有宗廟, 云"王立七廟, 曰考廟 · 曰王考廟 · 曰皇考廟 · 曰顯考廟 · 曰祖考廟, 皆月祭之. 遠廟爲祧, 有二祧, 享嘗乃止. 諸侯立[49]五廟, 曰考廟 · 曰王考廟 · 曰皇考廟, 皆月祭之. 顯考廟 · 祖考廟, 享嘗乃止. 大夫立三廟, 曰考廟 · 曰王考廟 · 曰皇考廟, 享嘗乃止. 適士二廟, 曰考廟 · 曰王考廟, 享嘗乃止. 官師一廟曰考廟. 庶人無廟".

형병 소　이곳『효경』경문에서는 종묘를 세우는 것을 부모를 섬기는 일에 대해서 끝마무리를 잘 할 수 있는 것으로 여기고 있다. 옛 주석들에서는 종묘(宗廟)에서의 종(宗)자는 존엄하다는 뜻이며, 묘(廟)자는 모습이라는 뜻으로 풀이하여, 종묘에서 제사를 지내며, 선조들의 존엄한 형상을 뵙는 것이라고 했다. 그러므로『예기』「제의」편에서 "제사를 지내는 날에, 종묘의 방으로 들어서게 되면, 어렴풋하게라도 선조가 그 자리에 나타나게 되고, 그 안에서 의례를 시행하고서 문을 나서게 될 때에는 감격스럽게도 선조의 탄식하는 음성을 듣게 된다."[50]라고 말한 것이 바로 이러한 뜻을 가리킨다. 부조(祔祖)라는 것은 돌아가신 부모의 신위(神位)를 선조의 묘에 합사

無禱乃止. 去墠曰鬼. 諸侯立五廟, 一壇, 一墠, 曰考廟, 曰王考廟, 曰皇考廟, 皆月祭之. 顯考廟祖考廟, 享嘗乃止. 去祖爲壇, 去壇爲墠. 壇墠, 有禱焉祭之, 無禱乃止. 去墠爲鬼. 大夫立三廟, 二壇, 曰考廟, 曰王考廟, 曰皇考廟, 享嘗乃止. 顯考祖考無廟, 有禱焉, 爲壇祭之. 去壇爲鬼. 適士二廟, 一壇, 曰考廟, 曰王考廟, 享嘗乃止. 顯考無廟, 有禱焉, 爲壇祭之. 去壇爲鬼. 官師一廟, 曰考廟. 王考無廟而祭之. 去王考爲鬼. 庶士庶人無廟, 死曰鬼.

49 '립(立)'자에 대하여. '립'자는 본래 없던 글자인데, 완원(阮元)의『교감기(校勘記)』를 살펴보면 "『정오(正誤)』에는 '오(五)'자 위에 '립'자를 보충해서 넣고 있는데, 이 기록이 옳다."라고 했다.

50 『예기』「제의(祭義)」: 祭之日, 入室, 僾然必有見乎其位. 周還出戶, 肅然必有聞乎其容聲. 出戶而聽, 愾然必有聞乎其嘆息之聲.

한다는 뜻이다.

邢疏　斯則立宗廟者, 爲能終於事親也. 舊解云: 宗, 尊也; 廟, 貌也, 言祭宗廟, 見先祖之尊貌也. 故「祭義」曰: "祭之日, 入室, 僾然必有見乎其位; 周還出戶, 愾然必有聞乎其歎息之聲." 是也. 祔祖, 謂以亡者之神祔之於祖也.

형병 소　『예기』「단궁」편에서 "졸곡(卒哭)제사를 지내는 것을 성사(成事)라고 부른다. 이 제사를 지내는 날에는 상제(喪祭)에 대한 제례를 길제(吉祭)에 대한 제례(祭禮)로 바꾼다. 그리고 그 다음날에는 조부의 묘에 신위를 합사한다."[51]라고 했으니, 졸곡제를 지낸 다음날에 부(祔)제사를 지내며, 졸곡제를 지내기 이전에는 모두 상제(喪祭)에 대한 제례로써 제사를 지낸다. 그리고 부제사를 지낸 이후에는 귀신을 대접하는 예법에 따라서 흠향을 시켜드리게 된다. 그러나 종묘를 세울 수 있는 것은 사(士) 이상의 신분을 가진 자에게만 해당하니, 봄과 가을마다 지내는 제사만이 서인들에게까지도 해당되는 것이다.

邢疏　「檀弓」曰: "卒哭曰'成事'. 是日也, 以吉祭易喪祭. 明日, 祔祖父." 則是卒哭之明日而祔, 未卒哭之前皆喪祭也. 旣祔之後, 則以鬼禮享之. 然宗廟謂士以上, 則春秋祭祀兼於庶人也.

---

51 『예기』「단궁하(檀弓下)」: 卒哭, 曰成事. 是日也, 以吉祭易喪祭, 明日祔於祖父.

형병 소　　▮어주 : "寒暑"~"思也". ▸『정의(正義)』: 『예기』「제의」 편을 살펴보면, "가을에 서리나 이슬이 내리게 되면, 군자는 그것을 밟고서, 반드시 슬프고 근심스러운 마음이 생기게 되는데, 그것은 추워서 그런 것이 아니다. 봄에 비와 이슬이 내려서 이슥고 땅을 적시게 되면, 군자는 그것을 밟고서, 슬프고 걱정스러운 마음이 생기게 되며, 마치 돌아가신 부모를 다시 뵐 수 있을 것만 같게 된다."[52] 라고 한 말이 바로 이것을 가리킨다.

邢疏　　▮注"寒暑"至"思也". ▸正義曰 : 按「祭義」云: "霜露既降, 君子履之, 必有淒愴之心, 非其寒之謂也. 春, 雨露既濡, 君子履之, 必有怵惕之心, 如將見之." 是也.

▎경문 18-3

부모가 살아계셨을 때 사랑과 공경으로 섬기고, 돌아가셨을 때 슬픔과 걱정하는 마음으로 섬기게 되면, 백성들이 자신의 본분을 다하게 될 것이며, 부모가 살아계셨을 때 섬기는 도리와 돌아가셨을 때 섬기는 도리가 모두 갖추어지게 될 것이고, 효자가 부모를 섬기는 도리도 잘 마무리 될 것이다. 《 주: 사랑과 공경, 슬픔과 걱정하는 마음은 효행의 시작과 끝이다. 삶과 죽음의 도리를 상세히 갖추어서, 효자의 효성을 다하게 한다. 》

經文 18-3　　**生事愛敬, 死事哀慼, 生民之本盡矣, 死生之義備矣, 孝**

52 『예기』「제의(祭義)」: 是故君子合諸天道, 春禘, 秋嘗. 霜露既降, 君子履之, 必有悽愴之心, 非其寒之謂也. 春雨露既濡, 君子履之, 必有怵惕之心, 如將見之.

子之事親終矣.《注: 愛敬哀慼, 孝行之始終也. 備陳死生之義, 以盡孝子之情.》

형병 소 ▮경문 : "生事"~"終矣". ▸『정의(正義)』: 이 문장은 부모가 살아계셨을 때와 돌아가셨을 때의 도리에 대해서 총결론을 맺고 있다. 즉 부모가 살아계셨을 때에는 효자가 부모를 섬기며, 사랑과 공경을 다하게 되고, 부모가 돌아가셨을 때에는 효자가 부모를 섬기며, 슬픔과 걱정하는 마음을 다하게 된다. 그렇게 되면 백성들이 자신의 본분을 다 지키게 될 것이며, 삶과 죽음의 도리가 다 갖추어지게 될 것이고, 효자가 부모를 섬기는 일도 마무리가 될 것이다. 그러므로 『효경』의 모든 장들은 바로 이러한 뜻을 포함하고 있는 것이다.

邢疏 ▮"生事"至"終矣". ▸正義曰 : 此合結生死之義. 言親生則孝子事之, 盡於愛敬; 親死則孝子事之, 盡於哀慼. 生民之宗本盡矣, 死生[53]之義理備矣, 孝子之事親終矣. 言十八章, 具載有此義.

형병 소 ▮어주 : "愛敬"~"之情". ▸『정의(正義)』: 주에서 "사랑과 공경, 슬픔과 걱정하는 마음은 효행의 시작과 끝이다."라고 한 말은 사랑과 공경이 효행의 시작이 되고, 슬픔과 걱정하는 마음이 효행의 끝이 된다는 뜻이다. 주에서 "삶과 죽음의 도리를 상세히 갖추어서, 효자의 효성을 다하게 한다."라고 한 말은 효자의 효성 중에

53 '생(生)'자에 대하여. '생'자는 본래 없던 글자인데, 완원(阮元)의 『교감기(校勘記)』를 살펴보면 "『정오(正誤)』에는 '지(之)'자 위에 '생'자를 보충해 넣고 있는데, 이 기록이 옳다."라고 했다.

다 펼쳐지지 못한 것이 없게 된다는 뜻이다.

邢疏 ▮注"愛敬"至"之情". ▸正義曰 : 云"愛敬哀慼, 孝行之始終[54]也"者, 愛敬是孝行之始也, 哀慼是孝行之終也. 云"備陳死生之義, 以盡孝子之情"者, 言孝子之情無所不盡也.

54 '시종(始終)'에 대하여. '시종'은 본래 '종시(終始)'로 기록되어 있었는데, 완원(阮元)의 『교감기(校勘記)』를 살펴보면 "마땅히 '시종'으로 고쳐야 한다."라고 했다.

효경주소 용어사전

ㄱ

- **감생제(感生帝)** '감생제'는 감제(感帝)와 감생(感生)이라고도 부른다. 태미오제(太微五帝)의 정기를 받아서 태어난 인간세상의 제왕을 뜻한다. 고대에는 각 왕조의 선조들이 모두 상제(上帝)의 기운을 받아서 태어났다고 여겼기 때문에, '감생제'라는 명칭이 생기게 되었다.
- **고(菰)** '고'는 벼과에 속하는 다년생 수초(水草)로서, 잎은 자리는 만드는데 사용되고 열매와 어린 싹은 식용으로 사용된다.
- **공가(公家)** '공가'는 ①공실(公室)과 같은 말로, 제후왕국(諸侯王國)을 가리키고, ②조정(朝廷), 국가(國家) 또는 관부(官府)를 가리키며, ③공경지가(公卿之家)를 가리키고, ④개인과 구별되는 말로, 지금의 국가(國家), 기관(機關), 단체(團體) 등을 가리킨다.
- **교제(郊祭)** '교제'는 '교사(郊祀)'라고도 부른다. 교외(郊外)에서 천지(天地)에 제사를 지냈기 때문에 붙여진 명칭이다. 음양설(陰陽說)이 성행했던 한(漢)나라 때에는 하늘에 대한 제사는 양(陽)의 뜻을 따라 남교(南郊)에서 지냈고, 땅에 대한 제사는 음(陰)의 뜻을 따라 북교(北郊)에서 지냈다. 『한서』「교사지하(郊祀志下)」편에는 "帝王之事莫大乎承天之序, 承天之序莫重於郊祀. …… 祭天於南郊, 就陽之義也. 地於北郊, 卽陰之象也."라는 기록이 있다. 한편 '교사'는 후대에 제사를 범칭하는 용어로도 사용되었다. '교사' 중의 '교(郊)'자는 규모가 큰 제사를 뜻하며, '사(祀)'는 비교적 규모가 작은 제사들을 뜻한다.
- **구의(九儀)** '구의'는 천자가 제후들이 조빙(朝聘)하러 찾아왔을 때 접대하는 아홉 가지 의례절차를 뜻한다. 명(命)에는 공(公), 후(侯), 백(伯), 자(子), 남(男) 다섯 종류가 있고, 작(爵)에는 공(公), 경(卿), 대부(大夫), 사(士) 네 종류가 있다.
- **구주(九州)** '구주'는 일반적으로 중국의 전 영토를 말한다.

ㄴ

▸ **남복(男服)** '남복'은 전복(甸服)과 채복(采服) 사이에 있는 땅을 뜻한다. 천자의 수도 밖으로 사방 1000리(里)와 1500리(里) 사이에 있었던 땅을 가리킨다. '남복'의 '남(男)'자는 임무를 맡는다는 뜻으로, 천자를 위해 다스리는 임무를 담당한다는 뜻이다. '복(服)'자는 천자를 위해 복종한다는 뜻이다. 『주례』「하관(夏官)·직방씨(職方氏)」편에는 "乃辨九服之邦國, 方千里曰王畿, 其外方五百里曰侯服, 又其外方五百里曰甸服, 又其外方五百里曰男服."이라는 기록이 있고, 이에 대한 가공언(賈公彦)의 소(疏)에서는 "言男者, 男之言任也, 爲王任其職理."라고 풀이했다.

ㄷ

▸ **대순(大順)** '대순'은 ①倫常과 天道를 따른다는 뜻과 ②자연스럽다는 뜻, 그리고 ③大法의 뜻이 있다.

▸ **대중(大中)** '대중'은 『주역』「대유괘(大有卦)」의 "彖曰, '大有', 柔得尊位大中, 而上下應之, 曰大有."에 나오는 말로, 지나침과 모자람이 없는 중정(中正)의 도(道)를 가리킨다.

▸ **두예(杜預)** (A.D.222~A.D.284) 서진(西晉) 경조(京兆) 두릉(杜陵) 사람으로, 자는 원개이다. 처음에는 위(魏)나라의 상서랑(尙書郎)을 지냈는데, 진(晉)나라 무제(武帝)가 즉위한 후 하남윤(河南尹)에 제수되었다가 도지상서(度支尙書)로 자리를 옮겼다. 무제 함녕(咸寧) 4년(278)에 진남대장군(鎭南大將軍)에 제수되어 양양(襄陽)을 진무하였으며, 오나라를 멸망시킬 준비를 하였다. 다음해 279년에 오나라를 칠 것을 건의하였다. 태강(太康) 초(280)에 오나라를 쳐서 성읍(城邑)을 무너트리고 남방의 주군(州郡)을 항복시켰다. 관직은 사예교위(司隷校尉)까지 이르렀다. 그는 『춘추좌씨전집해(春秋左氏傳集解)』 등을 저술하였다.

ㅁ

▸ **명당(明堂)** '명당'은 일반적으로 고대 제왕이 정교(政敎)를 베풀던 장소를 지칭하는 용어로 사용되었다. 이곳에서는 조회(朝會)·제사(祭祀)·경상(慶賞)·선사(選士)·양로(養老)·교학(敎學) 등의 국가 주요 업무가 시행되었다. 『맹자』「양혜왕하(梁惠王下)」편에는 "夫明堂者, 王者之堂也."라는 용례가 있고, 『옥태신영(玉台新詠)』「목난사(木蘭辭)」에도 "歸來見天子, 天子坐明堂."이라는

용례가 있다. '명당'의 규모나 제도는 시대마다 다르다. 또한 '명당'은 '명당'이라는 건물군 중에서도 남쪽의 실(室)을 가리키는 용어로도 사용되었다.

- **명사(命士)** '명사'는 사(士) 중에서도 작명(爵命)을 받은 자를 뜻한다. 『예기』「내칙(內則)」편에는 "由命士以上, 父子皆異宮, 昧爽而朝, 慈以旨甘."이라는 용례가 나온다.
- **묘견(廟見)** '묘견'은 신부가 신랑집에 가서 돌아가신 시부모의 사당에 가서 참배하는 것을 말한다.

ㅂ

- **백초거(白招拒)** '백초거'는 참위설(讖緯說)을 주장했던 자들이 섬기던 오제(五帝) 중 하나이다. 서방(西方)의 신(神)이자 가을을 주관하는 신이다. 『예기』「대전(大傳)」편에는 "禮, 不王不禘, 王者禘其祖之所自出, 以其祖配之."라는 기록이 있는데, 이에 대한 정현의 주에서는 "王者之先祖皆感大微五帝之精以生. 蒼則靈威仰, 赤則赤熛怒, 黃則含樞紐, 白則白招拒, 黑則汁光紀."라고 풀이하였다.
- **부사(府史)** '부사'는 재화와 문서를 관리하는 말단직 관리를 말한다. 『주례(周禮)』「천관(天官)·서관(序官)」의 "府六人, 史十有二人."의 정현 주석에서는 "府, 治藏, 史, 掌書者. 凡府·史, 皆其官長所自闢除."라고 말하고 있다.

ㅅ

- **사만(謝萬)** (A.D.321~A.D.361) 동진(東晉) 진군(陳郡) 양하(陽夏) 사람으로, 자는 만석(萬石)이다. 사안(謝安)의 동생이다. 그는 예주자사(豫州刺史), 산기상시(散騎常侍) 등의 관직을 지냈다. 일찍이 「팔현론(八賢論)」을 지어 굴원(屈原), 가의(賈誼), 혜강(嵇康) 등의 일을 서술하였는데, 이미 일실되었다.
- **사자(師資)** '사자'는 『노자(老子)』「27장」의 "故善人者, 不善人之師, 不善人者, 善人之資"에서 유래한 말로, '교사(教師)가 될 만한 인재', '스승과 제자', '사승관계' 등의 의미가 있다.
- **삼신(三辰)** '삼신'은 해[日], 달[月], 별[星]을 가리킨다.
- **속백(束帛)** '속백'은 비단 5필을 각각 양끝에서 마주 말아서 한 묶음으로 한 것을 말하는데, 옛날에는 빙문(聘問)과 궤증(饋贈)의 예물(禮物)로 사용되었다.
- **손(飧)** '손'은 빈객이 처음 이르렀을 때, 간단히 음식을 차려 접대하는 것을 말한다.

- **순창(荀昶)** (?~?) 진(晉)나라 때의 학자이다. '순창'의 생애에 대해서는 상세하지 않고, 다만 진(晉)나라 때 중서랑(中書郞)의 관직을 지냈다는 사실을 『수서(隋書)』를 통해 알 수 있을 뿐이다. 그는 『집의효경(集議孝經)』을 지었는데, 일실되었다.
- **신창(神倉)** '신창'은 제사를 지낼 때 소용되는 것들을 보관하는 창고이다.

ㅇ

- **연상(練祥)** '연상'은 부모에 대한 제사 중 하나이다. 연(練)은 부모가 돌아가신 이후 11개월 뒤에 소복(素服)을 연복(練服)으로 갈아입고 지내는 제사를 뜻하며, 상(祥)은 부모가 돌아가신 이후 만 1년이 될 때 지내는 제사를 뜻한다.
- **영위앙(靈威仰)** '영위앙'은 참위설(讖緯說)을 주장했던 자들이 섬기던 오제(五帝) 중 하나이다. 동방(東方)의 신(神)이자 봄을 주관하는 신이다. 『예기』「대전(大傳)」편에는 "禮, 不王不禘, 王者禘其祖之所自出, 以其祖配之."라는 기록이 있는데, 이에 대한 정현의 주에서는 "王者之先祖皆感大微五帝之精以生. 蒼則靈威仰, 赤則赤熛怒, 黃則含樞紐, 白則白招拒, 黑則汁光紀."라고 풀이하였다.
- **오교(五教)** '오교'는 부의(父義), 모자(母慈), 형우(兄友), 제공(弟恭), 자효(子孝) 등 다섯 가지 가르침을 말한다.
- **오상(五常)** 부의(父義), 모자(母慈), 형우(兄友), 제공(弟恭), 자효(子孝)를 말한다.
- **오효(五孝)** '오효'는 천자(天子), 제후(諸侯), 경대부(卿大夫), 사(士), 서인(庶人)이 행해야할 효(孝)를 가리킨다.
- **옹희(饔餼)** '옹희'는 빈객과 상견례를 하고 나서 크게 음식을 마련해 접대하는 것을 말한다.
- **왕숙(王肅)** (A.D.195~A.D.256) 중국 위(魏)나라 때의 학자이다. 자는 자옹(子雍)이며, 동해(東海) 출신이다. 부친 왕랑(王朗)으로부터 금문학(今文學)을 공부했으나, 고문학(古文學)의 고증적인 해석을 따랐다.
- **요복(要服)** '요복'은 위복(衛服)과 이복(夷服) 사이에 있는 땅을 뜻한다. 천자의 수도 밖으로 사방 2500리(里)와 3000리 사이에 있었던 땅을 가리킨다. '요복'의 '요(要)'자는 결속시킨다는 뜻으로, 중원의 문화를 수호하며 지킨다는 의미이다. '복(服)'자는 천자를 위해 복종한다는 뜻이다. 한편 '요복'은 '만복(蠻服)'이라고도 부른다. '만복'의 '만(蠻)'자는 오랑캐들의 지역과 인접해 있기 때문에 붙여진 명칭으로, 교화를 베풀어 오랑캐들도 교화되도록 한다는 뜻이다. 『서』

「우서(虞書)·우공(禹貢)」편에는 "五百里要服."이라는 기록이 있고, 이에 대한 공안국(孔安國)의 전(傳)에서는 "綏服外之五百里, 要束以文敎."라고 풀이했으며, 『주례』「하관(夏官)·직방씨(職方氏)」편에는 "又其外方五百里曰衛服, 又其外方五百里曰蠻服, 又其外方五百里曰夷服."이라는 기록이 있고, 이에 대한 가공언(賈公彦)의 소(疏)에서는 "言蠻者, 近夷狄, 蠻之言縻, 以政敎縻來之, 自北已下皆夷狄."이라고 풀이했다.

▸ **우제(虞祭)** '우제'는 장례(葬禮)를 치르고 난 뒤에 지내는 제사를 뜻한다.

▸ **운문(雲門)** '운문'은 황제(黃帝) 시대에 만들어진 악무(樂舞) 중 하나라고 전해진다. 주(周)나라의 육무(六舞) 중 하나로 정착하였다. 주로 천신(天神)에게 제사를 지낼 때 사용되었다.

▸ **원구(圓丘)** '원구'는 환구(圜丘)라고도 부른다. 고대에 제왕이 동지(冬至)에 제천(祭天) 의식을 집행하던 곳이다. 자연적으로 형성된 언덕의 형상을 본떠서, 흙을 높이 쌓아올려 만들었기 때문에, '구(丘)'자를 붙여서 부른 것이며, 하늘의 둥근 형상을 본떴다는 뜻에서 '환(圜)' 또는 '원(圓)'자를 붙여서 부른 것이다. 『주례』「춘관(春官)·대사악(大司樂)」편에는 "冬日至, 於地上之圜丘奏之."라는 기록이 있고, 이에 대한 가공언(賈公彦)의 소(疏)에서는 "土之高者曰丘, 取自然之丘. 圜者, 象天圜也."라고 풀이했다.

▸ **위질(委質)** '위질'은 처음으로 관직에 들어선 자가 군주 앞에 예물을 놓아두는 것을 말한다. 예물로는 죽을 꿩을 사용하였는데, 이는 군주를 위해 죽음을 다하겠다는 의미를 담고 있다. 『춘추좌씨전』「희공(僖公)」 23년: 九月, 晉惠公卒. 懷公立, 命無從亡人, 期, 期而不至, 無赦. 狐突之子毛及偃從重耳在秦, 弗召. 冬, 懷公執狐突, 曰, "子來則免." 對曰, "子之能仕, 父敎之忠, 古之制也. 策名·委質, 貳乃辟也. 今臣之子, 名在重耳, 有年數矣. 若又召之, 敎之貳也. 父敎子貳, 何以事君? 刑之不濫, 君之明也, 臣之願也. 淫刑以逞, 誰則無罪? 臣聞命矣." 乃殺之.

▸ **유관(儒官)** '유관'은 교육을 담당하는 관원이나 관학교사(官學敎師)를 가리킨다.

▸ **유현(劉炫)** (? ~ ?) 중국 수(隋)나라 때의 학자이다. 자는 광백(光伯)이며, 경성(景城) 출신이다. 태학박사(太學博士) 등을 지냈다. 그는 『논어술의(論語述義)』, 『춘추술의(春秋述義)』, 『효경술의(孝經述義)』 등을 저술하였다.

▸ **육경(六經)** '육경'은 『역(易)』, 『서(書)』, 『시(詩)』, 『예(禮)』, 『악(樂)』, 『춘추(春秋)』를 말한다.

▸ **육복(六服)** '육복'은 천자의 수도를 제외하고, 그 이외의 땅을 9개의 지역으로

구분한 구복(九服) 중에서 6개 지역을 뜻하는데, 천자의 수도로부터 6개 복(服)까지는 주로 중국의 제후들에게 분봉해주는 지역이었고, 나머지 3개의 지역은 주로 오랑캐들에게 분봉해주는 지역이었다. 따라서 중국(中國)이라는 개념을 거론할 때 주로 '육복'이라고 말한다. 천하의 정중앙에는 천자의 수도인 왕기(王畿)가 있고, 그 외에는 순차적으로 6개의 '복'이 있는데, 후복(侯服), 전복(甸服), 남복(男服), 채복(采服), 위복(衛服), 만복(蠻服)이 여기에 해당한다. '후복'은 천자의 수도 밖으로 사방 500리(里)의 크기이며, 이 지역에 속한 제후들은 1년에 1번 천자를 알현하며, 제사 때 사용하는 물건을 바친다. '전복'은 '후복' 밖으로 사방 500리의 크기이며, 이 지역에 속한 제후들은 2년에 1번 천자를 알현하고, 빈객(賓客)을 접대할 때 사용하는 물건을 바친다. '남복'은 '전복' 밖으로 사방 500리의 크기이며, 이 지역에 속한 제후들은 3년에 1번 천자를 알현하고, 각종 기물(器物)들을 바친다. '채복'은 '남복' 밖으로 사방 500리의 크기이며, 이 지역에 속한 제후들은 4년에 1번 천자를 알현하고, 의복류를 바친다. '위복'은 '채복' 밖으로 사방 500리의 크기이며, 이 지역에 속한 제후들은 5년에 1번 천자를 알현하고, 각종 재목들을 바친다. '만복'은 '요복(要服)'이라고도 부르는데, '만복'이라는 용어는 변경 지역의 오랑캐들과 접해 있으므로, 붙여진 용어이다. '만복'은 '위복' 밖으로 사방 500리의 크기이며, 이 지역에 속한 제후들은 6년에 1번 천자를 알현하고, 각종 재화들을 바친다. 『주례』「추관(秋官)·대행인(大行人)」편에는 "邦畿方千里, 其外方五百里謂之侯服, 歲壹見, 其貢祀物, 又其外方五百里謂之甸服, 二歲壹見, 其貢嬪物, 又其外方五百里謂之男服, 三歲壹見, 其貢器物, 又其外方五百里謂之采服, 四歲壹見, 其貢服物, 又其外方五百里謂之衛服, 五歲壹見, 其貢材物, 又其外方五百里謂之要服, 六歲壹見, 其貢貨物."이라는 기록이 있다.

▸ **은중문(殷仲文)** (? ~ ?) : 중국 진(晉)나라 때의 학자이다. 자는 중문(仲文)이며, 진군(陳郡) 출신이다.

ㅈ

▸ **적표노(赤熛怒)** '적표노'는 참위설(讖緯說)을 주장했던 자들이 섬기던 오제(五帝) 중 하나이다. 남방(南方)의 신(神)이자 여름을 주관하는 신이다. 『예기』「대전(大傳)」편에는 "禮, 不王不禘, 王者禘其祖之所自出, 以其祖配之."라는 기록이 있는데, 이에 대한 정현의 주에서는 "王者之先祖皆感大微五帝之精以生. 蒼則靈威仰, 赤則赤熛怒, 黃則含樞紐, 白則白招拒, 黑則汁光紀."라고 풀이하였다.

『주례』「춘관(春官)·소종백(小宗伯)」편에는 "兆五帝於四郊."라는 기록이 있는데, 이에 대한 정현의 주에서는 "五帝 …… 赤曰赤熛怒, 炎帝食焉."이라고 풀이했고, 『주례』「춘관(春官)·대종백(大宗伯)」편의 "以禋祀祀昊天上帝."라는 기록에 대해, 가공언(賈公彦)의 소(疏)에서는 『춘추위문요구(春秋緯文耀鉤)』라는 위서(緯書)를 인용하여 "夏起赤受制, 其名赤熛怒."라고 풀이했다. 이렇듯 '적표노'는 적제(赤帝)를 뜻하는데, '적제'라는 것은 염제(炎帝)를 뜻하기도 한다.

▸ **전복(甸服)** '전복'은 천자의 수도 밖의 지역이다. '전복'의 '전(甸)'자는 '전(田)'자의 뜻으로, 천자가 정사를 펼치는데 필요한 조세를 거두던 지역이라는 뜻이다. '복(服)'자는 천자를 위해 복종한다는 뜻이다. 하(夏)나라 때의 제도에서는 천자의 수도와 연접한 지역이 '전복'이 되었는데, 천자의 수도로부터 사방 500리(里) 떨어진 곳까지를 '전복'이라고 불렀다. 『서』「우서(虞書)·우공(禹貢)」편에는 "錫土姓, 祗台德先, 不距朕行, 五百里甸服."이라는 기록이 있고, 이에 대한 공안국(孔安國)의 전(傳)에서는 "規方千里之內謂之甸服, 爲天子服治田, 去王城面五百里."이라고 풀이했다. 한편 주(周)나라 때에는 '전복'의 자리에 대신 '후복(侯服)'이 위치하였으며, '전복'은 '후복' 밖의 사방 500리 떨어진 곳까지를 뜻하였다. 『주례』「하관(夏官)·직방씨(職方氏)」편에는 "乃辨九服之邦國, 方千里曰王畿, 其外方五百里曰侯服, 又其外方五百里曰甸服."이라는 기록이 있다.

▸ **제곡(帝嚳)** '제곡'은 고신씨(高辛氏)라고도 부른다. '제곡'은 고대 오제(五帝) 중 하나이다. 황제(黃帝)의 아들 중에는 현효(玄囂)가 있었는데, '제곡'은 현효의 손자가 된다. 운(殷)나라의 복사(卜辭) 기록 속에서는 은나라 사람들이 '제곡'을 고조(高祖)로 여겼다는 기록도 나온다. 한편 '제곡'은 최초 신(辛)이라는 땅을 분봉 받았다가, 이후에 제(帝)가 되었으므로, '제곡'을 고신씨(高辛氏)라고도 부르는 것이다.

▸ **졸곡(卒哭)** '졸곡'은 우제(虞祭)를 지낸 뒤에 지내는 제사이다. 이 제사를 지내게 되면, 수시로 곡(哭)하던 것을 멈추고, 아침과 저녁때에만 한 번씩 곡을 하게 된다. 그렇기 때문에 '졸곡'이라고 부르게 된 것이다.

▸ **중장(衆長)** '중장'은 '사장(師長)'과 같은 뜻으로, 공영달(公穎達)의 소(疏)에서는 "'사(師)'는 무리[衆]라는 뜻으로, '중장(衆長)'이란 여러 관직의 우두머리[長]이기 때문에 삼공(三公)과 육경(六卿)이 된다"라고 말하고 있다.

▸ **즙광기(汁光紀)** '즙광기'는 협광기(叶光紀)라고도 부른다. 참위설(讖緯說)을 주장했던 자들이 섬기던 오제(五帝) 중 하나이다. 북방(北方)의 신(神)이자 겨울을 주관하는 신이다. 『예기』「대전(大傳)」편에는 "禮, 不王不禘, 王者禘其祖之

所自出, 以其祖配之."라는 기록이 있는데, 이에 대한 정현의 주에서는 "王者之先祖皆感大微五帝之精以生. 蒼則靈威仰, 赤則赤熛怒, 黃則含樞紐, 白則白招拒, 黑則汁光紀."라고 풀이하였다.

▸ **지덕(至德)** '지덕'은 최고의 도덕성을 뜻하며, 성덕(盛德)으로 부르기도 한다. 지덕(至德)의 용례들은 다음과 같다. 『주역』「계사(繫辭)」상에는 "陰陽之義配日月, 易簡之善配至德."이라는 기록이 있다. 즉 "음양(陰陽)의 뜻은 일월에 배합되고, 이간(易簡)의 선(善)은 지덕(至德)에 배합된다"는 뜻이다. 또 『논어(論語)』「태백(泰伯)」에는 "泰伯, 其可謂至德也已矣."라는 기록이 있다. 즉 "태백(泰伯)은 가히 지덕(至德)이라고 부를 수 있구나."라는 뜻이다. 『사기(史記)』「상군열전(商君列傳)」에는 "論至德者不和於俗, 成大功者不謀於衆."이라는 기록이 있다. 즉 "지덕(至德)에 밝은 사람은 속됨에 물들지 않고, 大功을 이룬 자는 뭇 사람들과 꾀를 모의하지 않는다."라는 뜻이다. 『세설신어(世說新語)』「덕행(德行)」에는 "鍾君至德可師."라는 기록이 있다. 즉 "종군(鍾君)은 그 덕성이 지덕(至德)함으로 스승으로 삼을 수 있다."라는 뜻이다.

ㅊ

▸ **차국(次國)** '차국'은 제후국의 등급 중 하나이다. 제후국을 등급에 따라 구분하면, 대국(大國), 차국(次國), 소국(小國)으로 구분된다.

▸ **채복(采服)** '채복'은 남복(男服)과 위복(衛服) 사이에 있는 땅을 뜻한다. 천자의 수도 밖으로 사방 1500리(里)와 2000리 사이에 있었던 땅을 가리킨다. '채복'의 '채(采)'자는 돌본다는 뜻으로, 천자를 위해서, 백성들을 돌보며, 산출된 물건들을 천자에게 바친다는 뜻이다. '복(服)'자는 천자를 위해 복종한다는 뜻이다. 『주례』「하관(夏官) · 직방씨(職方氏)」편에는 "又其外方五百里曰男服, 又其外方五百里曰采服, 又其外方五百里曰衛服."이라는 기록이 있고, 이에 대한 가공언(賈公彦)의 소(疏)에서는 "采者, 事也, 爲王事民以供上."이라고 풀이했다.

▸ **천속(天屬)** '천속'은 『莊子』「山木」의 "或曰, '棄千金之璧, 負赤子而趨, 何也?' 林回曰, '彼以利合, 此以天屬也.'에 나오는 말로, 후에 부자와 형제, 자매 등 혈연관계에 있는 친속들을 '천속(天屬)'이라고 하였다.

▸ **천지(天地)** '천지'는 천신(天神)과 지신(地神)을 뜻한다. 지신은 지기(地祇)라고 부르기도 한다. 천지에 대한 제사는 교(郊)에서 지냈기 때문에, 이 제사를 교제(郊祭) 또는 교사(郊祀)라고 부르기도 했다. 음양오행설(陰陽五行說)이 성행했던 시기에는 음양(陰陽)의 구분에 따라서 하늘에 대한 제사는 양(陽)에 해당하는

남쪽 교외에서 지냈고, 땅에 대한 제사는 음(陰)에 해당하는 북쪽 교외에서 지냈다. 『한서(漢書)』「교사지하(郊祀志下)」에는 "帝王之事莫大乎承天之序, 承天之序莫重於郊祀. …… 祭天於南郊, 就陽之義也. 地於北郊, 卽陰之象也."라는 기록이 있다.

▸ **청제(靑帝)** '청제'는 창제(蒼帝) 또는 창제(倉帝)라고도 하며, 동방(東方)을 주관하는 오제(五帝) 중 하나이다. 영위앙(靈威仰)을 가리킨다. 동쪽은 오행(五行)으로 따지면, 목(木)에 해당하는데, 나무의 색깔은 청색에 해당하여 '창(蒼)'자를 붙여서 부르는 것이다. 『사기(史記)』「천관서(天官書)」편에는 "蒼帝行德, 天門爲之開."라는 기록이 있고, 이에 대한 장수절(張守節)의 『정의(正義)』에서는 "蒼帝, 東方靈威仰之帝也."라고 풀이했다.

▸ **체제(禘祭)** 체(禘)제사는 천신(天神) 및 조상신(祖上神)에게 지내는 큰 제사[大祭]를 뜻한다. 『이아(爾雅)』「석천(釋天)」에는 "禘, 大祭也."라는 기록이 있고, 이에 대한 곽박(郭璞)의 주에서는 "五年一大祭."라고 풀이하여, 대제(大祭)로써의 체제사는 5년마다 1번씩 지낸다고 설명한다. 그러나 『예기』「왕제(王制)」에 수록된 각종 제사들에 대한 기록을 살펴보면, 체제사는 큰 제사임에는 분명하나, 반드시 5년마다 1번씩 지내는 제사는 아니었다.

ㅌ

▸ **태사(太社)** '태사' 천자가 토지신이나 곡신(穀神)에게 제사 드리던 장소를 말한다.

ㅍ

▸ **팔분체(八分體)** '팔분체'는 예서(隸書)와 전자(篆字)를 절충하여 만든 서체(書體)로, 예서에서 이분(二分), 전자에서 팔분(八分)을 땄기 때문에 이름을 이와 같이 하였다고도 하고, 혹은 그 체(體)가 팔자(八字)를 분산한 것 같기 때문에 이와 같이 이름을 붙였다고도 한다. 전하는 말에 따르면, 진(秦)나라 때의 상곡(上谷) 사람인 왕차중(王次仲)이 만들었다고 한다.

▸ **팔재(八材)** '팔재'는 기물을 만들 때 사용되는 여덟 가지 재료이다. 구슬, 옥, 돌, 나무, 금속, 상아, 가죽, 깃털 등이다.

▸ **팔풍(八風)** '팔풍'은 팔방(八方)에서 불어오는 바람으로, 각 문헌에 따라서 명칭이 조금씩 다르다. 『여씨춘추(呂氏春秋)』에 따르면, 동북풍(東北風)은 염풍

(炎風), 동풍(東風)은 도풍(滔風), 동남풍(東南風)은 훈풍(熏風), 남풍(南風)은 거풍(巨風), 서남풍(西南風)은 처풍(淒風), 서풍(西風)은 료풍(飂風), 서북풍(西北風)은 려풍(厲風), 북풍(北風)은 한풍(寒風)이다. 『회남자(淮南子)』에 따르면, 동북풍(東北風)은 염풍(炎風), 동풍(東風)은 조풍(條風), 동남풍(東南風)은 경풍(景風), 남풍(南風)은 거풍(巨風), 서남풍(西南風)은 량풍(涼風), 서풍(西風)은 료풍(飂風), 서북풍(西北風)은 려풍(麗風), 북풍(北風)은 한풍(寒風)이다. 『설문해자(說文解字)』에 따르면, 동풍(東風)은 명서풍(明庶風), 동남풍(東南風)은 청명풍(淸明風), 남풍(南風)은 경풍(景風), 서남풍(西南風)은 량풍(涼風), 서풍(西風)은 창합풍(閶闔風), 서북풍(西北風)은 부주풍(不周風), 북풍(北風)은 광막풍(廣莫風), 동북풍(東北風)은 융풍(融風)이다. 『경전석문(經典釋文)』에 따르면, 동풍(東風)은 곡풍(谷風), 동남풍(東南風)은 청명풍(淸明風), 남풍(南風)은 개풍(凱風), 서남풍(西南風)은 량풍(涼風), 서풍(西風)은 창합풍(閶闔風), 서북풍(西北風)은 부주풍(不周風), 북풍(北風)은 광막풍(廣莫風), 동북풍(東北風)은 융풍(融風)이다. 『여씨춘추(呂氏春秋)』「유시(有始)」편에서는 "何謂八風. 東北曰炎風, 東方曰滔風, 東南曰熏風, 南方曰巨風, 西南曰淒風, 西方曰飂風, 西北曰厲風, 北方曰寒風."이라고 하였고, 『회남자(淮南子)』「추형훈(墬形訓)」편에서는 "東北曰炎風, 東方曰條風, 東南曰景風, 南方曰巨風, 西南曰涼風, 西方曰飂風, 西北曰麗風, 北方曰寒風."이라고 하였으며, 『설문(說文)』「풍부(風部)」편에서는 "風, 八風也. 東方曰明庶風, 東南曰淸明風, 南方曰景風, 西南曰涼風, 西方曰閶闔風, 西北曰不周風, 北方曰廣莫風, 東北曰融風."이라고 하였고, 『춘추좌씨전』「은공(隱公) 5년」에는 "夫舞所以節八音, 而行八風."이라는 기록이 있는데, 이에 대한 육덕명(陸德明)의 『경전석문(經典釋文)』에서는 "八方之風, 謂東方谷風, 東南淸明風, 南方凱風, 西南涼風, 西方閶闔風, 西北不周風, 北方廣莫風, 東北方融風."이라고 풀이하였다.

ㅎ

▸ **함추뉴(含樞紐)** '함추뉴'는 참위설(讖緯說)을 주장했던 자들이 섬기던 오제(五帝) 중 하나이다. 중앙(中央)을 주관하는 신(神)이자 계절 중 중앙 계절을 주관하는 신이다. 『예기』「대전(大傳)」편에는 "禮, 不王不禘, 王者禘其祖之所自出, 以其祖配之."라는 기록이 있는데, 이에 대한 정현의 주에서는 "王者之先祖皆感大微五帝之精以生. 蒼則靈威仰, 赤則赤熛怒, 黃則含樞紐, 白則白招拒, 黑則汁光紀."라고 풀이하였다.

▸ **협서율(挾書律)** '협서율'은 진시황(秦始皇) 34년에 승상 이사(李斯)의 건의를 받

아들여 유생들이 옛것으로 현재를 비난하는 것을 금지시키고, 민간에 사사로이 『시(詩)』와 『서(書)』, 그리고 백가(百家)의 서적을 소장한 자는 일족을 멸하겠다고 반포한 법령을 말한다. 이 협서율(挾書律)은 한나라 혜제(惠帝) 4년(B.C.191)에 폐지되었다.

▸ **화전(火田)** '화전'은 초목을 불태우고 나서 사냥하는 것을 말한다.

▸ **황간(皇侃)** (A.D.488~A.D.545)=황씨(皇氏). 남조(南朝) 때 양(梁)나라의 경학자이다. 『주례(周禮)』, 『의례(儀禮)』, 『예기(禮記)』 등에 해박하여, 『상복문구의소(喪服文句義疏)』, 『예기의소(禮記義疏)』, 『예기강소(禮記講疏)』 등을 지었지만, 현재는 전해지지 않는다. 그 일부가 마국한(馬國翰)의 『옥함산방집일서(玉函山房輯佚書)』에 수록되어 있다.

▸ **효경원신계(孝經援神契)** 『효경원신계(孝經援神契)』은 『효경(孝經)』에 대한 위서(緯書)이다. 위서(緯書)는 경서(經書)의 부족한 내용을 보충하기 위해 위작된 것으로, 서한(西漢) 말기에 유행하기 시작하여 동한(東漢) 시기에 크게 성행하였으며, 남조(南朝) 송나라 때가 되어서야 비로소 금지되기 시작하였다. 여러 자료속에 보이는 위서(緯書)의 문장을 모아 집대성한 책으로는 일본의 안거향산(安居香山)과 중촌장팔(中村璋八)이 편집한 『위서집성(緯書集成)』이 있다. 본문의 내용은 『위서집성』중, 972쪽에 있다.

▸ **후복(侯服)** '후복'은 천자의 수도와 붙어 있는 지역이다. '후복'의 '후(侯)'자는 '후(候)'자의 뜻으로, 천자를 위해 척후병의 임무를 수행한다는 의미이다. '복(服)'자는 천자를 위해 복종한다는 뜻이다. 하(夏)나라 때의 제도에서는 전복(甸服)과 위치가 바뀌어, 천자의 수도로부터 사방 500리(里) 떨어진 곳까지를 '전복'이라고 불렀고, 전복 밖의 사방 500리 떨어진 곳까지를 '후복'이라고 불렀다. 『서』「우서(虞書)·우공(禹貢)」편에는 "五百里甸服 …… 五百里侯服."이라는 기록이 있고, 이에 대한 공안국(孔安國)의 전(傳)에서는 "甸服外之五百里. 侯, 候也, 斥候而服事."라고 풀이했다. 한편 주(酒)나라 때에는 천자의 수도 밖으로 사방 500리 떨어진 곳까지를 '후복'이라고 불렀고, '전복'은 '후복' 밖에 위치했다. 『주례』「하관(夏官)·직방씨(職方氏)」편에는 "乃辨九服之邦國, 方千里曰王畿, 其外方五百里曰侯服, 又其外方五百里曰甸服."이라는 기록이 있다.

▸ **후직(后稷)** : '후직'은 전설상의 인물이다. 주(周)나라의 선조(先祖) 중 한 사람이다. 강원(姜嫄)이 천제(天帝)의 발자국을 밟고 회임을 하여 '후직'을 낳았는데, 불길하다고 생각하여 버렸기 때문에, 이름을 기(棄)로 지어졌다 한다. 이후 순(舜)이 '기'를 등용하여 농사를 담당하는 신하로 임명해서, 백성들에게 농사

짓는 법을 가르쳤기 때문에, '후직'으로 일컬어지게 되었다. 『시』「대아(大雅)·생민(生民)」 편에는 "厥初生民, 時維姜嫄. …… 載生載育, 時維后稷."이라는 기록이 있다.